高等教育规划教材

军队"双重"建设教材

船舶腐蚀与防护

胡裕龙　编著

方志刚　主审

化学工业出版社

·北京·

内 容 简 介

海洋船舶常年处于腐蚀性强的海洋环境中，腐蚀及防护问题是船舶设计、建造、服役中必须面临的一大问题。《船舶腐蚀与防护》围绕船舶腐蚀与防护的特点进行编写，全书分3篇：第1篇金属腐蚀的原理，系统阐述了金属电化学腐蚀原理、析氢腐蚀与吸氧腐蚀、金属的钝化、局部腐蚀、金属的高温腐蚀及其防护；第2篇船舶相关环境的腐蚀，阐述了金属在海洋环境中的腐蚀、船舶动力装置的腐蚀；第3篇船舶腐蚀的控制与防护技术，介绍了金属腐蚀控制与防护方法分类、防腐蚀设计、缓蚀剂、阴极保护技术、金属覆盖层保护技术、化学转化膜、船舶涂料与涂装技术。

《船舶腐蚀与防护》可作为高等学校船舶与海洋工程、材料科学与工程、应用化学及相关专业的教材，对船舶设计人员在防腐蚀设计中具有指导作用，同时可供造船厂、修船厂相关技术人员、管理人员学习参考。

图书在版编目（CIP）数据

船舶腐蚀与防护/胡裕龙编著．—北京：化学工业出版社，2021.3（2023.1重印）
高等教育规划教材
ISBN 978-7-122-38382-2

Ⅰ.①船… Ⅱ.①胡… Ⅲ.①船舶-防腐-高等学校-教材 Ⅳ.①U672.7

中国版本图书馆CIP数据核字（2021）第017151号

责任编辑：丁建华　杜进祥　　　　　装帧设计：关　飞
责任校对：张雨彤

出版发行：化学工业出版社（北京市东城区青年湖南街13号　邮政编码100011）
印　　装：天津盛通数码科技有限公司
787mm×1092mm　1/16　印张17　字数446千字　2023年1月北京第1版第2次印刷

购书咨询：010-64518888　　　　　售后服务：010-64518899
网　　址：http://www.cip.com.cn

凡购买本书，如有缺损质量问题，本社销售中心负责调换。

定　　价：58.00元　　　　　　　　　　　　　　　　　　　版权所有　违者必究

前 言

在海洋环境中服役的船舶，尤其是舰船，常年处于复杂海洋介质、严苛气候环境中，腐蚀问题突出，对舰船的影响尤为严重。腐蚀问题是船舶设计、建造、服役中必会面临而必须解决的重要问题，腐蚀与防护的基本原理应是从事船舶设计、建造、管理、使用维护、维修等的科研、管理和技术人员应该了解并初步掌握的基本知识，尤其是舰船的技术人员和管理人员更应具有腐蚀与防护的知识。为此，我校开设了船舶腐蚀与防护课程，该课程是我校材料科学与工程专业本科生的一门专业课，也是我校其他专业本科生的一门重要选修课。为适应材料科学与工程、船舶与海洋工程、应用化学等专业本科生的教学需要，编写了本教材。

本书是结合作者从事船舶腐蚀与防护多年的教学、科研经验，参考大量文献资料编写而成的，力求做到与船舶结合紧密，紧跟船舶防腐蚀技术的发展，理论系统、实用性强，同时可兼顾其他相关行业的使用。本书由三大部分组成，第1~5章为第1篇，系统地介绍了金属腐蚀的原理，其中第1~4章介绍常温的电化学腐蚀，内容从腐蚀电池入手，系统介绍了电化学腐蚀热力学、动力学、析氢腐蚀与吸氧腐蚀、金属的钝化和局部腐蚀，第5章介绍金属的高温腐蚀及其防护。第2篇介绍船舶相关环境的腐蚀，内容包括金属在海洋环境中的腐蚀和船舶动力装置的腐蚀。第3篇介绍船舶腐蚀的控制与防护技术，内容包括金属腐蚀的控制方法及其相关技术，其中第9~11章介绍目前防腐蚀常用的表面技术，考虑到表面技术的发展及今后可能的应用，该部分并不局限于目前船舶已应用的技术。每章后编有思考题与习题，供学生巩固所学理论知识，锻炼分析问题和解决问题的能力。

在本书的编写过程中得到了很多同仁和前辈的指导和建议，宋玉苏、刘信提供了宝贵资料，刘信、卜世超等对书稿进行了认真的校对，中国人民解放军海军研究院的方志刚研究员审阅了全书，并提出了宝贵意见，此外，还得到了孔小东、李国明、胡会娥、苏小红等的大力帮助，在此一并对他们表示衷心感谢。

由于编者水平所限，书中疏漏与不足在所难免，敬请读者批评指正。

中国人民解放军海军工程大学 胡裕龙
2021 年 5 月

目录

绪论 ·· 001
  0.1 腐蚀的定义和分类 ··························· 001
    0.1.1 腐蚀的定义 ····························· 001
    0.1.2 腐蚀的分类 ····························· 001
  0.2 船舶腐蚀的特点 ······························· 002
    0.2.1 船舶制造工艺复杂，易产生腐蚀
          问题 ······································· 002
    0.2.2 船舶腐蚀介质环境特殊 ·············· 003
    0.2.3 船舶涂装工艺复杂，易产生腐蚀
          问题 ······································· 004
  0.3 船舶腐蚀与防护的重要性 ···················· 004
  思考题与习题 ··· 005

第1篇 金属腐蚀的原理 / 006

第1章 金属电化学腐蚀原理 ············ 006
1.1 腐蚀电池 ·· 006
  1.1.1 电极系统 ·································· 007
  1.1.2 腐蚀电池的工作原理 ················· 008
  1.1.3 腐蚀电池的类型 ······················· 009
  1.1.4 电化学腐蚀与化学腐蚀的区别 ···· 011
1.2 电化学腐蚀热力学 ······························· 012
  1.2.1 电极电位 ·································· 012
  1.2.2 电化学腐蚀热力学判据 ············· 016
  1.2.3 电位-pH 图 ······························ 018
1.3 电化学腐蚀动力学 ······························· 022
  1.3.1 腐蚀电池的电极过程 ················· 023
  1.3.2 极化现象及原因 ······················· 024
  1.3.3 单电极的极化方程 ···················· 026
  1.3.4 电极反应的耦合与腐蚀电位、腐蚀
       电流 ······································· 030
  1.3.5 金属腐蚀体系的极化 ················· 033
  1.3.6 极化曲线 ································· 035
  1.3.7 腐蚀速度的测定方法 ················· 036
思考题与习题 ·· 037

第2章 析氢腐蚀与吸氧腐蚀 ············ 040
2.1 析氢腐蚀 ·· 040
  2.1.1 氢去极化的基本步骤 ················· 040
  2.1.2 氢去极化的阴极极化曲线和氢过
       电位 ······································· 040
  2.1.3 析氢腐蚀的影响因素 ················· 041
2.2 吸氧腐蚀 ·· 042
  2.2.1 氧向金属表面的输送 ················· 042
  2.2.2 氧离子化过程 ·························· 043
  2.2.3 氧去极化的阴极极化曲线 ·········· 043
  2.2.4 吸氧腐蚀体系 ·························· 043
  2.2.5 吸氧腐蚀的影响因素 ················· 044
思考题与习题 ·· 045

第3章 金属的钝化 ···························· 048
3.1 概述 ··· 048
  3.1.1 钝化现象 ································· 048
  3.1.2 钝化的有关概念 ······················· 048
  3.1.3 研究钝化的意义 ······················· 048
3.2 钝化的特性极化曲线 ···························· 049
3.3 影响钝态建立的因素 ···························· 049
  3.3.1 金属自钝化 ······························ 049
  3.3.2 阳极钝化——外加阳极电流 ········ 050
  3.3.3 温度 ·· 050
  3.3.4 溶液中的溶解氧 ······················· 050
  3.3.5 其他因素 ································· 050
3.4 钝化理论 ·· 051
  3.4.1 成相膜理论 ······························ 051
  3.4.2 吸附理论 ································· 051
  3.4.3 两种理论比较 ·························· 051
3.5 钝态的稳定性 ······································ 052
  3.5.1 再活化倾向和弗莱德（Flade）电位
       ·· 052
  3.5.2 过钝化 ···································· 052
  3.5.3 氯离子对钝化膜的破坏 ············· 053
  3.5.4 实验电位-pH 图 ······················· 054
思考题与习题 ·· 054

第4章 局部腐蚀 ·········· 055
4.1 概述 ·········· 055
4.2 电偶腐蚀 ·········· 056
4.2.1 电偶腐蚀倾向与电偶序 ·········· 057
4.2.2 影响电偶腐蚀的因素 ·········· 059
4.2.3 电偶腐蚀评价方法及控制 ·········· 060
4.3 点蚀 ·········· 061
4.3.1 点蚀的特征 ·········· 061
4.3.2 点蚀的机理 ·········· 062
4.3.3 影响点蚀的因素 ·········· 063
4.3.4 点蚀敏感性的评价方法 ·········· 064
4.4 缝隙腐蚀 ·········· 065
4.4.1 缝隙腐蚀的条件 ·········· 065
4.4.2 缝隙腐蚀的机理 ·········· 065
4.4.3 影响缝隙腐蚀的因素 ·········· 066
4.4.4 缝隙腐蚀的控制 ·········· 067
4.4.5 缝隙腐蚀敏感性的评价方法 ·········· 067
4.4.6 特殊形式的缝隙腐蚀——丝状腐蚀 ·········· 069
4.5 应力作用下的腐蚀 ·········· 070
4.5.1 应力腐蚀开裂 ·········· 070
4.5.2 腐蚀疲劳 ·········· 076
4.5.3 磨损腐蚀 ·········· 077
4.6 其他类型的局部腐蚀 ·········· 084
4.6.1 晶间腐蚀 ·········· 084
4.6.2 选择性腐蚀 ·········· 087
4.6.3 杂散电流腐蚀 ·········· 089
4.6.4 微生物腐蚀 ·········· 089
思考题与习题 ·········· 094

第5章 金属的高温腐蚀及其防护 ·········· 097
5.1 概述 ·········· 097
5.2 高温腐蚀热力学 ·········· 098
5.2.1 金属在单一气体中腐蚀的热力学 ·········· 099
5.2.2 氧化物固相的稳定性及保护作用 ·········· 101
5.3 金属氧化物的结构及性质 ·········· 103
5.3.1 氧化物的结构与缺陷 ·········· 103
5.3.2 氧化物中的扩散和电导率 ·········· 108
5.4 金属氧化过程的动力学 ·········· 109
5.4.1 金属氧化的恒温动力学曲线 ·········· 110
5.4.2 厚氧化膜的生长——Wagner 金属氧化理论 ·········· 111
5.4.3 氧化膜中的应力与应力松弛 ·········· 113
5.4.4 循环氧化 ·········· 114
5.5 合金的氧化 ·········· 115
5.5.1 反应类型分类 ·········· 116
5.5.2 合金的选择氧化 ·········· 118
5.5.3 合金的内氧化及外氧化 ·········· 120
5.5.4 掺杂对合金氧化的作用 ·········· 121
5.5.5 活性元素效应 ·········· 122
5.6 高温腐蚀的防护 ·········· 123
5.6.1 提高合金的抗氧化性 ·········· 123
5.6.2 常见金属和耐热合金的抗氧化性 ·········· 124
5.6.3 高温涂层保护 ·········· 127
思考题与习题 ·········· 128

第2篇 船舶相关环境的腐蚀 / 129

第6章 金属在海洋环境中的腐蚀 ·········· 129
6.1 海水腐蚀 ·········· 129
6.1.1 海水的特性 ·········· 129
6.1.2 海洋环境分类及腐蚀特点 ·········· 130
6.1.3 海水电化学腐蚀过程的特征 ·········· 132
6.1.4 影响海水腐蚀的因素 ·········· 132
6.1.5 海水腐蚀的防护 ·········· 135
6.2 金属在大气中的腐蚀 ·········· 135
6.2.1 大气腐蚀的分类 ·········· 135
6.2.2 大气腐蚀的机理 ·········· 137
6.2.3 影响大气腐蚀的因素 ·········· 138
6.2.4 大气腐蚀的防护措施 ·········· 140
6.3 船用金属材料在海洋环境中的腐蚀行为 ·········· 140
6.3.1 碳素结构钢和低合金结构钢 ·········· 141
6.3.2 不锈钢 ·········· 142
6.3.3 铜及铜合金 ·········· 145
6.3.4 铝及铝合金 ·········· 149
6.3.5 钛及钛合金 ·········· 151
思考题与习题 ·········· 152

第7章 船舶动力装置的腐蚀 ·········· 153
7.1 概述 ·········· 153
7.1.1 船舶动力装置的组成 ·········· 153
7.1.2 船舶动力装置的腐蚀概况 ·········· 154
7.2 高温高压水腐蚀 ·········· 155
7.2.1 高温水的腐蚀产物 ·········· 155
7.2.2 影响高温水腐蚀的因素 ·········· 156
7.2.3 高温高压水中的碱腐蚀 ·········· 158
7.2.4 高温高压水中的应力腐蚀断裂 ·········· 160
7.3 锅炉的腐蚀 ·········· 162
7.3.1 锅炉概述 ·········· 162
7.3.2 水侧的腐蚀 ·········· 164
7.3.3 烟气侧的腐蚀 ·········· 168
7.4 核动力装置的腐蚀 ·········· 172
7.4.1 包壳材料锆合金的腐蚀 ·········· 173
7.4.2 蒸汽发生器的腐蚀 ·········· 179
思考题与习题 ·········· 185

第3篇 船舶腐蚀的控制与防护技术 / 186

第8章 金属腐蚀的控制 …………… 186
- 8.1 金属腐蚀控制与防护方法分类 ………… 186
- 8.2 防腐蚀设计 ……………………………… 187
  - 8.2.1 耐蚀材料的选择 ………………… 187
  - 8.2.2 防腐蚀结构设计 ………………… 188
  - 8.2.3 防腐蚀强度设计 ………………… 191
  - 8.2.4 船舶腐蚀控制与防护方法设计 … 192
- 8.3 缓蚀剂 …………………………………… 193
  - 8.3.1 缓蚀剂的分类 …………………… 194
  - 8.3.2 缓蚀剂的选用原则 ……………… 196
- 8.4 阴极保护技术 …………………………… 197
  - 8.4.1 阴极保护的基本原理 …………… 197
  - 8.4.2 阴极保护的参数 ………………… 198
  - 8.4.3 阴极保护的应用范围 …………… 199
  - 8.4.4 牺牲阳极阴极保护 ……………… 200
  - 8.4.5 外加电流阴极保护 ……………… 202
  - 8.4.6 牺牲阳极阴极保护法和外加电流阴极保护法的比较 …………… 205
  - 8.4.7 阴极保护与涂料联合保护 ……… 205
- 思考题与习题 ………………………………… 206

第9章 金属覆盖层保护技术 ………… 207
- 9.1 电镀 ……………………………………… 208
  - 9.1.1 概述 ……………………………… 208
  - 9.1.2 电镀工艺 ………………………… 208
  - 9.1.3 电镀合金 ………………………… 209
  - 9.1.4 电刷镀 …………………………… 210
- 9.2 化学镀 …………………………………… 211
  - 9.2.1 化学镀简介 ……………………… 211
  - 9.2.2 化学镀镍 ………………………… 211
- 9.3 热浸镀 …………………………………… 212
  - 9.3.1 热浸镀锌层的性能 ……………… 213
  - 9.3.2 热浸镀锌的工艺 ………………… 213
  - 9.3.3 热浸镀锌层的结构 ……………… 214
  - 9.3.4 热浸镀Zn-Al合金镀层 ………… 215
- 9.4 渗镀 ……………………………………… 218
  - 9.4.1 渗锌的方法 ……………………… 219
  - 9.4.2 粉末渗锌层的组织、性能及应用 … 219
- 9.5 热喷涂 …………………………………… 220
  - 9.5.1 热喷涂的原理 …………………… 221
- 9.5.2 涂层的性能 ……………………… 223
- 9.5.3 热喷涂技术工艺方法 …………… 224
- 9.5.4 防腐蚀涂层 ……………………… 225
- 9.5.5 热喷涂技术的局限性及其应用 … 229
- 思考题与习题 ………………………………… 230

第10章 化学转化膜 …………………… 231
- 10.1 铝合金的阳极氧化 …………………… 231
  - 10.1.1 阳极氧化技术概述 …………… 231
  - 10.1.2 阳极氧化膜的结构与生成机理 … 233
  - 10.1.3 阳极氧化膜的性能 …………… 235
  - 10.1.4 铝合金阳极氧化工艺 ………… 236
  - 10.1.5 着色和封孔处理 ……………… 239
- 10.2 铝合金的微弧氧化 …………………… 241
  - 10.2.1 微弧氧化技术概述 …………… 241
  - 10.2.2 微弧氧化工艺过程及原理 …… 241
  - 10.2.3 铝合金微弧氧化膜的结构 …… 243
  - 10.2.4 铝合金微弧氧化膜的性能 …… 243
  - 10.2.5 微弧氧化技术存在的问题 …… 245
- 10.3 其他化学转化膜 ……………………… 245
  - 10.3.1 钢铁的磷化处理 ……………… 245
  - 10.3.2 铬酸盐处理 …………………… 246
  - 10.3.3 钢铁的化学氧化 ……………… 247
- 思考题与习题 ………………………………… 248

第11章 船舶涂料与涂装技术 ……… 249
- 11.1 涂料的作用及组成 …………………… 249
  - 11.1.1 涂料的作用 …………………… 249
  - 11.1.2 涂料的组成 …………………… 250
- 11.2 船舶涂料的特点及要求 ……………… 254
  - 11.2.1 船舶涂料的特点 ……………… 254
  - 11.2.2 船舶涂料的分类及其要求 …… 254
- 11.3 船舶涂装概述 ………………………… 256
  - 11.3.1 船舶涂装三要素 ……………… 256
  - 11.3.2 船舶涂装的特点 ……………… 256
  - 11.3.3 船舶涂装的工艺流程 ………… 257
- 11.4 防污涂料概述 ………………………… 260
  - 11.4.1 海生物的种类 ………………… 260
  - 11.4.2 海生物附着的防护方法 ……… 261
  - 11.4.3 防污涂料 ……………………… 262
- 思考题与习题 ………………………………… 264

主要符号表 ………………………………………… 265
参考文献 …………………………………………… 266

绪 论

0.1 腐蚀的定义和分类

0.1.1 腐蚀的定义

20世纪50年代前,腐蚀的定义只局限于金属的腐蚀,它是指金属在周围介质(最常见的液体和气体)作用下,由于化学变化、电化学变化或物理溶解而产生的破坏。金属的腐蚀必须有外部介质的作用,而且这种作用是发生在金属与介质的相界上,它不包括因单纯机械作用引起的金属磨损破坏。

随着非金属材料的迅速发展,腐蚀的破坏引起了人们的重视。从20世纪50年代以来,许多权威的腐蚀学者或研究机构倾向于把腐蚀的定义扩大到所有材料。如美国工程师协会(NACE)在1985年公布的腐蚀定义如下:

腐蚀是材料(通常是金属)由于和周围环境的作用而造成的破坏。

目前,腐蚀的定义在金属材料的腐蚀研究中最为严密和成熟,未经特别说明,**本书中的腐蚀都是指金属的腐蚀。**

0.1.2 腐蚀的分类

(1) 根据腐蚀机理分类

① 化学腐蚀 金属材料与非电解质直接发生纯化学作用而引起的破坏。其反应历程的特点是金属表面的原子与非电解质中的氧化剂直接发生氧化还原反应,腐蚀产物生成于腐蚀反应的表面,当它牢固地覆盖在金属表面时,会减缓进一步的腐蚀。腐蚀反应过程中,电子的传递是在金属与氧化剂之间直接进行的,因而没有电流的产生。单纯化学腐蚀的例子是较少见到的,通常认为金属在干燥空气中的高温氧化是典型化学腐蚀的例子。但根据氧化膜的近代观点,金属表面的氧化膜是半导体膜,既能电子导电,又能离子导电,据此,Wagner提出金属高温氧化最初是化学反应,但氧化膜的成长则是属于电化学机理。

② 电化学腐蚀 金属与电解质接触时,由于腐蚀电池作用而引起的腐蚀,称为电化学腐蚀。电化学腐蚀的特点在于腐蚀历程可分为两个相对独立并同时进行的阳极(金属发生氧化反应)和阴极(氧化剂发生还原反应)过程。其特征为被腐蚀的金属表面上一般具有隔离的阳极区和阴极区,腐蚀区域是金属表面的阳极,电子通过金属从阳极区流向阴极区,腐蚀过程必然伴有电流的产生。腐蚀产物通常在阳极与阴极之间,不能覆盖被腐蚀区域,通常起不到保护作用。电化学腐蚀是最普遍、最常见的腐蚀,金属在各种电解质水溶液中,在海水、淡水、大气和土壤等介质中所发生的腐蚀皆属此类。

③ 物理腐蚀 物理腐蚀是指金属由于单纯的物理溶解作用所引起的破坏。如金属在液态金属中的腐蚀。如用来盛放熔融锌的钢容器,由于铁被液态锌所溶解,钢容器逐渐变薄。

(2) 按照腐蚀形态分类

① 全面腐蚀 腐蚀发生在整个金属与介质接触的表面，也称为均匀腐蚀。

② 局部腐蚀 虽然金属与介质全面接触，但是腐蚀优先发生在表面的局部区域，而表面的其他部分则几乎未被腐蚀或腐蚀程度很低。一般包括点蚀、缝隙腐蚀、电偶腐蚀、晶间腐蚀、成分选择性腐蚀等，这些腐蚀类型一般属于电化学腐蚀。

在局部腐蚀中，还有一类是金属材料在应力和腐蚀性环境介质协同作用下发生的腐蚀破坏，即应力作用下的腐蚀，包括应力腐蚀开裂、腐蚀疲劳、氢腐蚀、磨损腐蚀等。由于腐蚀性介质与应力的联合作用，常常造成非常严重的腐蚀破坏，且破坏具有突发性。

(3) 根据金属材料所处的介质和环境分类

① 干腐蚀 金属材料在干燥大气中的腐蚀，称为干腐蚀，通常为化学腐蚀，最常见的是在高温气体中的氧化。

② 非电解质溶液中的腐蚀 如金属材料在卤代烃（如 CCl_4、$CHCl_3$）和各种有机液体物质中的腐蚀，这类腐蚀为化学腐蚀。但当介质中含有少量水分时，腐蚀性质就会改变。如金属材料在含痕量水的汽油、煤油中的腐蚀，起作用的实际上是水，为电化学腐蚀。

③ 电解质溶液中的腐蚀 腐蚀介质为电解质溶液，腐蚀过程为典型的电化学腐蚀，也称为湿腐蚀。通常分两类：自然环境介质中的腐蚀（如海水腐蚀、淡水腐蚀、大气腐蚀、土壤腐蚀等，都是电解液中的腐蚀）和工业环境介质中的腐蚀（如酸、碱、盐溶液中的腐蚀，工业水中的腐蚀等）。

0.2 船舶腐蚀的特点

船舶的种类很多，按航行区域，大致可分为港内服务船、内河船舶和海洋船舶。本书所指的船舶主要是海洋船舶，包括军用船舶（即舰船）。

船舶是复杂的水上建筑物，由成千上万吨钢铁、动力装置和数以万计的设备、仪表、构件、设施组成，它的建造是一个非常复杂的工程。由于建造和使用的特殊性，且内部结构、环境复杂，船舶的腐蚀与防护有其自身的特点。

0.2.1 船舶制造工艺复杂，易产生腐蚀问题

船舶制造是一项综合性的生产过程，主要包括三个过程：船体建造、舾装作业和涂装作业。

船体建造就是加工制作船体构件，再将它们焊接组装成中间产品（部件、分段、总段），然后吊运至船台上总装成船体的工艺过程。船体用材料多为钢材，其作业内容一般包括船体号料、船体构件加工、中间产品制造和船台总装等，焊接是船体结构的主要连接方式。

船舶舾装作业是将主船体和上层建筑以外的机电装置、管路、营运设备、生活设施、各种属具和舱室装饰等安装到船上的工艺过程。它不仅使用钢材，使用铜、钛、铝等有色金属及其合金，还使用木材、工程塑料、水泥、陶瓷、橡胶和玻璃等多种非金属材料。舾装作业涉及装配工、焊工、木工、钳工、电工等多达十多个工种。

船舶涂装作业是在船体内外表面和舾装件上，按照技术要求进行除锈和涂覆各种涂料的工艺过程。按作业顺序一般包括钢材预处理、分段涂装、总段涂装、船台涂装和码头涂装等几个阶段。

船舶制造的主要工艺流程如下：

① 船体放样和样板制作。
② 钢材预处理和号料。
③ 零件加工。零件加工分船体构件加工和舾装件的加工。船体构件加工包括构件的边缘加工和构件成形加工等内容。船体构件成形加工是对一些具有弯曲、折角或折边等空间形状的构件，在经过边缘加工后，将其弯制或折曲成所要求的空间形状的加工过程。它通过各种机械设备在常温下进行冷弯成形加工，对少数曲形复杂的构件则在高温下进行热弯成形加工，或采用水火弯制工艺。
④ 中间产品制造。按不同的制造级，中间产品有部件、分段、大型分段、总段、舾装单元。中间产品制造顺序为：部件装焊→分段装焊→总段装焊。中间产品制造过程中还要进行相应的涂装和预舾装作业。
⑤ 船舶总装。将中间产品组装成船舶，并按制造级完成船内舾装和船台涂装作业。
⑥ 船舶下水。当船舶在船台（或船坞内）建造到预定工程量时，需要依靠专门的设备和操作方法，将船舶从建造区移至水中。
⑦ 船舶试验，包括系泊试验和航行试验。
⑧ 交船验收。

在船舶制造整个过程中，使用材料种类繁多，包括不同牌号的钢材、不锈钢、铜合金、铝合金、钛合金等金属材料，还有工程塑料、陶瓷、橡胶等多种非金属材料；在零件、构件加工中，除机加工外，还有冷弯成形、热弯成形、水火弯制等工艺，且许多加工要在现场完成；在零件、构件连接上，有焊接、法兰连接等形式，且常由于空间不足等不良现场条件而使构件间连接质量难以得到很好的保证。船舶制造工艺复杂，各环节的管控难度大，若再加上设计中对腐蚀防护重视不够或考虑不周等问题，很容易产生各种腐蚀问题。

0.2.2 船舶腐蚀介质环境特殊

船舶的主要防腐部位可分为两大部位，即船体外部和船体内部。船舶腐蚀情况根据船体各部位所处的腐蚀环境、船舶航行海域、船龄以及保养程度的不同而有很大的差别。

船体外部主要分为：水下船体、水线区、干舷、上层建筑、露天甲板、舱口围板、舱口盖、舷墙内侧等。船体水下部分，根据腐蚀介质的作用条件，可分为艏部、艉部、船舷和船底四个部分。船体的艏部，海水对壳体产生较大的流体动力作用，产生泡沫翻滚的波浪区，以及经常受锚链和漂浮物的冲击，涂层首先被破坏。船体的艉部在螺旋桨所产生的强烈水流的作用下，船艉部壳板和舵叶上遭到明显的局部流体动力的作用。船舷外壳表面受到比艏艉较小的动力作用，但在船靠码头时，涂层特别容易遭到破坏。在船底部位，容易附着海生物，海生物可促进腐蚀，还会侵入涂膜中而破坏漆膜。水线区除受各种漂浮物和系泊条件破坏涂层外，港口水面上经常存在的石油产物层也会使涂层破坏，并且此区域处于干湿交替条件，大大增强了腐蚀介质的侵蚀性。船体水上结构，包括干舷、甲板、上层建筑，主要受到海洋大气、海水飞沫及冲洗甲板时海水的腐蚀。水在各种难以维护的地方聚集并长期存在，也易造成船体水上结构的局部腐蚀破坏。还有，甲板上的个别区域温度高或原甲板敷料损坏而造成很严重的局部腐蚀，以及火工校正造成的金属组织结构破坏而加速腐蚀。

船体内部主要分为：艏尖舱、艉尖舱、海水压载舱、淡水舱、锚链舱、机舱底、各种油舱、机械舱、生活舱、工作舱，还有干舱和货舱。不同区域腐蚀介质存在着明显的差异。液舱经常湿润和供氧充足，且舱体结构存在应力不匀。锚链舱的锚链夹带泥土和海水，拖入和拖出时还存在严重摩擦磨损。油轮的油舱和压载舱，存在着油和海水相互交替作用。艏尖舱、艉尖舱、压载舱、锚链舱、污水井和机舱、泵舱等部位是最难以维护保养的船体内部结构。另外，船体内部管路设备繁多，管径大小不一，且存在许多弯管、变径管等，使管内海水流速高低不一，还存在由于安装等引起的应力。

0.2.3 船舶涂装工艺复杂，易产生腐蚀问题

涂料保护是最经济有效的防腐方法，也是船舶最主要的腐蚀防护方法。船舶使用的涂料种类多，不同的部位、舱室需采用不同涂料配套。船舶制造要经历分段制造与预舾装、船台或坞内合拢、下水、码头舾装与系泊试验、试航等过程。船舶的涂装工艺要与整个造船工艺相适应。在造船的过程中，涂装工作（包括表面处理）分为以下工艺阶段：钢材预处理和涂车间底漆→分段涂装→船台涂装→码头涂装→坞内涂装→舾装件涂装。另外，由于船舶涂装现场多处于沿河、海港口，在盐雾、潮湿条件下涂装作业，而整个非整体涂装施工间隔较长。以上因素使船舶的涂装工艺比其他钢结构复杂得多。因此，若涂装方法、工艺不当或涂装管理不严格，极易产生腐蚀问题。

另外，在修船过程中，涂装更为困难。涂装前要清除表面的海生物、盐分、污物、旧的涂层，然后再除锈。船体内部许多部位，难以清除干净，除锈等级也不易达到建造时的水平，且涂装也不易作业。因此，经常出现修船后涂层保护效果下降的问题。

0.3 船舶腐蚀与防护的重要性

材料的腐蚀问题遍及国民经济的各个领域，腐蚀不仅消耗大量宝贵的资源和能源，还会造成许多灾难性后果，带来巨大经济损失，其危害触目惊心。1967年12月美国西弗吉尼亚州和俄亥俄州之间俄亥俄桥因钢梁的应力腐蚀开裂和腐蚀疲劳而突然塌入河中，造成46人死亡。2013年11月青岛地下输油管道爆炸是由于腐蚀引发管道破裂，发生原油泄漏，导致62人死亡，直接经济损失7亿元。2002年和2016年中国工程院的大规模腐蚀调查结果表明，1999年和2014年我国腐蚀造成的总经济损失分别为5000亿元和21000亿元，分别约为当年国内市场总值（GDP）的5%和3.34%。据世界上主要工业国家的调查统计，材料腐蚀带来的经济损失占GDP的3%~5%。2016年美国国际腐蚀工程师协会公布的全球腐蚀损失为2.5万亿美元。

在海洋环境中服役的船舶，常年处于复杂海洋介质、严苛气候环境中，船体内部的动力装置等的冷却系统、消防系统也大多采用海水，因此，船舶面临着严重的腐蚀问题。多重的腐蚀作用，可导致船舶结构强度的下降、螺旋桨推进效率的降低、机动性能变差、噪声增大、声呐受到干扰、仪表灵敏度下降甚至失灵等严重问题。这些问题不仅缩短了船舶的服役寿命，降低了在航率，还增大了航行阻力，大幅增加了燃油消耗；针对腐蚀而进行的进坞修理，将花费巨额维护维修费用。而对于舰船，腐蚀还可降低舰船的技术性能和战术性能乃至贻误战机，严重影响战斗任务的完成。据报道，美国海军舰船因腐蚀而导致的维修费用占整个费用的1/3。以上说明，腐蚀对船舶的影响非常大，造成的损失也很大，腐蚀已经成为影响船舶性能、服役安全、寿命、可靠性的最重要因素。

国内外公认，如果采取有效的腐蚀防护措施，25%~40%的腐蚀损失可以避免。因此，重视船舶的腐蚀问题，掌握船舶腐蚀特点和规律，对船舶进行腐蚀防护与控制，具有非常重要的意义，也可获得显著的经济效益。腐蚀控制要从设计开始，贯穿于建造、使用、维护、维修全过程，要加强腐蚀控制的管理，进行全方位的控制。同时，要加强新材料、新工艺、新技术等新成果的合理应用，提升腐蚀防护的水平。

思考题与习题

1. 电化学腐蚀的重要前提是腐蚀介质（水溶液）要具有什么特性？
2. 在电化学腐蚀过程中，阳极电流 I_a 与阴极电流 I_k 之间有什么关系？
3. 化学腐蚀和电化学腐蚀有什么不同？
4. 腐蚀控制有何意义？腐蚀可否根除？

第1篇
金属腐蚀的原理

第1章
金属电化学腐蚀原理

1.1 腐蚀电池

金属材料发生电化学腐蚀是因为表面形成了腐蚀电池。下面以传统的干电池（原电池）和一块在海水中腐蚀的钢板进行比较。

最简单的原电池就是人们日常生活中所用的干电池。它是由中心炭棒（正电极）、外包锌皮（负电极）及两极间的糊状电解质所组成，糊状电解质主要成分为氯化铵和二氧化锰，如图1-1所示。当外电路接通时，灯泡即通电发光。

电极过程如下：

阳极（负极）（锌皮）上发生氧化反应，使锌原子离子化，即

$$Zn \longrightarrow Zn^{2+} + 2e$$

阴极（正极）（炭棒）上消耗电子发生还原反应：

$$MnO_2 + H^+ + e \longrightarrow MnOOH$$

随着反应的不断进行，锌不断地被离子化，释放电子，在外电路中形成电流。锌离子化的结果是使锌被腐蚀。

腐蚀钢板表面存在肉眼难以分辨的微小阳极（负极）和阴极（正极）（图1-2），它们彼此靠金属基体相连，与干电池相同，阳极部分的铁发生氧化（腐蚀），这种电池称为腐蚀电池。腐蚀电池实际上是短路的原电池，也称为腐蚀原电池。干电池和钢板腐蚀电池的特征对照如表1-1所示。

表1-1 干电池和钢板腐蚀电池的特征对照

项目	干电池	钢板腐蚀电池
阳极反应	$Zn \longrightarrow Zn^{2+} + 2e$	$Fe \longrightarrow Fe^{2+} + 2e$
阴极反应	炭棒表面 $MnO_2 + H^+ + e \longrightarrow MnOOH$	钢板表面 $O_2 + 2H_2O + 4e \longrightarrow 4OH^-$

项目	干电池	钢板腐蚀电池
电子通道	干电池的外部导线	钢板本身
离子通道	内部的电解质	海水

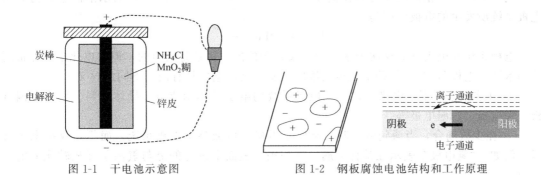

图 1-1 干电池示意图　　　图 1-2 钢板腐蚀电池结构和工作原理

1.1.1 电极系统

在进一步讨论腐蚀电池之前，先讨论一下电极系统的概念。

把能够导电的物体称为导体，但从导体中形成电流的荷电粒子来看，一般将导体分为两类：一类是在电场作用下沿一定方向运动的荷电粒子是电子或电子空穴，这类导体叫作电子导体，包括金属导体和半导体；另一类导体在电场的作用下沿一定方向运动的荷电粒子是离子，这类导体叫作离子导体，例如电解质溶液就属于这类导体。如果系统由两个相组成，一个是电子导体，叫作电子导体相；另一个是离子导体，叫作离子导体相。当有电荷通过它们互相接触的界面时，有电荷在两个相间转移，把这个系统就叫作电极系统。

这种电极系统的主要特征是：伴随着电荷在两相之间的转移，不可避免地同时会在两相的界面上发生物质的变化——由一种物质变为另一种物质，即化学变化。如果相接触的两个相都是电子导体相，则在两相之间有电荷转移时，只不过是电子从一个相穿越界面进入另一个相，在界面上并不发生化学变化。但是如果相接触的是两种不同类的导体时，则在电荷从一个相穿越界面转移到另一个相中时，这一过程必然要依靠两种不同的荷电粒子（电子和离子）之间互相转移电荷来实现。这个过程也就是物质得到或释放外层电子的过程，而这正是电化学变化的基本特征。

因此，电极反应可定义为：在电极系统中，伴随着两个非同类导体相之间的电荷转移，两相界面上所发生的电化学反应。电极系统通常有以下三种：

① 单质金属与含同种金属离子的电解质构成的电极系统。例如：将一块金属铜浸入无氧的 $CuSO_4$ 水溶液中，此时，电子导体相是铜，离子导体相是 $CuSO_4$ 水溶液，构成了一个电极系统。当两相之间发生电荷转移时，在两相界面上，即在与溶液接触的铜表面上，同时发生的物质变化为

$$Cu \rightleftharpoons Cu^{2+} + 2e$$

伴随着正电荷从电子导体相（金属相）转移到离子导体相（溶液相），在铜的表面上，Cu 原子失去两个电子变成 Cu^{2+} 进入溶液，向着正反应方向进行；随着正电荷从离子导体相转移到电子导体相，相应地发生还原反应，朝着逆反应方向进行。

② 金属与覆盖该金属的难熔化合物组成的电极，浸在与难熔化合物具有相同阴离子的溶液中组成的电极系统。

③ 电子导体为惰性金属，不直接参与电极反应组成的电极系统。例如：将一块铂片浸在氢气气氛下的 HCl 溶液中，此时构成电子系统的是电子导体相 Pt 和离子导体相 HCl 水溶液。在两相界面上有电子转移时发生的物质变化是

$$H_2 \rightleftharpoons 2H^+ + 2e$$

例如：将一块铂片浸在含有铁离子（Fe^{3+}）和亚铁离子（Fe^{2+}）的水溶液中，构成的电极系统所发生的电极反应是

$$Fe^{2+} \rightleftharpoons Fe^{3+} + e$$

电极系统与电极反应这两个术语的意义是明确的，区别是明显的，但在电化学中经常用到的术语"电极"，含义却并不是很明确的。实际上，电极具有两个不同的含义：

① 在多数情况下，电极仅指组成电极系统的电子导体相或电子导体材料。例如，铜电极、汞电极、石墨电极等。

② 在少数场合，当谈到电极时，指的是电极反应或整个电极系统，而不是仅指电极材料。例如，"氢电极"表示在某种金属（例如铂）表面上进行的氢与氢离子互相转化的电极反应。

在电化学中约定，当电极反应进行的方向是从还原态的体系向氧化态的体系转化时，称这个电极反应是按阳极反应方向进行，或称这个电极反应是阳极反应。相反，当电极反应进行的方向是由氧化态与电子结合而成为还原态时，称这个电极反应是按阴极反应方向进行，或称这个电极反应是阴极反应。

因而，原电池的电化学过程是由阳极的氧化过程、阴极的还原过程以及电子和离子的输运过程组成，电子和离子的运动就构成了电回路。

1.1.2 腐蚀电池的工作原理

图 1-3 是以锌为阳极（负极）、铜为阴极（正极）的腐蚀电池装置工作示意图。把大小相等的 Zn 片和 Cu 片同时置于盛有稀硫酸的同一烧杯中，并用导线通过毫安表连接起来，当合上开关，毫安表指针立即偏转，表明有电流通过。阳极锌失去的电子流向与锌接触的阴极铜，并与阴极铜面上溶液中的氢离子结合，形成氢原子进而生成氢气逸出。腐蚀介质中氢离子不断消耗，是借助于阳极锌离子提供的电子。以上原电池中，锌（阳极）与铜（阴极）短路，锌失去电子而腐蚀，成为腐蚀原电池。

由物理学可知，电流是从电位高的一端沿导线流向电位低的一端。在腐蚀电化学中，通常规定电位较低的电极（氧化反应发生的地方）为阳极，电位较高的电极（还原反应发生的地方）为阴极。因此，以上的原电池将发生如下电化学反应。

阳极反应：$Zn \longrightarrow Zn^{2+} + 2e$

阴极反应：$2H^+ + 2e \longrightarrow H_2$

总反应：$Zn + 2H^+ \longrightarrow Zn^{2+} + H_2$

产生电子的反应叫氧化反应，消耗电子的反应叫还原反应。电化学反应可抽象表示为：

$$O + ne \rightleftharpoons R$$

式中，O 是氧化剂；R 是还原剂。该反应也称为氧化还原反应。

由此可见，腐蚀原电池实质上是一个短路原电池，即电子回路短接，电流不对外做有用功，且只能导致金属材料的破坏。与原电池相同，一个腐蚀电池必须包括阳极、阴极、电解质溶液和外电路四个部分，缺一不可。由这四个部分组成的腐蚀原电池工作必须具备以下三个环节：

① 阳极过程。金属进行阳极溶解，以金属离子或水化离子形式转入溶液，同时将等量电子留在金属上（图 1-4）。

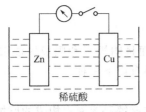
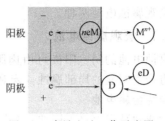

图 1-3 铜-锌在稀硫酸中的腐蚀电池　　图 1-4 腐蚀电池工作示意图

② 阴极过程。从阳极通过外电路流过来的电子被来自电解质溶液且吸附于阴极表面能够接受电子的物质，即被氧化性物质 D 所吸收。这种氧化性物质 D 通常称为腐蚀过程的去极化剂。

③ 电流的流动。电流的流动依靠电子从阳极经导线流向阴极，在电解质溶液中则是依靠离子的迁移。

腐蚀原电池的三个环节既相互独立又彼此紧密联系和相互依存，只要其中一个环节受阻而停止工作，整个腐蚀过程也就停止。

腐蚀电池工作时，除以上三个必需环节外，还会发生次生过程。在腐蚀过程中，靠近阴极、阳极区域的电解液的组成、浓度、pH 值等会发生变化。显然，只要不同区域的溶液组成一有差别，扩散作用就会产生，以力求使溶液中所有区域的组成趋向一致。在阳极过程和阴极过程的产物因扩散而相遇的地方，可能导致腐蚀次生过程的发生——难溶性产物的形成。若阴、阳极直接交界，那么难溶性沉积物可在直接靠近金属表面处形成较紧密的、具有一定保护性的氢氧化物保护膜（锈）黏附在金属上。这种膜在一定程度上可阻滞腐蚀过程的进行，因此倘若能变更腐蚀次生过程产物（锈）的组成，就能变更膜的性质，尤其是保护性质。腐蚀过程的许多特点是与膜的性质变化有关。必须指出的是，因腐蚀次生过程而在金属上形成的难溶性产物膜，其保护性比起氧在金属表面直接发生化学作用时生成的初生膜（钝化膜）要差得多。

例如铁在中性水溶液腐蚀时，Fe^{2+} 转入溶液，遇到 OH^- 就生成 $Fe(OH)_2$，$Fe(OH)_2$ 还可进一步氧化而形成 $Fe(OH)_3$。

$$Fe^{2+} + 2OH^- \longrightarrow Fe(OH)_2$$
$$4Fe(OH)_2 + O_2 + 2H_2O \longrightarrow 4Fe(OH)_3$$

随着条件（如温度、介质 pH 值、溶解氧含量等）的不同，可得到复杂的腐蚀产物，铁锈的组成可表示为：$mFe(OH)_2 + nFe(OH)_3 + pH_2O$ 或 $mFeO + nFe_2O_3 + pH_2O$，系数 m、n、p 的数值随着条件的不同会有很大的变化。

1.1.3 腐蚀电池的类型

金属表面形成腐蚀电池是由于金属表面存在电化学不均匀性，使金属表面的某些部位成为电池的阴极，发生阴极反应（如氧去极化反应），而其他部分成为电池的阳极，发生阳极溶解，以金属离子或水化离子形式转入溶液。

金属表面电化学不均匀性的产生与金属和介质有关。当不同金属接触时，一种金属成为腐蚀电池的阳极，另一种金属成为腐蚀电池的阴极。当金属组织不均匀时，有些组成相成为腐蚀电池的阴极，另一些组成相成为腐蚀电池的阳极。当介质中的阴极反应物浓度不同时，浓度高的金属表面部位易于发生阴极反应，成为腐蚀电池的阴极，而浓度低的部位成为腐蚀电池的阳极，发生阳极溶解。

根据氧化（阳极）和还原反应（阴极）电极的尺寸以及肉眼的可分辨性，将腐蚀电池分为宏观与微观腐蚀电池两种。

1.1.3.1 宏观腐蚀电池

宏观腐蚀电池的阴、阳极可由肉眼分辨出来，而且阴极区和阳极区能够长时间保持稳定，由此将产生明显的局部腐蚀。宏观腐蚀电池主要有以下三种。

(1) 异种金属电池

当两种或两种以上（不同的）金属相接触时，在电解质溶液中构成的腐蚀电池称为异种金属电池（电偶腐蚀电池）。下面是两个异种金属电池的实验。

将铜丝缠绕在铁钉的中部，放入 3% NaCl 琼脂溶液中，溶液中滴加酚酞（OH^- 指示剂）和铁氰化钾（Fe^{2+} 指示剂），放置一段时间后，可清楚看到铁钉的两头呈蓝色，而铁钉的中部呈红色［如图 1-5（a）所示］。将锌丝缠绕在铁钉的中部，也放入同样的 3% NaCl 琼脂溶液中，放置一段时间后，可清楚看到铁钉的两头呈红色，而铁钉的中部呈蓝色［如图 1-5（b）所示］。这种现象是由于形成了异种金属腐蚀电池：铁钉-铜电池和锌-铁钉电池。

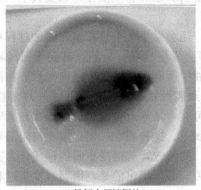
(a) 铁钉中间缠铜丝

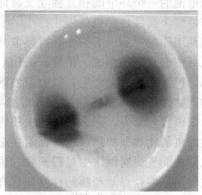
(b) 铁钉中间缠锌丝

图 1-5　铁钉-铜和锌-铁钉在 3% NaCl 琼脂溶液中的腐蚀电池

对于铁钉-铜电池，铜是阴极，铜表面发生氧的去极化反应（$O_2 + 2H_2O + 4e \longrightarrow 4OH^-$），形成 OH^- 使酚酞呈红色；铁钉是阳极，无铜的部位（两端）发生铁的阳极溶解（$Fe \longrightarrow Fe^{2+} + 2e$），$Fe^{2+}$ 与铁氰化钾反应呈蓝色。

对于锌-铁钉电池，锌是阳极，发生锌的阳极溶解（$Zn \longrightarrow Zn^{2+} + 2e$），溶液不变色；铁钉是阴极，无锌的铁钉（两端）发生氧的去极化反应（$O_2 + 2H_2O + 4e \longrightarrow 4OH^-$），形成 OH^- 使酚酞呈红色。

(2) 浓差电池

同一金属浸入同一电解质溶液中，当局部的浓度不同时构成的腐蚀电池。氧浓差（充气不均匀）电池是最常见的浓差电池。下面是一个氧浓差电池的实验：将打磨的锌片放入 3% NaCl 琼脂溶液的烧杯中，沿锌片滴入几滴酚酞，静置一段时间，在溶液凝固后，从烧杯侧面可清楚地看到，琼脂溶液顶部的锌片区域呈红色，下部为白色（如图 1-6 所示）。这是由于琼脂溶液顶部的氧浓度高，烧杯底部的琼脂溶液氧浓度低，形成了氧浓差电池，锌片的下半部分为腐蚀电池的阳极，琼脂溶液顶部区域的锌片部分为腐蚀电池的阴极，在锌表面发生氧的去极化反应：$O_2 + 2H_2O + 4e \longrightarrow 4OH^-$，形成 OH^- 使酚酞呈红色。

图 1-6　锌片在 3% NaCl 琼脂溶液中的氧浓差电池

（3）温差电池

浸入电解质溶液中的金属各部分由于温度不同可能形成温差电池。例如，碳钢换热器高温端（阳极）比低温端（阴极）腐蚀严重。

关于异种金属电池、浓差电池等宏观腐蚀电池的作用，在后面的章节中有更详尽的论述、分析。

1.1.3.2 微观腐蚀电池

微观腐蚀电池是肉眼难以分辨出电极的极性，但确实存在着氧化和还原反应过程的原电池。微观腐蚀电池可以看成是"缩小"的宏观腐蚀电池，微观腐蚀电池的形成也是由于存在材料、介质的差异。微观腐蚀电池的最初形成主要是由于材料本身存在不均匀性，主要表现在以下四个方面。

（1）化学成分不均匀

金属和合金中常含有各种各样的杂质，如磷、硫、氧等，在金属和合金中形成夹杂物。当它们与电解质溶液相接触时，这些夹杂物则以微电极的形式与基体金属构成了许多短路的微电池。例如：硫是钢铁中的主要有害杂质之一，在钢中主要以硫化物存在，硫化物的电极电位比基体铁正，可加速钢铁基体的腐蚀。

合金中通常存在成分不均匀的问题，即存在偏析，合金元素含量高的部分与低的部分就构成了短路的微电池。

（2）组织结构不均匀性

许多金属材料为多相组织，不同相之间就会形成腐蚀微电池。合金中第二相多数情况是阴极相，基体为阳极相。如钢中第二相渗碳体（Fe_3C）为阴极相，基体相铁素体为阳极相。但有些 Al 合金的第二相为阳极相，如 Mg 质量分数大于 3% 的 Al-Mg 合金中，Mg_5Al_8、Al_3Mg_2 相是阳极相。

（3）金属表面的物理状态不均匀

物理状态指金属表面的粗糙度、应力及变形的不均匀性和腐蚀产物的特性等。金属表面各部分变形、加工不均匀、晶粒畸变，都会导致形成微观电池。一般形变大、内应力大的部分为阳极区，易遭受腐蚀。

（4）金属表面膜的不完整性

金属表面一般存在一层氧化膜，如果这层氧化膜不完整，有裂纹或孔隙、破损，则这些缺陷处的金属相对于表面膜来说，电极电位较负，成为微电池的阳极，腐蚀从此处萌生。

由于是微观电池，微观区域的介质不均匀性不明显，因此，由于介质不均匀性而诱发腐蚀微电池的情况比较少。但当微观腐蚀电池形成后，随着腐蚀的发展，常常产生介质不均匀性，从而又增强了微观腐蚀电池的作用，引起严重的局部腐蚀。

1.1.4 电化学腐蚀与化学腐蚀的区别

化学腐蚀和电化学腐蚀一样，都会引起金属材料的失效。在化学腐蚀中，电子传递是在金属与氧化剂之间直接进行，没有电流产生。而在电化学腐蚀中，电子传递是在金属和溶液之间进行，对外显示电流。这两种腐蚀的区别见表 1-2。

表 1-2 电化学腐蚀与化学腐蚀的比较

项目	化学腐蚀	电化学腐蚀
介质	干燥气体或非电解质	电解质溶液

续表

项目	化学腐蚀	电化学腐蚀
反应驱动力	化学位不同的反应相相接触	电极电位不同的导体物质组成电池
电子传递	反应物直接碰撞和传递,测不出电流	通过电子导体在阴、阳极上得失,测得出电流
反应区	在碰撞点上瞬时完成	在相对独立的阴、阳区同时完成
产物	在碰撞点直接形成	一次产物在电极上形成,二次产物在一次产物相遇处形成

电化学腐蚀时,腐蚀能否发生与能否形成腐蚀电池有关,腐蚀的发展、腐蚀速度的快慢与腐蚀电池的作用密切相关。因此,要搞清电化学腐蚀的基本原理,必须弄清腐蚀原电池的形成原理、腐蚀原电池的工作机理等相关问题,这些内容就是电化学腐蚀的热力学和动力学的内容。下面先讨论电化学腐蚀的热力学问题。热力学研究的是腐蚀能否发生的问题,即能否形成腐蚀电池的问题。腐蚀快慢是动力学研究的主要问题之一。

1.2 电化学腐蚀热力学

1.2.1 电极电位

1.2.1.1 单电极与多重电极

一个完整的腐蚀电池是由两个电极组成的。一般把一个电极称作半电池。从这个意义上说,电极不仅包括金属本身,而且也包括电解质溶液。电极可分为单电极和多重电极。单电极的相界面上发生唯一的电极反应,而多重电极则可能发生多个电极反应。

单电极包括金属电极、气体电极和氧化还原电极/惰性金属电极三种。

(1) 金属电极

金属在含有自己离子的溶液中构成的电极叫金属电极。例如,铜在硫酸铜溶液中建立起来的平衡电极,其反应为:

$$Cu \rightleftharpoons Cu^{2+} + 2e$$

(2) 气体电极

某些贵金属或者某些晶格之间化学稳定性高的金属,当把它们浸入不含有自己离子的溶液中时,它们不能以离子形式进入溶液中,溶液中也没有能沉积到电极上的物质,只有溶于溶液中的一些气体吸附在电极上,并使气体离子化,而在电极上只交换电子,不交换离子,这种电极叫气体电极。它包括氢电极、氧电极和氯电极等。

① 氢电极。标准氢电极,其电极反应为:$H_2 \rightleftharpoons 2H^+ + 2e$。

② 氧电极。金属铂在溶液中吸附溶解氧,形成氧电极。在氧电极上建立的平衡为:$O_2 + 2H_2O + 4e \rightleftharpoons 4OH^-$。

(3) 氧化还原电极/惰性金属电极

金属/溶液界面上只有电子可以交换,只有电子可迁越相界面的一种金属电极。例如,将Pt置于含铁离子(Fe^{3+})和亚铁离子(Fe^{2+})的水溶液中,其电极反应为:$Fe^{3+} + e \rightleftharpoons Fe^{2+}$。

Fe^{3+}是氧化剂,Fe^{2+}是其还原态。当氧化剂与它的还原态建立起平衡时,就有一定的电位,该电位就叫氧化还原电位。

单电极稳定时,电极体系处于平衡状态,是平衡可逆电极。

多重电极一个电极上同时发生两个或两个以上的电极反应。多重电极是一种非平衡不可逆的电极。例如，将锌板插入盐酸溶液中，可发生两个电极反应。

阳极反应：$Zn \longrightarrow Zn^{2+} + 2e$

阴极反应：$2H^+ + 2e \longrightarrow H_2$

反应均发生在锌板上，虽然没有宏观电流通过，却由于放氢反应，而使两个有电子参与的化学反应得以持续进行，其总反应：

$$Zn + 2H^+ \longrightarrow Zn^{2+} + H_2$$

电极还可分为可逆电极和不可逆电极。单电极往往可以做到电子交换和物质交换的平衡，成为可逆电极。因此，只有单电极才可能是可逆电极，多重电极一般是不可逆电极。

1.2.1.2 电极电位

在电化学中，电极电位的概念非常重要，它不仅仅是电化学系统反应方向的主要热力学判据，也是电化学动力学上影响电极反应速率的主要参数。

电极反应是金属与电解质溶液的界面上进行的电化学反应。在电极反应中，除了物质变化外，还有电荷在两种不同导体相之间的转移，电荷从一相转移到另一相必将伴随着能量的变化。

根据静电学理论，某一位置的电位可定义为把单位正点电荷自无穷远处移至该点因反抗电场作用力所做的功。

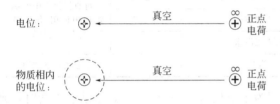

把一单位正点电荷从无穷远处移至物质相 M 内部所做的电功称为物质相 M 的内电位（或伽伐尼电位），用符号 ϕ 表示（点电荷只有电荷而没有物质，移入物质相 M 内，只会引起 M 相的电能变化，而无须克服 M 相的化学作用力）。

电极体系是由电子导体和离子导体相接处而组成的，电子导体与离子导体之间的内电位之差 $\Delta\phi_M = (\phi^M - \phi^{Sol})$ 称为该电极的绝对电极电位。绝对电极电位即为单位正点电荷自离子导体移入电子导体 M 内因抵抗电场力而消耗的功。由于单位正点电荷穿过两相表面层所做的功无法计算，也无法测量，因此绝对电极电位值无法计算，也无法测量。这虽然给绝对电极电位的应用带来了困难，但不影响该参数的实际应用，因为影响电极反应的是电极电位的变化。

众所周知，原电池的电动势是可以测量的。为测量电极电位的变化量，可设法将待测电位的电极与另一个人为规定其电位为零的电极（该电极称为参比电极）组成原电池（参比电极‖待测电极），测量该电池的电动势，就可得待测电极相对于参比电极的电位值，该电位值称为待测电极的相对电极电位，通常用符号 E 表示。相对电极电位测量如图 1-7 所示，图中仪器 V 为高阻抗电压表。在本书的后面内容中，若无特殊说明，电极电位均指的是相对电极电位。

参比电极一般应满足以下几个条件：

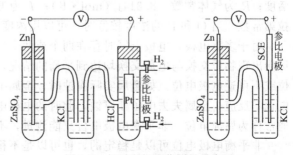

图 1-7　相对电极电位测量示意图

① 电极反应是可逆的；
② 电位稳定而不随时间变化；
③ 交换电流密度大，不极化或难极化；
④ 参比电极内溶液与腐蚀介质互不渗污，溶液界面电位小；
⑤ 温度系数小。

参比电极有很多种，其中最重要的是标准氢电极（NHE 或 SHE）。但由于标准氢电极的制作和携带都很不方便，所以在实际使用时，广泛采用第二级参比电极。如：甘汞电极、银/氯化银电极、铜/硫酸铜电极。常见参比电极相对标准氢电极的电极电位见表1-3。

表1-3 常见参比电极的电极电位（25℃，NHE）

参比电极	表达式	电位/V	优点
标准氢电极(NHE 或 SHE)	$H_2(1atm)\mid H^+(a=1)$	0	
饱和甘汞电极(SCE)(4.1mol/L)	$Hg\mid Hg_2Cl_2,饱和 KCl$	0.2415	电位稳定,再现性好,扩散电位小
甘汞电极(1mol/L)	$Hg\mid Hg_2Cl_2,1mol/L\ KCl$	0.2828	
甘汞电极(0.1mol/L)	$Hg\mid Hg_2Cl_2,0.1mol/L\ KCl$	0.3365	
银/氯化银电极(0.1mol/L)	$Ag\mid AgCl,0.1mol/L\ KCl$	0.2895	可直接投入中性氯化物溶液中使用,用于微区测量,高温稳定性好
银/氯化银电极(4.1mol/L)	$Ag\mid AgCl,饱和\ KCl$	0.197	
银/氯化银电极(约 0.55mol/L Cl⁻)	$Ag\mid AgCl,人工海水$	0.250	
铜/硫酸铜电极(饱和)	$Cu\mid CuSO_4(饱和)$	0.318	工业条件下使用

当电极上只有一个确定的电极反应（即为单电极），并且该反应处于动态平衡时，则建立起如下的电化学平衡：

$$O + ne \rightleftharpoons R$$

式中，O 为氧化态物质；R 为还原态物质。

在此电极平衡过程中，电极获得了一个不变的电位值，该电位值通常称为平衡电极电位，用符号 E_e 表示。可以看出，平衡电极电位就是可逆电极电位，即该过程的物质交换和电荷交换都是可逆的。

平衡电极电位值可以测量，也可以用能斯特公式计算（以氢标准电极为参比电极）。对于上述电极反应，电极电位为：

$$E_e = E_e^{\ominus} + \frac{RT}{nF}\ln\frac{a_O}{a_R}$$

式中，$E_e^{\ominus}$ 为标准平衡电极电位，即标准状态下的平衡电极电位；a_O、a_R 为 O、R 的活度；R 为气体常数，8.314J/(mol·K)；T 为温度，K；n 为参加反应的电子数；F 为法拉第常数。当 O 和 R 的浓度较低时，可以用浓度近似代替活度。

对于多重电极，电极上同时存在两个或两个以上不同物质参与的电化学反应，电极上不可能出现物质交换与电荷交换均达到平衡的情况，这种情况下的电极电位称为非平衡电极电位或不可逆电极电位。如金属实际腐蚀时，金属上同时存在两个或两个以上不同物质参与的电化学反应，金属失去电子而腐蚀，此时的电极电位为非平衡电极电位。金属腐蚀时的电位通常称为腐蚀电位。非平衡电极电位只能测量，不能计算。

非平衡电极电位可以是稳定的，也可以是不稳定的。形成稳定的非平衡电极电位的条件是：从金属到溶液与从溶液到金属的电荷迁移速度相等，即建立起电荷平衡。

1.2.1.3 电极电位的形成——双电层

金属浸入电解质溶液中，金属表面上的金属离子由于极性水分子的作用，将发生水化。如果水化时所产生的水化能足以克服金属晶格中金属离子与电子间的引力，则金属离子将从金属表面脱落，进入与金属表面相接触的液层中形成水化离子。金属晶格上的电子，由于被水分子电子壳层的同性电荷所排斥，仍留在金属表面。此时，金属水化离子就在荷负电的金属表面的液层中聚集，在金属/溶液界面上形成双电层。如果金属离子的键能超过金属离子水化能，则金属表面可能从溶液中吸收一部分正离子，结果形成了金属表面荷正电，而与金属表面相接触的液层荷负电的另一种离子双电层。金属和溶液的界面上形成的双电层两侧的电位差，即为电极系统的电极电位。

双电层由两部分组成：靠近金属表面的紧密层，紧密层外侧还有一层空间电荷层（分散层），逐渐过渡到本体溶液。双电层的紧密层的简略结构模型如图1-8所示。水是极性分子，每一个水分子就是一个偶极子。电极表面是由定向排列的水偶极子所覆盖，形成水分子偶极层。第二层是由水化的阴离子或阳离子组成的过剩电荷层。当金属电极表面带正电荷时，水化阴离子的水化膜极易遭到破坏，阴离子逸出，并在静电作用下取代水偶极层中的水分子而在金属表面发生接触吸附，在Helmholtz面内形成内紧密层；而水化阳离子在Helmholtz面外形成外紧密层。

在不发生电极反应的情况下，双电层是由电极材料的表面吸附作用引起的。表面吸附主要可分为两类：一类是由于表面力的作用（从范德华力作用直到形成某种化学键的作用都有）而被吸附的粒子直接同金属表面接触，故这种吸附也称为接触吸附。其中有些作用力往往对溶液中的不同组分显示选择性。通常溶液中的无机阳离子的外面都包有一层水化层。在阳离子挣脱包围它的水化层之前，不能直接接触到金属表面。

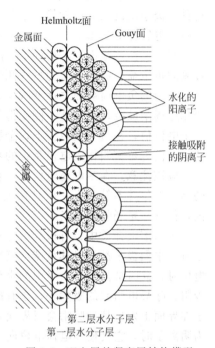

图1-8 双电层的紧密层结构模型

所以一般只有水分子、阴离子和某些有机化合物会发生接触吸附。易于接触吸附在金属表面上的阴离子和某些有机化合物同金属表面之间的作用力比较强，有的接近于形成化学键，它们的吸附一般也称为特性吸附。另一类吸附是由静电作用力引起的，叫作静电吸附。图1-8中在定向水分子层外侧的离子层，就是依靠静电吸引力的吸附。由于热运动，这一层实际上并非整齐排列的一个面，图中是理想化的情况。在这种理想化的情况下，双电层就像在两个极板上带有相反电荷的平板电容器。电容器中的介电物质是1～2层基本上是定向排列的水分子层。对于不发生电极反应的电极，如果双电层的电容不因有了外电流而改变，电极系统可用一个简单的电容器来模拟，其等效电路如图1-9(a)所示。

对于一般电极系统，电极材料的金属相与溶液相之间有电荷转移，亦即有电极反应发生。电荷从一个相转移到另一个相，就使得两个相中的正负电荷都不再平衡，其中一个相过剩正电荷，另一个相过剩负电荷。如电极反应是按阳极方向进行的，就会使金属相中负电荷过剩，而溶液中则正电荷过剩；如电极反应是按阴极方向进行的，就会使金属相中正电荷过剩，而溶液中则负电荷过剩。正负电荷这种不平衡，就会使相的内电位迅速改变，电极电位迅速移动到这个电极反应的平衡电位，电极反应也就达到了平衡。但是金属和溶液这两个导

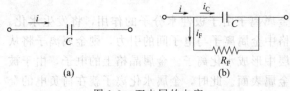

图 1-9 双电层的电容

电极上通以外电流 i，则外电流除了消耗于双电层的充电以外，还有一部分消耗于使电极反应向另一个反应方向进行。外电流 i 分成两部分：一部分是使双电层两侧的电位差改变的充电电流（称为非法拉第电流 i_C）；另一部分是进行电极反应的电流（称为法拉第电流 i_F）。这种电极系统的相界区就像一个漏电的电容器，等效电路如图 1-9（b）所示，一个电阻 R_F 与一个电容器 C 并联。

双电层两侧端面上电荷的量会随着电极电位的改变而改变。如果本来在金属表面上带有过剩的负电荷，而双电层的另一侧带有过剩的正电荷，则随着电极电位的不断变正，双电层金属表面的负电荷会随之逐渐减少，直至这一侧变得带有正电荷，而双电层另一侧的正电荷会相应逐渐减少，直至这一侧变得带有负电荷。在这样的改变电极电位过程中，总会找到某一个电位值，在这一电位值下，金属表面既不带有过剩的正电荷，也不带有过剩的负电荷，这个电极电位值叫作该电极系统的零电荷电位。

应该注意，在零电荷电位下，金属电极相的内电位并不等于液相的内电位，即电极系统的绝对电位并不等于零，而且在金属相与溶液相之间仍然存在一个相界区，在这个相界区内，仍有一定场强的电场。

在水溶液介质中，有机分子与水分子之间存在竞争吸附。无论金属表面是荷负电还是荷正电，水偶极子都会以其负端（氧）或正端（氢）吸附于金属表面。电极电位接近于零电荷电位时，此时被静电作用吸引的水分子最少，有机分子极易取代水分子，离子亦能发生界面吸附。除静电引起的吸附外，还有即使电场不存在也能发生的吸附，即所谓的特性吸附。离子在界面上发生特性吸附会对界面结构及性质产生一定程度的影响。当发生特性吸附的离子为阴离子时，它会使零电荷电位向负方向移动；相反，若发生特性吸附的离子为阳离子时，它会使零电荷电位向正方向移动。离子特性吸附都将改变双电层中电位分布状况，对电荷转移过程产生影响，从而可能改变金属的腐蚀过程。

1.2.2 电化学腐蚀热力学判据

众所周知，在同一种介质中，有的金属是耐蚀的，而有的金属则容易腐蚀。判断金属在电解质中能否自发地进行电化学腐蚀，从电化学腐蚀热力学观点来看，一般可以采用两种方法：①系统自由能变化值 ΔG；②金属在电解质溶液中的标准平衡电极电位。第②种方法是以第①种方法为基础推导而来。

(1) 系统自由能变化值 ΔG 作判据

从热力学观点来看，腐蚀过程是由于金属与周围介质构成了一个热力学上不稳定的体系，可以用发生腐蚀反应时自由能的变化值 ΔG 来表征。

$\Delta G < 0$，腐蚀反应可能发生；

$\Delta G = 0$，反应处于平衡状态；

$\Delta G > 0$，腐蚀反应不可能发生。

如将腐蚀反应写成：$\sum_i v_i M_i = 0$（产物的 v_i 为正，反应物的 v_i 为负）

则恒温、恒压下的自由能变化为：$\Delta G = \sum_i \upsilon_i \mu_i$

式中，μ_i 是第 i 组分的化学位，$\mu_i = \mu_i^{\ominus} + RT\ln a_i$（$a_i$ 为第 i 组分的活度）。

（2）金属在电解质溶液中的标准平衡电极电位 $E_e^{\ominus}$ 作判据

对于可逆电池反应，有如下公式：$\Delta G = -nF\varepsilon$

式中，ε 是可逆电池的电动势，为电池的阴、阳极平衡电极电位之差，即 $\varepsilon = E_{e,k} - E_{e,a}$。当 $E_{e,a} < E_{e,k}$ 时，$\Delta G < 0$，发生腐蚀反应。

由以上公式可知，利用金属在一定介质条件下的电极电位高低可以判断某一腐蚀过程是否自发进行。由物理学可知，电子自发运动是由低电位流向高电位的，腐蚀时金属阳极的电子由电子通道（金属自身）流向发生阴极反应的阴极区，故腐蚀电池中金属的起始电位必须低于介质阴极的起始电位。因此，若金属的平衡电极电位 E_e 比介质中某一物质的电极电位低，则金属作为阳极可与介质（作为阴极）形成腐蚀电池而发生腐蚀。因此，可以用金属的平衡电极电位 E_e 来判断金属腐蚀的倾向。由于 E_e 与 $E_e^{\ominus}$ 相差不大，可用 $E_e^{\ominus}$ 代替 E_e。

如：对于 $n=1$ 的金属，$T=25℃$ 时，当浓度变化 10 倍时，$E_e - E_e^{\ominus} = 0.059\text{V}$；当浓度变化 100 倍时，$E_e - E_e^{\ominus} = 0.118\text{V}$。

将各种金属的标准电极电位的数值按由负向正排列，就得到金属的标准电极电位排序表，该表称为"电动序"表。通常使用的标准电极电位见表 1-4，表 1-4 中是相对于氢标准电极（NHE 或 SHE）的电位。

表 1-4 标准电极电位（25℃）

电极反应	$E_e^{\ominus}/\text{V}$	电极反应	$E_e^{\ominus}/\text{V}$
$Mn^{3+} + e \rightleftharpoons Mn^{2+}$	1.51	$2H^+ + 2e \rightleftharpoons H_2$	0
$Au^{3+} + 3e \rightleftharpoons Au$	1.50	$Fe_3O_4 + 8H^+ + 8e \rightleftharpoons 3Fe + 4H_2O$	-0.085
$Cl_2 + 2e \rightleftharpoons 2Cl^-$	1.36	$Pb^{2+} + 2e \rightleftharpoons Pb$	-0.126
$O_2 + 4H^+ + 4e \rightleftharpoons 2H_2O$	1.229	$Sn^{2+} + 2e \rightleftharpoons Sn$	-0.136
$Pt^{2+} + 2e \rightleftharpoons Pt$	1.19	$Mo^{3+} + 3e \rightleftharpoons Mo$	-0.2
$Pd^{2+} + 2e \rightleftharpoons Pd$	0.987	$Ni^{2+} + 2e \rightleftharpoons Ni$	-0.25
$Fe_3O_4 + 8H^+ + 2e \rightleftharpoons 3Fe^{2+} + 4H_2O$	0.98	$Co^{2+} + 2e \rightleftharpoons Co$	-0.277
$HNO_3 + 3H^+ + 3e \rightleftharpoons NO + 2H_2O$	0.96	$Cd^{2+} + 2e \rightleftharpoons Cd$	-0.402
$Ag^+ + e \rightleftharpoons Ag$	0.779	$Fe^{2+} + 2e \rightleftharpoons Fe$	-0.44
$Fe^{3+} + e \rightleftharpoons Fe^{2+}$	0.771	$Cr^{3+} + 3e \rightleftharpoons Cr$	-0.74
$Fe_2O_3 + 6H^+ + 2e \rightleftharpoons 2Fe^{2+} + 3H_2O$	0.73	$Zn^{2+} + 2e \rightleftharpoons Zn$	-0.762
$O_2 + 2H_2O + 4e \rightleftharpoons 4OH^-$	0.401	$2H_2O + 2e \rightleftharpoons 2OH^- + H_2$	-0.828
$Cu^{2+} + 2e \rightleftharpoons Cu$	0.337	$Mn^{2+} + 2e \rightleftharpoons Mn$	-1.18
$Cu^+ + e \rightleftharpoons Cu$	0.521	$Ti^{2+} + 2e \rightleftharpoons Ti$	-1.63
$Hg^{2+} + 2e \rightleftharpoons Hg$	0.789	$Al^{3+} + 3e \rightleftharpoons Al$	-1.66
$Hg_2Cl_2 + 2e \rightleftharpoons 2Hg + 2Cl^-$	0.27	$Mg^{2+} + 2e \rightleftharpoons Mg$	-2.37
$AgCl + e \rightleftharpoons Ag + Cl^-$	0.22	$Na^+ + e \rightleftharpoons Na$	-2.71
$S + 2H^+ + 2e \rightleftharpoons H_2S$	0.14	$Li^+ + e \rightleftharpoons Li$	-3.045

通过电动序,可以清楚地表明各种金属转变为氧化态的倾向,可判断金属腐蚀的倾向。例如:在标准状态下,由于锌的标准电极电位(-0.762V)比铜的标准电极电位(+0.337V)更负,锌在硫酸铜中发生腐蚀是可能的。锌的标准电极电位低于氢标准电极电位,铜的标准电极电位高于氢标准电极电位,锌在稀硫酸中能发生腐蚀,而铜在无氧稀硫酸中不发生腐蚀。但铜在海水中会发生腐蚀,因为海水中含有氧,氧的平衡电极电位(约+0.74V)高于铜。可见,若金属的标准电极电位比介质中某一物质的标准电极电位更负,则可能发生腐蚀。也就是说,金属发生腐蚀的原因是溶液中存在着可以使金属氧化的物质。这种使金属氧化的物质在腐蚀领域中有一个习惯上的名称,叫作腐蚀过程的去极化剂。对于自然环境下的腐蚀,金属腐蚀的去极化剂通常是氧和氢离子。从电动序表可知,除Pt、Au少数贵金属外,绝大多数金属都有腐蚀倾向。

电极电位比氢小的金属的$E_e^\ominus$为负值,通常称为负电性金属;在氢之后的金属的$E_e^\ominus$为正值,通常称为正电性金属。

需要注意的是,表1-4中的数据都是指金属裸露状态下的标准电极电位。实际上,大多数金属表面被一层氧化膜所覆盖。氧化膜的致密、完整性的程度将给金属的腐蚀行为带来显著的影响。某些金属如Al、Ti、Cr等能够生成稳定和致密的氧化膜,阻碍阳极溶解过程,从而改变它们原来的电极电位,改变腐蚀行为。Cr在表1-4中的位置与金属Zn很接近,但是在充气水溶液中,由于金属Cr表面生成了Cr_2O_3膜,实际上测得的电极电位却接近于Ag(+0.799V)。Ti的标准电极电位虽然很负(-1.63V),但表面生成稳定和致密的氧化膜而使Ti的耐蚀性非常优异。Cr、Ti的表面生成稳定和致密的氧化膜而阻碍阳极溶解的行为称为钝化。当金属发生稳定的钝化后,可使金属腐蚀速度大大降低,使金属具有优异的耐蚀性。

1.2.3 电位-pH图

金属的电化学腐蚀绝大部分是金属与水溶液接触时发生的,通常发生的腐蚀是析氢腐蚀和吸氧腐蚀,尤其是吸氧腐蚀,因此,腐蚀不仅与溶液离子浓度有关,还与H^+(OH^-)有关,即与pH值有关,金属电极电位与溶液离子浓度和pH值存在着一定的函数关系。如果用这些函数来作图,就可以看出腐蚀体系各种化学平衡和电化学平衡关系的一个总轮廓。为简化起见,往往将浓度变数指定一个数值,则图中的各条直线代表一系列等浓度的电位-pH线。这种图即为电位-pH图。

电位-pH图是比利时学者布拜(M. Pourbaix)首先提出的,它是基于化学热力学原理建立起来的一种电化学平衡图,是标准状态下的平衡电极电位与溶液的浓度和pH值的关系图,也称作理论电位-pH图。

利用电位-pH图可以判断金属腐蚀的倾向和分析腐蚀的控制。下面以$Fe-H_2O$体系电位-pH图为例来介绍电位-pH图的绘制方法及其在金属腐蚀控制方面的应用。

1.2.3.1 平衡电极电位与pH值的关系

根据能斯特(Nernst)公式,或以化学位的概念为基础,可以导出金属-H_2O体系的电位-pH直线。有三种不同类型的直线:

(1) 有电子,但无H^+参加的平衡反应

例如:$Fe^{2+}+2e \rightleftharpoons Fe$

25℃时的平衡电极电位为:

$$E_e = E_e^\ominus + 0.0296 \lg c_{Fe^{2+}}$$

电极电位E_e与pH值无关,是条水平线。

(2) 既有电子，也有 H^+ 参加的平衡反应

例如：$Fe(OH)_3 + 3H^+ + e \rightleftharpoons Fe^{2+} + 3H_2O$

25℃时的平衡电极电位为：

$$E_e = E_e^\ominus + 0.0591 \lg \frac{c_{H^+}^3}{c_{Fe^{2+}}} = E_e^\ominus - 0.1773pH - 0.0591 \lg c_{Fe^{2+}}$$

电极电位 E_e 与 pH 值有关，是条斜线。

(3) 有 H^+，但无电子参加的平衡反应

例如：$Fe^{2+} + 2H_2O \rightleftharpoons Fe(OH)_2 + 2H^+$

$$\Delta G = \mu_{Fe(OH)_2}^\ominus + 2(\mu_{H^+}^\ominus + 2.3RT\lg c_{H^+}) - (\mu_{Fe^{2+}}^\ominus + 2.3RT\lg c_{Fe^{2+}}) - 2\mu_{H_2O}^\ominus = 0$$

代入相关物质的标准化学位值（表 1-5），可得 25℃时 pH 值与离子浓度的关系为：

$$\lg c_{Fe^{2+}} = 13.29 - 2pH$$

pH 值与电位无关，与离子浓度有关，是条垂直线。

1.2.3.2 水的电位-pH 线

金属-H_2O 体系的电位-pH 图中都有两条平行的虚线（a）和（b），表示水的两个电极反应：析氢反应（氢电极反应）和吸氧反应（氧电极反应）。

(a) 析氢反应 $\qquad\qquad 2H^+ + 2e \rightleftharpoons H_2$

在 25℃、1atm 时：$E_{e,H} = E_{e,H}^\ominus + 0.0295 \lg \frac{c_{H^+}^2}{p_{H_2}} = -0.0591pH$

(b) 吸氧反应 $\qquad\qquad 2H_2O + O_2 + 4e \rightleftharpoons 4OH^-$

在 25℃、1atm 时：

$$E_{e,O} = E_{e,O}^\ominus + 0.0148 \lg \frac{p_{O_2}}{c_{OH^-}^4} = 1.229 - 0.0591pH$$

当 $E < E_{e,H}$ 时，水被还原而分解出 H_2，为在 1atm 下的 H_2 稳定区。
当 $E > E_{e,O}$ 时，水被氧化而分解出 O_2，为在 1atm 下的 O_2 稳定区。
当 $E_{e,H} < E < E_{e,O}$ 时，水不会分解出 H_2 和 O_2，为在 1atm 下的水的热力学稳定区。

1.2.3.3 Fe-H_2O 体系的电位-pH 图的绘制及应用

① 列出有关物质的各种存在状态、标准化学位。

Fe-H_2O 系的有关物质有 H_2O、H^+、OH^-、H_2、O_2、Fe、Fe^{2+}、Fe^{3+}、$Fe(OH)_2$、$Fe(OH)_3$、Fe_2O_3、Fe_3O_4、$Fe(OH)^{2+}$、$HFeO_2^-$、FeO_4^{2-}。这些物质标准化学位 $\mu^\ominus$ 如表 1-5 所示。

表 1-5　Fe-H_2O 系中各重要组分的标准化学位 $\mu^\ominus$（25℃）

溶剂和溶解性物质		固态物质	
物质	$\mu^\ominus$/cal	物质	$\mu^\ominus$/cal	物质	$\mu^\ominus$/cal
H_2O	-56690	Fe^{3+}	-2530	$Fe(OH)_2$	-115570
H^+	0	$Fe(OH)^{2+}$	-55910	Fe_3O_4	-242400
OH^-	-37595	$HFeO_2^-$	-90627	Fe_2O_3	-166000
Fe^{2+}	-20300	FeO_4^{2-}	-111685	$Fe(OH)_3$	-177100

注：H_2、O_2、Fe 的标准化学位均为 0；1cal=4.184J。

② 列出各类物质的相互反应，并算出其平衡式。
均相反应有：

a. $Fe^{3+} + e \rightleftharpoons Fe^{2+}$ (1)

$$E_e = 0.771 + 0.0591 \lg \frac{c_{Fe^{3+}}}{c_{Fe^{2+}}}$$

b. $FeO_4^{2-} + 8H^+ + 3e \rightleftharpoons Fe^{3+} + 4H_2O$ (2)

$$E_e = 1.700 - 0.158pH + 0.0197 \lg \frac{c_{FeO_4^{2-}}}{c_{Fe^{3+}}}$$

有两种固体参加的复相反应：

a. $Fe_3O_4 + 8H^+ + 8e \rightleftharpoons 3Fe + 4H_2O$ (3)

$$E_e = -0.085 - 0.0591pH$$

b. $3Fe_2O_3 + 2H^+ + 2e \rightleftharpoons 2Fe_3O_4 + H_2O$ (4)

$$E_e = 0.221 - 0.0591pH$$

有一种固相参加的复相反应：

a. $Fe_2O_3 + 6H^+ \rightleftharpoons 2Fe^{3+} + 3H_2O$ (5)

$$\lg c_{Fe^{3+}} = -0.723 - 3pH$$

b. $Fe^{2+} + 2e \rightleftharpoons Fe$ (6)

$$E_e = -0.440 + 0.0296 \lg c_{Fe^{2+}}$$

c. $HFeO_2^- + 3H^+ + 2e \rightleftharpoons Fe + 2H_2O$ (7)

$$E_e = 0.493 - 0.0886pH + 0.0296 \lg c_{HFeO_2^-}$$

d. $Fe_2O_3 + 6H^+ + 2e \rightleftharpoons 2Fe^{2+} + 3H_2O$ (8)

$$E_e = 0.728 - 1.773pH - 0.0591 \lg c_{Fe^{2+}}$$

e. $2FeO_4^{2-} + 10H^+ + 6e \rightleftharpoons Fe_2O_3 + 5H_2O$ (9)

$$E_e = 1.714 - 0.0985pH + 0.0197 \lg c_{FeO_4^{2-}}$$

f. $Fe_3O_4 + 8H^+ + 2e \rightleftharpoons 3Fe^{2+} + 4H_2O$ (10)

$$E_e = 0.980 - 0.2364pH - 0.0886 \lg c_{Fe^{2+}}$$

需要说明的是，以上的电极电位均是相对标准氢电极（NHE）而言的。

③ 作出各类反应的电位-pH 线，最后汇成综合的电位-pH 图，Fe-H_2O 体系的电位-pH 图如图 1-10 所示，图中带括号的数字表示上述电极反应的编号，（a）和（b）线分别为析氢反应和吸氧反应的电位-pH 线。

在电位-pH 图中，有离子参加的反应有四条线，直线旁的数字表示离子浓度，其含义分别如下：0 表示离子浓度为 10^0 mol/L，−2 表示离子浓度为 10^{-2} mol/L，−4 表示离子浓度为 10^{-4} mol/L，−6 表示离子浓度为 10^{-6} mol/L。当金属与电解质溶液接触时，金属离子的浓度达到 10^{-6} mol/L 时，其溶解速度便可忽略不计，可以作为溶液-固相复相反应的"分界线"。在"分界线"的一侧，处于平衡时溶液中的金属离子或金属氧化物离子的浓度大于 10^{-6} mol/L，认为相应的固相是不稳定的；在"分界线"的另一侧，处于平衡时溶液中的金属离子或金属氧化物离子的浓度小于 10^{-6} mol/L，认为相应的固相是稳定的。这样，"分界线"就将电位-pH 图分成三个区，获得简化的电位-pH 图（如图 1-11 所示）：金属"稳定"的区域叫作稳定区，金属不发生腐蚀；金属氧化物固相"稳定"的区域叫作钝化区；金属和金属氧化物都不稳定的区域叫作腐蚀区，金属发生腐蚀。

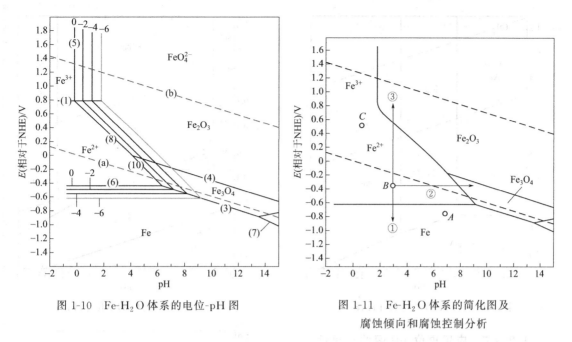

图 1-10 Fe-H_2O 体系的电位-pH 图

图 1-11 Fe-H_2O 体系的简化图及腐蚀倾向和腐蚀控制分析

通过电位-pH 图,可以从理论上预测金属的腐蚀倾向和选择控制腐蚀的途径。现在分析图 1-11 中所标各点的情况:

A 点位置:所处区域是 Fe 和 H_2 的稳定区,铁处于该位置不发生腐蚀。

B 点位置:所处区域是 Fe^{2+} 和 H_2 稳定区,铁处于该位置将发生析氢腐蚀。此时,可以通过三种措施来防腐蚀:①降低电极电位至稳定区,这种方法称为阴极保护;②调整溶液的 pH 值至 9~13,使其进入钝化区;③提高电极电位至钝化区,这种方法称为阳极保护。

C 点位置:所处区域是 Fe^{2+} 和 H_2O 稳定区,铁处于该位置将发生吸氧腐蚀。阴极反应为 $2H^+ + \frac{1}{2}O_2 + 2e \longrightarrow H_2O$。

1.2.3.4 其他金属的电位-pH 图

几种常用金属的简化电位-pH 图如图 1-12~图 1-16 所示。

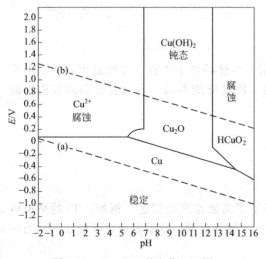

图 1-12 Cu-H_2O 的电位-pH 图

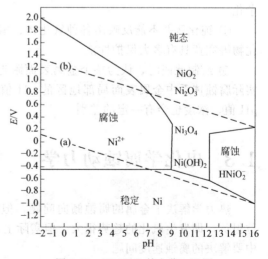

图 1-13 Ni-H_2O 的电位-pH 图

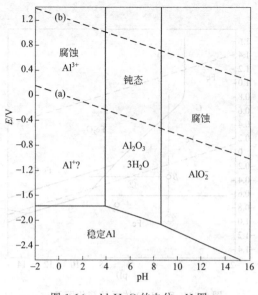

图 1-14 Al-H$_2$O 的电位-pH 图

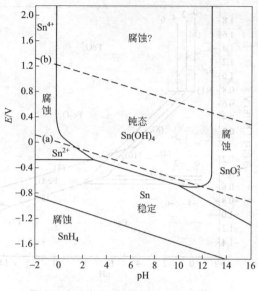

图 1-15 Sn-H$_2$O 的电位-pH 图

1.2.3.5 应用电位-pH 图的局限性

电位-pH 图是根据热力学数据绘制的,此图至少存在如下方面的局限性。

① 电位-pH 图是热力学平衡图,只能预测腐蚀的倾向,而无法预测腐蚀速度的大小。

② 图中的平衡线是以金属与其离子或溶液中的离子与含有该离子的腐蚀产物之间建立的平衡为条件的,但在实际腐蚀情况下,会偏离这个平衡条件。

③ 只考虑 H$^+$、OH$^-$ 对平衡的影响,但实际环境中往往存在 Cl$^-$、SO$_4^{2-}$、PO$_4^{3-}$ 等阴离子,它们可能发生一些附加反应而使问题复杂化。

④ 钝化区并不能反映出各种氧化物、氢氧化物等究竟具有多大保护性能。

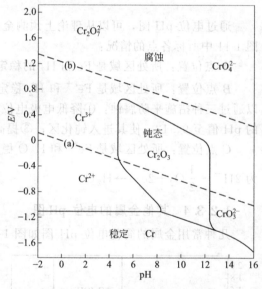

图 1-16 Cr-H$_2$O 的电位-pH 图

⑤ 绘制此图时,认为整个金属表面附近液层与本体溶液 pH 值、浓度是相等的,但在实际腐蚀体系中金属表面局部地区的 pH 值、离子浓度可能不同,金属表面和溶液内部的 pH 值、浓度也会有一定的差别。

1.3 电化学腐蚀动力学

热力学解决了金属的腐蚀倾向问题,但回答不了腐蚀速度的问题。例如,Ti 的平衡电位很负,即发生氧化的趋势很大,但实际上,它的耐蚀性优异。这就是电化学腐蚀的动力学中要解决的腐蚀速度问题。

从电化学腐蚀热力学观点阐述了金属发生腐蚀的原因,但实际中,人们不仅关心金属的腐蚀倾向，更关心腐蚀过程进行的速度。对于金属材料和设备来说，人们想方设法降低金属腐蚀反应速率，以延长其寿命。为此，必须了解腐蚀过程的机理及影响腐蚀的各因素，掌握在不同条件下腐蚀作用的动力学规律，获得解决腐蚀问题的方法。

在均匀腐蚀情况下，金属腐蚀速度常用重量指标和深度指标表示。重量指标是指金属单位表面积单位时间内因腐蚀而发生的重量变化数值。所谓重量的变化，在失重时是指腐蚀前的重量与清除了腐蚀产物后的重量之间的差值；在增重时是指腐蚀后带有腐蚀产物时的重量与腐蚀前的重量之间的差值。深度指标是指金属单位时间内厚度因腐蚀减少的量。在衡量密度不同的各种金属的腐蚀程度时，使用深度指标很方便。

电化学腐蚀是按原电池作用的历程进行的，腐蚀着的金属作为电池的阳极发生氧化反应，因此，电化学腐蚀速度可用阳极电流密度来表示。

法拉第建立了电解时电流产生的化学作用与电量之间的关系：电解时，在电极上起反应物质的数量与通过溶液的电量成正比；当以相同电量通过含有不同电解质溶液的电解槽时，在每个电极上起反应物质的数量与它们的化学当量成正比。

表达式为：

$$\Delta W = \frac{A}{nF} It$$

式中，A 为摩尔质量；I 为电流强度；t 为时间；ΔW 为析出或溶解的物质的质量，g；F 为法拉第常数，96485C/mol，通常取 96500C/mol。

在腐蚀电化学中，金属腐蚀速度常用阳极电流密度表示。在实际腐蚀研究中，经常使用深度法表征的腐蚀速度 v_d 和重量法表征的腐蚀速度 v_w。v_w 和 v_d 可以互相换算，换算公式为：

$$v_d = \frac{8.76 v_w}{\rho}$$

式中，v_w 和 v_d 的单位分别为 g/(m²·h) 和 mm/a。ρ 的单位为 g/cm³，对于腐蚀减薄情况，ρ 为腐蚀材料的密度；对于增厚情况，ρ 为腐蚀产物的密度。

1.3.1 腐蚀电池的电极过程

1.3.1.1 阳极过程

在腐蚀电池中，平衡电极电位较低的金属阳极发生氧化反应。因此，阳极过程就是阳极金属发生活性溶解或阳极钝化的过程。金属钝化将在以后讨论，这里只讨论阳极溶解过程。

金属的活性溶解可用如下的反应式表示：

$$\text{Me} \longrightarrow \text{Me}^{n+} + ne$$

实际上，金属活性溶解的过程很复杂，至少由以下几个连续步骤组成。

(1) 金属原子离开金属晶格成为吸附在金属表面上的吸附原子

处于晶界、位错露头、螺形位错的台阶端点等缺陷处的原子优先离开晶格成为吸附原子，然后吸附原子放电成为离子。

(2) 溶液组分在金属表面吸附

溶液中的组分容易在金属表面晶格不完整的地方吸附。这会引起两种后果：

① 降低表面缺陷位置原子的能量，使吸附原子的浓度降低，抑制金属的阳极溶解。这种物质称为阳极型缓蚀剂。

② 被吸附的溶液组分与吸附原子形成吸附络合物，而后解离成络合离子，降低阳极溶

解过程的阻力，从而加速金属阳极溶解。在有些情况下，金属阳极溶解过程直接按上面的反应式进行比较困难，在介质中加入少量能形成吸附络合物的离子，可以促进金属的阳极溶解。

$$Me + mX^- \longrightarrow (MeX_m)^{m-} \longrightarrow (MeX_m)^{(n-m)+} + ne$$

(3) 水化金属离子的形成

金属原子的放电过程并不是 n 个电子同时电离，而是先失去一个电子，成为一个离子，然后逐步失去电子最终成为稳定的 n 价离子。

$$Me^+ \longrightarrow \cdots \longrightarrow Me^{n+} \longrightarrow Me^{n+} \cdot nH_2O$$

(4) 水化金属离子离开金属表面附近的液层向溶液深处扩散

如果溶液不是静止的，溶液中的传质速度就比较大，因此，金属活性溶解时一般可以忽略浓差极化作用的影响。

另外，腐蚀时的有些次生过程、腐蚀后的形态，也影响金属的活性溶解。

1.3.1.2 阴极过程

溶液中的阴极去极化剂在阴极区吸收电子而发生还原反应，腐蚀电化学反应的阴极去极化剂和阴极还原反应可能有下列几种：

(1) 溶液中阳离子的还原

如：$2H^+ + 2e \longrightarrow H_2$

$Cu^{2+} + 2e \longrightarrow Cu$

$Fe^{3+} + e \longrightarrow Fe^{2+}$

(2) 溶液中阴离子的还原

如：$NO_3^- + 4H^+ + 3e \longrightarrow NO + 2H_2O$

$Cr_2O_7^{2-} + 14H^+ + 6e \longrightarrow 2Cr^{3+} + 7H_2O$

(3) 溶液中的中性分子的还原

如：$O_2 + 2H_2O + 4e \longrightarrow 4OH^-$

(4) 不溶性产物的还原

如：$Fe(OH)_3 + e \longrightarrow Fe(OH)_2 + OH^-$

$Fe_3O_4 + H_2O + 2e \longrightarrow 3FeO + 2OH^-$

(5) 溶液中有机物的还原

如：$RO + 4H^+ + 4e \longrightarrow RH_2 + H_2O$

以上反应中最重要的是溶液中 H^+ 和氧的还原反应。前者引起的是析氢腐蚀，是许多金属在酸性溶液中腐蚀的阴极去极化反应，是碱金属和碱土金属在中性和弱碱性溶液中腐蚀的阴极去极化反应。后者引起的是吸氧腐蚀，是大多数金属和合金在中性电解质、弱酸性或弱碱性溶液中腐蚀的阴极去极化反应，是大多数金属和合金在海水、淡水、大气和土壤中腐蚀的阴极去极化反应。

1.3.2 极化现象及原因

腐蚀电池是由阴极和阳极短路的原电池，当阳极和阴极短路时，阴极、阳极的电极反应会发生什么变化？金属的电位还是平衡电极电位吗？

1.3.2.1 极化现象

将面积相同的一块铜片和锌片分别浸在盛有 3% NaCl 溶液的同一容器中（见图 1-17），

外电路用导线连接，这样就构成了一个腐蚀电池。试验时，在外电路上串联一电流表和电键。查表或测量可得知，锌和铜在该溶液中开路时的电位 E_{Zn}^0 和 E_{Cu}^0 分别为 $-0.83V$ 和 $+0.05V$，并测得外电路电阻为 110Ω，内电路电阻为 90Ω。让我们来看一下电键合上后，放电电流随时间变化的情况，如图 1-17（a）所示。在外电路接通瞬间，观察到一个很大的起始电流 $i_{始}$，计算可得 $i_{始}=4.4$ mA，但电流又很快减小，经过数分钟后减小到一个稳定的电流值 $i_{稳}=0.15$ mA，约为 $i_{始}$ 的 3.4%。

为什么腐蚀电池开始作用后，其电流会减小呢？根据欧姆定律可知，影响电流强度的因素是电池间的电位差和电池内外电路的电阻。电池内外电路的电阻在短时间内不会发生明显的变化，所以电流强度的急剧下降只能是由于电池两极间的电位差发生了明显的变化。为了证明这一点，可测量电键合上后的锌和铜的电极电位，结果如图 1-17（b）所示。在电键合上后，铜的电位降低了，锌的电位升高了，电池两极间的电位差随时间延长明显减小了。

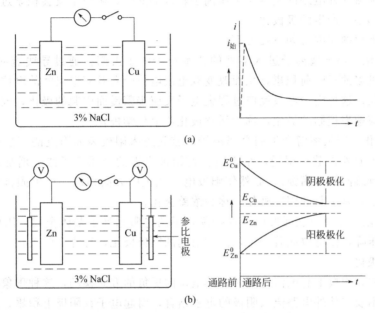

图 1-17 腐蚀电池及其电流、电位变化示意图

这种由于电极上有电流通过而造成电位变化的现象，称为极化现象。

当通过电流时阴极电位向负方向移动的现象，称为阴极极化。

当通过电流时阳极电位向正方向移动的现象，称为阳极极化。

某一极化电流密度下而发生的电极电位 E 与其平衡电位 E_e 之差的绝对值，称为该电极反应的过电位，通常用希腊字母 η 表示。

阳极极化时：$\eta_a = E - E_e$

阴极极化时：$\eta_k = E_e - E$

根据这样的规定，不管发生阳极极化还是阴极极化，电极反应的过电位都是正值。

应当注意，极化与过电位是两个不同的概念。只有当电极上仅有一个电极反应并且外电流为零（电极电位就是这个电极反应的平衡电位）时，极化的绝对值才等于这个电极反应的过电位值。当一个电极的静止电位（外电流为零时的电极电位）为非平衡电位时，该电极极化的绝对值与这个电极上发生的电极反应的过电位值并不相同。因为对于一个非平衡稳定电极系来说，在其表面上至少有两个反应同时进行，虽然总的看来没有外电流进出电极，但实际上，它表面进行的不同反应之间已经互相极化，即它已经是极化了的电极。

1.3.2.2 极化的原因

在电极反应的过程中，一个电极反应至少有三个连续的步骤：

① 溶液中的反应物向电极表面传输；

② 反应物在电极表面进行得或失电子反应而生成产物；

③ 产物离开电极表面向溶液内部疏散。

①、③为液相传质步骤，传质的方式有扩散、对流、电迁，②为电化学步骤。以上三个步骤中，有一个步骤进行得慢就会产生极化，传质步骤慢引起的极化称为浓差极化，电化学反应步骤慢引起的极化称为活化极化（或电化学极化）。

(1) 阳极极化

在原电池中，通过阳极电流以后，阳极电位向正的方向移动的现象叫阳极极化。

电子从阳极流入外电路的速度比金属离子转入溶液快，阳极上就会积累过剩正电荷，使电位向正方向移动，产生阳极极化。

产生阳极极化的原因有如下几方面。

① 活化极化。当金属离子进入溶液的速率小于电子由阳极通过导线流向阴极的速率，则阳极就会有过多的正电荷积累，从而改变双电层电荷分布及双电层间的电位差，使阳极电位向正方向移动。这种由于电极反应过程失电子反应步骤慢而引起的极化，或者说电极反应是受电化学反应速率控制的极化，称为活化极化或电化学极化。

② 浓差极化。阳极溶解产生的金属离子，首先进入阳极表面附近的液层中，如果进入溶液的金属离子向外扩散得很慢，结果就会使阳极附近的金属离子浓度增加，产生浓度梯度，阻碍金属继续溶解（腐蚀），必然使阳极电位往正的方向移动，产生阳极极化。这种由于金属离子的浓度差引起的阳极极化，称为浓差极化。

③ 电阻极化。在金属表面形成了保护膜，膜的电阻远高于基体金属，阳极电流通过此膜时，将产生压降，使电位显著变正，由此引起的阳极极化，称为电阻极化。

(2) 阴极极化

在原电池中，阴极上有电流通过时，其电位向更负的方向移动，这种现象叫阴极极化。

反应物来不及与从外电路流入阴极的电子结合，引起电子在阴极上积累，使电位向负方向移动，产生阴极极化。

阴极极化的原因有如下几方面。

① 活化极化。由于阴极还原反应需达到一定的活化能才能进行，当阴极还原反应（得电子反应）速率小于电子进入阴极的速率，就会使电子在阴极堆积，电子密度增大，结果使阴极电位向负的方向移动，产生了阴极极化。

② 浓差极化。阴极附近反应物或反应产物扩散速率缓慢可引起阴极浓差极化，使电极电位变负。

下面来分析极化时电极电位（E）与外电流（可以用电流密度 i 或电流强度 I 表示）之间的关系，电极电位与极化电流之间的关系曲线称为极化曲线（方程）。先分析单电极体系的电极电位（或过电位 η）与外电流（i 或 I）之间的关系。

1.3.3 单电极的极化方程

单电极的相界面上只发生一个电极反应，对于单电极反应：

$$O + ne \underset{i_k}{\overset{i_a}{\rightleftharpoons}} R$$

该电极的阴极反应（得电子反应）的电流密度用 $\vec{i}_k$ 表示，阳极反应（失电子反应）的电流密度用 $\vec{i}_a$ 表示。当电极反应处于平衡时，电极电位为平衡电位，$\vec{i}_k = \vec{i}_a = i°$，此时的阴、阳极电流密度称为交换电流密度，用符号 $i°$ 表示，它表征了平衡电极电位下正向反应和逆向反应的交换速度。

当有外电流（净电流）流经平衡电极时，电极电位将偏离平衡电极电位，即产生极化。产生阳极极化时的净电流，称为净阳极极化电流或阳极极化电流，其电流密度用 i_a 表示；阳极极化产生阳极过电位，$\eta_a = E - E_e$。产生阴极极化时的净电流，称为净阴极极化电流或阴极极化电流，其电流密度用 i_k 表示；阴极极化产生阴极过电位，$\eta_k = E_e - E$。

阳极极化时，$\vec{i}_a > \vec{i}_k$，$\vec{i}_a - \vec{i}_k = i_a$；阴极极化时，$\vec{i}_k > \vec{i}_a$，$\vec{i}_k - \vec{i}_a = i_k$。

与 $\vec{i}_k$ 和 $\vec{i}_a$ 不同，净电流 i_k 和 i_a 是可以用接在外电路中的测量仪器直接测量的，故又称为外电流。净电流 i_k 和 i_a 可以是外部电源供给的，也可以是包含该电极的原电池产生的。

1.3.3.1 活化极化

它在阴极和阳极过程中均可发生，但在析氢或氢去极化的阴极过程中尤为明显。1905 年，塔菲尔（Tafel）研究氢在若干金属电极上发生电化学反应时，发现许多金属在很宽的外加电流密度范围内，析氢的过电位 η 与外加电流密度 i 之间呈现半对数关系，称为塔菲尔关系。其他电极反应的阴极过程，活化极化时也服从塔菲尔关系。对于金属等电极的阳极过程，活化极化时也服从塔菲尔关系。

阴极极化：$\eta_k = \beta_k \ln \dfrac{i_k}{i°} = \beta_k (\ln i_k - \ln i°) = a_1 + \beta_k \ln i_k = a_1 + 2.3 b_k \lg i_k$，$\beta_k = \dfrac{RT}{\alpha nF}$，$a_1 = \beta_k \ln i°$

阳极极化：$\eta_a = \beta_a \ln \dfrac{i_a}{i°} = \beta_a (\ln i_a - \ln i°) = a_2 + \beta_a \ln i_a = a_2 + 2.3 b_a \lg i_a$，$\beta_a = \dfrac{RT}{(1-\alpha)nF}$，$a_2 = -\beta_a \ln i°$

式中，η_k、η_a 为电化学极化阴极过电位、阳极过电位；α 为阴极反应传递系数，表示电极电位对阴极反应活化能影响的分数；$1-\alpha$ 为阳极反应传递系数，表示电极电位对阳极反应活化能影响的分数。

需要指出的是，塔菲尔关系是在过电位较大（即强极化）的情况下获得的。一般当活化极化过电位 $\eta > 0.12V$ 时，极化方程满足塔菲尔关系。常数 β_k (β_a) 和 b_k (b_a) 分别称为自然对数和常用对数的塔菲尔斜率，$b_k (b_a) = 2.3 \beta_k (\beta_a)$。

当产生过电位很小时（一般 $\eta < 0.01V$），即微极化时，析氢的过电位 η 与电流密度 i 之间也存在线性关系，关系式为：

$$\eta_k = R_F i_k \qquad \eta_a = R_F i_a$$

式中，$R_F = \dfrac{RT}{i° nF}$，可理解为电极上电荷传递过程中单位面积上的等效电阻，称为法拉第电阻。

当过电位在 0.01～0.12V 范围内时，此时为弱极化。弱极化区的电化学极化方程较为复杂，本书不做分析。

以上方程的推导可查阅电化学的相关书籍。

当其他电极为活化极化时，过电位 η 与电流密度 i 也同样符合以上的关系。

在 E-i($\lg i$) 坐标系中画出电化学极化的极化曲线，如图 1-18 所示。

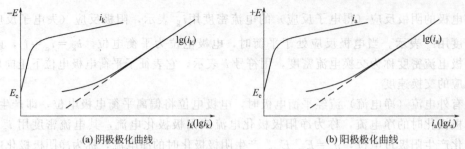

图 1-18　活化控制电极反应的极化曲线

1.3.3.2　浓差极化

在原电池工作中，若电化学反应进行得很快，而电解质中物质输送进行得迟缓，就可能造成反应物从溶液向电极表面的补充，或者生成物从电极表面向溶液深处的扩散过程滞后，从而使反应物或生成物在电极表面的浓度和溶液整体的浓度出现差异，形成浓度梯度，由此引起的电位移动，称为浓差极化。一般来说，阴极浓差极化要比阳极浓差极化大得多。所以在腐蚀研究中，常用阴极极化讨论浓差极化。

在发生浓差极化时，由于反应物（或产物）的传质过程是慢步骤，电化学步骤是快步骤，因此，可用平衡状态的方法来处理电化学步骤，可用能斯特公式来计算电极电位：

$$E=E_e=E_e^\ominus+\frac{RT}{nF}\ln\frac{c_O}{c_R}$$

需要指出的是，这里的 c_O、c_R 是实际参加电化学反应的 O、R 的浓度，并不是溶液本体的浓度。当产物 R 不可溶时，$c_R=1$，则

$$E=E_e=E_e^\ominus+\frac{RT}{nF}\ln c_O$$

液相传质通常有三种方式：对流、扩散和电迁移。电迁移是电场作用下的迁移过程。对流的原因可能是溶液各部分存在由于浓度差或温度差所引起的密度差（自然对流），也可能是外加的机械搅动作用（强制对流）。对流可促使溶液中的溶质浓度趋于均匀。扩散是由于物质的浓度差异而引起其从浓度高的区域向浓度低的区域的传质过程。

当金属电极处于电解质溶液中时，由于溶液的搅拌或自然对流作用，或当溶液体积相当大时，可以认为溶液深处的溶质浓度是均匀的，但在靠近电极表面处有一层厚度为 δ 的扩散层。扩散层的厚度与溶液的搅拌情况有关。一般来说，搅拌愈强烈，δ 愈小。室温下，在没有搅拌而只是溶液自然对流的情况下，达到定常态时 δ 的数值约为 10^{-2} cm。在接近电极表面的扩散层中，对流传质的作用不大，其主要作用是扩散。对于一般的腐蚀过程来说，扩散过程是一个比较重要的问题。

对于一维定常态扩散过程（浓度梯度不随时间变化的扩散过程）（图 1-19），扩散层内的浓度梯度为：

$$\frac{dc}{dx}=\frac{c^0-c^S}{\delta}$$

式中，c^0、c^S 为溶液的本体浓度、电极表面处的浓度。

由菲克第一扩散定律可得，通过扩散层的扩散速度为：

$$\frac{dm}{dt}=-D\frac{dc}{dx}=-D\frac{c^0-c^S}{\delta}$$

式中，m 为通过单位扩散面积达到电极表面而被还原的物质的量；D 为扩散系数。

由于处于定常态，通过扩散层的扩散速度等于电极表面阴极反应的速度，故有：

$$-\frac{i_k}{nF}=\frac{dm}{dt}=-D\frac{c^0-c^S}{\delta}$$

可得：
$$i_k=nFD\frac{c^0-c^S}{\delta}$$

在溶液本体浓度 c^0 和扩散层厚度 δ 不变的情况下，如阴极还原反应电流密度增大，扩散速度也要相应增大，这只有降低表面浓度 c^S、提高扩散层内的浓度梯度才能达到。在 $c^S=0$ 时浓度梯度达到最大值，这相当于被还原物质一扩散到电极表面就立即被还原掉，此时的阴极电流密度称为极限扩散电流密度，用 i_L 表示，即

$$i_L=nFD\frac{c^0}{\delta} \qquad \frac{i_L-i_k}{i_L}=\frac{c^S}{c^0}$$

当无浓差极化时，$c^S=c^0$，处于平衡。

$$E_e=E_e^{\ominus}+\frac{RT}{nF}\ln c^0$$

浓差极化时：

$$E=E_e^{\ominus}+\frac{RT}{nF}\ln c^S, \quad \eta_L=E_e-E=\frac{RT}{nF}\ln\frac{c^0}{c^S}$$

可得：
$$\eta_L=\frac{RT}{nF}\ln\left(\frac{i_L}{i_L-i_k}\right)$$

即为产物不溶时的浓差极化的极化方程，其极化曲线如图 1-20 所示。

可见，只有当还原电流密度 i 增加到接近极限扩散电流密度 i_L 时，浓差极化才表现出来。

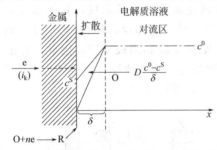
图 1-19　稳态扩散过程的浓度梯度示意图

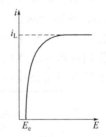
图 1-20　产物不溶时的浓差极化曲线

1.3.3.3　混合极化

在实际腐蚀过程中，电极表面附近的反应物和产物的浓度或多或少总会发生一些变化，往往同时出现活化极化和浓差极化，必须考虑浓差极化对电化学极化的影响。

① 当 i 较小时，电极反应所需的反应物、形成的产物少，不会产生明显的浓差极化。

② 当 i 较大时，电极反应所需的反应物、形成的产物较多，出现明显的浓差极化，此时过电位较大，电化学极化一般处于强极化。此时：

$$\eta_k=\beta_k(\ln i_k-\ln i^\circ_S)=\beta_k[\ln i_k-\ln(i^\circ\frac{c^S}{c^0})]=\beta_k(\ln i_k-\ln i^\circ)+\beta_k\ln\left(\frac{i_L}{i_L-i_k}\right)$$

式中，i°_S 为表面浓度为 c^S 时的交换电流密度。上式中，第 1 项为活化极化引起的过电位，第 2 项是浓差极化引起的过电位。

③ i 越大，浓差极化越明显；当 i 大到一定程度，则主要为浓差极化。

单电极的极化曲线（E-i 曲线或 η-i 曲线）如图 1-21 所示。图 1-21 (c) 中，AB 区为塔菲尔区，BC 区为混合控制区，C 点之后区域为完全由扩散步骤控制区。

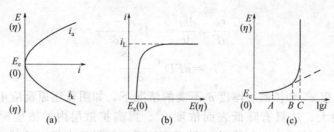

图 1-21 单电极的极化曲线

1.3.4 电极反应的耦合与腐蚀电位、腐蚀电流

1.3.4.1 电极反应的耦合

单电极体系是一个电极表面上只进行一个电极反应的体系。孤立的单一电极体系处于平衡状态，不腐蚀。金属发生腐蚀时，金属表面至少同时进行着两个不同的电极反应，一个是金属的阳极反应，另一个是去极化剂的阴极反应。下面先讨论电极表面只进行两个电极反应的腐蚀电极体系。

当电极材料是一种均匀的金属材料时，这种电极称为均相电极。在均相电极表面同时还进行溶液中去极化剂的阴极反应。

如锌在稀硫酸中的腐蚀。倘若我们将一纯净的锌片浸入稀硫酸溶液中，可看到锌片逐渐被溶解的同时，有相当数量的氢气泡不断地析出，在均相的锌片上同时有两个电极反应： $Zn \longrightarrow Zn^{2+} + 2e$ 和 $2H^+ + 2e \longrightarrow H_2 \uparrow$。从宏观上看，整个金属表面同时发生这两个反应。但从某一时刻的微观上看，锌的一些区域是腐蚀电池的阳极，其他部位是阴极，如图 1-22 (a) 所示。在整个腐蚀过程中，由于阳极溶解时表面状态的变化，锌表面的阴、阳极区不断地变化，表现为整个锌表面都发生了阳极反应和阴极反应，因此，锌的腐蚀可以看作：由两块相同纯锌片组成的一个短路的电池装置，在一块锌片上只进行阳极溶解反应，在另一块锌片上只进行阴极反应（氢的还原反应），如图 1-22 (b) 所示。

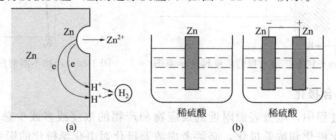

图 1-22 锌在稀硫酸溶液中电化学腐蚀示意图

假设金属腐蚀反应能分成完全独立的电极材料相同的阳极反应和阴极反应，如图 1-23 所示，则分开时的阳、阴极的稳定电位分别为 $E_{e,a}$ 和 $E_{e,k}$，且后者正于前者。

金属的阳极反应： $Me \longrightarrow Me^{n+} + ne$

去极化剂的阴极反应： $D + ne \longrightarrow D^{n-}$

① 腐蚀时，两个电极短路连接形成腐蚀原电池，两个电极同时互相发生极化，阳极极化电流强度为 I_a，阴极极化电流强度为 I_k。

② 由于没有外电路接入，是电中性的，所以 I_a 始终等于 I_k。由于阴、阳极面积相等，所以 i_a 始终等于 i_k，即阴、阳极的反应速率始终相等。

在一个孤立金属电极上同时以相等速率进行一个阳极反应和阴极反应的现象称为电极反

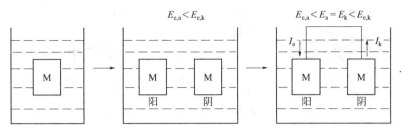

图 1-23 由同一种金属作为电极的假想短路原电池

应的耦合。互相耦合的反应称为共轭反应,它们性质上各自独立,但又互相诱导。

1.3.4.2 腐蚀电位和腐蚀电流

腐蚀体系的两个电极反应发生耦合,阴、阳极发生互相极化,相向极化到一共同的电位,达到一个稳定电位(如图 1-24 所示)。该电位称为耦合电极的混合电位,是非平衡电位。对于腐蚀体系,电极反应耦合的结果是使金属阳极失去电子而导致金属的腐蚀破坏,因此,在金属腐蚀学中,该混合电位通常称为金属的腐蚀电位,常用符号 E_{corr} 表示(或 E_c)。该电位就是均相金属电极实际腐蚀状态时的电位。在腐蚀电位 E_{corr} 下,相应的金属阳极电流就是金属的腐蚀电流,常用符号 I_{corr} (或 I_c)表示。

腐蚀电位在金属腐蚀与防腐蚀的研究中作为一个重要参数而经常用到,它可以在实验室或现场条件下用相应的仪器直接测量。

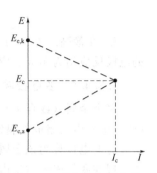

图 1-24 共轭电极反应耦合及其混合电位示意图

以上将忽略电极电位随电流变化详细情况的阳极和阴极极化曲线(电位-电流曲线)绘在同一坐标系中的图解,称为腐蚀极化图。这种图解由 Ulick Richardson Evans 首次用于说明腐蚀电位和腐蚀电流,因此也称为 Evans 图。Evans 图中两条直线的斜率称为阴、阳极的平均极化率:P_k 和 P_a。

研究金属腐蚀时,腐蚀极化图是一种很重要的图解分析法,经常用来解释腐蚀现象,分析腐蚀过程的影响因素和腐蚀速度的相对大小。

通过对腐蚀极化图的分析,可以看出各项阻力对腐蚀速度控制程度的大小(图 1-25)。当阴极极化率 P_k 明显大于阳极极化率 P_a 时[图 1-25(a)],阳极极化率的减小(促进阳极反应)不会使腐蚀电流明显增加,而阴极极化率的减小可使腐蚀电流明显增加,则称这种腐蚀过程为阴极控制的腐蚀过程。当阳极极化率 P_a 明显大于阴极极化率 P_k 时[图 1-25(b)],阳极极化率的减小会使腐蚀电流明显增加,而阴极极化率的减小不会使腐蚀电流明显增加,则称这种腐蚀过程为阳极控制的腐蚀过程。若阳极极化率 P_a 与阴极极化率 P_k 相差不大,此时腐蚀电流由阴、阳极过程共同决定,则称这种腐蚀过程为混合控制的腐蚀过程。当溶液的电阻很大,或当金属表面上有一层电阻很大的隔离膜时,由于不可能有很大的腐蚀电流通过,阴、阳极的极化很小,极化曲线的斜率都很小,两条极化曲线不相交,腐蚀电流的大小主要由欧姆电阻决定[图 1-25(c)]。

1.3.4.3 孤立电极上多电极反应的耦合

当一孤立电极上同时进行 N 个电极反应时,其中 n_1 个是阴极反应($n_1 \geqslant 1$),n_2 个是阳极反应($n_2 \geqslant 1$),则 $n_1 + n_2 = N$。

由于 N 个电极间短路,外电流等于零,则有:

$$\sum_{i=1}^{n_1} I_{ki} = \sum_{j=1}^{n_2} I_{aj}$$

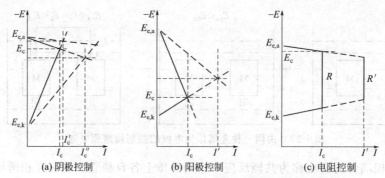

(a) 阴极控制　　　　　(b) 阳极控制　　　　　(c) 电阻控制

图 1-25　腐蚀极化图分析腐蚀过程的阻力

$$E_{k1}=E_{k2}=\cdots=E_{kn1}=E_{a1}=E_{a2}=\cdots=E_{an2}=E_c$$

E_c 在最高的 E_e 和最低的 E_e 之间，E_e 低于 E_c 的电极反应均为阳极反应，E_e 高于 E_c 的电极反应均为阴极反应。

1.3.4.4　多电极腐蚀电池

多个金属（或合金）组成的腐蚀电池系统，称为多电极腐蚀电池。常见的是两种金属（或合金）电极组成的腐蚀电池。为了便于区别，本书中将金属（或合金）单独存在时发生腐蚀时的电位称为该金属的自腐蚀电位，此时的腐蚀电池为二元原电池。

现在我们先来讨论由两块不同金属 M_1 和 M_2 浸在电解质溶液中所组成的短路原电池的情况。

当 M_1 和 M_2 都是孤立的电极时，M_1 和 M_2 的电位分别为各自的自腐蚀电位 E_{corr1} 和 E_{corr2}，假定 $E_{corr1}<E_{corr2}$。当金属 M_1 和 M_2 接触时，M_1 和 M_2 形成短路的原电池，M_1 是电池的阳极，M_2 是电池的阴极，忽略溶液的电位降，M_1 和 M_2 上电极反应耦合后达到共同的稳定电位 E_c，则 $E_{corr1}<E_c<E_{corr2}$。金属 M_1 除本身电极反应的耦合而腐蚀外，还由于同金属 M_2 接触而形成的短路腐蚀电池的作用（增大了 M_1 阳极溶解反应的过电位）而阳极溶解，减小了 M_2 阳极溶解反应的过电位，因此，M_1 的腐蚀速度就增大，而 M_2 的腐蚀速度减小（图 1-26）。

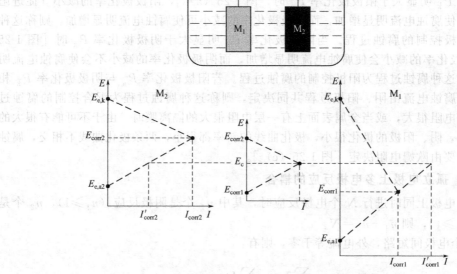

图 1-26　多电极系统电极反应的耦合示意图

前面讨论的金属是由一种均匀的金属材料组成的（均相电极），但实际使用的金属材料大多为合金，是由不同的金属相组成的，这种电极材料称为复相电极。多相金属电极相当于短路连接的多电极系统，多个金属相的电极反应的耦合在金属表面形成腐蚀微电池，各金属相达到共同的电位，即为该多相材料（合金）的腐蚀电位。原来腐蚀电位低的金属相为阳极相，或称为阳极性组分；原来腐蚀电位高的金属相为阴极相，或称为阴极性组分。如碳钢中的铁素体和渗碳体，铁素体的腐蚀电位较低，为碳钢中的阳极相，而渗碳体的电位高，是阴极相。

当两种合金接触时，可按如图 1-27 所示图解进行分析。

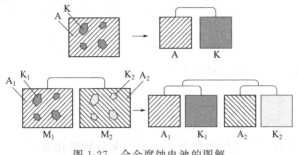

图 1-27 合金腐蚀电池的图解

1.3.5 金属腐蚀体系的极化

前面讨论了一个金属腐蚀电极在没有外加电流通过时的情况，此金属的电位即为腐蚀电位，也称为自腐蚀电位。若对孤立的金属腐蚀电极施加一外加电流，那么，这个金属腐蚀体系的电位将偏离自腐蚀电位。我们把这个过程称为腐蚀金属电极的极化。当腐蚀金属电极极化时，电极电位与外加电流有什么关系呢？事实上，电极上不管有几个电极反应，只要它们在同一电极材料表面发生，则总满足以下两个特点：

① 所有这些电极反应都是在同样的电极电位下进行的；
② 整个电极的外测电流密度是电极上进行的各个电极反应的电流密度的代数和。

现在我们来分析简单情况下的腐蚀金属电极的极化方程（电极电位与外测极化电流密度间的关系）。在最简单情况下，金属电极表面上只有一个金属的阳极反应和一个去极化剂的阴极反应。假定浓差极化可以忽略，阴极反应的控制步骤是电化学步骤，阳极反应的控制步骤也是电化学步骤，这种体系称为活化控制的腐蚀体系。如金属在不含氧及其他去极化剂的非氧化性酸中腐蚀时，如果表面没有钝化膜，一般就属于活化控制的腐蚀体系。当发生均匀腐蚀时，阴、阳极反应在整个表面均匀分布，阴、阳极面积相等。此时，活化控制的腐蚀体系的电极反应如下：

阳极：$Me^{n_1+} + n_1 e \underset{\overrightarrow{i_{a1}}}{\overset{\overrightarrow{i_{k1}}}{\rightleftharpoons}} Me$ 阴极：$D + n_2 e \underset{\overrightarrow{i_{a2}}}{\overset{\overrightarrow{i_{k2}}}{\rightleftharpoons}} D^{n_2-}$

阳极电流 $i_a(i_{a1})$ 　　　　　　阴极电流 $i_k(i_{k2})$

对于大部分腐蚀体系，E_{corr} 与金属（阳极）、去极化剂（阴极）的平衡电极电位相距都较远，即阴、阳极都处于强极化，因此，每个电极极化方程都符合塔菲尔（Tafel）关系，则有：

阳极：$\eta_{a1} = E - E_{e1}$，$\eta_{a1} = \beta_{a1} \ln \dfrac{i_{a1}}{i^\circ_1}$，$i_{a1} = i^\circ_1 e^{\frac{\eta_{a1}}{\beta_{a1}}}$，$\beta_{a1} = \dfrac{RT}{(1-\alpha_1)n_1 F}$

阴极：$\eta_{k2} = E_{e2} - E$，$\eta_{k2} = \beta_{k2} \ln \dfrac{i_{k2}}{i^\circ_2}$，$i_{k2} = i^\circ_2 e^{\frac{\eta_{k2}}{\beta_{k2}}}$，$\beta_{k2} = \dfrac{RT}{\alpha_2 n_2 F}$

① 当 $E=E_{corr}$ 时（图 1-28）：

$$i_{a1}=i°_1 e^{\frac{\eta_{a1}}{\beta_{a1}}}=i°_1 e^{\frac{E_{corr}-E_{e1}}{\beta_{a1}}} \quad i_{k2}=i°_2 e^{\frac{\eta_{k2}}{\beta_{k2}}}=i°_2 e^{\frac{E_{e2}-E_{corr}}{\beta_{k2}}}$$

$$i_a=i_{a1} \quad i_k=i_{k2} \quad i_a=i_k=i_{corr}$$

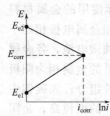

图 1-28 活化控制腐蚀体系的腐蚀极化图

② 把腐蚀体系从 E_{corr} 阳极极化到 E：

$$\Delta E_A = E - E_{corr}$$

$$i_a=i_{a1}=i°_1 e^{\frac{E-E_{e1}}{\beta_{a1}}}=i°_1 e^{\frac{E_{corr}+\Delta E_A - E_{e1}}{\beta_{a1}}}=i°_1 e^{\frac{E_{corr}-E_{e1}}{\beta_{a1}}} e^{\frac{\Delta E_A}{\beta_{a1}}}=i_{corr} e^{\frac{\Delta E_A}{\beta_{a1}}}$$

$$i_k=i_{k2}=i°_2 e^{\frac{\eta_{k2}}{\beta_{k2}}}=i°_2 e^{\frac{E_{e2}-E}{\beta_{k2}}}=i°_2 e^{\frac{E_{e2}-(E_{corr}+\Delta E_A)}{\beta_{k2}}}=i°_2 e^{\frac{E_{e2}-E_{corr}}{\beta_{k2}}} e^{\frac{-\Delta E_A}{\beta_{k2}}}=i_{corr} e^{\frac{-\Delta E_A}{\beta_{k2}}}$$

$$i_A = i_a - i_k = i_{corr}(e^{\frac{\Delta E_A}{\beta_{a1}}} - e^{\frac{-\Delta E_A}{\beta_{k2}}})$$

③ 把腐蚀体系从 E_{corr} 阴极极化到 E：

$$\Delta E_K = E_{corr} - E$$

$$i_K = i_k - i_a = i_{corr}(e^{\frac{\Delta E_K}{\beta_{k2}}} - e^{\frac{-\Delta E_K}{\beta_{a1}}})$$

以上即为活化控制腐蚀体系的极化方程，下面来分析极化方程。

① 当强阳极极化，即 ΔE_A 较大（通常 $\Delta E_A > 100\text{mV}$）时：

$$i_A = i_{corr}(e^{\frac{\Delta E_A}{\beta_{a1}}} - e^{\frac{-\Delta E_A}{\beta_{k2}}}) \approx i_{corr} e^{\frac{\Delta E_A}{\beta_{a1}}}$$

$$\Delta E_A = -\beta_{a1} \ln i_{corr} + \beta_{a1} \ln i_A = -b_{a1} \lg i_{corr} + b_{a1} \lg i_A$$

当强阴极极化（通常 $\Delta E_K > 100\text{mV}$）时，则有：

$$\Delta E_K = -\beta_{k2} \ln i_{corr} + \beta_{k2} \ln i_K = -b_{k2} \lg i_{corr} + b_{k2} \lg i_K$$

其中：$b_{k2} = \ln 10 \times \beta_{k2} = 2.3\beta_{k2}$，$b_{a1} = \ln 10 \times \beta_{a1} = 2.3\beta_{a1}$

以上公式也称为塔菲尔公式（Tafel 公式），b_{a1} 和 b_{k2} 称为塔菲尔常数。活化控制的腐蚀体系在强极化时的极化曲线如图 1-29 所示，将 E-$\lg i$ 坐标系中的极化曲线的塔菲尔区的直线部分外推到自腐蚀电位 E_{corr} 处，得到与横坐标上的交点，交点的横坐标就是 $\lg i_{corr}$。

② 当阳极微极化，即 ΔE_A 很小时（通常 $\Delta E_A < 10\text{mV}$）：

$$e^{\frac{\Delta E_A}{\beta_{a1}}} = 1 + \frac{\Delta E_A}{\beta_{a1}} \qquad e^{\frac{-\Delta E_A}{\beta_{k2}}} = 1 - \frac{\Delta E_A}{\beta_{k2}}$$

$$i_A = i_{corr}\left[1 + \frac{\Delta E_A}{\beta_{a1}} - \left(1 - \frac{\Delta E_A}{\beta_{k2}}\right)\right] = i_{corr} \Delta E_A \left(\frac{1}{\beta_{a1}} + \frac{1}{\beta_{k2}}\right)$$

$$i_{corr} = \frac{i_A}{\Delta E_A} \times \frac{\beta_{a1}\beta_{k2}}{\beta_{a1}+\beta_{k2}} \qquad \frac{\Delta E_A}{i_A} = \frac{1}{i_{corr}} \times \frac{\beta_{a1}\beta_{k2}}{\beta_{a1}+\beta_{k2}}$$

同样，当阴极微极化时（通常 $\Delta E_K < 10\text{mV}$），可得到：

$$\frac{\Delta E_K}{i_K} = \frac{1}{i_{corr}} \times \frac{\beta_{a1}\beta_{k2}}{\beta_{a1}+\beta_{k2}}$$

以上即为微极化时的极化方程（极化曲线如图 1-30 所示），常称为线性极化方程。

$$R_p = \frac{\Delta E_A}{i_A} = \frac{\Delta E_K}{i_K} \qquad R_p = \frac{1}{i_{corr}} \times \frac{\beta_{a1}\beta_{k2}}{\beta_{a1}+\beta_{k2}} = \frac{1}{i_{corr}} \times \frac{b_{a1}b_{k2}}{2.3 \times (b_{a1}+b_{k2})}$$

式中，R_p 为线性极化区的斜率，称为极化电阻，单位为 $\Omega \cdot cm^2$。通过极化曲线斜率求得极化电阻，就可得 i_{corr}。

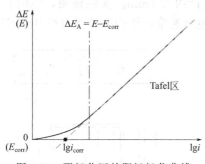
图 1-29　强极化区的阳极极化曲线

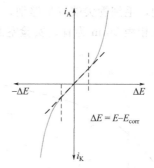
图 1-30　微极化区的极化曲线

1.3.6　极化曲线

极化曲线是表示电极电位和外电流之间关系的曲线。阳极极化曲线是表示电极电位和阳极电流之间关系的曲线。阴极极化曲线是表示电极电位和阴极电流之间关系的曲线。

极化曲线分为表观（实测）极化曲线和理想极化曲线。表观（实测）极化曲线是表示腐蚀金属电极在通过外电流时的电位和电流的关系，可借助恒电位仪（电化学工作站）实测出来。由于金属电极表面上至少有一个金属的阳极反应和一个去极化剂的阴极反应，通过外电流时，腐蚀电池中阳极、阴极也均发生变化。构成腐蚀过程中的阴极和阳极的电位（过电位）和电流的关系曲线称为理想极化曲线，也称为真实极化曲线。

外加阴极极化电流用 $i_K(I_K)$ 表示，外加阳极极化电流用 $i_A(I_A)$ 表示。在腐蚀原电池中，阳极的极化电流用 I_a 表示，阴极的极化电流用 I_k 表示。理想极化曲线为 E-I_a 曲线或 E-I_k 曲线，从 E_e 开始，腐蚀体系的理想极化曲线不能直接测量出来。实测极化曲线为 E-I_A 曲线或 E-I_K 曲线，从 E_{corr} 开始，可直接测量出来。在一给定电位 E 下，外加阳极极化电流 $I_A = I_a - I_k$，外加阴极极化电流 $I_K = I_k - I_a$。实测极化曲线与理想极化电流的关系如图 1-31 所示。

在金属腐蚀研究中，测量极化曲线是一种不可缺少的手段。通过极化曲线，可以揭示腐蚀的控制因素、缓蚀剂的作用机理，可快速求得腐蚀速度，研究局部腐蚀，可用以鉴定和筛选金属材料和缓蚀剂，获得电化学保护的主要参数。

极化曲线的测定方法分为暂态法和稳态法。暂态法极化曲线的形状与时间有关，测试频率不同，极化曲线的形状不同。稳态法是指测量时与每一个给定电位对应的响应信号（电流）完全达到稳定不变的状态。稳态法按控制方式分为恒电位法和恒电流法。

恒电位法是以电极电位为自变量，电流（密度）为因变量，测定电流与电位的函数关系 $i = f(E)$。恒电位法适用范围广，不仅适用电流和电位的单值函数关系，也适用多值函数关系，能真实地反映电极过程，测出完整的极化曲线。

恒电流法以电流（密度）为自变量，以电极电位为因变量，测定电位与电流的函数关系 $E = f(i)$。当电流和电位为多值函数关系时，一个电流值对应多个电极电位，此时就不能测出完整的极化曲线。

测量装置一般采用三电极系统（图 1-32）：工作电极、参比电极、辅助电极（实验室常用铂电极），分别连接恒电位仪（或电化学工作站）的相应接头。为了测量研究工作电极的电极电位，必须选用一个参比电极以与之构成另一通路。参比电极通过盐桥和鲁金（Luggin）毛细管与工作电极连通。为了消除鲁金毛细管口与工作电极间溶液的欧姆电位降对电极电位测量的影响，毛细管尖端应尽量靠近研究电极的表面。为了防止毛细管对研究电极的屏蔽作用，毛细管尖端应足够细，通常毛细管直径约为 1mm。实验证明，毛细管与研究电极表面以相距 2mm 为宜。实验室测量时，参比电极通常选用饱和甘汞电极（SCE）。

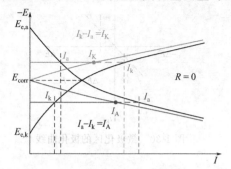

图 1-31　实测极化曲线与理想极化电流的关系示意图

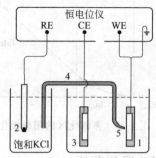

图 1-32　三电极测试装置示意图
1—工作电极 WE（待研究的金属）；2—参比电极 RE；
3—辅助电极 CE；4—盐桥；5—鲁金毛细管

1.3.7　腐蚀速度的测定方法

对于金属腐蚀，人们最关心的问题之一是腐蚀速度。电化学腐蚀速度测定的方法主要有失重法和电化学方法。

(1) 失重法

迄今为止，普遍应用的测定腐蚀速度的方法仍是失重法。失重法的优点是准确可靠。但由于试验周期长，需要做多组平行试验及操作麻烦，满足不了快速的要求。另外，失重法测得的是平均腐蚀速度，不能获得瞬时的腐蚀速度，不能反映腐蚀过程中腐蚀速度的变化。

(2) 电化学方法

电化学方法获得的是瞬时的腐蚀速度，其优点是快速简便并有可能用于现场监测，这里简单介绍与极化曲线有关的腐蚀速度测量方法，常用的主要为塔菲尔直线外推法和线性极化法。

① 塔菲尔直线外推法。对于活化控制的腐蚀体系，在强极化时，电极电位与极化电流满足塔菲尔关系：

$$\Delta E_K = -b_k \lg i_{corr} + b_k \lg i_K \qquad \Delta E_A = -b_a \lg i_{corr} + b_a \lg i_A$$
$$\lg i_{corr} = \lg i_K + \Delta E_K / b_k \qquad \lg i_{corr} = \lg i_A + \Delta E_A / b_a$$
$$\Delta E_K = E_{corr} - E \qquad \Delta E_A = E - E_{corr}$$

当 $\Delta E_K = \Delta E_A = 0$（即 $E = E_{corr}$），形式上 $i_K = i_A = i_{corr}$（注意实际上此时 $i_K = i_A = 0$）。

因此，若将阴、阳极化曲线绘在 E-$\lg i$ 坐标系上，将极化曲线上呈直线关系的塔菲尔区外推到 E_{corr}，得到的交点 S 对应的就是 E_{corr} 和 $\lg i_{corr}$。若阴极极化曲线的规律性不好，或强极化时不是活化控制，将阳极极化曲线的直线部分外推，与水平线相交同样可求得 $\lg i_{corr}$，如图 1-33 所示。

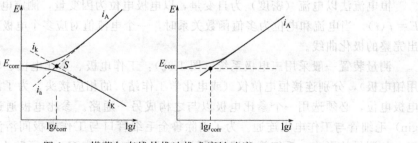

图 1-33　塔菲尔直线外推法推求腐蚀速度

塔菲尔直线外推法的优点是无须知道塔菲尔常数 b_a 和 b_k，实验操作简便。缺点是用大电流强极化时，金属表面状态会发生变化，与外加极化的前自腐蚀状态有所不同，强极化后的腐蚀控制机制有可能发生变化。因此，测定的结果可能不准确。另外，需要注意的是，只有体系完全由活化控制时才会得到准确的结果。

② 线性极化法。对于活化控制的腐蚀体系，在微极化时，极化值与外加极化电流呈线性关系：

$$\Delta E_A = R_p i_A \qquad -\Delta E_K = R_p i_K$$

$$R_p = \frac{b_a b_k}{2.3(b_a + b_k)} \times \frac{1}{i_{corr}} \qquad i_{corr} = \frac{b_a b_k}{2.3(b_a + b_k)} \times \frac{1}{R_p}$$

式中，R_p 是极化电阻，是微极化区极化曲线的斜率，测出 R_p，就可得到 i_{corr}。

线性极化法的优点是能快速测出瞬时腐蚀速度，不会引起金属表面状态的变化及腐蚀控制机理的变化，可用于连续检测和现场监控。其不足是：a.塔菲尔常数 b_a、b_k 需另行测定或从文献选取，而且不能反映腐蚀随时间变化情况；b.准确度不是很高，因为线性区是近似的，不同体系的线性区大小是有差异的，同一体系的阴极极化和阳极极化的线性区也不是完全对称的；c.不能用于电导率较低的体系。

另外，还可采用电化学阻抗谱等方法测出极化电阻 R_p，从而获得腐蚀电流密度。

思考题与习题

1. 如何理解电极电位的形成及绝对电极电位的不可测？
2. 在什么条件下可以使用能斯特公式？
3. 试理解电位-pH 图的作用与局限性。
4. 如何理解在电子导体/离子导体界面上若有电子转移发生，必然导致净的化学反应的发生？
5. 一般而言，若一个电极体系中没有净的化学反应（物质变化）发生，则此电极上将无净电流流过。反之，若一个电极体系中无净电流通过，是否意味着电极体系中一定没有净的化学反应发生呢？
6. 在 20 世纪的前 40~50 年，Gibbs、Van't Hoff 和 Nernst 等的热力学成了大学中物理化学的基础。电化学家企图用化学热力学方法解释电极的极化现象：他们把电流通过两类导体界面时所引起的电极电位的变化完全归因于电极表面附近反应物和产物浓度的变化，从而根据 Nernst 方程推出电极电位发生了变化。请问上述关于电极极化现象的解释是否科学？
7. 电化学腐蚀的本质是金属发生净的阳极溶解反应失去电子，而氧化剂（电子受体）接受电子被还原，从而构成一个短路的原电池（称为腐蚀电池）。根据这一描述，试分别从热力学与动力学角度出发，阐述金属本身与腐蚀溶液（介质）的性质对金属腐蚀的影响。
8. 稳态扩散的含义是什么？为什么扩散控制的电极过程会出现极限电流密度？
9. 以下说法错在何处？
在一个腐蚀过程中，阳极过电位的数值和阴极过电位的数值之和大于阴、阳极的平衡电极电位之差。
10. 电极体系分为几种类型？它们各有什么特点？
11. 什么是腐蚀电池？腐蚀电池有几种类型？
12. 如何根据热力学数据判断金属腐蚀的倾向？如何使用电极电位判断金属腐蚀的倾向？
13. 试解释可逆电池电动势的公式为什么可用于计算平衡电极电位？为了获得正确结果必须要注意些什么？

14. 含有杂质的锌片在稀 H_2SO_4 中的腐蚀是电化学腐蚀，是由锌片中的杂质形成的微电池引起的，这种说法正确吗？为什么？

15. 计算下列电极体系的电极电位：
(1) Zn/Zn^{2+}（2mol/L）；
(2) Fe^{3+}（0.5mol/L）/Fe^{2+}（0.2mol/L）；
(3) ClO_4^-（0.2mol/L）、ClO_3^-（0.3mol/L）、OH^-（0.6mol/L）组成的电极体系；
(4) MnO_4^-（0.2mol/L）、Mn^{2+}（0.1mol/L）、pH=2 的电极体系。

16. 计算下列电极反应的标准电极电位（相对于标准氢电极）：
(1) $Zn^{2+} + 2e \rightleftharpoons Zn$
(2) $ZnO + 2H^+ + 2e \rightleftharpoons Zn + H_2O$
(3) $HZnO_2^- + 3H^+ + 2e \rightleftharpoons Zn + 2H_2O$

根据表1-6中电池反应标准自由能的变化 $\Delta G_m^\ominus$，结合标准氢电极反应进行计算（F=96500C/mol）。

表1-6 电池反应标准自由能的变化

电池反应	$Zn + 2H^+ \longrightarrow Zn^{2+} + H_2$	$Zn + H_2O \longrightarrow ZnO + H_2$	$HZnO_2^- + 3H^+ + 2e^- \longrightarrow Zn + 2H_2O$
$\Delta G_m^\ominus / J$	-147.00	-87.700	-10.400

17. 分别计算 Ag∣AgCl 电极在25℃ 0.1mol/L 和 4.1mol/L KCl 溶液中的电极电位，计算 Ag∣AgCl 电极在天然海水（Cl^- 浓度约0.55mol/L）中的电极电位［25℃时，Ag∣(AgCl，KCl) 电极的标准电极电位为0.22V，在1mol/L KCl 溶液中的电极电位为0.236V］。

18. 将 Zn 片浸入 pH=1 的 0.01mol/L 的 $ZnCl_2$ 溶液中，通过计算判断能否发生析氢腐蚀。

19. Zn 片浸在 Zn^{2+} 活度为1的溶液中，Pt 片浸在 pH=1，$p_{H_2}=0.2MPa$ 的酸溶液中，组成电池，求该电池的电动势，并判断该电池的正负极。

20. 计算 Zn 电极在 0.1mol/L $ZnSO_4$ 和 0.5mol/L $ZnSO_4$ 中构成的浓差电池（忽略液接电位）的电动势，并指出它们的正负极。

21. 计算下列电极组成的电池电动势。当该电池短路时，哪个电极被腐蚀？
(1) Fe 和 Mg 分别浸在相同活度的 Fe^{2+} 和 Mg^{2+} 溶液中。
(2) Pb 和 Ag 分别浸在相同活度的 Pb^{2+} 和 Ag^+ 溶液中。

22. 现设计如下电池反应：
Hg (l)∣0.001mol/L 硝酸亚汞‖0.01mol/L 硝酸亚汞∣Hg (l)，实际测得25℃下，电池的电动势为0.029V。试通过计算：
(1) 判断硝酸亚汞的存在形式是 $HgNO_3$，还是 $Hg_2(NO_3)_2$？
(2) 若原负极侧硝酸亚汞的浓度增大至0.1mol/L，试问电池的电动势将变为多少？电池的正、负极会不会发生对调？

23. 有一个储放 pH=1 稀硫酸的铜制容器，处在101325Pa 氢气气氛的掩护下，试计算酸中铜污染的最大浓度（以 mol/L Cu^{2+} 表示）。加入氢分压降到10.1325Pa，相应的铜污染又为多少？

24. 法拉第定律规定了什么内容？推导电流密度与用腐蚀失重表示的腐蚀速度之间的关系、电流密度用厚度变化表示的腐蚀速度之间的关系。

25. 已知电极反应 $Fe \longrightarrow Fe^{2+} + 2e$，铁的原子量56，密度 $7.8g/cm^3$，自腐蚀电流密度

为 $1\mu A/cm^2$，分别计算用失重表示的腐蚀速度以及用厚度表示的腐蚀速度。

26. 钢板的两面在海水中发生腐蚀，10年后，测得钢板厚度减薄3mm，计算平均腐蚀电流密度（阳极溶解反应主要是 $Fe \longrightarrow Fe^{2+} + 2e$）。

27. 什么是极化？什么是阳极极化？什么是阴极极化？电极的去极化是什么含义？

28. 什么是电化学极化与浓差极化？极化的原因是什么？电阻极化是真正的极化吗？为什么？

29. 电池极化与电极极化有何不同？互有什么关系？哪些物质属于极化剂？哪些物质属于去极化剂？分别对腐蚀速度有何影响？

30. 在过电位小的活化控制时，决定阴极过电位曲线的四个必要的参数是什么？在过电位大的浓差极化控制时，决定阴极过电位曲线的四个必要的参数又是什么？

31. 测量稳态极化曲线有什么意义？如何测量稳态极化曲线？

32. 混合电位理论有什么观点？以铁在稀硫酸中腐蚀为例，说明混合电位的建立过程。

33. 什么是腐蚀金属电极的极化方程式？为什么在讨论腐蚀金属电极极化方程式时，首先必须掌握单一金属电极的极化方程式，两者之间的根本区别是什么？对照单电极电化学极化方程式，推导出腐蚀金属电极极化方程式。

34. 画出活化控制的腐蚀金属电极的极化曲线，并进行解释，当阴极过程由扩散控制时，则腐蚀金属电极的极化曲线有何不同？

35. 表观极化曲线和真实极化曲线有何区别和联系？这两种极化曲线各自在何种场合下使用？

36. 如何运用腐蚀极化图解释电化学腐蚀？腐蚀极化图在研究电化学腐蚀中有何应用？

37. 在电化学腐蚀控制下，决定腐蚀速度的主要因素是什么？在浓差极化控制下，决定腐蚀速度的主要因素是什么？

38. 25℃时将表面积为 $5cm^2$ 的铜片浸入较大体积的 $CuSO_4$ 溶液（pH=3）中，测得该体系的平衡电位为0.16V（相对于SHE）。现将 Cu 电极与相同表面积的 Pt 电极组成电解池进行电解。施加某一电流后，测得 Cu 电极的稳态电位为 -0.24V（相对于SHE），试求：

(1) 电解池中施加的电流是多少（单位A）？

(2) 试问 10min 后 Cu 片的厚度变化是多少？

(3) Pt 电极的稳态电极电位（相对于SHE）及需要加在电解池正、负极两端的电压为多少？

已知：$E_e^\circ(Cu^{2+}/Cu) = 0.337V$（相对于 SHE），$Cu^{2+}$ 还原反应的交换电流密度 $i^\circ = 1 \times 10^{-9} A/cm^2$，传递系数 $\alpha = 0.5$，铜的原子量为63.5，密度为 $8.99 g/cm^3$。电极反应 $O_2 + 4H^+ + 4e \longrightarrow 2H_2O$ 的标准电极电位为1.23V（相对于SHE），该反应在 Pt 上的交换电流密度 $i^\circ = 1 \times 10^{-9} A/cm^2$，传递系数 $\alpha = 0.5$，溶液的电导率为 1S/cm，电解池中正负极正对，且距离为 20cm。

注意：上述动力学参数值仅供训练计算用，未实验验证其合理性。

39. 试用腐蚀极化图解释如下的腐蚀实验现象：

将铁与镍分别插入同一酸性溶液中，其表面分别发生金属的溶解与析氢反应。现将两金属通过某一导线短接，发现铁的溶解速度下降，而镍的溶解速度上升，同时铁表面的析氢速度上升，而镍表面的析氢速度下降。

40. 试用腐蚀极化曲线图说明阴、阳极起始电位差，塔菲尔斜率，以及电极反应的交换电流密度对金属的均匀腐蚀速度的影响。

第2章
析氢腐蚀与吸氧腐蚀

2.1 析氢腐蚀

以氢离子还原反应为阴极过程的腐蚀称为氢去极化腐蚀,也称为析氢腐蚀。大多数在工程上使用的金属在酸性溶液中发生析氢腐蚀,少量活泼金属(标准电极电位很负)在中性、碱性溶液中也可发生析氢腐蚀(如 Mg 等),但这些金属在工程上几乎不用,因此本书就不分析这类情况的析氢腐蚀。

2.1.1 氢去极化的基本步骤

析氢腐蚀的反应为:$2H^+ + 2e \longrightarrow H_2 \uparrow$

由于两个 H^+ 直接在电极表面的同一位置上同时放电的概率极小,因此,该反应不是一步就完成的。在酸性溶液中,氢去极化反应按下列四个主要步骤进行:

① 水化氢离子向电极表面扩散并在电极表面脱水。
$$H^+ \cdot H_2O \longrightarrow H^+ + H_2O$$

② 氢离子与电极表面的电子结合形成吸附在电极表面的氢原子 H(Me)。
$$H^+ + e(Me) \longrightarrow H(Me)$$

③ 吸附氢原子脱附。

复合脱附:$H(Me) + H(Me) \longrightarrow H_2$

或电化学脱附:$H(Me) + H^+ + e(Me) \longrightarrow H_2$

④ 氢分子形成气泡析出。

不同金属上析氢反应的机制(历程)可能是不一样的。对于大多数金属来说,第②个步骤 $H^+ + e(Me) \longrightarrow H(Me)$ 进行最缓慢,是控制步骤。少数金属,如 Pt 则是步骤③的复合脱附步骤进行最缓慢,是控制步骤。在有些金属电极上,如在铁电极和镍电极上,一部分吸附氢原子会向金属内部扩散,这就是导致金属在腐蚀过程中可能发生氢脆的原因。

2.1.2 氢去极化的阴极极化曲线和氢过电位

典型的氢去极化的阴极极化曲线如图 2-1 所示。

当微极化时,氢过电位 η_H 与阴极电流密度 i_k 呈线性关系:$\eta_H = R_F i_k$;当强极化时,氢过电位 η_H 与 i_k 服从塔菲尔公式:

$$\eta_H = a + b\lg i_k \quad (\eta_H = E_{e,H} - E;\ a = -b\lg i^\circ)$$

常数 $b = \dfrac{2.3RT}{\alpha nF} = \dfrac{2.3RT}{\alpha F}$ (控制步骤的 $n=1$),与电极材料无关。

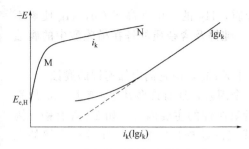

图 2-1 电极电位与电流密度及其对数间的关系曲线

常数 a：单位电流密度时的氢过电位，与电极材料、表面状态、溶液、温度等有关。a 的大小反映了金属对析氢反应的电催化活性大小。根据 a 的大小，可将金属分为三类：

① 高氢过电位金属。$a=1.0\sim1.5\text{V}$，如铅、铊、汞、镉、锌、镓、铋、锡等。这些金属表面的析氢活性低。

② 中氢过电位金属。$a=0.5\sim0.7\text{V}$，如铁、钴、镍、铜、钨、金等。

③ 低氢过电位金属。$a=0.1\sim0.3\text{V}$，如铂和钯等铂族金属。

2.1.3 析氢腐蚀的影响因素

氢过电位对金属析氢腐蚀的速度有很大的影响。

纯金属发生析氢腐蚀时，金属（阳极）与氢电极（氢与金属组成的电极，阴极）组成腐蚀电池，阴极反应与阳极反应主要在整个金属表面上进行，没有明显的阳极区和阴极区之分。金属的腐蚀速度很大程度上取决于在该金属上析氢反应的过电位。

例如：Fe 的 $E_e^{\ominus}=-0.440\text{V}$，是中过电位金属；Zn 的 $E_e^{\ominus}=-0.762\text{V}$，是高过电位金属；Pt 是低过电位金属。因此，纯 Fe 在稀 H_2SO_4 中的腐蚀速度大于纯 Zn（如图 2-2 所示）。若酸中加入微量铂盐，Pt 离子在金属表面还原成金属 Pt，腐蚀的金属（阳极）与 Pt（氢与 Pt 组成的电极体系，阴极）形成腐蚀电池，氢去极化主要在 Pt 上进行，而使 Zn 的腐蚀剧烈加速，Fe 的腐蚀则增加相对较少。

当金属中含有电位更正的杂质时，如果杂质的氢过电位比基体金属低，则氢去极化反应主要集中在杂质表面进行，基体金属为阳极区而加速腐蚀。若杂质的氢过电位比基体金属高，则会抑制氢去极反应而可能减小对基体金属的腐蚀。图 2-3 为含不同杂质的锌在 $0.25\text{mol/L H}_2\text{SO}_4$ 中的腐蚀速度。下面以 Zn 为例，分析杂质对 Zn 析氢腐蚀的影响。

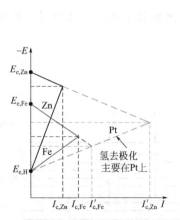

图 2-2 锌、铁析氢腐蚀的腐蚀极化图

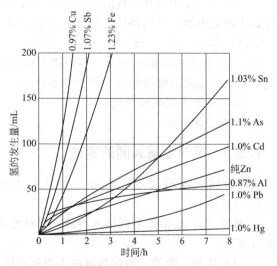

图 2-3 含不同杂质的锌在 $0.25\text{mol/L H}_2\text{SO}_4$ 中的腐蚀速度

① 当杂质的氢过电位比 Zn 低时，如含有正电性杂质 Cu、Fe，使氢析出更为容易，减小阴极极化率，使 Zn 腐蚀速度增大；前面的酸溶液中加 Pt 盐也是类似的作用。

② 当杂质的氢过电位比 Zn 高时，如含有 Hg 杂质，Hg 的正电性高于 Cu，Hg 使氢不易析出，加大了阴极极化率，而使 Zn 腐蚀速度降低。纯锌及含杂质的锌在稀硫酸中的腐蚀过程如图 2-4 所示。

③ Zn 含有镉、锡杂质时，虽然它们的氢过电位比 Zn 高，但它们会加速锌的腐蚀。

需要注意的是，氢过电位只是影响析氢腐蚀的一个因素，还有许多其他影响腐蚀的因素（如表面状态等），许多情况下氢过电位并不是影响析氢腐蚀的主要因素。如 Zn 含有镉、锡杂质，因为锡、镉伴随一部分 Zn 溶解后以海绵状残渣的疏松形式析出，并散布在锌的表面，增大了阴极区有效面积，对析氢反应有一定的催化作用，因而加速了锌的腐蚀。

pH 值也是影响析氢腐蚀的重要因素。pH 值越低，氢离子浓度越高，氢平衡电极电位 $E_{e,H}$ 越正，阴、阳极的电位差越大，当氢过电位不变时，腐蚀速度越大（如图 2-5 所示）。

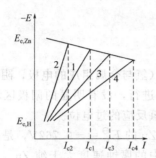

图 2-4 纯锌及含杂质的锌在
稀硫酸中的腐蚀过程示意图
1—纯锌；2—含汞；3—含铁；4—含铜

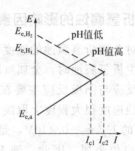

图 2-5 pH 值对析氢腐蚀影响示意图

2.2 吸氧腐蚀

大多数金属在中性和碱性溶液中以及少数正电性金属在含有溶解氧的弱酸性溶液中的腐蚀都属于吸氧腐蚀。自然环境中的腐蚀大多是吸氧腐蚀。

阴极反应为：$O_2 + 2H_2O + 4e \longrightarrow 4OH^-$

由于 O_2 在水中溶解度很小，溶液中溶解氧浓度很低，溶解氧消耗后需从空气中补充。因此，氧去极化的阴极过程分为两个基本环节：

① 氧向金属表面的输送过程；

② 氧离子化过程。

2.2.1 氧向金属表面的输送

氧向金属表面的输送过程可分为以下几个步骤（如图 2-6 所示）：

① 氧通过空气/溶液界面溶入溶液，以补足在溶液中的溶解度。

② 以对流和扩散形式通过溶液的主要厚度层。

③ 以扩散方式通过金属表面溶液的静止层而到达金属表面。静止层的厚度一般约为 $10^{-2} \sim 5 \times 10^{-2}$ cm。

氧向金属表面的输送速度慢，这是因为：

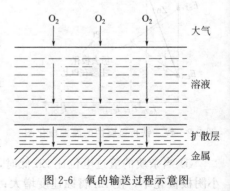

图 2-6 氧的输送过程示意图

① O_2 的输送只能依靠对流和扩散,不能进行电迁移。
② 氧的溶解度小,所以氧在溶液中的浓度很小(一般最高浓度约为 10^{-4} mol/L)。
③ 不发生气体的析出,不存在附加搅拌,反应产物只能依靠液相传质方式离开金属表面。
因此,在氧去极化过程中,浓差极化往往占有主导地位。

2.2.2 氧离子化过程

在中性和碱性溶液中:$O_2 + 2H_2O + 4e \longrightarrow 4OH^-$

该反应也不是一步就完成,反应的基本步骤为:
① 形成半价氧离子:$O_2 + e \longrightarrow O_2^-$
② 形成二氧化一氢离子:$O_2^- + H_2O + e \longrightarrow HO_2^- + OH^-$
③ 形成氢氧离子:$HO_2^- + H_2O + 2e \longrightarrow 3OH^-$
或 $2HO_2^- \longrightarrow O_2 + 2OH^-$

一般认为,步骤②是控制步骤,此时的电子数为1。

2.2.3 氧去极化的阴极极化曲线

氧去极化的阴极极化曲线如图 2-7 所示,极化曲线可分为四个部分:

(1) $E_{e,O}$—P 部分

当阴极极化电流密度 i 不大时,阴极表面氧的供应充分,阴极过程由氧离子化过程控制,此时是电化学极化。若氧的供给始终充足,没有浓差极化,曲线的走向为 PBC。

(2) P—F 部分

当阴极极化电流密度 $i > 0.5 i_L$ 时,开始出现浓差极化,阴极过程由氧的离子化过程和氧的扩散过程共同控制。

氧过电位 $\eta_O = E_e - E$,为活化极化过电位和浓差极化过电位之和。

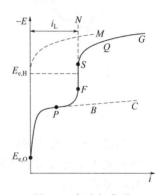

图 2-7 氧去极化的阴极极化曲线

$$\eta_O = \beta_k \ln \frac{i_k}{i^\circ} + \frac{RT}{\alpha nF} \ln \left(\frac{i_L}{i_L - i_k} \right) \qquad \eta_O = b_k \lg \frac{i_k}{i^\circ} + b_k \lg \left(\frac{i_L}{i_L - i_k} \right)$$

随着 $i(i_k)$ 的增大,扩散过程引起的浓差极化不断增加,曲线变得越来越陡,直至 $i = i_L$ (F 点)。

(3) F—S 部分

当 $i = i_L$ 时,阴极过程仅由氧的扩散过程控制,曲线走向 FSN。

当 $i = i_L$ 时,电位不可能一直负移,当电位负移到一定程度时,电极上除氧还原外,出现了新的电极过程。在水溶液中,通常是析氢反应。

(4) SQG 部分

此部分曲线的阴极过程由氧去极化和氢去极化共同组成。图中 $E_{e,H}$—M 就是氢去极化的极化曲线。SQG 部分是由氧去极化曲线和氢去极化曲线叠加而成的。

2.2.4 吸氧腐蚀体系

金属阳极极化曲线与氧去极化的阴极极化曲线耦合的情况决定金属的腐蚀状态。下面分几种情况来讨论(图 2-8):

① 金属在溶液中电位较正，阴、阳极极化曲线相交于 P 点以左。如铜在充气中性溶液中的腐蚀（如图 2-8 的点 1）。腐蚀与金属阳极极化率有关，若阳极极化率不大，金属腐蚀速度主要取决于氧的离子化过电位。

② 金属在溶液中的电位很负，如 Mn、Mg 和 Mg 合金。阴、阳极极化曲线相交于 SQG 段，如图 2-8 的点 4。此时，腐蚀的阴极过程由氧去极化反应和氢去极化反应共同组成。

③ 金属在溶液中的电极电位较负并处于活性溶解状态。阴极极化曲线与阳极极化曲线交于 $F-S$ 之间（如图 2-8 的点 2 和 3）。此时腐蚀过程由氧的扩散过程控制，腐蚀电流密度等于氧的极限扩散电流密度。这种情况下，阳极的起始电位及阳极极化曲线的走向对腐蚀速度没有影响，即腐蚀速度与金属本身的性质关系不大。锌、铁、碳钢等金属和合金在天然水或中性溶液中的腐蚀属于这种情况。此时金属中的阴极性杂质或微阴极数量的增加，对腐蚀速度的增加只起较小的作用（图 2-9）。

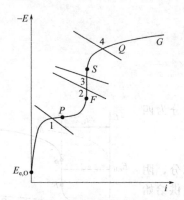

图 2-8 吸氧腐蚀过程示意图

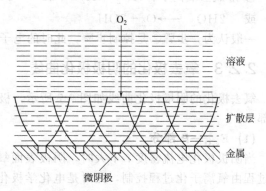

图 2-9 氧向微阴极扩散途径示意图

当微阴极在金属表面分布比较均匀时，即使阴极的总面积不大，但实际用来输送氧的溶液体积基本上已被用于氧向阴极表面扩散了，继续增加微阴极的数量或面积并不会引起扩散过程的显著加强。

2.2.5 吸氧腐蚀的影响因素

(1) 溶解氧浓度的影响

溶解氧浓度增大，氧的极限扩散电流密度将增大，氧离子化的反应速率将增大。当金属活性溶解时，金属腐蚀速度将随着溶解氧浓度的增大而增大，如图 2-10 所示。

(2) 溶液流速的影响

溶液流速越大，扩散层厚度越小，氧的极限扩散电流密度越大，活性溶解金属的腐蚀速度也越大（如图 2-11 所示）。

① 当溶液流速较低时，溶液为层流，腐蚀速度随流速的增加而缓慢上升。

② 随着溶液流速的增大，当层流转变为湍流时，腐蚀速度急剧上升。但当流速增大到一定程度，腐蚀速度不再随流速而增加。这是因为此时阳极极化曲线与阴极极化曲线的交点不在氧的扩散控制区。需要指出的是，这里仅考虑了氧的作用，没有考虑流体流动作用对腐蚀的影响。

③ 当流速进一步增加到很大的程度，腐蚀速度再次随流速而增加。这是因为发生了空泡腐蚀。

(3) 盐浓度的影响

盐浓度增大对吸氧腐蚀的影响有两种相反的作用：

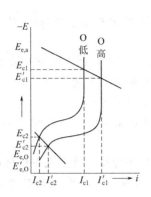

图 2-10　溶解氧浓度对腐蚀过程的影响

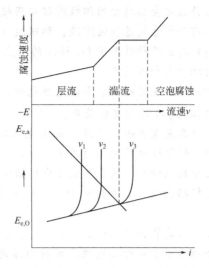

图 2-11　溶液流速对吸氧腐蚀的影响

① 随着盐浓度增加，溶液的电导率增大，腐蚀速度会有所上升。

② 但随着盐浓度的增加，氧的溶解度会显著降低，而使腐蚀速度下降。

如在 NaCl 溶液中，当浓度为 3% 时，Fe 的腐蚀速度最大（如图 2-12 所示），此时相当于海水中 NaCl 的含量。

(4) 温度的影响

温度对吸氧腐蚀的影响也有两种相反的作用：

① 温度升高使氧的扩散过程和电极反应速率加快，在一定温度范围内，腐蚀速度随温度的升高而加快。当溶液中氧浓度保持恒定时，腐蚀速度随温度的变化如图 2-13 的虚线所示。

② 温度升高的相反效应是使氧的溶解度降低，使腐蚀速度减小。

所以在敞口系统中，腐蚀速度有个最大值，如铁的腐蚀速度在 80℃ 达到最大值。对于封闭体系，由于温度升高，使气相中氧分压增大，将增加氧的溶解度，抵消了温度升高使氧溶解度下降的效应，因此腐蚀速度一直随温度升高而增大，如图 2-13 所示。

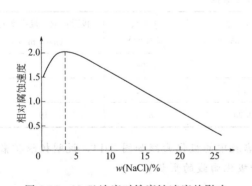

图 2-12　NaCl 浓度对铁腐蚀速度的影响

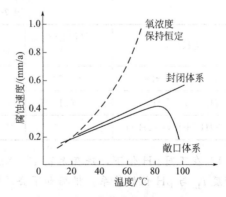

图 2-13　温度对铁在水中腐蚀速度的影响

思考题与习题

1. 举例说明有哪些可能的阴极去极化剂？当有几种阴极去极化剂同时存在时，如何判断哪一种发生还原的可能性最大？

2. 什么是金属腐蚀的阳极过程与阴极过程？它们各有几种形式？

3. 有两种空气饱和的溶液：稀硫酸（pH=3）和 NaOH（pH=13）溶液。

(1) 写出两种情况下 O_2 还原的反应方程式和 Nernst 公式。解释 Nernst 公式中相应加数项的相同点和不同点。

(2) 写出反应的标准平衡电极电位，写出在电位-pH 图中在 $p_{O_2}=1atm$ 时反应的平衡电极电位随 pH 值的变化关系。

4. 什么是氢去极化腐蚀？画出氢电极阴极极化曲线。影响氢过电位有哪些因素？划分高、中、低氢过电位金属的根据是什么？用何种理论进行解释？有何规律？

5. 比较纯锌和纯铁在稀硫酸中腐蚀速度的大小，并分析原因。

6. 根据图 2-3，分别分析 Zn 中的 Hg、Fe、Cu、Cd 杂质对 Zn 在稀硫酸中腐蚀的影响。

7. 什么是氧去极化腐蚀？在什么条件下产生？具有哪些特征？画出氧去极化阴极极化曲线，并指出图中各特征线段表示的内容是什么？进行哪种反应？各线段的动力学表达式是什么？

8. 简要比较氢去极化腐蚀和氧去极化腐蚀的规律。

9. 测定 25℃时铁在 pH=5 的除气的 NaCl 溶液中的腐蚀速度时，已知铁的标准平衡电位 $E_{e1}^{\ominus}=-0.44V$，氢电极的标准平衡电位 $E_{e2}^{\ominus}=0V$，阴极、阳极反应的塔菲尔斜率都为 0.120V。计算该腐蚀过程的腐蚀电位，并求出阴极、阳极对铁的腐蚀控制程度。设体系欧姆电阻可以忽略不计 [各项阻力（阴极极化、阳极极化、电阻极化）对于整个腐蚀过程的总阻力的比值的百分数称为各项阻力对整个腐蚀过程控制的程度]。

10. 在某一流速的海水中，某碳钢的腐蚀电流 $i_c=8.0\times10^{-6}A/cm^2$，若加快流速，使氧扩散层厚度减至普通流速的一半，作出这两种情况下的伊文思腐蚀极化图。

11. 铁在高导电性的 pH=3 稀 HCl-NaCl 溶液中腐蚀时，图示确定下面两种条件下的腐蚀电流密度：①溶液是空气饱和的；②溶液是去气的（无氧的）。假定阴极过程仅为 H^+ 的还原和可能的 O_2 还原，阴极、阳极反应的表面均为整个金属表面，利用表 2-1 中的数据进行处理。

表 2-1 计算数据

电极反应	平衡电位 E_e/V	交换电流密度 $i^0/(\mu A/cm^2)$	塔菲尔常数 b/V	极限扩散电流密度 $i_L/(\mu A/cm^2)$
$Fe^{2+}+2e \rightleftharpoons Fe$	-0.62	0.1	0.06	
$2H^++2e \rightleftharpoons H_2$	-0.18	0.1	0.12	
$O_2+4H^++4e \rightleftharpoons 2H_2O$	-1.05	0.05	0.12	40

12. 在不同 pH 值下，铁在无氧 4% NaCl 溶液中的极化曲线如图 2-14，说明极限扩散电流密度 i_L 与 pH 值的关系。根据如下公式解释极化曲线的形状。

$$i_L=DnF\frac{c_0}{\delta(1-t)}$$ （其中，t 为实际离子所占溶液电导率的比例；c_0 为溶液中氧的浓度）

13. (1) 一钢板暴露在海水中，海水与大气处于平衡，氧分压 $p_{O_2}=0.2atm$，温度 20℃，水的 pH=8。确定钢板上 O_2 还原反应的平衡电极电位。标准平衡电极电位为：

$$\frac{1}{2}O_2+2H^++2e \rightleftharpoons H_2O, \quad E_e^{\ominus}=1.23V \text{（相对于 SHE）}$$

(2) 钢板表面的海水平行于表面流动，流速为 $v=0.5\text{m/s}$。在钢板表面没有沉积物时，计算 O_2 还原反应的极限扩散电流密度。

O_2 的浓度为 $c_0=2.5\times10^{-7}\text{mol/cm}^3$，扩散系数为 $D_{O_2}=2.5\times10^{-5}\text{cm}^2/\text{s}$。扩散层厚度 δ 可按如下公式计算：$\delta=10^{-4}v^{-0.5}$ (m)。

(3) 实验一段时间后检查钢板表面，表面形成了锈和碳酸钙组成的表面层，厚度为 0.5mm。假定在大部分暴露时间内，该表面层是完好无损的。通过厚度测量，确定平均腐蚀速度为 0.1mm/a。设定腐蚀速度由氧扩散控制，计算氧在表面层中的渗透率。

14. 试分析溶液流速对碳钢吸氧腐蚀的影响（不考虑流体的冲刷作用）。

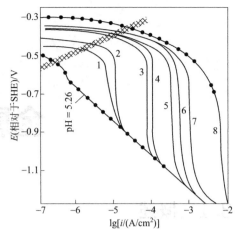

图 2-14 铁在不同 pH 值的无氧 4% NaCl 溶液中的极化曲线
pH：1—4.11；2—3.69；3—2.91；4—2.69；5—2.42；6—2.19；7—1.88；8—1.42

第3章
金属的钝化

3.1 概述

3.1.1 钝化现象

活性溶解时,电极电位越正,金属阳极溶解电流越大,如铁在盐酸中的腐蚀。但也经常出现反常现象,当电极电位向正方向移动到一定电位后,金属阳极溶解速度反而剧烈地减小。如铁在硝酸中的腐蚀(图 3-1):铁在稀硝酸中会剧烈地溶解,且铁的腐蚀速度随硝酸浓度的增加而迅速增大;当硝酸浓度达到 30%~40% 时,溶解速度达到最大值;继续增加硝酸浓度,铁的溶解速度突然成万倍地下降。原因:当硝酸浓度低于 30% 时,属于氢去极化腐蚀;当浓度超过 30% 后,铁表面发生了变化,生成了一层钝化膜,处于一种特殊的状态——钝态。

金属的钝化现象早在 18 世纪 30 年代即被发现,从此之后,人们对它广泛地进行了研究。这对控制金属在许多介质中的稳定性、提高金属的耐蚀性,是极为重要的。

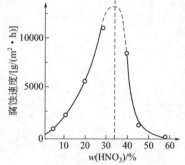

图 3-1 工业纯铁的腐蚀速度与硝酸浓度的关系(25℃)

3.1.2 钝化的有关概念

钝化是金属表面生成完整的钝化膜过程。按照曹楚南院士的观点,钝化膜是电子导体膜。若金属由于介质作用而在其表面上形成能抑制金属溶解过程的电子导体膜,而膜本身在介质中的腐蚀速度又很小,以致它能使金属的阳极溶解保持在很小的数值,则这层表面膜称为钝化膜。并不是所有能阻止金属阳极溶解过程的表面膜都是钝化膜。

钝化剂是能使金属钝化的介质。一般是氧化性强的介质,如:硝酸、硝酸银、氯酸、氯酸钾、重铬酸钾、高锰酸钾和氧等。

自动钝化:钝化现象是金属与钝化剂的自然作用而产生的,简称自钝化。

自钝化金属:在空气和含氧溶液中都易于被氧所钝化的金属,如钛、铬、铝等。

3.1.3 研究钝化的意义

① 处于钝态的金属具有很低的溶解速度,可用来减缓腐蚀。如:将钢铁进行钝化处理,使其表面形成完整的钝化膜;在铁中加入某些易钝化的金属组分,使之自钝化,成为各种不锈钢。

② 有时需避免钝化,保证金属能阳极溶解。如:在化学电源(电池)中,钝化将严重地影响电池的放电。

3.2 钝化的特性极化曲线

钝化是金属阳极溶解过程中的"反常"现象，钝化状态需在一定电位下产生，钝化过程的典型阳极极化曲线如图3-2所示，曲线可分为4个部分：

① $A-B$ 区：活性溶解区。金属处于活性溶解状态，是电化学极化。对于铁来说，反应式为：$Fe \longrightarrow Fe^{2+} + 2e$。

② $B-C$ 区：钝化过渡区。当电极电位 E 极化到 B 点时，金属的表面状态发生突变，金属开始钝化。对于铁来说，反应式为：$3Fe + 4H_2O \longrightarrow Fe_3O_4 + 8H^+ + 8e$。

B 点对应的电位称为致钝电位，对应的电流密度称为致钝电流密度 $i_{致钝}$。

③ $C-D$ 区：稳定钝态区。金属处于稳定的钝态，此时钝化膜的化学溶解速度决定了金属溶解速度。此时金属以 $i_{维钝}$ 速度溶解，基本上与电极电位无关。$i_{维钝}$ 用以修补膜，以补充膜的溶解，所以 $i_{维钝}$ 称为维钝电流密度。对于铁来说，表面上生成了一层耐蚀性好的高价氧化膜，反应式为：$2Fe + 3H_2O \longrightarrow \gamma\text{-}Fe_2O_3 + 6H^+ + 6e$。

④ $D-E$ 区：过钝化区。电流再次随电极电位的升高而增加，金属进入过钝化区。这可能是由于氧化膜进一步氧化成更高价的可溶性氧化物而使钝化膜破坏，也可能是由于某种新的阳极反应开始发生。

从图3-2可知，钝化极化曲线是电流和电位的多值函数，一个电流值对应多个电极电位，因此，用恒电流法不能测出完整的钝化极化曲线。

3.3 影响钝态建立的因素

3.3.1 金属自钝化

在没有任何外加极化时，金属表面上发生自钝化的条件为：金属的腐蚀电位位于阳极极化曲线的稳定钝化区，依靠介质中氧化剂的电化学还原（即共轭极化）促使金属发生钝化。对于同一种金属，它的自钝化过程是受氧化剂的阴极还原过程所控制的。图3-3为易钝化金属在氧化能力不同的介质中的钝化行为，下面分四种情况来讨论易钝化金属的钝化行为。

① 氧化性很弱的氧化剂，不能钝化。当氧化剂（去极化剂）的氧化性很弱时，阴极极化曲线①与阳极极化曲线只有一个位于活性溶解区（AB 区）的交点，金属发生活性溶解，不能钝化。如不锈钢在无氧的稀硫酸和铁在稀硫酸中的腐蚀。

② 氧化剂的氧化性较弱或浓度不高，此时处于不稳定状态。阴极极化曲线②与阳极极化曲线有三个交点，若金属原先处于活化状态，则它不会钝化；若金属已处于钝态，它也不会活化。如果钝态金属一旦由于某种原因活化了，就不可能再恢复为钝态。如不锈钢在有氧的硫酸中的腐蚀。

③ 中等强度的氧化剂，能稳定自钝化。阴极极化曲线③与阳极极化曲线只有一个位于稳定钝化区（CD 区）的交点，金属只要进入介质中，它将与介质自然作用成为钝化状态。如铁在中等浓度的硝酸、不锈钢在含 Fe^{3+} 的酸中的腐蚀。

④ 强氧化剂，发生过钝化。阴极极化曲线④与阳极极化曲线交点位于过钝化区，金属遭到严重腐蚀。如不锈钢在浓硝酸、含有六价铬化合物的硝酸中的腐蚀。

对于一定氧化性的氧化剂，当浓度大于临界浓度时，才能钝化；低于临界浓度，可能会促进腐蚀。

不同的金属具有不同的自钝化趋势。按照腐蚀过程阳极控制的程度，可得到一些金属自钝化趋势的顺序：Ti、Al、Cr、Be、Mo、Mg、Ni、Co、Fe、Mn、Zn、Cd、Sn、Pb、Cu。需要注意的是，自钝化倾向大并不意味着耐腐蚀性好。

将某些易钝化金属溶入钝化性较弱的金属中组成固溶体合金，合金的自钝化趋势将显著提高。如不锈钢，就是将 Cr 固溶于 Fe 中。在可钝化金属中添加阴极性组分，也可促进自钝化，并提高合金的耐蚀性。如用 Pt 和 Pd 合金化的普通不锈钢腐蚀稳定性可显著增大。

3.3.2 阳极钝化——外加阳极电流

对于可钝化金属体系，当阳极电流密度 $i<i_{致钝}$ 时，金属不发生钝化，如图 3-4（a）所示；当 $i>i_{致钝}$ 时，在电流流过一段时间后，阳极就发生电位的突跃，建立钝态，如图 3-4（b）所示。阳极电流密度 i 越大，则钝化所需的时间（电位发生突跃的时间）越短。

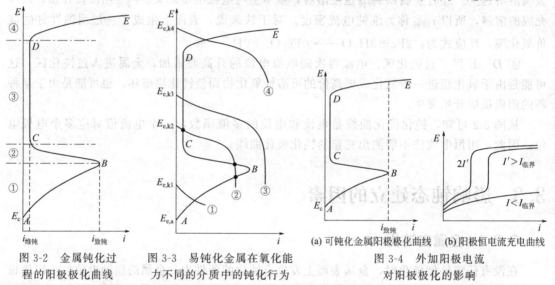

图 3-2 金属钝化过程的阳极极化曲线

图 3-3 易钝化金属在氧化能力不同的介质中的钝化行为

图 3-4 外加阳极电流对阳极极化的影响
(a) 可钝化金属阳极化曲线　(b) 阳极恒电流充电曲线

3.3.3 温度

一般温度较低有利于钝态的建立，温度越高，钝态越难建立。因为温度升高，$i_{致钝}$ 增大了。如：铁在 50% 硝酸中，25℃时可钝化，但升温至 75℃以上就不能发生钝化。这时即使提高硝酸浓度至 90%，也难以钝化。

3.3.4 溶液中的溶解氧

当溶液中的溶解氧浓度不够大时，由于极限扩散电流密度 $i_L<i_{致钝}$，此时溶解氧浓度越高，腐蚀速度越大。

当溶液中的溶解氧浓度足够大时，$i_L>i_{致钝}$，金属将进入钝态。

3.3.5 其他因素

中性溶液中一般比较容易钝化，因为阳极反应产物是溶解度小的氧化物或氢氧化物。酸性溶液中钝化则困难得多，因为产物是溶解度很大的金属盐。

溶液中含有卤素离子时，通常难以产生钝化，已钝化的金属也容易被卤素离子破坏。

3.4 钝化理论

金属的钝化是十分复杂的暂态过程,涉及金属表面状态的不断变化,表面液层中的扩散和电迁移,以及新相的析出,其影响因素很多。因此,腐蚀文献中提出了不少有关钝化理论来阐述钝化的实质,主要形成了两大理论:成相膜理论和吸附理论。

3.4.1 成相膜理论

该理论认为:当金属溶解时,可在表面生成致密的、覆盖性良好的保护膜,这种膜作为一个独立相存在,并把金属与溶液机械地隔开,这使金属的溶解速度大大地降低,也就是使金属转为钝态。

该理论的实验基础有:许多实验在某些钝化的金属上观察到了成相膜的存在,且测定分析了钝化膜的结构、成分和厚度。如在浓硝酸中钝化的铁和碳钢表面,采用椭圆偏振仪测出铁钝化膜厚度为 2~3nm,碳钢钝化膜厚度为 9~11nm,不锈钢钝化膜厚度约 0.9~1nm。大多数钝化膜由金属氧化膜组成,膜厚度约几十埃。膜的溶解是一个纯粹的化学过程,与电极电位无关。

形成成相钝化膜的先决条件是电极反应中有可能生成固态反应产物。但并不是所有的腐蚀产物都能形成钝化膜,只有直接在金属表面上生成固相产物才能导致钝化。腐蚀次生过程的腐蚀产物不能直接导致金属的钝化。它沉积在金属表面形成难溶腐蚀产物膜,由于腐蚀产物往往疏松,只能阻止金属的正常溶解,其保护性比钝化膜要差得多,但这种阻碍可能促进钝化的出现。

3.4.2 吸附理论

该理论认为,引起金属钝化并不一定要形成成相膜,只要在金属表面或部分表面上生成氧或含氧粒子的吸附层就足够了。这一吸附层至多只有单分子层厚。

该理论认为,金属钝化的原因是氧原子或含氧粒子和金属的最外侧的原子因化学吸附结合,并使表面的化学结合力饱和,从而改变了金属/溶液界面的结构,大大提高阳极反应的活化能,故金属与腐蚀介质的化学反应速率将显著减小。

该理论的实验基础有:①在某些情况下,金属钝化只需消耗很少的电量,而消耗的电量还不足以形成氧的单原子吸附层。②镍及 18-8 不锈钢的界面电容测量表明:当有膜时,界面电容应比自由界面上双电层电容的数值小得多;而在相应于金属溶解速度大幅下降的那一段电位范围内,界面电容值变化很小,表明不存在成相膜。

3.4.3 两种理论比较

共同点:两种理论都认为由于在金属表面上生成一层极薄的膜,从而阻碍了金属的溶解。

不同点:在于对成膜的解释。吸附理论认为形成单分子层的二维膜导致钝化。吸附理论强调吸附引起的保护不是由于膜的隔离作用,而是改变了反应机制,减缓了反应速率。成相膜理论强调的是膜对金属的保护是由于膜的隔离作用。成相膜理论认为至少要形成几个分子层厚的三维膜才能保护金属,最初形成的吸附膜只轻微降低金属的溶解速度,完全钝化要靠增厚的成相膜。

两种理论都较好地解释相当一部分实验事实,但都不能各自圆满解释已有的全部实验事实,不能笼统地支持或反对一种理论。如:很难证明,极化前电极表面是否完全不存在氧化物，也很难判断所耗电量是用来建立氧化膜，还是修补氧化膜；不能断言成相膜是导致钝化的原因，因为这种膜可能是在金属发生钝化之后才在电极上生成的。

3.5 钝态的稳定性

钝化现象是金属的一种准稳定状态，只存在于某个特定的电位范围。当电位向负值变化或向正值变化，达到一定程度后都可导致钝态的破坏。电位负移造成钝态破坏称为再活化现象。

3.5.1 再活化倾向和弗莱德（Flade）电位

如果采用外电流使金属电位正移，发生钝化，一旦外电流中断后，金属电位又会向负电位方向退回到自腐蚀电位，称为再活化过程。钝化膜的再活化倾向可用弗莱德（Flade）电位 E_F 来衡量。E_F 可从钝化膜电位衰减曲线中测量得到。含钝化膜的金属电极在切断外电流后，电位会迅速向负值方向下降，之后某段时间（几秒到几分钟）内电位改变很慢，出现电位缓慢变化的平台，最后又快速下降到原来的电位，如图 3-5 所示。电位衰减曲线平台的电位就是弗莱德电位 E_F。

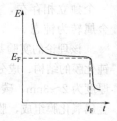

图 3-5 阳极钝化金属外电流中断后的电位衰减曲线

弗莱德电位越负，钝化反应的倾向越大，钝化膜越稳定；反之，弗莱德电位越正，钝化膜活化的倾向越大。到达弗莱德电位之前所需的时间 t_F 也可用来判断钝化膜的稳定性，t_F 越长，钝化膜稳定性越好。

从正常的阳极钝化极化曲线看，弗莱德电位大约位于致钝电位附近。在大多数情况下，钝化状态和活化状态的转换具有不同程度的不可逆性，弗莱德电位在极化曲线中的具体位置尚有争论。

对于自钝化金属，如将钝化金属通以阴极极化电流，也可将钝化金属活化，得到与图 3-5 类似的阴极充电曲线。

3.5.2 过钝化

对于某些腐蚀体系，金属的钝化膜可因某些原因而发生破坏，从而引起金属的腐蚀。对于某些金属，例如铬，它在电极电位足够正的情况下，可出现电极的阳极活性溶解，这种现象称为过钝化。过钝化可引起钝化膜破坏。铬过钝化的原因是形成可溶性氧化物，如 Cr、Cr-Ni 不锈钢在浓硝酸中发生强烈腐蚀，形成了可溶性的 $Cr_2O_7^{2-}$：

$$Cr_2O_3 + 4H_2O \longrightarrow Cr_2O_7^{2-} + 8H^+ + 6e$$

在硝酸中添加其他氧化剂（如 $KMnO_4$ 等）可使许多合金钢发生过钝化。铬和不锈钢在硝酸、硫酸及其他酸中进行阳极极化时在达到相当正的电位时可出现过钝化状态。处于过钝化状态的金属具有相当大的腐蚀电流；与点蚀不同，由过钝化引起的腐蚀特点是金属表面足够均匀。图 3-6 为 18-8 不锈钢在 50℃无氧的 $0.5mol/L\ H_2SO_4$ 中的阳极极化曲线。

对于某些倾向于发生过钝化的合金，当对它进一步阳极极化，在电位达到更正数值范围时，可再次出现阳极过程的阻滞，这个现象称为二次钝化。如含铬量 18%～30%

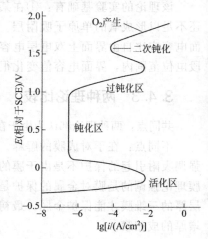

图 3-6 18-8 不锈钢在 0.5mol/L H_2SO_4 中的阳极极化曲线

的合金在 10% H_2SO_4 溶液中，当电位升至 1.8V 左右时，可发生二次钝化而再次变成钝性。

另外，对于某些金属，如 Al、Ti，当达到相当正的电位值后，在薄的、无孔的钝化膜上开始生成厚的、有空隙的氧化膜层（这一层有时可达 $200\sim300\mu m$），这个过程叫作阳极氧化，并广泛用于工业生产上。

3.5.3 氯离子对钝化膜的破坏

当溶液中有活性阴离子（如 Cl^-、Br^-、I^- 等）存在时，尤其是存在 Cl^- 时，可能出现钝化膜的击穿，而导致点蚀（孔蚀）的发生。

由于 Cl^- 的活化作用，对钝态的建立和破坏均起显著的作用。成相膜理论的观点认为：Cl^- 半径小，穿透力强，它最容易透过膜内极小的孔隙，当它与金属相互作用时就形成了可溶性化合物。同时，溶液中存在 Cl^- 时，钝化膜会发生结构的变化。如 Meller 等研究发现，在含有 25mg/L Cl^- 的 0.1mol/L $NaNO_3$ 溶液中膜主要是 $\gamma\text{-}Fe_2O_3$，但当 Cl^- 含量增至 2000mg/L 时，膜几乎完全是 $\gamma\text{-}Fe_2O_3 \cdot H_2O$；又如 Foley 等发现，高纯铁在 0.5mol/L H_2SO_4、0.1mol/L NaOH、pH=8.5 的 $NaBO_3\text{-}HBO_3$ 溶液中阳极钝化时所形成的氧化膜一般是 $\gamma\text{-}Fe_2O_3$，但当溶液中添加 Cl^- 时，膜中就出现了 $\gamma\text{-}FeOOH$。按吸附理论观点分析，氯离子破坏钝化膜的根本原因是 Cl^- 具有很强的被金属吸附的能力，优先吸附，并把金属表面的氧排挤掉。由于氯化物和金属的反应速率大，吸附得并不稳定，形成了可溶性物质。

可以用电化学方法研究氯离子对钝化膜活化作用。通过极化曲线，可获得钝化的相关参数。从前面钝化的特性阳极极化曲线（图 3-2）可获得致钝电位 $E_{致钝}$、致钝电流密度 $i_{致钝}$、维钝电流密度 $i_{维钝}$。采用自动电位扫描，可以测得钝态金属的"环状"阳极极化曲线，可获得钝化膜的击穿电位或破裂电位 E_b 和再钝化电位或保护电位 E_p。图 3-7 为不锈钢在不含侵蚀性离子和含氯离子溶液中的极化曲线示意图。在不含侵蚀性阴离子的溶液中，当阳极极化到足够正的电位时，不锈钢可能发生过钝化。而在含氯离子的溶液中，当电位阳极极化到 B 点后，阳极电流就开始急剧增大，该点对应的电位称为击穿电位 E_b。击穿电位 E_b 是阳极极化时钝态金属开始活化的电位。当电极电位极化到 E_b 后，阳极电流显著增大，钝化膜被击穿，这时不锈钢表面产生小孔。这时，形成保护膜的阳极过程被形成可溶性的金属化合物的阳极过程所代替，例如：$Me + 2Cl^- \longrightarrow MeCl_2 + 2e$

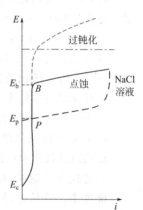

图 3-7 不锈钢在不含侵蚀性离子和含氯离子溶液中的极化曲线示意图

在自动电位扫描时，当极化电流密度达到预先设定的数值（一般为 $1\sim2mA/cm^2$）后，电位立即以一定速度回转扫描，当到达 P 点后，阳极电流又低于维钝电流，该点对应的电位称为再钝化电位（或保护电位）E_p。可以认为在该电位时，钝化膜已经重新愈合修补好，并使金属恢复钝化状态。因此，当 $E < E_p$ 时，重新钝化，钝化膜重新愈合修补好。

以上表明，氯离子对钝化膜活化作用只出现在一定的电位范围内，即当电极电位达到 E_b 后，钝化膜被击穿，不锈钢等钝态金属表面产生小孔；当电位低于保护电位 E_p 时，已经生成的腐蚀小孔重新被钝化，钝化膜重新愈合修补好；当 $E_p < E < E_b$ 时，表面已经腐蚀的继续腐蚀，但不产生新的腐蚀小孔。

另外，从阳极极化曲线可以判断不锈钢钝化膜在介质中的稳定状况，击穿电位 E_b 越正，钝化膜越稳定。击穿电位 E_b 也可以用来衡量介质的侵蚀性，击穿电位越正，介质的侵蚀性越低。

在活性阴离子（如 Cl^-、Br^-、I^- 等）的活化作用下，钝化膜破裂而导致点蚀（孔蚀）的发生。点蚀的问题在后面第4章专门讨论分析。

3.5.4 实验电位-pH图

理论电位-pH图的局限性之一是图中的钝化区不能反映出各种氧化物、氢氧化物等究竟具有多大保护性能，即金属在图中的钝化区是否是处于稳定的钝态。在理论电位-pH图的基础上补充一些有关钝化方面的实验或经验数据，即可明确金属体系的实际钝化区，这种电位-pH图称为实验电位-pH图。利用动电位极化试验，可测出每一个pH值下的$E_{致钝}$、E_b和E_p，相应地按pH值作图，就可得到实验电位-pH图。图3-8为Fe在含355mg/L Cl^-溶液中的实验电位-pH图。从图中可知，实际的稳定钝化区仅为理论电位-pH图中钝化区的一小部分。

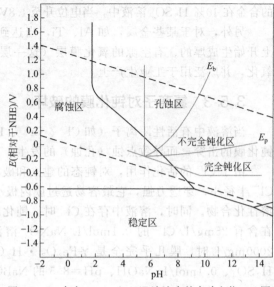

图3-8 Fe在含355mg/L Cl^-溶液中的实验电位-pH图

思考题与习题

1. 什么是金属的钝化？钝化的本质特征是什么？发生钝化的条件是什么？
2. 画出金属典型的阳极钝化曲线，标出曲线上的特定区间、特定点，并说明它们的含义。
3. 什么是金属的自钝化？为实现金属的自钝化，氧化剂必须满足什么条件？试举例分析说明，随着介质的氧化性和浓度的不同，易钝化金属可能腐蚀的情况，并作出相应的实测极化曲线。
4. 某种不锈钢在介质中的致钝电流密度为$200\mu A/cm^2$，该介质中氧的溶解量为$10^{-6}mol/L$，溶解氧的扩散系数$D=10^{-5}cm^2/s$，由于介质的流动使氧的扩散层厚度减薄到0.005cm，问不锈钢是否进入钝化状态？
5. 什么是Flade电位？如何利用Flade电位判断金属的钝化稳定性？
6. 金属钝化的两种理论分别是什么？各自以什么论点和论据解释金属的钝化？
7. 试用两种钝化理论解释活性氯离子对钝化膜的破坏作用。
8. 用腐蚀极化曲线图说明溶液中氧浓度对易钝化金属和非钝化金属腐蚀速度的不同影响。
9. 将铁片浸泡在以下三种不同浓度的硝酸中，会出现如下三种情况：

情况Ⅰ：将铁片浸泡在70%（约15mol/L）的硝酸中，发生自发钝化。

情况Ⅱ：在20%（约4mol/L）的硝酸中，钝化的条件是铁初始是钝态的（如先暴露在浓度高的硝酸中）。

情况Ⅲ：铁在0.1mol/L的HNO_3溶液中，不断摩擦金属表面不会引起电位变化。

设定实际的阴极反应为：$HNO_3 + 3H^+ + 3e \longrightarrow NO + 2H_2O$，标准平衡电极电位$E_e^\ominus = 0.96V$（相对于SHE）。

a. 为了简化，设定NO的压力等于常压（等于大气压）。当从标准状态分别变化到情况Ⅰ、Ⅱ、Ⅲ时，会对该反应的平衡电位产生什么影响？在反应方程中，哪个条件影响着平衡电位？

b. 设定阴极反应在三种情况下的交换电流密度和Tafel斜率相同，示意说明三种情况下阴极过电位曲线和阳极过电位曲线的相互位置关系，说明三种情况下的金属状态。

c. 如果暴露在情况Ⅲ的稀酸中，你认为铝和铬将处于哪种状态？而铜和镍将处于哪种状态（不断摩擦金属表面，引起的Al、Cr、Cu和Ni电位降分别为424mV、350mV、0mV和0mV）？

第4章
局部腐蚀

4.1 概述

如果腐蚀在整个金属表面上进行,则称为全面腐蚀(也称为均匀腐蚀)。均相电极(纯金属)或微观复相电极(均匀的合金)的自溶解过程(活性溶解)都表现出这类腐蚀形态。在实际腐蚀中,全面腐蚀以后者较为普遍。

全面腐蚀的特征为阴极和阳极非常微小、互相紧密靠拢,难以分清;或者微阴极、微阳极在金属表面变幻不定地分布着,即整个表面既是阳极又是阴极。

全面腐蚀虽然可能造成金属的大量损失,但全面腐蚀易于测定和预测,防护相对容易,而且在工程设计时可预先考虑留出腐蚀余量,因此危害性较小。根据深度法表征的腐蚀速度大小,可以将金属材料的耐蚀性分为不同的等级,表4-1给出了10级标准分类法。

表4-1 均匀腐蚀的10级标准

腐蚀性分类	耐蚀性等级	腐蚀速度/(mm/a)	腐蚀性分类	耐蚀性等级	腐蚀速度/(mm/a)
Ⅰ 完全耐腐蚀	1	<0.001	Ⅳ 尚耐腐蚀	6	0.1~0.5
Ⅱ 很耐腐蚀	2	0.001~0.005		7	0.5~1.0
	3	0.005~0.01	Ⅴ 欠耐腐蚀	8	1.0~5.0
Ⅲ 耐腐蚀	4	0.01~0.05		9	5.0~10.0
	5	0.05~0.1	Ⅵ 不耐腐蚀	10	>10.0

如果腐蚀只集中在金属表面的局部区域上进行,其余大部分区域几乎不腐蚀,这种类型的腐蚀称为局部腐蚀,这种情况通常发生在钝化状态的金属上。

还有一种情况,通常也称为局部腐蚀。即整个金属表面都发生明显的腐蚀,但是腐蚀速度在金属表面各部分分布不均匀,部分表面的腐蚀速度明显大于其余部分,以致金属表面显现出明显的腐蚀深度不均匀。这种情况也习惯上称为"局部腐蚀",如碳钢、低合金钢的局部腐蚀。

局部腐蚀的特征为:局部腐蚀的阳极区、阴极区截然分开,通常能宏观地识别,至少在微观上是可以区分的,且经常是小阳极、大阴极,因而金属的局部溶解速度就比全面腐蚀速度大得多。

发生局部腐蚀的腐蚀电池可以是异种金属构成的电池、浓差腐蚀电池(如氧浓差电池),也可以是由钝化膜、组织等不均匀性引起的电池(如活态-钝化电池),或是由介质和应力共同作用而构成的电池。因此,按金属发生局部腐蚀的条件、机理或外露特征,可分为:电偶腐蚀、点蚀、缝隙腐蚀、晶间腐蚀、选择性腐蚀、应力腐蚀、腐蚀疲劳、磨损腐蚀、微生物腐蚀等。

局部腐蚀隐蔽性大，以致腐蚀破坏事故往往在没有明显的预兆迹象下发生，危害性很大。据日本三菱化工机械公司对十年化工设备破坏事例的调查统计，全面腐蚀仅占 8.5%，应力腐蚀破裂占 45.5%，点蚀占 21.6%，腐蚀疲劳占 8.5%，晶间腐蚀占 8.5%，高温氧化占 4.9%，氢脆占 3.0%。表 4-2 和表 4-3 分别为杜邦公司和日本精炼石油和石油化学产品工业的腐蚀失效统计数据。以上数据表明，在腐蚀破坏事故中，局部腐蚀所占的比重比全面腐蚀要大得多；不同行业局部腐蚀破坏的类型有明显差异。例如：在化工行业中，电偶腐蚀的危害不大，而在海洋环境中，电偶腐蚀危害很大。

表 4-2　杜邦公司 2 年腐蚀失效的统计数据

腐蚀失效类型	占比/%	腐蚀失效类型	占比/%
全面腐蚀	31.4	点蚀	15.7
应力腐蚀开裂	23.4	晶间腐蚀	10.2
腐蚀疲劳		高温腐蚀	2.3
氢致损伤	0.5	焊接腐蚀	2.3
腐蚀-磨损腐蚀	9.0	温差电池腐蚀	2.3
微动腐蚀		缝隙腐蚀	1.8
		选择性腐蚀	1.1
空泡腐蚀		电偶腐蚀	0.0

表 4-3　日本精炼石油和石油化学产品工业的材料湿环境腐蚀失效统计数据

腐蚀失效类型		占比/%
全面腐蚀		17.34
局部腐蚀(点蚀、露点腐蚀、沉积物腐蚀等)		22.05
应力腐蚀开裂和腐蚀疲劳	奥氏体不锈钢	33.29
	碳钢、低合金钢、铁素体不锈钢	14.56
	铜合金	7.49
其他形式腐蚀		5.27

4.2　电偶腐蚀

异种金属在同一介质中接触，由于自腐蚀电位不相等，异种金属间有电偶电流流动，使电位较低的金属腐蚀速度增加，造成接触处局部腐蚀，而电位较高的金属，溶解速度反而减小，这种腐蚀就是电偶腐蚀（galvanic corrosion）。电偶腐蚀现象很普遍，如在船舶上，钢质船体与铜合金推进器的连接，钢质紧固件与黄铜、白铜法兰的连接，白铜海水管路与钢质船体的连接等。

产生电偶腐蚀应同时具备下述三个基本条件（图 4-1）：

① 具有不同腐蚀电位的材料。电偶腐蚀的驱动力是被腐蚀金属与其电连接的高腐蚀电位金属或非金属间的电位差。

② 存在离子导电支路。电解质必须连续存在于接触金属之间，构成电偶腐蚀电池的离

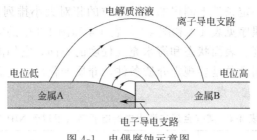

图 4-1　电偶腐蚀示意图

子导电支路。

③ 存在电子导电支路。即被腐蚀金属与高腐蚀电位金属或非金属之间直接接触或通过其他电子导体实现电连接，构成腐蚀电池的电子导电支路。

4.2.1　电偶腐蚀倾向与电偶序

异种金属在同一介质中相接触，哪种金属受腐蚀？哪种金属受保护？阳极金属的腐蚀倾向有多大？要回答这些问题，能不能用它们的标准电极电位的高低作为判断依据？现以铝和锌在海水中的接触为例进行分析。铝和锌的标准电极电位分别为 $-1.66V$ 和 $-0.762V$，若从标准电极电位来看，铝是阳极应受到腐蚀，锌是阴极应受到保护。但事实却刚好相反，锌受到腐蚀，而铝得到保护。这是由于确定金属的标准电极电位的条件与海水中的条件相差很大，在海水中的电位是腐蚀电位，铝的腐蚀电位约为 $-0.60V$，锌的腐蚀电位约为 $-0.83V$，所以二者在海水中接触形成腐蚀电池，锌是阳极受腐蚀，铝是阴极受保护。由此可见，金属在偶对中的极性判断，不能以它们的标准电极电位作为判据（即不能用电动序表进行判断），而应该以它们的腐蚀电位作为判据。

在电偶腐蚀电池中，两种金属耦合时，腐蚀电位低的金属产生阳极极化，腐蚀电位高的金属同时产生阴极极化，腐蚀体系获得一个总混合电位，该电位也称电偶电位，用 E_g 表示。在电偶电位下，腐蚀电位低的金属因阳极极化而使腐蚀速度增大，腐蚀电位高的金属因阴极极化而使腐蚀速度降低，受到保护。在电解质溶液中，两金属在同一平面连接时，其电流分布和电位变化如图 4-2 所示，接触处为共同电位 E_g，离接触处越远，越接近金属的自腐蚀电位；电流大小、电位变化与电解质溶液的电导率有关。

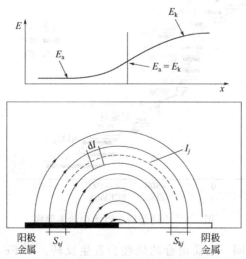

图 4-2　电解液中两金属在同一平面上的电流分布和电位变化

根据金属或合金在一定条件下测得的腐蚀电位的相对大小排列而成的表,称为电偶序。常用金属在海水中的电偶序见表 4-4 和图 4-3。表 4-4 和图 4-3 中的电位数值、排序是大体上的,因为根据金属的纯度、表面状态和海水充气程度的不同,它们的电位能在一定程度上变化。必须注意的是,电偶序总是要规定介质条件,介质变化后,电偶序也会发生变化。对比表 4-4 和图 4-3 也可发现这一点。

表 4-4 某些金属在海水中的电偶序（相对于 NHE）

金属	电位/V	金属	电位/V
镁	−1.45	α 黄铜(30%)	−0.11
镁合金(6%Al,3%Zn)	−1.20	铝青铜(5%~10%Al)	−0.10
锌	−0.80	铜	−0.08
铝合金(10%Mg)	−0.74	白铜(30%Ni)	−0.02
铝合金(10%Zn)	−0.70	不锈钢 Cr13(钝态)	0.03
工业纯铝	−0.53	镍(钝态)	0.05
碳钢	−0.40	因科镍(Inconel)	0.08
灰口铸铁	−0.36	不锈钢 Cr17(钝态)	0.10
不锈钢 Cr13 和 Cr17(活态)	−0.30	不锈钢 Cr19Ni9(钝态)	0.17
不锈钢 Cr19Ni9(活态)	−0.30	哈氏合金(Hastelloy)	0.17
不锈钢 Cr18Ni12Mo2Ti(活态)	−0.30	蒙乃尔合金(Monel)	0.17
锡	−0.25	不锈钢 Cr18Ni12Mo3(钝态)	0.20
α+β 黄铜(40%)	−0.20	银	0.12~0.2
锰青铜(5%Mn)	−0.20	钛	0.15~0.2
镍(活态)	−0.12	铂	0.40

注：表中的不锈钢的钝态通常相应于流动的充气较好的海水条件,活态是对应于在微弱充气的停滞区的海水条件。

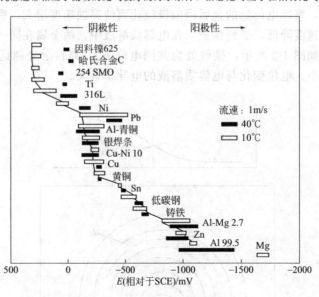

图 4-3 不同金属在海水中的电偶序

需要特别指出的是,同一电偶组合的极性会发生反转。如 Fe 和 Sn 组成的电偶对,在许多环境中 Fe 是阳极, Sn 是阴极,而在食品有机酸中（镀锡铁皮罐头盒接触的环境）, Sn

是阳极,而Fe是阴极;又如在常温NaCl溶液中,Fe是阳极,Sn是阴极,但当温度升高到100℃时,Sn成为阳极,Fe是阴极;再如Fe-Zn电偶对,在70℃以下的水中,Zn是阳极,Fe是阴极,但当水温升高到80℃,Zn转变为阴极,Fe是阳极。

还需注意的是,电偶序只能反映电偶腐蚀倾向,不能判断腐蚀速度的大小。

4.2.2 影响电偶腐蚀的因素

(1) 腐蚀电位差

两种金属在使用环境中的腐蚀电位差越大(即电偶序中位置相隔越远),组成电偶对时,阳极金属受到加速腐蚀破坏的可能性越大。经验认为,在海水中,当两种金属的自腐蚀电位差小于50mV时,电偶腐蚀不明显,电偶腐蚀效应通常可以忽略不计。

(2) 面积比

阴、阳极面积的相对大小,对腐蚀速度影响很大。一般情况下,随着阴极对阳极面积比值的增加,阳极金属的腐蚀速度也增加。

例如,当金属M_1和M_2偶接成电偶浸入含氧的中性介质(如海水)中,则有:总阳极溶解电流$I_c = I_{c1} + I_{c2}$。在电偶电位E_g下,两金属表面总的氧化反应电流等于总的还原反应电流。当金属M_2的电位明显正于金属M_1时,阳极溶解反应主要集中在金属M_1上。

下面以海水中的铜-钢(碳钢或低合金钢)电偶对为例进行分析。自腐蚀时,钢表面的阴极电流密度为氧的极限扩散电流密度i_L,而铜表面阴极电流密度明显低于氧的极限扩散电流密度i_L。在电偶电位E_g下,铜的阳极溶解电流密度可以忽略,钢和铜两金属表面的阴极电流密度均为氧的极限扩散电流密度i_L。因此,有如下关系:

$$i_{steel}S_{steel} = i_L S_{steel} + i_L S_{Cu}$$
$$i_{steel} = i_L(1 + S_{Cu}/S_{steel})$$

从上式可看出,阴、阳极面积比(S_{Cu}/S_{steel})越大,阳极金属(钢)的腐蚀速度越大。电偶腐蚀关系的极化图如图4-4所示。当钢、铜的面积相等时,电偶电位为E_g,钢的腐蚀电流由i_c增大到i_c';当钢的面积小于铜时,电偶电位由E_g变为E_{g1},钢的腐蚀电流由i_c'增大到i_{c1};当钢的面积大于铜时,电偶电位由E_g变为E_{g2},钢的腐蚀电流由i_c'减小到i_{c2}。

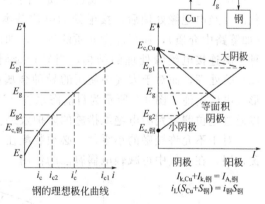

图4-4 电偶腐蚀关系的极化图

(3) 表面膜的影响

不锈钢与铝电偶对、铜与铝电偶对的阴、阳极起始电位差相近,但不锈钢与铝组成电偶对的腐蚀倾向小,铜与铝组成电偶对的腐蚀倾向大。这是因为不锈钢有良好的钝化膜,阴极反应只能在膜薄弱处进行,阴极反应相对难以进行;而铜表面的初始Cu_2O膜在阴极电流下被还原为铜而成为裸露金属,提供了一个强阴极体,阴极反应容易进行。

(4) 介质的电导率

当金属发生全面腐蚀时,一般来说,介质的电导率高,金属的腐蚀速度大。但对电偶腐蚀而言,当电导率很高时(如海水),两极间溶液的电阻可忽略,电偶电流可分散到离接触点较远的阳极表面,阳极所受的腐蚀较均匀;当介质电导率低时(如在软水或普通大气下),两极间溶液引起的欧姆电位降大,腐蚀便会集中在离接触点较近的阳极表面上进行,结果相当于把阳极有效表面"缩小",使阳极的局部表面溶解速度变大,因而局部腐蚀严重。

4.2.3 电偶腐蚀评价方法及控制

(1) 评价方法

电偶腐蚀评价方法主要有暴露试验、电位测量、电偶电流测量和极化曲线测量等。

暴露试验是将不同金属材料按一定的面积比例制成一定形状的试样,紧固在一起,构成一组电偶对试样,暴露于腐蚀介质中进行电偶腐蚀试验。同时将未偶对的两种金属试样也分别在相同介质中暴露,进行对比试验。根据试验目的和要求,可采用失重测量、电阻测量、表观检查和机械力学性能检测等评价方法,对比两组试验的结果以判断电偶腐蚀效应。

电位测量可以确定金属和合金材料的电偶序,为判断各种材料组成电偶对时发生电偶腐蚀的热力学趋势、分析材料发生电偶腐蚀的行为提供依据。

电偶电流测量可以从动力学角度分析确定电偶腐蚀的程度,电偶电流密度正比于阳极的电偶腐蚀速度。为了确保测量的准确性,电位测量必须采用高阻抗电压表,电偶电流测量需要采用零电阻电流计(ZRA)。

极化曲线测量可确定材料各自的腐蚀速度,估算电偶电位、电偶电流,并判断阴极材料和阳极材料的极化阻力等动力学影响因素。

(2) 电偶腐蚀的控制

在设计时,尽量避免异种金属相互接触。不可避免时,应尽量选用在电偶序中位于同组或位置较近的金属(或合金)。经验认为,在海水中,当两种金属的腐蚀电位差小于50mV时,电偶腐蚀不明显,电偶腐蚀效应通常可以忽略不计。

在设备结构上,切忌形成大阴极-小阳极的异种金属连接。

在采用不同腐蚀电位的金属材料相接触的情况下,必须对接触面采取电绝缘措施,或将连接部位进行包覆,以隔离腐蚀介质。图4-5为电绝缘处理的两金属在同一平面上的电位变化图,经电绝缘处理后,接触处的电位基本等于金属自腐蚀电位。另外,对于流动的介质(如管路中介质),还要注意介质的流向,如图4-5中,Fe应在Cu的前面。图4-6所示为异种金属连接电绝缘处理的结构,当异种金属构件浸泡在溶液(如海水)中,需采用图4-6(a)的处理,而对于大气中使用的异种金属构件,按图4-6(b)的处理即可,以防积水时形成电偶电池。图4-7所示为目前海水管路法兰连接电绝缘处理的结构,在使用过程中,可以通过电位测量判断电绝缘措施的防护效果。

对于不允许接触的小零件,必须装配在一起时,亦可采用表面处理的方法,如形成表面覆盖层,在大气中可减轻电偶腐蚀的作用。

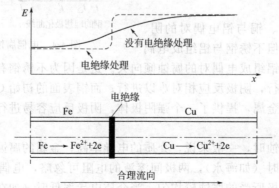

图4-5 电绝缘处理的两金属在同一平面上的电位变化及合理的流向

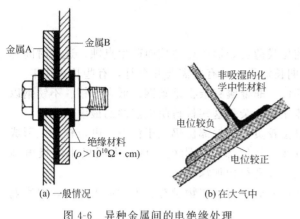
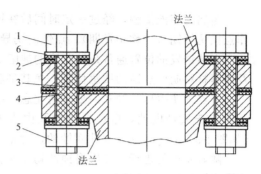

图 4-6　异种金属间的电绝缘处理

图 4-7　电绝缘管路法兰接头示意图
1—螺栓；2—电绝缘垫圈；3—电绝缘垫片；
4—保护管；5—螺母；6—扁平垫圈

4.3　点蚀

钝态金属的钝化膜局部部位被氯离子等侵蚀性离子破坏后，通常引起点蚀（pitting corrosion）。在金属表面的局部区域，出现向深处发展的腐蚀小孔，其余区域不腐蚀或腐蚀很轻微，这种腐蚀形态称为点腐蚀，简称点蚀，也叫小孔腐蚀或孔蚀。具有自钝化特征的金属，在氯离子等侵蚀性离子的环境中经常发生点蚀，如不锈钢、铝等。另外，表面镀有阴极性镀层的金属（镀层金属的自腐蚀电位正于基体金属）容易发生点蚀，如钢铁镀锡、镀铬等。

4.3.1　点蚀的特征

点蚀孔的直径一般只有数十微米，但深度远大于孔径。孔口多数有腐蚀产物覆盖，少数呈开放式（无腐蚀产物覆盖）；蚀孔形貌是多种多样的，随材料与腐蚀介质而不同，如图4-8所示。

点蚀的发生需满足一定的电化学条件，通常在某一临界电位以上发生，该临界电位即为钝化膜的击穿电位 E_b。当电极电位达到 E_b 后，钝化膜被击穿，不锈钢等钝态金属表面产生小孔，诱发点蚀。因此，击穿电位 E_b 也通

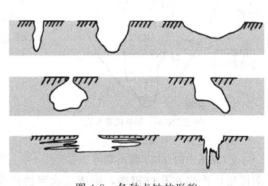

图 4-8　各种点蚀的形貌

常称为点蚀电位。E_b 可以作为不锈钢等钝态金属点蚀诱发敏感性的评价指标。E_b 越正，钝态越稳定，耐点蚀诱发性能越好。

当电位低于保护电位 E_p 时，已经生成的腐蚀小孔重新被钝化，钝化膜重新愈合修补好。当 $E_p<E<E_b$ 时，表面已经腐蚀的继续腐蚀，但不产生新的腐蚀小孔。

可以用动电位法测量循环极化曲线来测定 E_b 和 E_p。测定 E_b 和 E_p 的值与试验参数（如电位变化速度）有关。对于大多数实际的阳极极化曲线，阳极电流开始急剧增大的现象经常不是非常显著，不易准确确定 E_b。实际中，经常将阳极电流密度 $100\,\mu A/cm^2$ 对应的电位作为 E_b。

4.3.2 点蚀的机理

金属与溶液接触，经过一定时间后在钝化膜薄弱处形成点蚀核而萌生点蚀。这段时间称作点蚀诱导期（也称孕育期）。点蚀的诱导期长短不一，有些需要几个月，有些长达几年。

点蚀诱发的位置通常是钝化膜的缺陷部位，非金属夹杂物是碳钢、低合金钢、不锈钢以及镍等材料萌生点蚀的敏感位置，尤其是硫化物夹杂是这些材料萌生点蚀的最敏感位置。

当点蚀萌生后，蚀孔内处于活化态，电位较负，其他部位仍处于钝态，电位较正，形成活态-钝态腐蚀电池，电位低的蚀孔内为阳极，其他部位为阴极，且是大阴极小阳极电池[如图4-9（a）]，这使蚀孔腐蚀的速度很大，蚀孔很快加深。

随着腐蚀的进行，二次腐蚀产物在蚀孔口形成，腐蚀产物没有多大的保护作用，但影响了孔内溶液向外的传输。

由于孔小而深，又有孔口腐蚀产物的影响，使孔内介质呈滞流状态，形成"闭塞"腐蚀电池。孔内金属阳离子不易往外扩散，使金属阳离子浓度不断增加，金属阳离子水解，使介质pH值不断降低。闭塞电池产生自催化酸化作用，使孔内不断酸化而腐蚀加速，使点蚀孔扩大和加深。

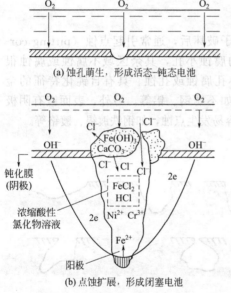

(a) 蚀孔萌生，形成活态-钝态电池

(b) 点蚀扩展，形成闭塞电池

图4-9 18-8不锈钢在充气NaCl溶液中的点蚀机理示意图

18-8不锈钢在充气NaCl溶液中的点蚀机理如下（图4-9）：氯离子优先吸附在钝化膜薄弱位置上，把氧挤掉，然后和钝化膜中的阳离子结合成可溶性氯化物，结果在新露出的基底金属的特定点上生成小蚀坑，这些小蚀坑便称为蚀孔核。蚀孔核形成后，当其长大至一定尺寸（临界尺寸）后，金属表面出现宏观可见的蚀孔。

① 形成活态-钝态电池。蚀孔形成后，孔内金属表面处于活化态，形成活态-钝态电池，孔内是阳极，金属活性溶解；孔外是阴极，仍保持钝态[如图4-9（a）]。孔外主要反应为：

$$O_2 + 2H_2O + 4e \longrightarrow 4OH^-$$

孔内主要反应有：

$$Fe \longrightarrow Fe^{2+} + 2e$$
$$Cr \longrightarrow Cr^{3+} + 3e$$
$$Ni \longrightarrow Ni^{2+} + 2e$$

② 二次腐蚀产物在孔口形成。孔内腐蚀产物与阴极反应产物在孔口相遇，形成二次腐蚀产物。

$$Fe^{2+} + 2OH^- \longrightarrow Fe(OH)_2$$
$$4Fe(OH)_2 + O_2 + 2H_2O \longrightarrow 4Fe(OH)_3$$

③ 二次腐蚀产物没有多大的保护性，但使孔内介质相对于孔外介质呈滞流状态，形成闭塞电池。孔内金属阳离子不易往外扩散，使金属阳离子浓度不断增加，金属阳离子水解，使介质pH值不断降低，直至孔内介质处于饱和状态。

如：$M^{2+} + H_2O \longrightarrow MOH^+ + H^+$

溶解氧不易扩散进入孔内，使孔内金属不能恢复钝态，金属表面继续维持活态。

Cl^-半径小，离子淌度大，Cl^-可以迁入孔内，以维持孔内介质电中性。孔内酸度大，Cl^-浓度高，处于活化态，孔内快速腐蚀。如：06Cr18Ni12Mo2Ti的孔内Cl^-浓度可达6～

12mol/L，pH 值接近于 0。

另外，北京科技大学对 1Cr13、1Cr17 在 3.5% NaCl 溶液中点蚀发展过程的研究表明，孔内的 Cr^{3+} 并不是与 Fe^{2+} 一样全部发生水解和扩散，而是一部分又重新在蚀孔内壁放电沉积，在孔内壁形成 Cr 含量较高的表面层，使孔内的溶解反应主要发生在孔底部。Cr^{3+} 再沉积反应为：

$$Cr^{3+}+3H_2O \longrightarrow [Cr(OH)_3]_{ads}+3H^+$$
$$2[Cr(OH)_3]_{ads} \longrightarrow Cr_2O_3+3H_2O$$

闭塞电池形成后，使孔内金属氯化物浓缩，pH 值降低，促使阳极溶解速度进一步加快，且使溶解反应主要发生在孔底部。这种由闭塞电池引起孔内酸化而加速腐蚀的作用，称为自催化酸化作用。自催化酸化作用可使电池电动势达几百毫伏至 1V，加上重力的控制方向作用，使蚀孔高速度深化，可把金属断面蚀穿。

碳钢、低合金钢点蚀的闭塞腐蚀电池的闭塞程度较小，自催化酸化作用较弱，蚀孔较浅，铁的点蚀机理如图 4-10 所示。

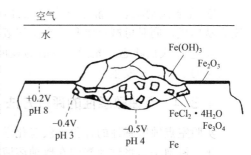

图 4-10　铁的点蚀机理示意图
（图中的电位值是相对于 SHE）

4.3.3　影响点蚀的因素

(1) 材料

在 NaCl 溶液、海水中，对于常用的钝态金属材料，钛及钛合金的耐点蚀性最好，几乎不发生腐蚀，铝及铝合金最差。

不锈钢的耐蚀性能与合金元素、C 含量有关。提高不锈钢耐点蚀性最有效的元素是 Cr 和 Mo，N 和 Ni 也有好的作用，Cr、Mo、N 的联合作用更为显著。Cr 提高钝化膜的稳定性，Mo 能抑制 Cl^- 的破坏作用。降低 P、S、C，可减少点蚀敏感性。通常 C 含量越低，Cr 含量越高，耐蚀性越好。不锈钢在含氯离子介质中的耐点蚀能力可用耐点蚀当量（PRE）、临界点蚀温度（CPT）来评估。PRE=Cr+3.3Mo（注：公式中元素符号为该元素的质量分数）PRE 值越高，耐点蚀性能越好。对于奥氏体不锈钢和双相不锈钢，常含有 N 元素，N 是提高耐局部腐蚀性能的重要元素，此时耐点蚀当量（PREN）分别为：奥氏体不锈钢，PREN=Cr+3.3Mo+16N；双相不锈钢，PREN=Cr+3.3Mo+xN（x=（6～30），N 的系数 x 目前还存在争议）。各种不锈钢都存在 CPT，达到这一温度发生点蚀的概率增大；CPT 越高，不锈钢耐点蚀性能越好。

另外，表面状态对点蚀敏感性有影响。一般光滑和清洁的金属表面不易产生点蚀，积有灰尘或各种杂屑的表面，则容易引起点蚀。经冷加工的粗糙表面也容易引起点蚀。

(2) 环境因素

① 介质类型。不锈钢易在含卤素离子的介质中发生点蚀，且容易程度顺序为 $Cl^->Br^->I^-$，铜则对 SO_4^{2-} 更敏感。当溶液中含有氧化性金属阳离子的氯化物（如 $FeCl_3$、$CuCl_2$、$HgCl_2$ 等）时，由于它们的金属离子电对的还原电位较高，将强烈促进点蚀。$FeCl_3$ 属于强烈的点蚀促进剂，实验室常用 10% $FeCl_3$ 作为不锈钢的加速试验介质。

有些离子有缓蚀作用。对于不锈钢，缓蚀作用的顺序为 $OH^->NO_3^->CH_3COO^->SO_4^{2-}>ClO_4^-$；对于铝，缓蚀作用的顺序为 $NO_3^->CrO_4^->CH_3COO^->SO_4^{2-}$。

② 介质浓度。随着介质中 Cl^- 浓度的增加，点蚀电位 E_b 下降，使点蚀容易发生。

对于钝性金属，在溶液 pH 值、温度和其他条件不变的情况下，E_b 与溶液的 Cl^- 浓度存在以下关系：$E_b = a + b\lg c_{Cl^-}$。

③ pH 值。在碱性介质中，随 pH 值的升高，E_b 变正。在酸性介质中，存在不同的看法：一些学者认为 pH 值对点蚀电位没影响；另一些学者认为随 pH 值的升高，E_b 稍有增加。

④ 温度。温度越高，钝态越难建立。温度升高，E_b 明显降低，使点蚀加速。

⑤ 介质流动状态。静止状态，点蚀速度大。加大流速，有利于溶解氧的输送，使钝化膜容易形成，同时可减小沉积物在金属表面沉积的机会，从而减小发生点蚀的机会。

⑥ 金属表面状态。光滑、清洁的表面不易发生点蚀，积有灰尘或各种金属的和非金属的杂屑的表面，易发生点蚀。

4.3.4 点蚀敏感性的评价方法

实验室点蚀敏感性的评价方法有化学浸泡法和电化学测量法。

化学浸泡法是将试片浸泡在腐蚀溶液中，一定时间后取出试样进行评价。耐点蚀性能评价的判据可以选择点蚀孔深度、点蚀密度、腐蚀率（失重）等指标。将腐蚀率和蚀孔特征（分布、密度、形状、尺寸、深度等）综合起来，并借助统计学的方法评价材料的点蚀敏感性则更为全面和科学。点蚀对金属断面的贯穿程度可以用点蚀系数（或点蚀因子）来表示，即

$$点蚀系数 = \frac{最大腐蚀深度}{平均腐蚀深度}$$

化学浸泡法选用的腐蚀溶液是根据材料的种类确定的。三氯化铁溶液常被用于检验不锈钢及含铬的镍基合金在氯化物介质中的耐点蚀性能。

电化学测试法是利用电化学测试仪器测量点蚀电位（E_b）、保护电位（E_p）、临界点蚀温度（CPT）、电化学阻抗谱、电化学噪声（电极电位或电流密度的随机波动现象）等，用以评价材料的点蚀敏感性。不锈钢临界点蚀温度的电化学测量可按照 ASTM G150 标准进行。用于测量点蚀电位的方法有控制电位法（如动电位法、恒电位下的电流-时间曲线法）和控制电流法（动电流法、恒电流下的电位-时间曲线法）。控制电位法，又称电化学滞后技术，是指采取恒电位正反扫描方法，测得环形阳极极化曲线，然后根据 E_b 和 E_p 两个参数来共同评价合金的耐点蚀性能。这种电化学技术可以比较全面地对合金的耐点蚀性能做出评价，因此应用较为广泛。

图 4-11 是 304 和 316L 不锈钢在 30℃ 的 3.5% NaCl 溶液中的环形阳极极化曲线。全程扫描速率为 10mV/min，回扫电流密度为 $1000\mu A/cm^2$。可得 304 和 316L 不锈钢的点蚀电位 E_b 分别为 150mV 和 200mV（相对于 SCE），保护电位 E_p 分别为 -30mV 和 -190mV（相对于 SCE）。316L 不锈钢的 E_b 值正于 304 不锈钢，但两者相差不大。由此可知，316L 不锈钢的点蚀敏感性低于 304 不锈钢，但不能由此作出两者耐点蚀性能接近的结论。因为反映耐点蚀性能的参数除 E_b 外，还有 E_p。只有把这两个参数综合考虑才能对它们的耐点蚀性能做出全面的评价。

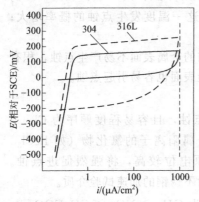

图 4-11 两种不锈钢在 30℃ 的 3.5% NaCl 溶液中的环形阳极极化曲线

应该指出，E_b 和 E_p 这两个参数的确定，与实验方法及实验条件有很大的关系，它们的数值往往随这些条件的不同而不同，尤其是 E_b 值变化更大。因为点蚀的发生都有一个诱导期，这个诱导期和试片浸泡的时间有关。

4.4 缝隙腐蚀

4.4.1 缝隙腐蚀的条件

引起腐蚀的缝隙不是一般肉眼可以明辨的缝隙，而是指能使缝内介质停滞的特小缝隙，宽度一般为 0.025～0.1mm；大于 0.1mm 的缝隙，缝内介质不至于形成滞流，也不会形成缝隙腐蚀（crevice corrosion）。

几乎所有的介质都会引起缝隙腐蚀，几乎所有金属和合金（正电性的银或金、普通不锈钢、特种不锈钢、钛等）都会产生缝隙腐蚀，特别容易发生在靠钝化而耐蚀的金属及合金上。最典型的缝隙腐蚀发生在钝态的金属或易于钝化的金属（如不锈钢、铝）、碳钢、低合金钢在含活性阴离子的碱性或弱碱性环境中。图 4-12 为不锈钢缝隙腐蚀的形貌。

(a) 316不锈钢制件

(b) 双相不锈钢海水管法兰

图 4-12　316 不锈钢制件和双相不锈钢海水管法兰的缝隙腐蚀形貌

造成缝隙腐蚀的实际条件有：金属结构的连接，如铆接、螺栓连接等；金属与非金属的连接，如金属与塑料、橡胶、木材、石棉、织物等的连接；法兰盘之间的衬垫；金属表面的沉积物、附着物等。

4.4.2 缝隙腐蚀的机理

对于缝隙腐蚀机理的解释，目前普遍接受的机理是氧浓差电池和闭塞电池自催化效应共同作用的机理，先形成氧浓差电池，后形成闭塞腐蚀电池。下面以碳钢在充气海水环境中发生的缝隙腐蚀过程（图 4-13）为例进行说明。

(1) 氧浓差电池的形成

在腐蚀初期，吸氧腐蚀在缝内、外均匀进行，氧的传质方式有对流和扩散。在缝外，可进行对流和扩散，供氧充分；而在缝内，只能扩散，供氧不充分。随着腐蚀的进行，缝内就会贫氧，缝内、外就构成了氧浓差电池，且是大阴极小阳极的。缝内金属是阳极，金属处于活化态，反应为：$Me \longrightarrow Me^+ + e$；缝外金属是阴极，主要反应为：

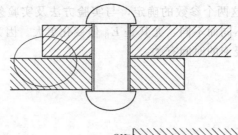

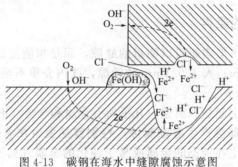

图 4-13 碳钢在海水中缝隙腐蚀示意图

$$O_2 + 2H_2O + 4e \longrightarrow 4OH^-$$

(2) 闭塞电池的形成

随着腐蚀的进行，二次腐蚀产物在缝口形成、沉积，逐步形成闭塞电池；缝内金属盐水解（$Me^+Cl^- + H_2O \longrightarrow MeOH + H^+Cl^-$），使缝内 pH 值下降，产生酸化自催化作用，使缝内金属腐蚀加速进行。这与点蚀的发展相似。

综上所述，氧浓差电池的形成，对腐蚀开始起促进作用。但蚀坑的深化和扩展是从形成闭塞电池开始的，所以，酸化自催化作用是造成腐蚀加速的根本原因。

不锈钢对缝隙腐蚀的敏感性比碳钢高，它在海水中更易发生缝隙腐蚀，其缝隙腐蚀主要由下述步骤组成：

开始时，缝内外金属处于等电位状态，处于钝化状态。经过一段时间后，缝内贫氧，缝内金属电位变负，使缝内金属阳极溶解速度增加，引起 Fe^{2+}、Cr^{3+} 的浓度增加，氯离子往缝内迁移，使缝内 pH 值下降，形成闭塞电池。此时缝内金属处于活化态，缝外金属处于钝化态，两者构成大阴极小阳极的电偶电池，电池电位差可高达 600mV，最后导致缝内金属产生严重的腐蚀。

缝隙腐蚀与点蚀的机理有许多相似之处，尤其是腐蚀发展阶段上更为相似，都形成了闭塞腐蚀电池，但两者是有本质区别的。从腐蚀发生的条件看，点蚀源于金属表面的点蚀核，缝隙腐蚀源于金属表面的特小缝隙；点蚀在含活性阴离子的介质中才发生，而缝隙腐蚀在不含活性阴离子的介质中也能发生。从腐蚀过程来看，点蚀是通过腐蚀逐渐形成闭塞电池，缝隙腐蚀刚开始很快就形成闭塞电池；前者闭塞程度较大，后者闭塞程度较小，因此，点蚀的蚀孔窄而深，缝隙腐蚀的蚀孔相对广而浅。

4.4.3 影响缝隙腐蚀的因素

缝隙宽度是影响缝隙腐蚀的最重要因素。由图 4-14 可知，在临界缝隙宽度以下发生缝隙腐蚀，在临界缝隙宽度以上不发生腐蚀；不同材料的临界缝隙宽度存在差异。

不同材料的耐缝隙腐蚀能力不同。不锈钢随 Cr、Ni、Mo 含量增加，耐缝隙腐蚀性能提高；N、Cu、Si 也是提高不锈钢耐缝隙腐蚀能力的有效元素。这与合金元素对点蚀性能的影响相似，均涉及它们对钝化膜的稳定性和钝化、再钝化能力所起的作用。

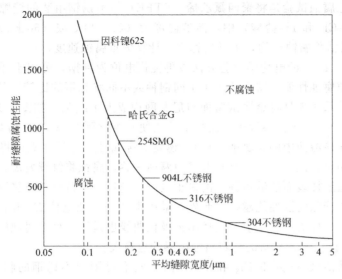

图 4-14 室温海水中缝隙腐蚀性能与缝隙宽度的关系（缝隙深度为 5mm）

不锈钢缝隙腐蚀实例大多是在充气中性氯化物介质中发生。通常 Cl^- 浓度增加，发生缝隙腐蚀的可能性增大，缝隙腐蚀速度也增加。

溶液中溶解氧浓度增加，缝外阴极还原更易进行，缝隙腐蚀加剧。当溶解氧浓度大于 0.5mg/L 便会引起缝隙腐蚀。

温度升高，缝隙腐蚀的危险性增大。在含氯介质中，各种不锈钢都存在临界缝隙腐蚀温度（CCT），达到这一温度后发生缝隙腐蚀概率增大，随着温度进一步升高，更容易发生缝隙腐蚀并更趋严重。CCT 可按如下公式（公式中的元素符号为该元素的质量分数）估算：

对于不锈钢：$CCT(℃)=3.2×Cr+7.6×Mo+10.5×N-81.0$

对于镍基合金：$CCT(℃)=1.5×Cr+1.9×Mo+4.9×Nb+(8.6×W)-36.2$

4.4.4 缝隙腐蚀的控制

缝隙腐蚀的控制方法主要有：合理设计、合理选材、电化学保护等。外加电流不能足够达到缝内，因此电化学保护不能完全解决缝隙腐蚀问题。在缝隙腐蚀的控制上，最重要的措施是合理设计。设计时应尽量避免缝隙和形成积液的死角区，如可用焊接代替铆接或螺栓连接。不能避免缝隙时，应使结构能妥善排流，以便在出现沉积物时能及时清除；也可采用缝隙固体填充料把缝隙填实。垫圈等不宜采用石棉等吸湿性材料，宜用憎水性材料。

4.4.5 缝隙腐蚀敏感性的评价方法

缝隙腐蚀敏感性评价通常是通过制备人工缝隙试样进行的，试验评价方法包括化学浸泡试验法和电化学测量法。化学浸泡试验法是将合理设计的缝隙试样按要求组装后浸泡到特定的腐蚀溶液中，一定时间后取出试样进行评价，评价内容包括腐蚀形态、腐蚀失重等。化学浸泡试验法有三氯化铁试验、多缝隙试样试验、临界缝隙腐蚀温度试验等。电化学测量法通常可缩短缝隙腐蚀的诱导期而达到加速腐蚀试验的目的。电化学测量法有临界（再钝化）电位测试法、去钝化 pH 值比较法、稳态 pH 值与去钝化 pH 值比较法等。

目前，已形成国家标准的方法有两种：《不锈钢缝隙腐蚀电化学试验方法》（GB/T 13671—1992) 和《不锈钢三氯化铁缝隙腐蚀试验方法》（GB/T 10127—2002）。

三氯化铁缝隙腐蚀试验是将聚四氟乙烯（PTFE）与不锈钢组装的缝隙试样浸泡在三氯化铁溶液（6% $FeCl_3$ 和 1% 盐酸）中，溶液温度为 (22±1)℃ 或 (50±1)℃，试验时间通常为 72h，试验后清除腐蚀产物，干燥后称重，计算失重腐蚀速度。

GB/T 13671—1992 的电化学试验方法以再钝化电位为判据，可用于评价不锈钢在氯化物环境中的耐缝隙腐蚀性能，特别适用于不同钢种或不同状态钢的比较。其原理是将组装好的人工缝隙试样[采用夹具将金属试验面与尼龙网构成人工缝隙，如图 4-15（a）所示]放在 (30±1)℃ 的 3.5% NaCl 溶液中，用恒电位法使其极化到 0.800V（相对于 SCE）（此电位远高于不锈钢在该溶液中的自腐蚀电位），诱发缝隙腐蚀。然后，立即将电位降至某一预选的钝化电位，如果在该电位下，材料对缝隙腐蚀敏感，腐蚀将继续发展，反之试样将发生钝化。以缝隙腐蚀试样表面能够再钝化的最正电位为判据，评价材料抗缝隙腐蚀性能，即再钝化电位越正，抗缝隙腐蚀性能越好。此外，采用类似测点蚀电位 E_b 和保护电位 E_p 的方法，测定缝隙腐蚀试样 E_b-E_p 值及循环阳极极化曲线也是评价缝隙腐蚀敏感性的一种电化学方法。E_b-E_p 值愈大，材料的缝隙腐蚀敏感性也愈大。

采用三氯化铁溶液（6% $FeCl_3$ 和 1% 盐酸）浸泡可测定不锈钢的临界缝隙腐蚀温度（CCT）。临界缝隙腐蚀温度（CCT）测试可按照 ASTM G48 Method F 进行，人工缝隙试样的装配如图 4-15（b）所示，试验的具体过程为：先按公式估算 CCT 以确定试验的起始温度，将试样浸泡在恒温三氯化铁溶液中，浸泡 24 h（镍基合金浸泡 72h）后，观察金属试验面，如果局部腐蚀深度达到 0.025mm 以上，认为有缝隙腐蚀发生，然后将试验温度降低 2.5℃，重新试验；如果未有缝隙腐蚀发生，将试验温度升高 2.5℃，重新试验。直至最后获得发生缝隙腐蚀的最低温度，即为临界缝隙腐蚀温度。此外，也有人参照不锈钢电化学临界点蚀温度（CPT）的测量方法（ASTM G150）提出了采用电化学方法测量不锈钢的临界缝隙腐蚀温度。

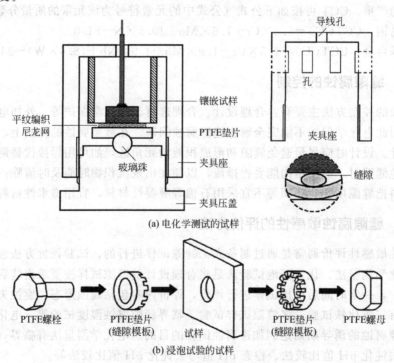

图 4-15　人工缝隙试样示意图

4.4.6 特殊形式的缝隙腐蚀——丝状腐蚀

丝状腐蚀是发生在处于一定湿度大气环境中有机涂层保护的钢、铝、镁等材料表面的一类常见腐蚀类型，腐蚀形态呈细丝状，其腐蚀机理被认为与缝隙腐蚀十分接近，故也常将其作为一种特殊形式的缝隙腐蚀。由于这类腐蚀多数是发生在漆膜下面，故也被称作膜下腐蚀。

丝状腐蚀有其明显的特点，就是在漆膜下会形成丝状腐蚀痕迹（腐蚀丝），一旦产生就会很快发展，最后形成密集的网状花纹（见图4-16）。丝状腐蚀生成可觉察的细沟，深度通常为数微米。对于铝，腐蚀丝宽度约为0.5~1mm，而对于钢，其宽度约为0.2mm。腐蚀丝是由一个活性的头部和一个非活性的尾部构成，对于钢来说，通常是头部为蓝绿色（Fe^{2+}的颜色），是能够继续发展的活性区域；身尾部则是红棕色（存在Fe_2O_3或它的水合物），这部分是无法扩展的非活性区域。活性头部含有酸性的液体，腐蚀是由头部发展向前，丝身是由腐蚀生成物堆积而成，一般呈碱性。

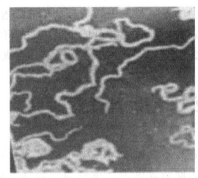

图4-16 涂层金属发生的丝状腐蚀

丝状腐蚀的发展有个有趣的现象，就是两条腐蚀丝永远不会相交。当一条腐蚀丝与另一条腐蚀丝的非活性躯体或尾部相遇时，细丝不会穿过另一丝，而是"反折"回来。

丝状腐蚀的产生，通常要具备如下一些基本条件：

① 较高的相对湿度。金属发生丝状腐蚀的相对湿度范围为60%~95%。相对湿度在80%~85%时，通常最易引发丝状腐蚀；如果相对湿度在60%以下，则难以发生丝状腐蚀；相对湿度高于95%时，丝充分宽化，以致涂层鼓泡。

② 涂层存在缺陷。丝状腐蚀通常起源于涂层的孔隙、机械缺陷、气泡或较薄的边缘处。

③ 有氧气存在。氧气的存在是维持丝状腐蚀阴极反应的条件。

④ 合适的温度条件。室温下丝状腐蚀通常就会发生，温度升高，发展速率则增加。

丝状腐蚀的发生是依靠腐蚀介质的渗透，开始往往是在一些漆膜的破坏处、边缘棱角及较大的针孔等缺陷或薄弱处，形成活化源。这些活化源随着大气中少量的腐蚀介质（如氯化钠、硫酸盐、氧和水分）的渗入而活化，形成丝状腐蚀的源点。在这个活化源为核心的一个很小的活化区域内，由于空气渗入不均形成氧浓差电池，推动着丝状腐蚀向前发展。

如图4-17所示，在钢表面细丝生长过程中，由于头部溶解有高浓度的Fe^{2+}，使周围大气中的水借渗透作用源源不断渗入。而在非活性的尾部，由于锈蚀产物Fe_2O_3或$Fe(OH)_3$沉积，Fe^{2+}浓度较低，渗透作用使水分渗出。大气的水分不断渗入活性头部，并从非活性的尾部渗出。大气中的氧可以从膜的各个方位扩散进入膜下，但由于侧面和干的尾部扩散较为充分，因此在尾部和头部之间形成氧浓差电池。头部中心及头的前部为阳极区发生腐蚀，生成Fe^{2+}的浓溶液为蓝色流体。高浓度的Fe^{2+}水解，使头部溶液酸性化（pH值可降低到

1左右），产生腐蚀的自催化加速效应。细丝的躯干和尾部相对于活性的阳极头部来说，成为较大面积的阴极，这种大阴极小阳极的效应也是活性细丝头部向前快速发展的推动力之一。由此可见，从它形成氧浓差电池、自催化酸化作用以及大阴极小阳极效应等作用机制来看，这种条件十分类似于缝隙腐蚀，所以丝状腐蚀可以看作是自行延伸的缝隙腐蚀。

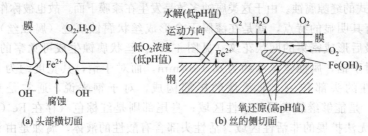

图 4-17　钢表面的丝状腐蚀机理示意图

丝状腐蚀的发生与发展，与环境因素（相对湿度、温度、腐蚀介质等）和涂料自身性质有关，也与表面处理状态和基体金属的性质有关。如丝状腐蚀在脆性涂层下生长时，在细丝头部的漆膜会破裂，这样氧便会进入头部，原来的氧浓差消除，氧浓差电池作用因而停止。

4.5　应力作用下的腐蚀

金属材料在实际使用过程中，不仅会受腐蚀介质的作用，同时还会受到各种应力的作用，并常常因此造成更为严重的腐蚀破坏。这些应力可以是外部施加的，如通过拉伸、压缩、弯曲、扭转等方式直接作用在金属上，或通过接触面的相对运动、高速流体的流动等施加在金属表面上；也可以来自金属内部，如残余应力，表面腐蚀膜引起的附加应力，以及产物楔入作用引起的内应力等。

应力作用下的腐蚀一般可分为应力腐蚀开裂，腐蚀疲劳，与磨损有关的腐蚀；与磨损有关的腐蚀又包括冲刷腐蚀、空泡腐蚀、腐蚀磨损、微动腐蚀。

4.5.1　应力腐蚀开裂

应力腐蚀开裂（stress corrosion cracking，SCC）是指金属材料在拉应力和特定介质的共同作用下所引起的破裂。在 SCC 过程中，材料先出现微裂纹，然后再扩展为宏观裂纹，微裂纹一旦形成，其扩展速度比其他类型局部腐蚀快得多。腐蚀时，材料在破裂前没有明显的预兆，是所有腐蚀类型中破坏性和危害性最大的一种。如压水堆核电站、核动力装置蒸汽发生器早期使用的传热管材有 18-8 不锈钢，该钢在含氯离子、O_2 或碱的高温环境下易发生应力腐蚀开裂。

4.5.1.1　腐蚀的条件和特征

金属的应力腐蚀开裂既不同于纯机械断裂，也不同于一般的腐蚀现象，归纳起来具有下列特征。

产生应力腐蚀开裂必须同时满足三个基本条件：敏感材料、足够大的拉应力和特定的腐蚀介质。也就是说，对于特定的金属而言，造成 SCC 的应力是拉应力，只有拉应力才能引起 SCC；压应力不会引起 SCC，反而会减轻或阻止 SCC。一定材料发生 SCC 的介质是特定的介质，不是任意的介质。构成一个应力腐蚀体系要求一定的材料与一定的介质相互组合。发生应力腐蚀开裂的主要是合金，纯金属一般不发生。常见的发生 SCC 的腐蚀介质如表 4-5 所示。

应力和腐蚀介质的关系不是加和的关系，而是相互配合对腐蚀起促进的作用。单纯有腐蚀介质或单纯有应力作用（没有介质）都不会导致材料的破裂。合金的 SCC 发展到严重阶段，断口呈脆性断裂的特征，即使是塑性最好的不锈钢断口也没有任何塑性变形的特征。SCC 的破裂速度远远大于没有应力的单纯腐蚀下的破坏速度，但小于单纯应力下的断裂速度。但断裂所需的应力比无腐蚀介质时小得多，是一种低应力脆性断裂。

应力腐蚀裂纹有晶间型、穿晶型和混合型，裂纹起源于表面，一般呈树枝状，其扩展方向一般垂直于应力的方向，如图 4-18 所示。晶间型微观断口呈冰糖状，穿晶型微观断口往往具有河流花样、扇形花样、羽毛状花样等形貌特征。

表 4-5 主要合金产生应力腐蚀的特定介质

金属	发生 SCC 的腐蚀介质
软钢	氢氧化钠，硝酸盐溶液等
碳钢和低合金钢	42% $MgCl_2$ 溶液，氢氰酸等
高铬钢	NaClO 溶液，海水，H_2S 水溶液
奥氏体不锈钢	氯化物溶液，高温高压含氧蒸馏水
铜和铜合金	氨蒸气或含氨溶液，汞盐溶液，含 SO_2 大气
镍和镍合金	热浓氢氧化钠水溶液
蒙乃尔合金（Ni-Cu）	氢氟酸，氟硅酸溶液
铝合金	熔融 NaCl，NaCl 水溶液，海水，水蒸气，含 SO_2 大气
镁和镁合金	海洋大气，蒸馏水，$KCl-K_2CrO_4$ 溶液

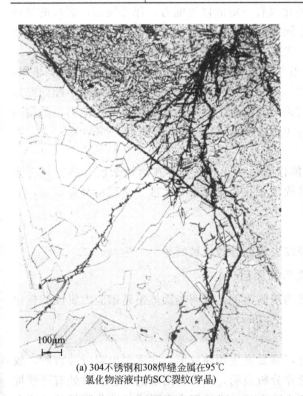

(a) 304不锈钢和308焊缝金属在95℃　　(b) 316L不锈钢焊接热影响区在
　　氯化物溶液中的SCC裂纹(穿晶)　　　　NaOH溶液中的SCC裂纹(晶间)

图 4-18 应力腐蚀裂纹（引自 Corrosion of Weldments）

4.5.1.2 应力腐蚀开裂机理

导致应力腐蚀开裂的因素非常复杂，研究者都是根据不同的金属-介质体系提出相应机理，目前关于应力腐蚀开裂的机理已多达十几种，但迄今尚无公认统一机理。应力腐蚀开裂机理可分成两大类：阳极溶解型机理和氢致开裂型机理。常见的应力腐蚀开裂有黄铜的氨脆、锅炉钢的碱脆、奥氏体不锈钢的氯脆等。一般认为，黄铜的氨脆、奥氏体不锈钢的氯脆是阳极溶解型机理。下面主要介绍阳极溶解型机理。

阳极溶解型机理认为：在发生应力腐蚀的环境里，钝化金属应力腐蚀经历膜局部破裂致裂纹形核、裂纹尖端定向溶解致裂纹扩展、断裂三个阶段。钝态金属被钝化膜覆盖，不与腐蚀介质直接接触，在钝化膜局部破坏后，裂纹才能形核；在应力作用下裂纹尖端沿某一择优路径定向活化溶解，导致裂纹扩展，最终发生断裂。在断裂过程中，应力可起主要作用，也可起辅助作用。

(1) 膜局部破裂致裂纹形核

钝化膜可因电化学作用或机械作用发生局部破坏，使裂纹形核。电化学作用是因点蚀、晶间腐蚀等引起膜的局部破裂。若电位比点蚀电位更正，则局部的膜被击穿，形成点蚀。在应力作用下，从点蚀坑根部诱发出应力腐蚀裂纹。在不发生点蚀时，若电位在活化-钝化或钝化-过钝化的电位过渡区间，钝化膜处于不稳定状态，裂纹容易在较薄弱的部位形核，如在晶界处引起晶间腐蚀的情况。

机械作用引起的膜局部破裂。由于膜的延性或强度较基体金属差，受力变形后局部膜破裂，诱发应力腐蚀形核。

(2) 裂纹尖端定向溶解致裂纹扩展

在裂纹形成后，只有裂纹尖端高速溶解，且裂纹壁保持钝态的情况下，裂纹才能不断扩展。当裂纹形成后，裂纹两侧的金属表面钝化膜有一定的修复能力，保持钝态；裂纹的特殊几何特征构成一个闭塞区，尖端的电位也不同于金属自由表面的电位，存在快速溶解的电化学条件。应力和材料本身预存的活性为裂纹尖端快速溶解提供了择优腐蚀的途径：

① 应力引起的活性途径。裂纹尖端存在应力集中，使尖端及邻近区域迅速变形屈服，又出现滑移台阶，使尖端的膜又被拉破而加速溶解，这些步骤交替进行，使裂纹不断向深处扩展。相关资料认为，穿晶型应力腐蚀裂纹扩展与应力引起的活性途径有关。应力在晶间型 SCC 中的作用为：应力可使裂纹张开，便于物质传递，避免通道被腐蚀产物堵塞；应力可拉断尚连接的部分。

② 材料预存的活性途径。主要为晶界预存的活性，如晶界存在活性杂质，晶界存在阳极性沉淀相，或晶界存在阴极性沉淀相，其周围存在合金元素贫乏区。裂纹沿晶界扩展，引起晶间型 SCC。

(3) 断裂

在应力腐蚀裂纹扩展到临界尺寸时，裂纹失稳而导致机械断裂。

4.5.1.3 奥氏体不锈钢应力腐蚀的规律和原因

下面以奥氏体不锈钢在热浓氯化物溶液的氯脆为例，说明奥氏体不锈钢应力腐蚀的规律和原因。

(1) 滑移-钝化膜破坏

面心立方结构的奥氏体不锈钢在受力时，容易发生塑性变形，在表面出现滑移台阶，致使其表面膜遭到破坏。经透射电子显微镜研究分析表明，仅在新出现的滑移台阶处有腐蚀坑形成，而在原有的滑移台阶处却未发现蚀坑。这表明，不锈钢表面形成的钝化膜保护了原有滑移台阶处的金属使其免遭腐蚀；而在新形成的滑移台阶处由于钝化膜的破坏而易遭腐蚀。滑移台阶的活化和局部溶解过程如图 4-19 所示。

图 4-19 滑移-局部溶解过程示意图

(2) 电化学溶解

Cr-Ni 奥氏体不锈钢的钝化膜主要是 Cr^{3+} 的氧化物和少量 Ni 的氧化物，而在热浓氯化物溶液（沸腾 $MgCl_2$ 溶液 pH 值约为 4.5）中，钝化膜的组成会发生变化，且膜还含有盐，保护性较差。有人认为 Cr-Ni 奥氏体不锈钢在热浓氯化物溶液中的穿晶型 SCC 对应的应力腐蚀敏感区是钝态-过钝化区。钝化膜的破裂与膜的不稳定和应力作用下发生滑移有关；裸露的新鲜金属表面与表面膜存在电位差（可高达 0.5V），形成钝化-活化微电池，发生瞬时溶解，形成裂纹核；由于应力集中，裂纹尖端迅速屈服，钝化膜被破坏，并阻碍钝化膜的再形成，裂纹两侧保持钝态，尖端快速溶解，使裂纹扩展。由于腐蚀产物封闭在裂纹内，形成缝内闭塞电池，裂纹尖端溶液的酸化（有人测得在沸腾 $MgCl_2$ 溶液中的 18-8 不锈钢裂纹内的 pH≤1），大大促进了裂纹尖端部位的腐蚀溶解。

图 4-20 为铁的 SCC 机理示意图，SCC 裂纹内的闭塞电池与点蚀的闭塞电池（图 4-10）有明显差异。

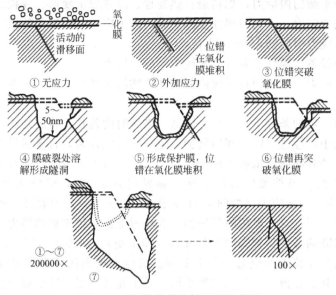

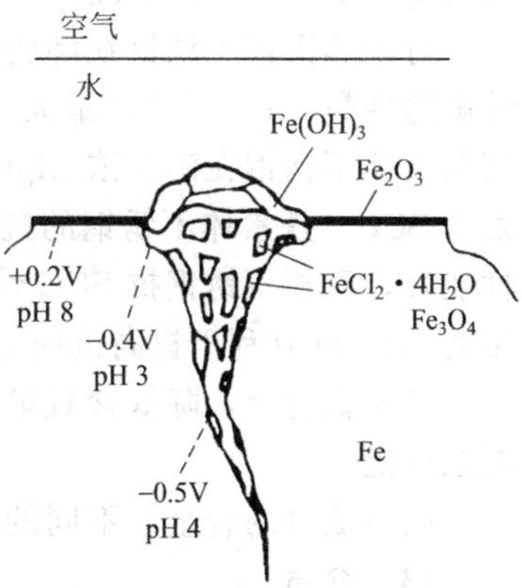

图 4-20 铁的 SCC 机理示意图
（图中的电位值是相对于 SHE）

(3) 裂纹扩展-断裂

裂纹尖端的迅速屈服和裂纹尖端的酸化促进了裂纹的扩展。另外，缝内闭塞电池的自催化酸化使裂纹尖端处具备放氢的条件，但进入氢量低于氢致开裂的临界氢量，氢对裂纹扩展只起次要作用。在拉应力和特定介质的作用下，反复出现滑移—溶解—撕裂过程，最后裂纹不断扩展，最后发生断裂。

4.5.1.4 影响应力腐蚀的因素

(1) 应力

应力腐蚀开裂的应力来源大致分为四种：

工作应力，即设备或部件在工作条件下外加载荷引起的应力。

残余应力，即生产、制造、加工过程中材料内部残留的应力。这是没有外加载荷作用时已存在内部并保持平衡的内应力，如铸造、热处理、冷热加工变形、焊接、切削加工等工艺导致的热应力、相变应力、不均匀塑性变形引起的附加应力，焊接的约束应力。在各种应力腐蚀事故中，残余应力引起的占 80% 以上。

结构应力，即设备、部件在安装与装配中引起的应力。

腐蚀产物楔入应力，即封闭在裂纹内的腐蚀产物因其体积效应，可在垂直裂纹面方向产生拉应力。

在材料、环境一定的条件下，拉应力降低，破裂时间延长。将施加恒应力的无裂纹拉伸试样放入腐蚀介质中，经过一定时间后就会产生应力腐蚀开裂，直至滞后开裂。裂纹形成的时间以及试样断裂的时间明显依赖于外加应力。随着拉应力的下降，裂纹形成的时间以及试样断裂的时间均增长。当外加应力低于某一临界应力 σ_{th} 时，试样在规定时间内不发生 SCC，我们把 σ_{th} 称为门槛应力（如图 4-21 所示）。σ_{th} 愈小，应力腐蚀愈敏感。由断裂力学可知，当材料中存在裂纹时，可用断裂韧性反映材料抵抗裂纹扩展的能力。工程上最常见和最易造成低应力脆断的裂纹扩展类型为张开型（即 Ⅰ 型）。在外力作用下，裂纹前端产生应力集中，形成应力分布特殊的应力场。Ⅰ 型裂纹的应力场强弱可用应力强度因子 $K_Ⅰ$ 来描述。当外加应力达到临界值时，裂纹失稳扩展，发生脆性断裂，这个临界应力强度因子称为材料的断裂韧性，用 $K_{ⅠC}$ 表示。在腐蚀介质中，能产生应力腐蚀的最小 $K_Ⅰ$ 称为应力腐蚀临界应力强度因子 $K_{ⅠSCC}$。

裂纹形成的时间或试样断裂的时间、门槛应力值可用于材料应力腐蚀开裂倾向的评定。

(2) 金属及冶金

纯金属产生应力腐蚀的现象少，二元和多元合金的敏感性较高。合金成分和结构及表面膜与发生 SCC 有密切联系。

对于奥氏体不锈钢在沸腾浓 $MgCl_2$ 溶液中的 SCC，当 Ni 含量为 5%～10% 时，应力腐蚀敏感性最大；当 Ni 含量大于 10%～12% 后，应力腐蚀敏感性降低，提高 Ni 含量，可提高奥氏体不锈钢在沸腾浓 $MgCl_2$ 溶液中的抗 SCC 性能；当 Ni 含量大于 45% 时，则基本不发生 SCC。铁素体不锈钢的抗 SCC 性能明显优于奥氏体不锈钢，高 Cr 铁素体不锈钢抗 SCC 性能好，双相不锈钢抗 SCC 性能好。当 Mo 含量高于 4% 时，可提高抗 SCC 性能；加入适量的 Al、Si 有利于提高抗应力腐蚀性能。

对于钛合金，降低含氧量和含铝量，同时加入适量的 Nb、Ta、V，有利于提高抗应力腐蚀性能。

同一成分的合金，不同的加工方法处理后，应力腐蚀敏感性有很大的差别。

(3) 介质

对于能发生 SCC 的特定腐蚀介质，介质浓度和温度对 SCC 有很大的影响。

溶解氧对奥氏体不锈钢在中性氯化物溶液中的 SCC 有明显的影响。氧作为腐蚀电化学反应的去极化剂，只有当含氧量高于 $0.5\mu L/L$ 时，才会发生 SCC；低于 $0.5\mu L/L$ 时不会发生 SCC。当氧含量增加时，发生 SCC 需要的氯化物浓度降低。

但在高浓度沸腾 $MgCl_2$ 溶液中，溶液中氧含量几乎为零，阴极过程主要为氢的还原，发生 SCC 不一定需要氧。随着氯化物浓度的增大，氯脆的敏感性增大；由于沸点与浓度有关，浓度增加，沸点升高，氯脆敏感性也随之增大。

一般来说，温度升高，发生 SCC 的倾向增大。金属在破裂前都有一个最小温度，这个温度可称为破裂临界温度，高于此值材料破裂，低于此值不会破裂。在同一温度下，随着氯化物浓度升高，氯脆敏感性增大。

(4) 电化学

对于能钝化的合金，SCC 的发生存在临界电位区，通常发生在两个过渡区：活化-钝化过渡区（1区）和钝化-过钝化过渡区（2区）(图 4-22)。这是因为在这两个区间钝化膜的稳定性差。奥氏体不锈钢在热浓氯化物溶液中的穿晶型 SCC 发生在 2 区。

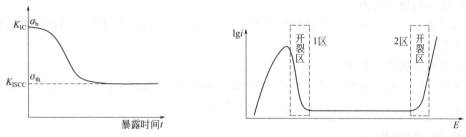

图 4-21 拉应力（应力强度因子）与断裂时间的关系

图 4-22 合金发生 SCC 的临界电位区

4.5.1.5 应力腐蚀的控制

由于应力腐蚀涉及环境、应力、材料三个方面，因而防止应力腐蚀也应主要从这三方面入手，采取相应的对策与措施，图 4-23 列出了不锈钢应力腐蚀开裂的主要原因、防护措施及途径。

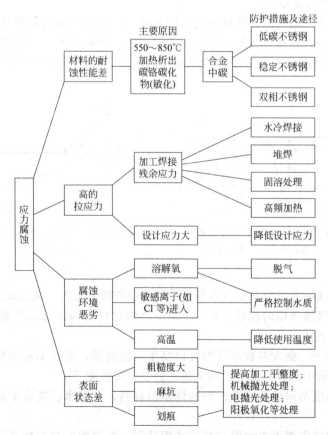

图 4-23 不锈钢发生 SCC 的主要原因、防护措施及途径

(1) 选用合适的材料

在满足其他条件的情况下，结合具体使用环境，尽量选用在该环境中尚未发生过应力腐蚀开裂的材料，或对现有可供选择的材料择优使用。如碳钢的 SCC 敏感性低，耐 SCC 的不锈钢有高纯奥氏体镍铬钢、高硅奥氏体镍铬钢、高铬铁素体钢、双相不锈钢。其中，双相不锈钢抗 SCC 性能最好。

(2) 降低和消除应力

在制备或装配构件时，尽量使结构具有小的应力集中系数，并使与介质接触的部分具有最小的残余应力。

(3) 减弱介质的侵蚀性

如镍铬不锈钢在含溶解氧的氯化物中使用，应把氧含量降低到 $1\mu L/L$ 以下。在循环体系中可以加入适量的 N_2H_4 或亚硫酸盐作为除氧剂。

4.5.2 腐蚀疲劳

腐蚀疲劳（corrosion fatigue）是材料在循环应力或脉动应力和腐蚀介质联合作用下所引起的一种腐蚀形态。循环（交变）应力如图 4-24 所示。船舶推进器、涡轮和涡轮叶片及海洋平台常出现这种破坏。

在对称循环应力（$\sigma_{max}/\sigma_{min}=-1$）作用下，机械疲劳是循环应力大于疲劳极限（$\sigma_{-1}$）时产生的疲劳破裂。对高强度钢、不锈钢、铝合金、钛合金等测量疲劳极限时，循环周次 N 通常取 10^8，铸铁通常取 10^7。

腐蚀疲劳是交变应力与腐蚀环境共同作用的结果，可以在很低的循环应力下产生破裂。腐蚀时没有疲劳极限，存在机械疲劳极限的碳钢和低、中强度钢，不存在腐蚀疲劳极限，如图 4-25 所示。腐蚀疲劳的疲劳极限一般以预指的循环周次下不发生断裂的应力，循环周次 N 通常为 10^7。

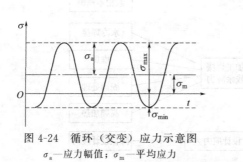

图 4-24　循环（交变）应力示意图
σ_a—应力幅值；σ_m—平均应力

图 4-25　纯疲劳和腐蚀疲劳的 σ_a-N 曲线

(1) 特征

一般所说的腐蚀疲劳是指在空气以外腐蚀环境中的疲劳行为。腐蚀疲劳除具有常规疲劳的特点外，由于受腐蚀环境的侵蚀，是一个很复杂的材料或构件失效现象，影响因素众多。腐蚀疲劳的特点如下：

① 在交变应力下，绝大多数金属都可以发生腐蚀疲劳，而且不要求特定的介质，但在容易引起点蚀的介质中更容易发生；纯金属也会发生腐蚀疲劳。

② 腐蚀疲劳强度与耐蚀性有关。耐蚀性差的材料，在海水、淡水中腐蚀疲劳强度与抗拉强度无关。

③ 腐蚀疲劳裂纹多源于表面腐蚀坑或表面缺陷，裂纹源的数量较多，裂纹主要是穿晶的。发生腐蚀疲劳时，局部地区呈现宏观裂纹。

④ 腐蚀疲劳断裂属脆性断裂，没有明显的宏观塑性变形。

腐蚀疲劳危害性很大，仅次于 SCC。

(2) 机理

在腐蚀疲劳机理研究中，往往是把纯疲劳机理与电化学作用结合起来，提出腐蚀疲劳的机理。

① 蚀孔应力集中模型。在腐蚀疲劳初期，腐蚀环境使金属表面形成蚀孔，在孔底应力集中产生滑移；滑移台阶的溶解，使逆向加载时（交变应力）表面不能复原，成为裂纹源，反复加载，使裂纹源不断扩展。蚀孔应力集中模型如图 4-26 所示。

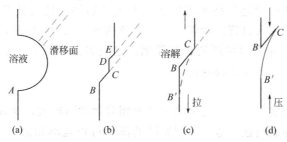

图 4-26　蚀孔应力集中模型示意图

② 滑移带优先溶解模型。有些合金在腐蚀疲劳裂纹萌生阶段并未产生蚀孔，或产生了蚀孔，但没有裂纹源从蚀孔处萌生。对于这种情况，有人提出了滑移带优先溶解模型。在交变应力作用下，产生驻留滑移带，挤出、挤入处的位错密度高，或杂质在滑移带沉积等原因，使原子具有较高的活性，而受到优先腐蚀，形成腐蚀疲劳裂纹形核。变形区为阳极，未变形区为阴极，在交变应力下促进了裂纹的扩展。

(3) 腐蚀疲劳与纯疲劳、应力腐蚀开裂的差别

腐蚀疲劳与应力腐蚀开裂的差别：在交变应力下，滑移有累积效应，表面更容易遭到破坏；在拉伸应力作用下，产生滑移台阶困难一些，而且只有在滑移台阶溶解速度大于再钝化速度时，SCC 裂纹才能扩展，故 SCC 对介质有一定的要求，即要求特定介质。

腐蚀疲劳与纯疲劳的差别：在腐蚀介质的作用下，裂纹更容易形核和扩展，且一旦形核便不断扩展，不存在腐蚀疲劳极限。纯疲劳形核困难，低于某一应力值便不能形核，故疲劳寿命可以无限长，存在疲劳极限。

(4) 腐蚀疲劳的控制

① 改善材料的耐腐蚀性能，可以改善材料的耐腐蚀疲劳性能，如钢丝镀锌、铝合金表面阳极氧化。但需指出的是，阳极氧化会降低铝合金的机械疲劳性能。

② 通过表面硬化处理（喷丸、氮化、高频淬火等），形成压应力层，可提高腐蚀疲劳抗力。

③ 添加缓蚀剂。如在盐水中加重铬酸盐可以提高碳钢的腐蚀疲劳抗力。

④ 阴极保护。用于海洋金属结构的防腐蚀疲劳。

⑤ 合理选材，降低表面粗糙度。

4.5.3　磨损腐蚀

磨损是金属同固体、液体或气体接触与相对运动时，由于摩擦的机械作用引起表层材料的迁移和剥落而造成金属表面甚至基体的损伤。金属材料在与腐蚀性介质发生化学或者电化学反应时，同时承受摩擦力（表面切应力）的作用，就会发生腐蚀与磨损有关的交互作用，而造成表面严重的材料流失。这类与磨损有关的腐蚀称为磨损腐蚀，简称磨蚀。

两个既直接接触又产生相对摩擦运动的物体所构成的体系称为腐擦副。摩擦副接触表面在腐蚀介质中发生的磨损,是机械磨损与腐蚀介质发生的化学或电化学腐蚀的共同作用而导致的表层材料流失,称为摩擦副腐蚀磨损,或腐蚀磨损。腐蚀磨损很少发生在苛刻的腐蚀性介质条件下,大多是在大气或天然水的条件下,腐蚀问题并不突出,防止腐蚀磨损主要是提高材料的耐机械磨损性能。微动腐蚀(fretting corrosion)是腐蚀磨损中的一种形式,是微动磨损与腐蚀协同作用的结果。所谓微动是指两个互相接触、名义上相对静止的固体表面,实际上处于周期性小振幅的相对滑动。微动振幅一般为 $2\sim 20\mu m$,反复的相对运动是产生微动腐蚀的必要条件。大多数微动腐蚀是在大气条件下进行,也称为微动氧化,其结果是使金属表面出现麻坑或沟槽,周围往往有氧化产物或腐蚀产物。

在磨损腐蚀中,常见的是与高速流体运动有关的腐蚀,这是使泵体、叶轮、管道内壁面、阀、三通、冷凝器的入口管、弯管、弯头、换热器、水力发电机的翼轮、船舶推进器等暴露在运动流体中的部件失效损坏的主要原因。这类腐蚀形式有冲刷腐蚀(erosion corrosion)和空泡腐蚀(cavitation corrosion)。

(1) 冲刷腐蚀

由于介质的运动速度大或介质与金属构件的相对运动速度大,导致构件局部表面遭受严重的腐蚀损坏,称为冲刷腐蚀。造成冲刷腐蚀的流体可以是单相流(气体、液体)、双相流(如含有固体颗粒、气泡的液体)或多相流。当流体高速运动时,破坏了金属表面能够提供保护的表面膜或腐蚀产物膜,表面膜的减薄或去除加速了金属的腐蚀过程,因此,冲刷腐蚀是高速流体对金属表面机械冲刷作用和对新裸露金属表面侵蚀作用的综合结果。需要注意的是,冲刷腐蚀不是机械磨损和腐蚀简单叠加,两者之间存在交互作用,磨损可以促进腐蚀,腐蚀也可以促进磨损。不能把冲刷腐蚀看成是纯机械力破坏,纯机械力破坏时,以粉末(小颗粒)形式脱落,而冲刷腐蚀时流失金属的全部或部分以金属离子的水化形式而溶解。

冲刷腐蚀可分为冲击腐蚀(impingement corrosion)和湍流腐蚀(turbulence corrosion)。

流体按流速大小可分为层流和湍流。层流时,流速较慢,流体质点互不混乱,质点的迹线彼此平行。当流速增大到一定时(雷诺数大于 2300 时),转变为湍流。湍流是非稳流态,流体质点互相混乱,流速及压力常有不规则的变化。在设备或部件的某些特定部位,介质流速急剧增大而形成湍流;由湍流导致的冲刷腐蚀就称为湍流腐蚀。

层流的冲刷腐蚀不显著,湍流则冲刷腐蚀严重,这是因为湍流不仅加速了阴极去极化剂的供应量,而且湍流附加了流体对金属表面的切应力,这个高的切应力能够把已经形成的腐蚀产物剥离并让流体带走,如果流体含有气泡或固体颗粒,还会使切应力的力矩得到加强,使金属表面冲刷腐蚀更加严重。遭到湍流腐蚀的金属表面一般呈沟槽、凹谷及马蹄状(图4-27),表面光亮且无腐蚀产物的存积,与流向有明显的依赖关系。

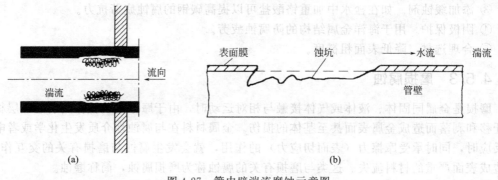

图 4-27 管内壁湍流腐蚀示意图

构成湍流腐蚀，除流速较大外，构件形状的不规则性（如凸出物、沉积物、凹坑、缝隙）、管道截面的突然变化和流向的突然改变，也都容易造成湍流。如泵叶轮、蒸汽透平机的叶片等构件就是形成湍流的典型不规则的几何构型。海水从大口径管突然流入小口径管，层流会转变成湍流，这就是船舶海水管路的截面突变部位经常发生快速腐蚀的主要原因。

冲击腐蚀通常发生在双相流或多相流中，尤其是发生在流体突然改变方向的部位。如船舶海水管路的弯管、弯头内，流动海水突然改变方向，由于高速海水或含颗粒、气泡的高速海水直接不断冲击金属表面常产生严重的冲击腐蚀，如图 4-28 所示。

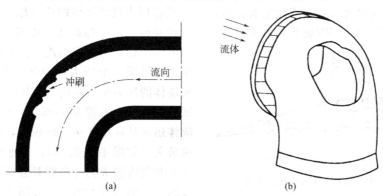

图 4-28 弯管遭受冲击腐蚀示意图

冲刷腐蚀与介质的类型、介质中颗粒属性、冲击角、介质流速、材料自身的性能等诸多因素有关。尺寸一般在 $50\sim500\mu m$ 之间的颗粒可以对材料造成损伤，外形尖锐、硬度更高的颗粒对材料造成的破坏更为严重。冲刷腐蚀的失重量通常与流体中颗粒的浓度成正比。冲击角为入射的颗粒与金属表面的夹角，在流速较低时，颗粒在一定冲击角下撞击金属表面，表面膜或腐蚀产物会从金属表面剥离，露出活化的金属表面而促进金属的腐蚀，如图 4-29 所示。随着流速的增大，金属表面流失的不仅是腐蚀产物，还流失由于纯机械磨损破坏而脱落的基体小颗粒。对于同一种材料来说，冲击作用随冲击角的变化而发生变化（图 4-30），腐蚀的机理也会随冲击角的变化而发生变化。

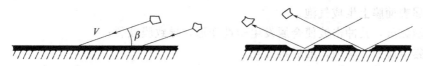

图 4-29 固体颗粒的冲击作用而引起金属表面腐蚀产物流失的示意图

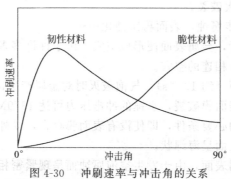

图 4-30 冲刷速率与冲击角的关系

在冲刷腐蚀中，材料流失有两种方式：一是以离子形式脱离表面，即腐蚀引起的流失；二是以固体颗粒形式脱离表面，即磨损作用引起的流失。当流速较低时，金属的表面膜还未破坏，或局部破坏尚能修复，此时冲刷腐蚀主要受电化学因素控制；随着流速的增大，在超过临界流速后，将受到二者共同作用，此时冲刷腐蚀的材料流失包括腐蚀流失和磨损流失，且两者之间存在交互作用，使腐蚀速度急剧上升。

（2）空泡腐蚀

流体与金属构件做高速相对运动，流体为高速湍流，在金属表面局部地区产生涡流，伴随气泡在金属表面的迅速生成和破灭，呈现与点蚀类似的破坏特征，这种特殊的冲刷腐蚀称为空泡腐蚀，又称穴蚀或汽蚀。水轮机叶片和船用螺旋桨的背面，常出现空泡腐蚀。

空泡腐蚀的机理为：当流速足够大时，流体的静压力低于液体的蒸气压，于是流体中便有气泡产生。例如，当螺旋桨和海水做高速相对运动时，由于螺旋桨的几何构型未能满足流体力学的要求而造成涡流，在螺旋桨的前、后缘之间形成一个压力突变区，后缘产生负压，使流体的压力小于它的蒸气压，就有气泡在金属表面逸出。前缘是高压区，后缘是低压区，流体迅速从高压区压入低压区，气泡受压而迅速破灭（如图 4-31 所示）。空泡腐蚀是电化学腐蚀和气泡溃灭的冲击波对金属联合作用所造成的。它的历程大致为（如图 4-32 所示）：

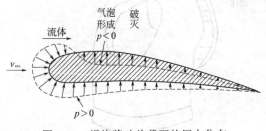

图 4-31　螺旋桨叶片截面的压力分布

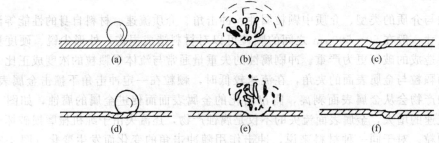

图 4-32　空泡腐蚀过程示意图

① 金属表面膜上生成气泡；
② 气泡破灭，其冲击波使金属发生塑性变形，导致膜破裂；
③ 裸露金属表面腐蚀，随后再钝化；
④ 在同一地点生成新的气泡；
⑤ 气泡再破灭，膜再次破裂；
⑥ 裸露金属表面进一步腐蚀，表面再次钝化……

这些步骤反复连续进行，金属表面便形成空穴。由于许许多多气泡在金属表面的不同点上作用，金属表面出现紧密相连的空穴。

由于气泡溃灭时间极短（约 10^{-3} s），气泡破灭时对金属产生冲击波，有如"水锤作用"不断锤击金属表面膜而使表面膜破裂，水锤的冲击压力可达 1379MPa。

表面膜不是汽蚀存在的必要条件，即使没有表面膜存在，受外压而爆裂的气泡也足以把金属锤成细粒，此时金属表面呈海绵状。

螺旋桨、泵叶轮的金属表面，由于发生空泡腐蚀而呈现紧密相连的空穴，表面显得十分粗糙。图 4-33 为海岛上使用不到 1 年的海水泵叶轮的腐蚀形貌，叶轮的材质为 316L 不锈钢。

有文献指出，在 23℃的 3.5% NaCl 溶液和蒸馏水中，耐空泡腐蚀性能的高低顺序为：

Zeron 100 双相不锈钢（S32760）＞304 不锈钢＞316L 不锈钢＞50 钢（G10500）＞工具钢＞青铜＞黄铜＞灰铸铁＞Cu。

(3) 影响冲刷腐蚀的因素

影响冲刷腐蚀的因素十分复杂，主要包括材料的因素（成分、组织、表面膜等）、介质因素（温度、pH 值、活性离子、黏度、密度、固相和气相的含量、固相的颗粒度和硬度等），以及流体的流速和流态等。

① 金属（合金）。惰性元素组成的合金，本身是耐蚀的，抗冲刷腐蚀性能与其耐磨、耐冲击性能有关。活泼元素组成的合金，抗冲刷腐蚀性能往往与表面膜质量有关。金属表面膜的抗冲刷腐蚀性能，与膜的性质、成膜速度和膜的修复能力有关。致密、性能稳定、黏附力强的钝化膜，耐磨蚀性能好。304 不锈钢基础上加入少量 Mo 的 316 不锈钢的耐冲刷腐蚀性优于 304 不锈钢，而含 30%Ni、20%Cr、3.5%Cu 和 2%Mo 的不锈钢的耐冲刷腐蚀性又优于 316 不锈钢。Cu-Ni 合金中添加 0.5%～2% 的 Fe 可以显著改善耐海水冲刷腐蚀性能，常用的船用 Cu-Ni10、Cu-Ni30 合金都含有约 1% 的 Fe（BFe10-1-1 和 BFe30-1-1）。

硬度高的合金的抗冲刷腐蚀性能优于硬度低的合金。

② 流速。流速是影响冲刷腐蚀的主要因素。流速的影响包括两个方面：阴极去极化剂的传质过程的影响和流速引起的力学作用。只有少数情况，适当增加流速可以减少腐蚀的危害。如由于促进了氧化剂的传输，可以促进钝化金属的钝化，可以减少钝态金属的局部腐蚀。多数情况下，流速增大，腐蚀速度增大，当超过临界流速后，腐蚀速度急剧增大（如图 4-34 所示）。

图 4-33　海水泵叶轮的腐蚀形貌

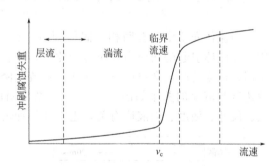

图 4-34　冲刷腐蚀失重与流速的关系

对于钢铁，当流速低时，流态为层流，随着流速的增加，腐蚀速度主要因氧的极限扩散电流密度增大而缓慢上升。当层流转变为湍流时，氧的传质过程明显加快，腐蚀速度因氧的极限扩散电流密度增大而上升加快。在某一流速范围内，金属的失重的变化并不显著，但当流速超过某个临界值时，腐蚀速度急剧上升。该临界值称为临界流速。当流速低于临界流速时，流速增大的影响主要是对阴极去极化剂的传质过程的影响，力学作用的影响小。当流速大于临界流速时，流速增大的影响主要体现在力学因素的影响上，力学因素起主导作用。图 4-35 和表 4-6 为文献中提供的一些铜及铜合金在海水中的临界流速。有文献指出，铝青铜为耐海水冲刷腐蚀性能最佳的铜合金，如镍铝青铜的临界流速为 20～25m/s。钝化能力强的金属（不锈钢、Ni 基合金、Ti 合金）的临界流速都超过 8m/s，HDR 双相不锈钢的临界流速超过 10m/s。需要指出的是，材料的临界流速除与介质成分有关外，还与几何尺寸、温度、暴露时间等有关，并不是一个固定的值。铜合金海水管路的管径越小，允许的最大设计流速越小。如对于铝黄铜海水管，管径小于 20mm 时，最大设计流速为 1.75m/s；管径大于 20mm 时，最大设计流速为 2.5m/s。

表 4-6 铜及铜合金在海水中的临界流速或最大设计流速

金属	临界流速/(m/s)[①]	最大设计流速/(m/s)[②]	主要成分(质量分数)/%
C12200	1.3(17℃)	0.6～0.9	99.9 Cu,用 P 脱氧
C68700	2.2(12℃)	2.4	Cu 76.0～79.0,Al 1.8～2.5,As 0.02～0.10,Zn 余量
C70600	4.5(27℃)	3.06～3.6	Ni 9～11.0,Fe 1.0～1.8,Mn 1.0,Zn 1.0,Cu 余量
C71500	4.1(12℃)	4.5～4.6	Ni 29～33,Fe 0.4～0.7,Mn 1.0,Zn 1.0,Cu 余量
C72200	12.0(27℃)	9.0	Ni 15.0～18.0,Fe 0.50～1.0,Mn 1.0,Cr 0.30～0.70,Zn≤1.0,Cu 余量
C44300	—	1.2～1.8	Cu 70～73,Sn 0.8～1.2,As 0.02～0.10,Zn 余量
C60800		2.7	Cu 92.5～94.8,Al 5.0～6.5,Pb 0.1,As 0.02～0.25
C61300			Cu 88.6～92.0,Al 6.0～8.5,Fe 2.0～3.0,Ni 0.15,Mn 0.10,Si 0.10,Sn 0.20～0.50
C65100			Fe 0.8,Zn 1.5,Mn 0.7,Si 0.8～2.0,Cu 余量
C85500		0.9	Cu 59～63,Fe 0.2,Pb 0.2,Zn 余量

① 括号中为测试试验温度,引自 Corrosion and Protection (E. Bardal)。
② 引自 ASM Handbook, Volume 13B, Corrosion: Materials。

当流体介质中含有固相(固体颗粒)或气相(气泡)时,流体对金属表面产生机械作用,除流体引起的切应力和压力变化外,还有固相(固体颗粒)或气相(气泡)产生的冲击作用,造成的磨蚀会更严重,并使临界流速降低。碳钢在含河砂的 3% NaCl 溶液中冲刷腐蚀速度与流速的关系如图 4-36 所示。携带固体颗粒的流体造成的冲刷腐蚀与固体颗粒的形状、尺寸、硬度、固液比有关,也与流体冲击速度、冲击角度有关。

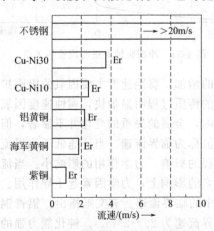

图 4-35 不同材料海水冲刷腐蚀的临界流速

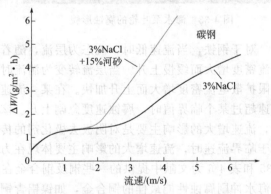

图 4-36 碳钢在含河砂的 3% NaCl 溶液中冲刷腐蚀速度与流速的关系

(4) 冲刷腐蚀的控制

控制冲刷腐蚀可采用合理选材、改善设计、降低流速、除去介质中的有害成分、覆盖层保护和电化学保护等多种方法,其中最有效的是合理选材和改善设计。

根据介质流速和含有的固相（固体颗粒）或气相（气泡）的情况，合理选择材料，材料的临界流速高于介质的流速。

合理设计，降低流速，从几何构型上避免湍流、涡流的出现，是控制冲刷腐蚀的重要手段。例如：合理设计管子的尺寸和流体的过渡部分，流体过渡部分或流向改变的部分应足够光滑和具流线性［如图4-37（a）］；流向改变部分弯管圆弧的半径与流速有关，应不小于管径的3倍［图4-37（b）］；弯管部位应远离湍流产生的部位，其距离与流速有关，应不小于10倍的管径［图4-37（c）］。

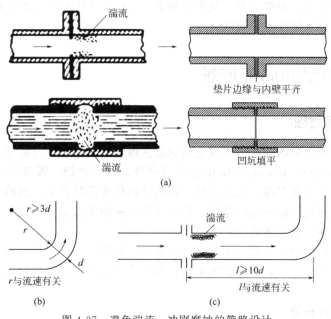

图 4-37　避免湍流、冲刷腐蚀的管路设计

在构件表面衬特种橡胶（弹性体）和喷涂金属涂层，也可起到减缓汽蚀（穴蚀）的效果，但要求防护涂层必须有较强的耐磨、耐冲击能力，并与金属基体有很强的结合力。

(5) 冲刷腐蚀的研究方法

用于评价金属磨损腐蚀的实验室试验方法包括：

① 高速流动试验，包括文丘里管试验、转盘试验以及将试样置于喉管部位的管道试验；

② 利用磁致伸缩装置或压电装置的高频振荡试验；

③ 冲击流试验，将固定试样或旋转试样暴露于高速射流或飞沫冲击之下。

评价冲刷腐蚀和空泡腐蚀已有ASTM标准试验方法。ASTM G32提供了基于高频振动试样表面空穴气泡的产生和破灭的空泡腐蚀试验方法，可用于评价不同材料对空泡腐蚀的相对耐蚀性，图4-38为进行空泡腐蚀的超声振动试验装置。ASTM G32对试样和振动频率及振幅有明确的规定：试样直径 $\phi(15.90\pm0.05)$ mm，厚度 $4\sim10$ mm；试样部分浸泡试验溶液中，浸泡深度 (12 ± 4) mm；振动频率20kHz，试样振动振幅 $0.05\times(1\pm5\%)$ mm，对于弱、脆材料和非金属材料，因其损坏过快，振动振幅推荐采用0.025mm。

ASTM G73提供了进行液滴和喷射冲击试验的指导原

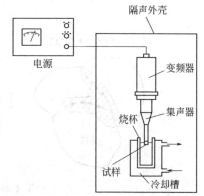

图 4-38　空泡腐蚀的超声振动试验装置

则，该试验方法除了用于评价材料的耐蚀性，还可用于评价液体冲击作用造成的材料性能降低和涂层破坏。

还有许多其他方法可用于实验室评价空泡腐蚀和冲刷磨蚀。其中，多数是上述试验方法的改型，利用旋转圆盘、振荡装置或文丘里管使流体达到所需的速度。此外，可以使用液体喷枪将短而分散的液体喷到试样上，造成空泡腐蚀或冲刷腐蚀。

需要注意的是，不同的试验方法（即高流速、振动和冲击试验）和试验参数（振动频率、试样的形状和尺寸）所产生的磨损腐蚀强度存在相当大的差别，使试验数据在相关性上有较大问题，目前还无法根据实验室结果定量表示实际使用中的磨损腐蚀速度。但是，试验材料的相对排列顺序一般还是一致的。

4.6 其他类型的局部腐蚀

4.6.1 晶间腐蚀

腐蚀沿着金属或合金的晶粒边界或它的邻近区域发展，晶粒本身腐蚀很轻微，这种腐蚀称为晶间腐蚀（intergranular corrosion）。晶间腐蚀常在不锈钢、镍基合金、铜合金、铝合金等合金上发生，主要在焊接接头上或经一定热处理后使用时发生。晶间腐蚀不仅导致材料的承载能力降低，而且可诱发晶间型应力腐蚀开裂，或诱发点腐蚀。这类腐蚀不易检查，会造成设备的突然破坏，危害很大。

晶间腐蚀是一种由组织电化学不均匀性引起的局部腐蚀。由于晶粒与晶粒边界的组织差异，造成两者间存在电位差，形成腐蚀电池，晶粒边界是阳极，晶粒是阴极，造成了晶粒边界的快速腐蚀。

(1) 晶间腐蚀的机理

现有晶间腐蚀的理论很多，最早提出且又被广泛接受的是贫化理论。对于不锈钢，贫化是指贫铬，下面以奥氏体不锈钢来介绍贫化理论。

奥氏体不锈钢出厂时，经过固溶处理，组织是亚稳态的单相奥氏体 γ，稳定组织为 γ+碳化物。当受热或冷却通过 450～850℃ 时，过饱和的碳原子就会从 γ 中以 $Cr_{23}C_6$ 形式沿晶界析出。由于 Cr 在奥氏体中的扩散速度很慢，而 C 的扩散速度快，这样晶界附近的 Cr 被大量消耗，造成了贫 Cr。贫 Cr 使晶界不能钝化，处于活态，而晶粒本身仍维持钝态，这样就形成活态-钝态电池，是大阴极小阳极的腐蚀电池，这样就导致了晶界的快速腐蚀。敏化 18-8 不锈钢晶界贫铬如图 4-39 所示。

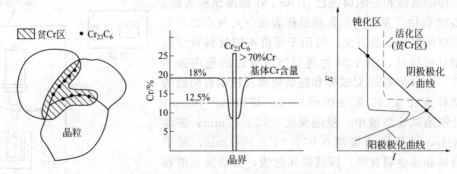

图 4-39 敏化 18-8 不锈钢晶界贫铬示意图

最常见的晶间腐蚀多数是在氧化性或弱氧化性介质（如充气的海水、$MgCl_2$ 溶液等）中发生，绝大多数的腐蚀实例都可以用贫化理论来解释。

铁素体不锈钢、高强度铝合金（如 Al-Cu、Al-Cu-Mg 合金）、镍基合金（如 Ni-Mo 合金）的晶间腐蚀也可用贫化理论来解释。铁素体不锈钢自 900℃ 以上高温区快速冷却（淬火或空冷），就能产生晶间腐蚀倾向，是由于晶界上析出 Cr 的碳化物、氮化物，造成贫 Cr 的主要是 $(Cr,Fe)_7C_3$ 型碳化物。在工业大气、海洋大气、海水中，Al-Cu 合金、Al-Cu-Mg 合金由于在晶界上析出 $CuAl_2$ 或 Mg_2Al_3 而形成贫 Cu 区或贫 Mg 区。Ni-Mo 合金在还原性介质中沿晶界析出 μ 相（Ni_7Mo_6）造成贫 Mo 而出现晶间腐蚀；固溶状态的 Hastelloy C（16%Cr，16%Mo，4%W，0.04%C，0.5%Si）无晶间腐蚀，但当在 649～1038℃ 范围停留，晶界析出金属间化合物 μ 相，还会析出富 Mo 的 M_6C 型碳化物，从而产生晶间腐蚀倾向。

另外，某些超低碳的不锈钢在一定条件下（如在强氧化性介质中）也产生了晶间腐蚀，此时就不能以碳化物析出引起的贫铬理论来解释。由此，提出了阳极相理论和晶界吸附理论来解释。如超低碳、高钼含量的 Fe-Cr、Fe-Cr-Ni 系不锈钢在 650～850℃ 受热，晶界析出阳极相 σ 相（Fe-Cr 金属间化合物），在强氧化性介质中，因 σ 相发生选择性溶解而引起晶间腐蚀。1050℃ 固溶处理的超低碳 18Cr-9Ni 钢（非敏化态），在强氧化性介质中会出现晶间腐蚀，认为主要是与 P 在晶界吸附有关。有报道称，Si 在晶界吸附也可使不锈钢产生晶间腐蚀，特别是当 Si 含量为 1% 左右时影响最大。

(2) 晶间腐蚀的影响因素及控制

影响晶间腐蚀的关键因素是合金的组织结构。对于一定的合金，热处理工艺（加热温度和保温时间）对晶间腐蚀倾向有显著的影响。图 4-40 为 Cr18Ni9 不锈钢晶界 $Cr_{23}C_6$ 沉淀析出与晶间腐蚀的关系，该钢的 C 含量为 0.05%，经 1250℃ 固溶处理，晶间腐蚀测试采用沸腾硫酸-硫酸铜法。由图可知，不锈钢的晶间腐蚀倾向与碳化物的析出有关，但两者发生的温度和加热范围并不完全一致。在高温下（高于 750℃），该不锈钢不产生晶间腐蚀倾向，这是由于析出的碳化物是孤立的颗粒，且高温下 Cr 易扩散。在 550～700℃ 易析出连续网状的碳化

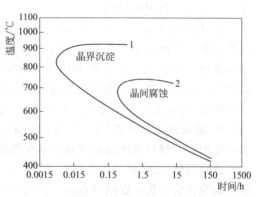

图 4-40　Cr18Ni9 不锈钢晶界 $Cr_{23}C_6$ 沉淀析出与晶间腐蚀的关系

物，此时晶间腐蚀倾向严重。低于 550℃，碳化物需要更长时间才能沉淀析出，晶间腐蚀倾向低。

晶间腐蚀倾向与加热温度、保温时间之间关系的实验曲线称为温度-时间-敏化图（TTS 曲线），如图 4-40 中的曲线 2。图 4-41 为 Cr18Ni9 型奥氏体不锈钢的 TTS 曲线，由图可知，含 C 量愈高，晶间腐蚀倾向愈严重。利用 TTS 曲线可以帮助制定正确的不锈钢的热处理制度及焊接工艺，以免产生晶间腐蚀。而为检验钢材的晶间腐蚀倾向，则将钢加热到最敏感的温度，恒温处理，这种处理称为敏化处理（sensitizing treatment）。

在不锈钢晶间腐蚀的控制方面，主要是防止 $Cr_{23}C_6$ 等 Cr 的碳化物的形成。通常的方法有：对奥氏体不锈钢重新进行固溶处理（1050～1100℃）以恢复单相奥氏体组织，消除 $Cr_{23}C_6$；加入 Ti 和 Nb 元素进行稳定化处理，形成更稳定的 TiC 或 NbC，以避免形成 $Cr_{23}C_6$；采用超低碳奥氏体不锈钢或采用双相不锈钢，可降低晶间腐蚀的敏感性。

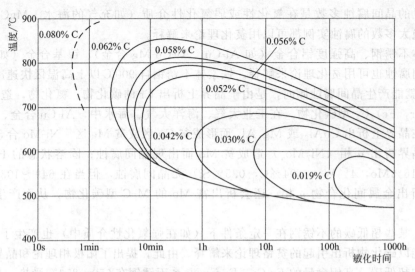

图 4-41 不同含 C 量的 Cr18Ni9 不锈钢的 TTS 曲线

(3) 晶间腐蚀敏感性的评价方法

各种晶间腐蚀试验方法都是从晶间腐蚀的机理出发，通过选择适当的侵蚀剂和侵蚀条件对晶界区进行加速选择性腐蚀，通常采用化学浸泡法和电化学试验方法。有些晶间腐蚀试验方法通过试验本身就可以确定晶间腐蚀敏感性，而有些方法在试验之后尚需辅以其他评价方法，如常用的物理检验法等。

① 化学浸泡法。各种晶间腐蚀试验方法的原理和适用范围不同，不同的方法适用于不同的材料，因此需正确合理地选择晶间腐蚀试验方法。根据 GB/T 4334—2020《金属和合金的腐蚀 奥氏体及铁素体-奥氏体（双相）不锈钢晶间腐蚀试验方法》，把不锈钢试样浸入试验溶液进行腐蚀，以测定其晶间腐蚀倾向。有五种试验方法：草酸电解浸蚀法（方法 A）、沸腾硫酸-硫酸铁法（方法 B）、沸腾 65% 硝酸法（方法 C）、硝酸-氢氟酸法（方法 D）和沸腾硫酸-硫酸铜法（方法 E）。沸腾 65% 硝酸法在美国应用最广，它以失重评价试验结果，在某些情况下，辅以肉眼或显微观察晶粒脱落情况，是一种定量评价晶间腐蚀敏感性的试验方法。沸腾硫酸-硫酸铜（加或不加铜屑）法不像沸腾 65% 硝酸法那样会伴有全面腐蚀，可避免全面腐蚀的干扰，在欧洲各国广泛使用，适用于检验奥氏体或双相不锈钢因晶界贫铬区引起的晶间腐蚀。草酸电解浸蚀法在我国较为常用，但只能获得有晶间腐蚀（沟状）和无晶间腐蚀（台阶状）的定性结果。

② 电化学试验方法。研究不锈钢的晶间腐蚀敏感性的电化学试验方法除了传统的极化曲线、电化学阻抗谱方法外，双环电化学动电位再活化法（double loop electrochemical potentiokinetic reactivation，DL-EPR）是测定晶间腐蚀倾向的常用方法，可以快速、无损、定量检测不锈钢晶间腐蚀敏感性，是目前应用比较广泛的判定不锈钢敏化程度的电化学方法。

DL-EPR 的原理是利用不锈钢的钝化再活化特性与钝化膜中的主体合金元素的含量及膜的特性有关这一特点，研究不锈钢的敏化行为。在钝化状态下，钝化膜的形态、结构在很大程度上依赖于固溶体中 Cr 和 Mo 的含量。在一定介质和外加电位作用下，钢的表面将形成一层完整、致密的钝化膜；而经敏化的试样因晶界贫 Cr，形成的钝化膜是不完整的。在外加电位回扫到再活化区时，不完整的钝化膜将优先溶解，再活化电流增大，利用这一性质可判断不锈钢的敏化程度。

DL-EPR 如图 4-42 所示。对于奥氏体不锈钢，使用的试验溶液为 30℃ 的 0.5mol/L H_2SO_4 + 0.01mol/L KSCN 溶液，在腐蚀电位 [约 -400mV（相对于 SCE）] 保持 2min 后，以 100mV/min 的扫描速率将电位正移至 +300mV（相对于 SCE），保持 2min，而后再以 100mV/min 的扫描速率反向扫描至腐蚀电位，获得反向扫描再活化的最大电流 I_r 与正向扫描的最大电流 I_a。I_r 与 I_a 的比值称为再活化率 R_a，R_a 值可作为钢的敏化程度的判据，R_a 值越大，钢对晶间腐蚀的敏感程度越大。应注意，R_a 值与钢的成分、热处理状态相关，与晶间腐蚀倾

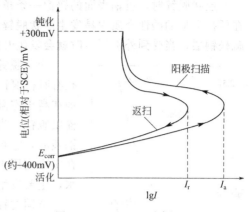

图 4-42 DL-EPR 示意图

向之间的对应关系依钢种不同而异，因此不能仅从 R_a 值的大小来比较不同钢种的晶间腐蚀倾向，只能依据 R_a 值比较同一钢种的晶间腐蚀倾向。另外，也有人采用再活化过程所需的电量（即反向曲线再活化峰的面积）作为判断晶间腐蚀敏感性的依据。

EPR 测定不锈钢晶间腐蚀性能在美国和日本等国家已经标准化，分别为 ASTM G108 及 JISG0508，但仅限于奥氏体不锈钢，使用的是 (30±1)℃ 的 0.5mol/L H_2SO_4 + 0.01mol/L KSCN 溶液。对于其他类型的不锈钢，进行 DL-EPR 测试时需调整试验溶液。根据文献资料，铁素体不锈钢的 DL-EPR 测试可使用 0.5% H_2SO_4 + 0.002% KSCN 溶液，双相不锈钢的 DL-EPR 测试可使用 2mol/L H_2SO_4 + 1mol/L HCl 溶液。

在前述的化学浸泡试验或电化学试验之后，为判断晶间腐蚀敏感性，有时还需辅以其他一些物理检验和评价。例如，用金相显微镜观察，确定晶界是否受到侵蚀及晶界的侵蚀深度；将腐蚀试验后的试样弯曲 90°、180°，放大 10~20 倍观察其弯曲外表面，看其是否出现裂纹；用电阻法检测煮沸后试样电阻率的变化（此法对薄片和丝状金属检测更为灵敏）；声响法是最简单常用的方法，将腐蚀试验后试样自 1m 高处自由下落在板上，判断其声音是否变哑，以失去金属声音为准，一般晶间腐蚀严重的试样无金属声音。

4.6.2 选择性腐蚀

合金在腐蚀过程中，合金中较活泼组分优先溶解，使合金的力学性能下降，这种腐蚀形态称为成分选择腐蚀或称选择性腐蚀（selective corrosion）。如 Cu-Al 合金脱 Al，Ag-Au 合金脱 Ag，Cu-Ni 合金脱 Ni，黄铜（Cu-Zn 合金）脱 Zn。实际中最常出现的问题是黄铜脱锌，下面主要介绍黄铜脱锌。

(1) 特征

黄铜脱锌一般有两种类型：层状脱锌（layer dezincification）和栓状脱锌（plug-type dezincification），如图 4-43 所示。

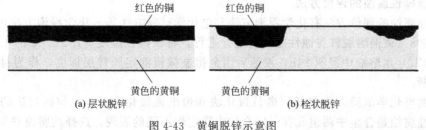

图 4-43 黄铜脱锌示意图

层状脱锌时，黄铜表面的锌像一条条剥走似的，因此又称均匀脱锌。锌含量较高的黄铜在低盐含量的酸性介质中易发生层状脱锌。当发生层状脱锌时，表面层变成机械强度下降的疏松铜层，当受到外部压力时就会发生开裂。

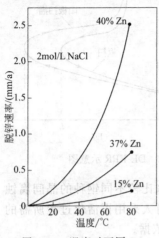

图 4-44 温度对不同 Zn 含量黄铜腐蚀的影响

栓状脱锌时，黄铜的局部表面由于锌的溶解形成蚀孔，蚀孔有时被腐蚀产物覆盖，因此又称局部脱锌。锌含量较低的黄铜在高于室温的高盐含量的中性、碱性或弱酸性介质中易发生栓状脱锌。当发生栓状脱锌时，栓状腐蚀产物是多孔而脆性的铜残渣，它可以原地保留，也可能被水冲走而导致材料穿孔。在实际应用中，引起脱锌的最常见介质是海水，特别是高温海水，主要发生栓状脱锌。

黄铜的锌含量愈高，脱锌的倾向愈大，腐蚀速度愈大（图4-44）。双相黄铜脱锌倾向比单相黄铜严重。在自然环境中，多半是在 >15%Zn 的黄铜上发现脱锌。腐蚀往往先从 β 相开始，将 β 相腐蚀掉后再发展到 α 相。

(2) 机理

目前，还没有统一的脱锌机理，主要有两种不同的理论。

① 选择溶解理论。该理论认为合金表面层中的锌发生选择性溶解，表面层稍里处的锌原子通过表面上层的空位经扩散抵达溶解反应的地点而继续被溶解，留下疏松的铜层。

② 溶解-沉积理论。该理论认为铜和锌一起以金属离子形式进入溶液，由于铜离子的析出电位比合金高，所以铜离子很快便在靠近溶解地点的黄铜表面以纯铜形式重新沉积（也称为铜的回镀）。

阳极反应：$Zn \longrightarrow Zn^{2+} + 2e$

$Cu \longrightarrow Cu^+ + e$

阴极反应：$O_2 + 2H_2O + 4e \longrightarrow 4OH^-$

一价铜离子 Cu^+ 与海水中的氯化物发生反应，形成 Cu_2Cl_2，然后分解成 Cu 和 $CuCl_2$。

$$Cu_2Cl_2 \longrightarrow Cu + CuCl_2$$

二价铜离子 Cu^{2+} 的析出电位比合金的腐蚀电位高，所以作为去极化剂参加阴极反应，使还原的 Cu 又重新沉积到基体表面。

$$Cu^{2+} + 2e \longrightarrow Cu$$

分析表明，脱锌区含有 90%~95% Cu，总的效果是 Zn 的溶解，留下多孔的铜。

这两种理论均有一定依据，并能解释一些实验现象，但却不能完全否定另一种理论。

黄铜中加入少量砷（As）可降低脱锌腐蚀敏感性，如 29%Zn、1%Sn 和 0.04%As 的海军黄铜是抗脱锌腐蚀的优质合金。主要是 As 起"缓蚀剂"作用，在合金表面形成保护性膜，阻止了铜的回镀。

(3) 选择性腐蚀的评价方法

选择性腐蚀的评价方法有化学浸泡方法和电化学试验方法等。化学浸泡方法可按 GB/T 10119—2008《黄铜耐脱锌腐蚀性能的测定》进行，将试样在温度 (75±2)℃ 的 10g/L 的氯化铜（$CuCl_2$）水溶液中浸渍 24h，浸渍后用金相显微镜测定脱锌层深度，作为材料脱锌的评价和判断。

常用的电化学试验方法包括恒电位极化法和恒电流极化法。恒电位极化法的理论依据是：选择性腐蚀是合金中两组元在一定介质中稳定性不同的表现，选择性腐蚀发生在一定的电极电位和介质的 pH 值条件下。因此，在选定的介质条件中，用恒电位仪把试样的电位控制在脱合金元素区域的最适宜电位上，即可快速而准确地取得实验结果。例如，α 黄铜在 0.5mol/L NaCl 溶液中的试验，恒定电位在 $-100 \sim -150 \text{mV}$ 范围内，控制溶液 pH 值为 3，在室温下试验 $3 \sim 10\text{h}$，就可得到结果。选择性腐蚀的评价通过对试验后的溶液进行化学分析，计算脱合金元素系数（即试验后溶液中贱、贵元素离子质量比值除以合金原有成分中的贱、贵元素的质量比值），利用金相法测定选择性腐蚀深度。恒电流极化法与恒电位极化法所用试验装置相同，不过控制的不是试样的阳极极化电极电位，而是阳极极化电流，阳极极化电流的选择同样要通过试验进行确定。

4.6.3 杂散电流腐蚀

杂散电流腐蚀（stray-current corrosion）是指金属构件由于受到外界杂散电流的影响而发生的腐蚀。如有轨电车漏电引起的地下管道的局部腐蚀，如图 4-45 所示。变电所流出的直流电会从钢轨漏到地下进入管道（该部分电流即为杂散电流），再从管道的另一处流回钢轨。杂散电流从管道流出的部位成为电池的阳极因电解作用而发生严重腐蚀。

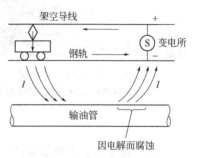

图 4-45 有轨电车漏电引起的地下管道的局部腐蚀

船体的异常腐蚀——电腐蚀：船舶在码头安装或修理（船上焊接）时，由于供电线路接线不正确，或船停泊水域内有杂散电流作用，会引起十分严重的电腐蚀，如图 4-46 所示。图 4-46（a）焊接接线错误，从焊机流出的电流为 I，一部分电流 I_2 会从船体流经海水，再从钢码头流回焊机。这部分杂散电流（I_2）使流出电流部位的船体（虚线的船体部位）成为电池的阳极，因电解作用而发生严重腐蚀。焊机正确的接线如图 4-46（b）所示。

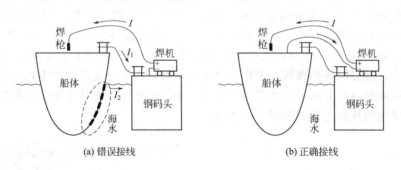

图 4-46 焊接接线错误引起船体的电腐蚀

另外，船上电气设备由于绝缘处理不好，也会产生杂散电流，这些杂散电流会使船舶的某些构件、设备发生严重的腐蚀。

4.6.4 微生物腐蚀

微生物腐蚀（microbiological induced corrosion，MIC）是指微生物的出现和活动而引起的腐蚀。微生物腐蚀发生的环境难以预测，可在海水、淡水、土壤、海泥、污水、燃油、体液等介质中发生，可产生很高的腐蚀速度。除钛、高 Cr-Ni 合金外，几乎所有的工程用金属材料都有发生微生物腐蚀的报道。图 4-47 和图 4-48 分别为铜和碳钢海水腐蚀产物中细菌形貌的照片。

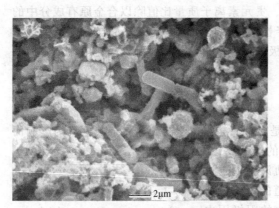
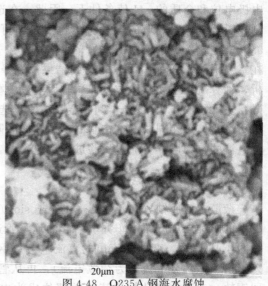

图 4-47 铜片上海水腐蚀产物包裹的细菌的 ESEM 形貌

图 4-48 Q235A 钢海水腐蚀内锈层中细菌的 SEM 形貌
（在青岛海水中暴露 1 年，测得锈层中的硫酸盐还原菌数量为 4.5×10^5 细胞/g）

微生物主要引起局部腐蚀，如点蚀、选择性腐蚀，可促进冲刷腐蚀、电偶腐蚀和应力腐蚀开裂和氢脆。引起腐蚀的微生物包括细菌、微藻、真菌等，目前关注最多的是细菌对腐蚀的影响，即细菌腐蚀。本节只介绍细菌腐蚀。

(1) 生物膜的形成

在生物活性的环境中，细菌菌落在金属表面的活性位点上附着、生长，形成生物膜（biofilm）。生物膜主要包含细菌细胞体、细菌代谢产物和腐蚀产物，同时也包含一定量的无机矿化物沉淀和少量从介质中吸附的有机物。细菌代谢产物也叫胞外聚合物（extracellular polymeric substance，EPS），主要成分是糖类、蛋白质、脂类和少量的核酸和 DNA。生物膜成分复杂，随着时间的推移，生物膜稳定性降低，由于介质流动产生切应力的影响，生物膜会因冲刷或脱落而分离。生物膜的形成是一个高度的自发并且伴随细菌的生长和消亡以及环境不断变化的动态过程，如图 4-49 所示。

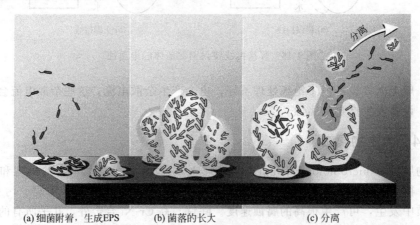

(a) 细菌附着，生成EPS　　(b) 菌落的长大　　(c) 分离

图 4-49 生物膜在金属表面的形成和分离

(2) 细菌的腐蚀作用及腐蚀特征

细菌腐蚀并非指细菌本身对金属的侵蚀作用,细菌腐蚀的发生与生物膜的形成以及细菌的代谢密切相关。细菌代谢活动的结果间接地对腐蚀的电化学过程产生影响,其影响主要有下述四种方式:

① 新陈代谢产物的腐蚀作用。细菌能产生某些具有腐蚀性的产物,如硫酸、有机酸、硫化氢、氨气等。

② 生命活动影响电极反应的动力学过程,或改变腐蚀机理,如硫酸盐还原菌(SRB)生命活动对腐蚀的阴极过程起促进作用。

③ 改变金属所处的环境,如改变氧浓度、盐浓度、pH 值、侵蚀性离子的比例,使金属表面形成局部腐蚀电池。

④ 破坏金属表面有保护性的非金属覆盖层或缓蚀剂的稳定性。

细菌腐蚀是生物膜下的腐蚀,一个显著特征是在金属表面有"黏泥"的沉积,黏泥是细菌分泌黏液与介质中矿物质、死亡菌体、藻类、金属腐蚀产物的混合物。细菌腐蚀的另一特点是腐蚀部位总带有点蚀迹象,这是在生物膜覆盖下,局部金属表面成为贫氧区形成氧浓差电池而造成的,如图 4-50 所示。

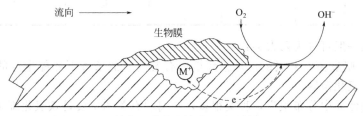

图 4-50 金属表面附着生物膜而形成的氧浓差电池

(3) 常见的腐蚀性细菌

参与金属腐蚀过程的菌种不多,表 4-7 是常见的腐蚀性细菌。

表 4-7 常见的腐蚀性细菌

菌种	适宜生长的条件			影响的金属	代谢过程
	pH	温度/℃	氧的要求		
脱硫弧菌 *Desulfovibrio*	4~8	5~32.5	厌氧	铁、钢、不锈钢、铝、铜合金	用 H 把 SO_4^{2-} 还原成 S^{2-} 和 H_2S,促进硫化物形成
脱硫肠状菌属 *Desulfotomaculum*	6~8	5~32.5	厌氧	铁、钢、不锈钢	把 SO_4^{2-} 还原成 S^{2-} 和 H_2S
脱硫单胞菌属 *Desulfomonas*		5~32.5	厌氧	铁、钢	把 SO_4^{2-} 还原成 S^{2-} 和 H_2S
氧化硫硫杆菌 *Acidithiobacillus thiooxidans*	0.5~8	5~32.5	好氧	铁、钢、铜合金、混凝土	把 S 和硫化物氧化成 H_2SO_4,损坏保护性涂层
氧化亚铁硫杆菌 *Acidithiobacillus ferrooxidans*	1~7	5~32.5	好氧	铁、钢	把 Fe^{2+} 氧化成 Fe^{3+}
披毛菌属 *Gallionella*	7~10	15~32.5	好氧	铁、钢、不锈钢	把 Fe^{2+} 和 Mn^{2+} 氧化成 Fe^{3+} 和 Mn^{4+},促进小锈瘤的形成

续表

菌种	适宜生长的条件			影响的金属	代谢过程
	pH	温度/℃	氧的要求		
鞘铁菌属 *Siderocapsa*			微需氧	铁、碳钢	铁的氧化
纤毛菌属 *Leptothrix*	6.5～9	5～27.5	需氧	铁、钢	把 Fe^{2+} 和 Mn^{2+} 氧化成 Fe^{3+} 和 Mn^{4+}
球衣菌属 *Sphaerotilus*	7～10	15～32.5	需氧	铁、钢、不锈钢	把 Fe^{2+} 和 Mn^{2+} 氧化成 Fe^{3+} 和 Mn^{4+}，促进小锈瘤的形成
假单胞菌属 *Pseudomonas*	4～9	15～32.5	需氧	铁、钢、不锈钢	某些菌族把 Fe^{3+} 还原成 Fe^{2+}
铜绿假单胞菌 *Pseudomonas aeruginosa*	4～8	15～32.5	需氧	铝合金	
浮游球衣菌 *Sphaerotilus natans*				铝合金	

腐蚀性细菌一般可分为两大类：

① 嗜氧菌。嗜氧菌（喜氧菌）是指环境中有游离氧的条件下才能生存的一类细菌，主要有铁细菌和硫氧化菌等。

铁细菌在自然界中分布很广，种类很多，与腐蚀有关的主要是铁氧化细菌。它能在中性介质中依靠 $Fe^{2+} \longrightarrow Fe^{3+} + e$ 获得新陈代谢所需的能量。

与腐蚀有关的硫氧化菌，主要是硫杆菌属，其中氧化硫硫杆菌对腐蚀最为重要，它可以把硫、金属硫化物、H_2S、硫代硫酸盐、连四硫酸盐氧化成硫酸，可使介质中硫酸浓度达 10%～20%。

图 4-51 暴露在海水中的 B10 表面的 SRB 形貌

② 厌氧菌。厌氧菌是指缺乏游离氧或几乎无游离氧的条件下才能生存，有氧反而不能生存的一类细菌。对金属腐蚀起促进作用的主要是硫酸盐还原菌（sulfate reducing bacteria，SRB）。SRB 种类很多，是地球上存在的最古老的微生物之一，广泛存在于中性土壤、河水、海水、油井、港湾及锈层中。图 4-51 为海水中检测到的 SRB 形貌。需要指出的是，SRB 在微量氧的条件下也能生长。在天然海水中可同时测量到大量的 SRB 和铁细菌，约为 10^2～10^3 细胞/mL。

SRB 能将硫酸盐还原为硫化物，最适宜的生长温度为 25～30℃，pH 值为 7.2～7.5。环境中有 SRB 存在时，对钢铁的腐蚀将产生很大的加速作用。SRB 主要是促进局部腐蚀，它们的腐蚀产物是黑色带有难闻气味的硫化物。

(4) 硫酸盐还原菌的腐蚀机理

阴极去极化作用理论是目前硫酸盐还原菌腐蚀的主要理论。它的主要论点是 SRB 对腐蚀的阴极过程有促进作用，其作用机制如图 4-52 所示。

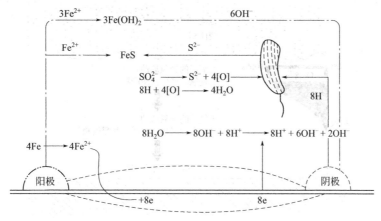

图 4-52 硫酸盐还原菌腐蚀图解

在缺氧条件下,金属腐蚀的阴极反应是氢离子的还原:

$$H_2O \longrightarrow H^+ + OH^- \qquad H^+ + e \longrightarrow H_{吸附}$$

氢活化过电位高,阴极上被一层氢原子覆盖,而硫酸盐还原菌把氢原子消耗掉,于是去极化反应得以顺利进行。

阳极反应:$4Fe \longrightarrow 4Fe^{2+} + 8e$

阴极反应:$8H_2O \longrightarrow 8H^+ + 8OH^- \qquad 8H^+ + 8e \longrightarrow 8H_{吸附}$

在 SRB 的参与下:$SO_4^{2-} + 8H_{吸附} \longrightarrow S^{2-} + 4H_2O$

二次腐蚀产物:$Fe^{2+} + S^{2-} \longrightarrow FeS \qquad 3Fe^{2+} + 6OH^- \longrightarrow 3Fe(OH)_2$

总反应:$4Fe + SO_4^{2-} + 4H_2O \longrightarrow FeS + 3Fe(OH)_2 + 2OH^-$

由于厌氧的中性环境中的 H^+ 浓度很低,有学者认为还存在其他的阴极反应,如 H_2S 的还原:

$$2H_2S + 2e \longrightarrow 2HS^- + H_2 \uparrow$$

SRB 的活动使阴极过程容易,极化率下降;SRB 的活性越强,阴极去极化作用越明显。SRB 的阴极去极化作用还与它的氢化酶活性有关,氢化酶的活性越大,去极化作用越大,钢的腐蚀速度也越大。

(5) 细菌的联合作用

嗜氧菌和厌氧菌虽然各自所需的生存条件截然不同,但实际环境中往往嗜氧菌的活动造成了缺氧的局部环境,从而使厌氧菌得到了繁殖。如在碳钢的海水腐蚀产物中可同时检测到大量的铁细菌和 SRB。金属表面生物膜中需氧菌、厌氧菌的异氧活动和 SRB 之间的空间关系如图 4-53 所示,当生物膜中需氧菌的呼吸作用强于氧的扩散时就在生物膜下形成厌氧环境。

嗜氧菌和厌氧菌两类细菌能相辅相成,加速金属的腐蚀。如水管内壁的锈瘤腐蚀:铁细菌把水管腐蚀溶解下来的 Fe^{2+} 氧化成 Fe^{3+},并形成 $Fe(OH)_3$ 沉淀,沉淀物附着在管道内侧表面,生成硬壳状的锈瘤。锈瘤阻碍氧的扩散,使瘤下的金属表面成为贫氧的阳极区,瘤外其余金属表面成为富氧的阴极区,就形成氧浓差电池。瘤下的缺氧区刚好为 SRB 提供了生长繁殖的场所,由于 SRB 的作用,瘤下的金属加速溶解。

(6) 微生物腐蚀的控制

目前,对于微生物腐蚀的控制还没有一种尽善尽美的措施,处理这些问题时通常从腐蚀角度考虑比从微生物学角度考虑得多。目前的微生物腐蚀控制措施主要有以下几种:

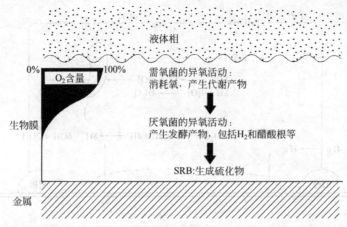

图 4-53　生物膜中需氧菌、厌氧菌的异氧活动和 SRB 之间的空间关系示意图

① 采用杀菌剂或抑菌剂。能够杀死微生物的药剂称为杀菌剂,只能使微生物处于不活动或不生长状态的药剂称为抑菌剂。常用的 SRB 杀菌剂有季铵盐类。应根据有效性、经济性、环保性等因素合理使用杀菌剂或抑菌剂。

② 改善环境条件,控制细菌的生长。如减少细菌的有机营养源、提高 pH 值及温度,常能有效抑制细菌的生长。需注意的是,改善环境条件需全面考虑操作环境与实际腐蚀情况。

③ 使用覆盖层。如地下管道常用煤焦油、沥青涂层防止微生物腐蚀,也可以采用锌涂镀层、镀铬、衬水泥、涂环氧树脂漆等措施。

④ 阴极保护。如将土壤内钢铁构件的保护电位控制在 -0.95V（Cu/饱和硫酸铜参比电极）以下,能有效防止 SRB 的腐蚀。

思考题与习题

1. 比较局部腐蚀与全面腐蚀特征,发生局部腐蚀的原因是什么？两者在腐蚀控制上有何不同？
2. 全面腐蚀和局部腐蚀各有什么特点？用腐蚀极化图说明。
3. 什么是电偶腐蚀效应？什么是阴极保护作用？分别用腐蚀极化图说明。
4. 建立电偶序表有什么意义？阴、阳极面积比对电偶腐蚀有什么影响？电偶腐蚀的评价方法有哪些？
5. 液体溶液的储罐的底部采用不锈钢制造,台架采用非合金钢制造。罐底和台架采用焊接方式连在一起。台架和焊缝表面涂覆涂层。如果非合金钢上涂层出现小的缺陷（漏涂）将会对腐蚀产生什么影响？如何避免这种情况的发生（列出多种方法）？
6. 什么是点蚀？它的主要特征是什么？以奥氏体不锈钢在充气的氯化钠溶液中的点蚀来说明点蚀机理。
7. 试述点蚀萌生和发展的机理模型。
8. 比较缝隙腐蚀和点腐蚀的异同。
9. 什么叫点蚀击破电位和保护电位？它们是如何确定的？二者与点蚀发生、发展有什么关系？影响点蚀的因素是什么？点蚀敏感性的评价方法有哪些？
10. 缝隙腐蚀的特征是什么？以碳钢在海水中的缝隙腐蚀为例简要说明腐蚀机理,分析缝隙腐蚀的影响因素。简述缝隙腐蚀的评价方法。

11. 什么是丝状腐蚀？它有什么特征？简要说明丝状腐蚀的机理。

12. 晶间腐蚀有何特征？以奥氏体不锈钢为例说明晶间腐蚀的机理。铁素体不锈钢和不锈钢焊接所产生的晶间腐蚀的机理是什么？

13. 影响晶间腐蚀的主要因素有哪些？简述晶间腐蚀的评价方法。

14. 阐述不锈钢焊缝腐蚀、刀线腐蚀的原因和机理，讨论65％硝酸法和硫酸铜-硫酸法评价晶间腐蚀的适应性和差异性。

15. 哪些金属材料更易发生点蚀、缝隙腐蚀和晶间腐蚀？这三种类型的腐蚀机理中有无相同的作用因素和联系？

16. 什么是选择性腐蚀？包括哪两种类型？黄铜脱锌的机理是怎样的？采用什么措施控制黄铜脱锌？

17. 选择性腐蚀的根本原因是什么？试说明恒电位极化法评价材料耐选择性腐蚀性能的理论依据。

18. 什么是应力腐蚀开裂？产生应力腐蚀的条件是什么？有何特征？

19. 影响应力腐蚀开裂的因素有哪些？采用何种措施可以控制应力腐蚀开裂？

20. 什么是腐蚀疲劳？腐蚀疲劳有什么特征？腐蚀机理是什么？影响腐蚀疲劳的有哪些因素？有何规律？采取哪些具体措施可控腐蚀疲劳？

21. 什么是磨损腐蚀？它有几种特殊的破坏形式？发生这类腐蚀的条件是什么？针对湍流腐蚀、冲刷腐蚀、空泡腐蚀应采取哪些具体措施进行腐蚀控制？

22. 在某腐蚀介质中，金属A的自腐蚀电位为0.20V（相对于SCE），金属B的自腐蚀电位为-0.40V（相对于SCE），A和B的自腐蚀速度分别为$80\mu A/cm^2$和$200\mu A/cm^2$，A的阴极Tafel斜率和B的阳极Tafel斜度分别为120mV和80mV。当面积为$100cm^2$的A和面积为$10cm^2$的B偶接时，试计算A、B两种金属连接后的电偶电流（忽略溶液电阻和金属间的连接电阻）。

23. 钢板与铜板按下面的条件金属性连接。假定：①钢板发生均匀腐蚀，且表面没有沉积物；②忽略铜的阳极溶解；③钢和铜上的氧还原的过电位曲线是相同的；④溶液具有高的导电性。

在下列条件下，分别画出氧还原的过电位曲线和钢阳极溶解的过电位曲线，确定钢的腐蚀电流密度（按过电位-lg I关系画过电位曲线）。

  a. 钢板和铜板的表面积分别为$100cm^2$和$1cm^2$；
  b. 钢板和铜板的表面积均为$100cm^2$；
  c. 钢板和铜板的表面积分别为$1cm^2$和$100cm^2$；
  d. 断开钢板和铜板间的金属性连接。

铁的阳极溶解反应为$Fe^{2+}+2e\longrightarrow Fe$，相关参数为：交换电流密度$i_a^\circ=0.01\mu A/cm^2$，平衡电极电位$E_{e,a}=-0.62$V，Tafel常数$b_a=60$mV。氧还原反应的相关参数为：交换电流密度$i_k^\circ=0.1\mu A/cm^2$，Tafel常数$b_k=120$mV。

24. 采用不锈钢制造的水箱的排水管如图4-54所示，包含一根短的碳钢钢管，该钢管与水箱进行电绝缘处理。排水管的流量为600 L/min，腐蚀速度与流速的关系如图4-55所示。

实验发现：在实际条件下，$v_2=12$m/s；在v_2时，腐蚀电流密度（临界电流密度）为$240\mu A/cm^2$；钝化电流密度为$0.1\mu A/cm^2$；钢溶解（活化电位范围在上部）的Tafel常数为200mV；在实际流速条件下的氧还原的极限扩散电流密度与$v^{0.8}$呈正比。

假定在实际电位范围内，阴极反应由扩散控制。确定下列条件下钢管的细管和粗管部分

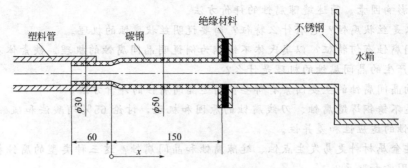

图 4-54 水箱的排水管

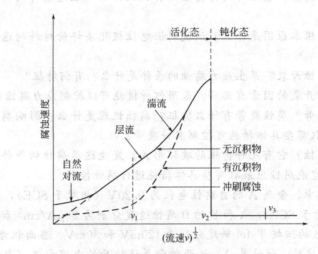

图 4-55 流速对腐蚀速度的影响

的腐蚀电流密度和腐蚀速度（单位为 mm/a）。用阴、阳极的电位-$\lg I$ 示意曲线说明每种情况，在曲线上标注钢管的部位。

① 水的电导率很低，两部分的电偶效应可忽略。

② 水的电导率很高，钢管各部分的电位可认为是相等的。

③ 水具有一定的电导率，此时不同部分钢管的电位是不同的，细管部分处于钝化态电位，而粗管部分处于活化态电位。为了简化，假定粗管表面的电位是保持不变的。

④ 水具有一定的电导率，钢管粗管部分两端的电位差值为 50mV，假定电位变化与端部距离 x 呈线性关系（见图 4-54），其他条件与③相同。在这种情况下，画出腐蚀电流密度和腐蚀速度（单位为 mm/a）随 x 变化的曲线。

第5章 金属的高温腐蚀及其防护

5.1 概述

氧化是自然界中最基本的化学反应之一。金属的氧化是指金属与氧化性介质反应生成氧化物的过程。除极少数贵金属外，几乎所有的金属都会发生氧化。实用金属材料在室温下氧化反应缓慢，而在相对较高温度下其氧化反应才剧烈并具有破坏性。金属的高温氧化正是研究金属材料在高温下与环境中的气相或凝聚相物质发生化学反应导致材料变质或破坏过程的科学，它是金属腐蚀学科的重要组成部分之一。

金属氧化的概念有狭义和广义之分。狭义的氧化仅指金属与氧气形成氧化物的反应，可用如下反应式表示：

$$a\text{Me} + \frac{b}{2}\text{O}_2 \longrightarrow \text{Me}_a\text{O}_b \tag{5-1}$$

广义的金属氧化是指金属除与氧气反应外还与含硫、碳、卤素及氮等气体介质反应形成金属化合物的过程。实际的高温环境可能还包含灰分/沉积盐、熔融盐、液态金属等。因此，金属材料在高温下与各种腐蚀性介质的反应被称作高温腐蚀。具体地，这些腐蚀性介质中主要的物质形式如下所列：

含硫气体：SO_2，SO_3，H_2S。
含碳气体：CO，CO_2，CH_4。
卤素：Cl_2，HCl。
含氮气体：空气，NH_3。
熔融盐：Na_2SO_4，K_2SO_4，$NaCl$，KCl，Na_2CO_3，K_2CO_3。
灰分/沉积盐：V_2O_5，MoO_3，Na_2SO_4（固态）。
液态金属：铝在660℃，钠在97.8℃以上。

实际环境要复杂得多，也可能同时包含多种介质。而参与反应的可能只有一种介质，也可能是多种介质同时参与反应。习惯上，把金属与硫、碳和氯的反应分别称作硫化、碳化和卤化，与两种和两种以上介质的反应称作混合气氛腐蚀，与盐的反应称作热腐蚀，与液态金属的反应称作液态金属腐蚀。

高温氧化的概念还涉及"高温"两个字。高温是相对的，与材料的熔点和活性有关。例如：

α-Fe：熔点909℃，450℃以上为高温；
Al：熔点660℃，200℃以上为高温；
β-Ti：熔点1660℃，500℃以上为高温；
Nb：熔点2470℃，500℃以上为高温。

一般地，金属在某一温度下发生了明显的氧化反应，那么这一温度对这种金属材料的氧化而言就属高温。

金属材料在高温环境介质中，在其表面生成腐蚀锈皮（氧化皮），氧化皮的形成对金属的继续腐蚀有着不同的影响：既可能减轻或抑制腐蚀，也可能加重腐蚀，这与氧化皮的性质密切相关。金属的高温抗蚀性与其表面所生成氧化皮的性能有密切的关系，形成高温抗蚀氧化皮是高温合金设计的一个重要方面。

高温腐蚀是高温金属材料面临的关键问题之一，是船用燃气轮机动力装置面临的主要腐蚀问题。高温腐蚀在现代科学技术和工程的发展中占有重要的地位，特别是对航空、航天、能源、动力、石油化工等高科技和工业领域的发展尤为重要。

高温腐蚀作为一门学科，它涉及金属学与物理化学以及固体物理等学科，是多学科交叉的一门独立的分支学科。自 20 世纪中期以来，随着现代工业特别是航空、航天工业的快速发展，金属的高温氧化研究取得了显著进展。目前，对高温合金的使用温度要求愈来愈高，使用环境愈来愈苛刻，高温腐蚀问题是制约高温合金体系应用和使用寿命的重要因素。金属的高温腐蚀所研究的主要内容包括：

① 高温腐蚀的动力学规律；
② 氧化膜微观结构与传输性质；
③ 氧化膜力学性质与界面结合强度；
④ 高温防护涂层及制备技术。

金属的高温腐蚀也是研究其他种类高温结构材料，如金属间化合物、非氧化物陶瓷及复合材料等在高温环境下的腐蚀行为的基础。

本章主要论述狭义的高温氧化。

高温氧化的过程是非常复杂的。首先发生氧在金属表面的吸附，其后发生氧化物形核，晶核沿横向生长形成连续的薄氧化膜，氧化膜沿着垂直于表面方向生长使其厚度增加。其中，氧化物晶粒长大是由正、负离子持续不断通过已形成的氧化物扩散提供保证的，许多因素会影响这一过程。内在的因素有：金属成分、金属微观结构、表面处理状态等；外在的因素有：温度、气体成分、压力、流速等。尽管各种金属的氧化行为千差万别，但对氧化过程的研究首先都是从两方面入手：热力学和动力学。通过热力学分析可判断氧化反应的可能性，而通过动力学测量来确定反应速率。

5.2 高温腐蚀热力学

金属在高温环境中是否腐蚀以及可能生成何种腐蚀产物，是研究高温腐蚀必须首先解决的问题，由此产生了金属高温腐蚀热力学。由于金属高温腐蚀的动力学过程往往是比较缓慢的，体系多近似处于热力学平衡状态，因此热力学是研究金属高温腐蚀的重要工具。近代科学技术和工业的发展使金属在高温下工作的环境日趋复杂化，除单一气体的氧化外，还受到多元气体的作用（如 O_2-S_2、H_2-H_2O、CO-CO_2 等二元气体中的腐蚀）以及多相环境的腐蚀（如发生热腐蚀时金属表面存在固相腐蚀产物和液相熔盐，熔盐外面还有气相）。腐蚀环境的复杂化以及新型高温材料的不断发展为高温腐蚀热力学带来了新的研究课题。

本节主要论述高温腐蚀的热力学基础。

5.2.1 金属在单一气体中腐蚀的热力学

以金属在氧气中的氧化为例进行热力学分析。如将一金属 Me 置于氧气中,其反应为:

$$Me(s) + O_2(g) \longrightarrow MeO_2(s) \tag{5-2}$$

根据范特霍夫(Van't Hoff)等温方程式

$$\Delta G = -RT\ln K_p + RT\ln Q_p \tag{5-3}$$

和标准吉布斯(Gibbs)自由能变化的定义

$$\Delta G^{\ominus} = -RT\ln K_p \tag{5-4}$$

可得:

$$\Delta G = -RT\ln \frac{a_{MeO_2}}{a_{Me} p_{O_2}} + RT\ln \frac{a'_{MeO_2}}{a'_{Me} p'_{O_2}} \tag{5-5}$$

由于 MeO_2 和 Me 均为固态物质,活度均为 1,故

$$\Delta G = -RT\ln \frac{1}{p_{O_2}} + RT\ln \frac{1}{p'_{O_2}} \tag{5-6}$$

式中,p_{O_2} 是给定温度下 MeO_2 的分解压;p'_{O_2} 是气相中的氧分压。

显然,根据给定温度下金属氧化物的分解压和环境中氧分压的相对大小,即可判定金属氧化的可能性。给定环境氧分压时,求解金属氧化物的分解压,或者求解平衡常数,就可以看出金属氧化物的稳定性。由式(5-3)、式(5-4)和式(5-6)可有

$$\Delta G^{\ominus} = -RT\ln \frac{1}{p_{O_2}} = 4.75T\lg p_{O_2} \tag{5-7}$$

由上式可见,只要已知温度 T 时的标准吉布斯自由能变化值,就可以得到该温度下金属氧化物的分解压,将其与环境中的氧分压作比较,即可判断反应式(5-2)的方向。

反应式(5-2)的 $\Delta G^{\ominus}$ 又称为金属氧化物的标准生成自由能。1944 年 Ellingham 编制了一些氧化物的 $\Delta G^{\ominus}$-T 图。1948 年 Richardson 和 Jeffes 在 Ellingham 图上添加了 p_{O_2}、p_{CO}/p_{CO_2} 和 p_{H_2}/p_{H_2O} 三个辅助坐标,组成所谓的 Ellingham-Richardson 图(图 5-1)。由该图可以直接读出在任何给定温度下,金属氧化反应的 $\Delta G^{\ominus}$ 值。$\Delta G^{\ominus}$ 值愈负,则该金属的氧化物愈稳定,从而可以判断金属氧化物在标准状态下的稳定性。也可以预示一种金属还原另一种金属氧化物的可能性,其规律是位于图 5-1 下方的金属(或元素)均可以还原上方金属(或元素)的氧化物。需要说明的是,$\Delta G^{\ominus}$-T 图中的 $\Delta G^{\ominus}$ 是以消耗 1mol 氧作为标准的。如碳可以还原铁的氧化物但不能还原铝的氧化物,这在冶金工业中是非常重要的。这种规律会影响到合金表面氧化物的组成,合金的氧化膜将主要由位于图 5-1 下方的合金元素的氧化物所组成,这即所谓的"选择性氧化"。

从 p_{O_2} 坐标可以直接读出在给定温度下金属氧化物的分解压。具体做法是从最左边竖线上的基点"O"出发,与所讨论的反应线在给定温度的交点作一直线,由该直线与 p_{O_2} 坐标上的交点,即可直接读出所求的分解压。当环境为 CO 和 CO_2,或者 H_2 和 H_2O 时,环境的氧分压由如下反应平衡决定:

$$2CO + O_2 \longrightarrow 2CO_2 \tag{5-8}$$

$$2H_2 + O_2 \longrightarrow 2H_2O \tag{5-9}$$

分别由图 5-1 中的"C"或"H"出发,与所讨论的反应线在给定温度的交点作直线,由分别与 p_{CO}/p_{CO_2} 坐标和 p_{H_2}/p_{H_2O} 坐标的交点,可读出与氧化物平衡的 p_{CO}/p_{CO_2} 和 p_{H_2}/p_{H_2O}。

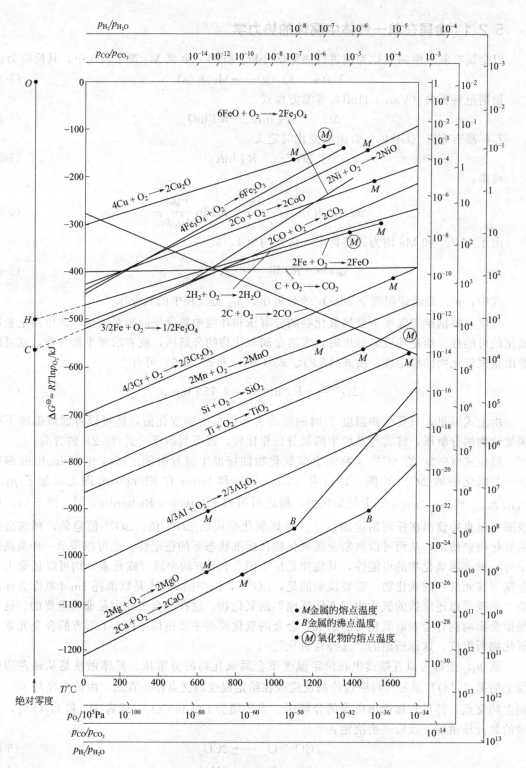

图 5-1 部分典型氧化物的 Ellingham-Richardson 图

CO_2 和 H_2O（g）都是常见的氧化性介质，与氧一样都可使金属生成同样的金属氧化物：

$$Me + CO_2 \longrightarrow MeO + CO \qquad (5-10)$$
$$Me + H_2O \longrightarrow MeO + H_2 \qquad (5-11)$$

CO 或 H_2 的生成，意味着金属被氧化了。因此，p_{CO}/p_{CO_2} 或 p_{H_2}/p_{H_2O} 值很重要，它们在一定程度上决定了腐蚀气体的"氧化性"的强弱。

按照同样的原理，已经绘制出了金属的硫化物、碳化物、氮化物、氯化物的标准生成自由能 $\Delta G^{\ominus}$-T 图，可用于金属硫化、碳化、氮化、氯化的热力学分析。

5.2.2 氧化物固相的稳定性及保护作用

金属氧化物的高温化学稳定性可以通过 $\Delta G^{\ominus}$ 来判断，还可以根据氧化物的熔点、挥发性来估计其固相的高温稳定性。低熔点易挥发氧化物的产生往往是造成灾难性高温腐蚀的重要原因之一。在高温环境介质中，金属表面生成氧化物膜。不是所有的氧化物都能起保护作用，具有保护作用的氧化膜首先必须是致密和完整的。

5.2.2.1 氧化物的熔点

利用熔点来估计氧化物相的高温稳定性是很重要的。表 5-1 列出部分元素及氧化物的熔点。金属表面一旦生成液态氧化物，金属将失去氧化物保护的可能性，如硼、钨、钼、钒等的氧化物就属于这种情况。

不仅纯金属如此，合金氧化时更易产生液态氧化物。两种以上氧化物共存时会形成复杂的低熔点共晶氧化物，这种现象主要在合金氧化时发生。例如，$FeO \cdot Fe_2SiO_4$ 共晶氧化物的熔点（1170℃）均低于构成它们的单个氧化物（FeO 和 SiO_2）的熔点，这使得 Fe-Si 合金的抗氧化性与硅含量和氧化温度有关。另外，与低熔点氧化物形成复氧化物，也会显著降低氧化物的熔点。例如，$V_2O_5 \cdot Cr_2O_3$、$V_2O_5 \cdot 3NiO$ 和 $V_2O_5 \cdot Fe_2O_3$ 的熔点分别为 850℃、1275℃ 和 816℃，$MoO_3 \cdot Cr_2O_3$、$MoO_3 \cdot NiO$ 和 $MoO_3 \cdot Fe_2O_3$ 的熔点分别为 1000℃、1330℃ 和 875℃。

表 5-1 某些元素及其氧化物的熔点

元素	熔点/℃	氧化物	熔点/℃	元素	熔点/℃	氧化物	熔点/℃
B	2200	B_2O_3	294	γ-Co	1495	CoO	1810
Al	660	Al_2O_3	2047	Y	1500	Y_2O_3	2420
Fe	1537	Fe_2O_3	1565	β-Ti	1660	TiO_2	1870
		Fe_3O_4	1597	β-La	880	La_2O_3	2320
		FeO	1377	β-Ce	775	CeO_2	2600
V	1920	V_2O_3	1970	β-Hf	2225	HfO_2	2780
		V_2O_5	658	β-Zr	1860	ZrO_2	2900
Mo	2620	MoO_2	1927	Nb	2470	Nb_2O_5	1490
		MoO_3	801	Ta	2990	Ta_2O_5	1785
W	3370	WO_2	1570	γ-U	1132	UO_2	2840
		WO_3	1473			UO_3	652
Ni	1455	NiO	1957	Pt	1769	PtO_2	450
Cu	1083	Cu_2O	1242	Si	1420	$SiO_2$①	1610~1720
		CuO	1366				

①SiO_2（石英、方石英、鳞石英）的熔点分别为 1610℃、1720℃、1680℃。

5.2.2.2 氧化物的挥发性

在一定温度下，物质均具有一定的蒸气（vapour）压。氧化物的蒸气压的大小能够衡量氧化物在该温度下固相的稳定性。氧化物挥发时自由能的变化为

$$\Delta G = -RT \ln p_{\text{vapour}} \tag{5-12}$$

蒸气压 p_{vapour} 与温度的关系，可由 Claperlon 关系式得出

$$\frac{\mathrm{d}p}{\mathrm{d}T} = \frac{\Delta S^{\ominus}}{\Delta V} = \frac{\Delta H^{\ominus}}{T(V_g - V_s)} \tag{5-13}$$

式中，$S^{\ominus}$ 为标准摩尔熵；$H^{\ominus}$ 为标准摩尔焓；V 为氧化物的摩尔体积。

若固体的体积可以忽略不计，并将蒸气看成理想气体，则有

$$\ln p = -\frac{\Delta H^{\ominus}}{RT} + C \tag{5-14}$$

可以看出，氧化物的蒸发热 $\Delta H^{\ominus}$ 愈大，则蒸气压愈小，氧化物愈稳定；还可以看出，蒸气压随温度升高而增大，即氧化物固相的稳定性随温度升高而下降。

高温腐蚀中形成的挥发性物质对腐蚀速度有很大的影响，它会加速腐蚀过程。大量的研究结果表明，挥发性氧化物对碳、硅、钼、钨和铬等的高温氧化动力学有着重要的影响。

5.2.2.3 氧化物与金属的体积比

氧化物与形成该氧化物消耗的金属的体积比（pilling-bedworth ratio，PBR）是判断金属氧化膜完整性的一个重要判据。对于式（5-1）的金属氧化反应，PBR 可以表达为：

$$\text{PBR} = \frac{V_{\text{Me}_a\text{O}_b}}{V_{\text{Me}}} = \frac{\Delta W_{\text{Me}_a\text{O}_b}}{\Delta W_{\text{Me}}} \times \frac{\rho_{\text{Me}}}{\rho_{\text{Me}_a\text{O}_b}} = \frac{A_{\text{Me}_a\text{O}_b}}{aA_{\text{Me}}} \times \frac{\rho_{\text{Me}}}{\rho_{\text{Me}_a\text{O}_b}} \tag{5-15}$$

式中，ρ 为密度；A 为摩尔质量；ΔW 为氧化物的生成量或金属的消耗量。

部分常见金属氧化物的 PBR 值列于表 5-2。

表 5-2 部分常见金属氧化物的 PBR 值

氧化物	PBR	氧化物	PBR	氧化物	PBR	氧化物	PBR
Li_2O	0.58	Y_2O_3	1.39	$\beta\text{-}ZrO_2$	1.45	OsO_2	3.24
Na_2O	0.55	La_2O_3	1.10	Cr_2O_3	2.07	IrO_2	2.23
K_2O	0.45	CeO_2	1.22	MnO	1.79	Ag_2O	1.56
Rb_2O	0.42	ThO_2	1.35	FeO	1.76	ZnO	1.55
Cs_2O	0.44	UO_2	1.98	Fe_3O_4	2.10	CdO	1.21
BeO	1.68	V_2O_3	1.82	$\alpha\text{-}Fe_2O_3$	2.14	HgO	1.30
MgO	0.81	V_2O_5	3.18	CoO	1.86	$\alpha\text{-}Ga_2O_3$	1.23
CaO	0.64	$\beta\text{-}Nb_2O_5$	2.68	Co_3O_4	2.01	In_2O_3	1.26
SrO	0.61	$\alpha\text{-}Ta_2O_3$	2.50	NiO	1.65	$\alpha\text{-}SiO_2$	2.15
BaO	0.67	$\beta\text{-}Ta_2O_3$	2.43	Rh_2O_3	1.88	$\alpha\text{-}GeO_2$	1.23
$\alpha\text{-}Al_2O_3$	1.28	MoO_3	3.30	PdO	1.65	$\alpha\text{-}SnO_2$	1.32
$\beta\text{-}Al_2O_3$	1.54	$\alpha\text{-}WO_3$	3.35	Cu_2O	1.64	$\alpha\text{-}PbO_2$	1.31
$\gamma\text{-}Al_2O_3$	1.49	TiO_2	1.73	CuO	1.72	$\alpha\text{-}Sb_2O_3$	1.44

当 PBR<1 时，无法生成保护性氧化膜；当 PBR>1 时，氧化膜中受到压应力，这是生

成保护性氧化膜的必要条件。碱金属和碱土金属的 PBR 值小于 1，这类金属的氧化膜体积较小，不足以覆盖整个金属表面。或者说，氧化膜内存在张应力易发生破裂，氧化膜不具有保护性能。钨、钼、钒氧化物的 PBR 值大于 3，这类氧化物受大的压应力，极易发生破裂，也不具有保护性（另外的原因是这类氧化物蒸气压高）。因此，具有保护性能的氧化物的 PBR 值在 1～2 范围内。

PBR 值大于 1 是氧化膜具有保护性的必要条件，氧化膜真正具有保护作用还必须满足下列条件（充分条件）：

① 膜要致密、连续、无孔洞，晶体缺陷少；
② 稳定性好，蒸气压低，熔点高；
③ 膜与基体的附着力强，不易脱落；
④ 生长内应力小；
⑤ 与金属基体具有相近的热膨胀系数；
⑥ 膜的自愈能力强。

5.3 金属氧化物的结构及性质

金属及合金在高温腐蚀环境中能否使用，很大程度上取决于腐蚀产物的性质。一方面，腐蚀产物的多少及形成速度是高温腐蚀程度的标志；另一方面，腐蚀产物的性质将决定腐蚀进行的历程及有无可能防止金属的继续腐蚀。腐蚀产物的性质，如扩散、电导率、烧结和蠕变等都是由其物质结构所决定的。本节以金属氧化物为例，分析其结构与性质之间的关系。

5.3.1 氧化物的结构与缺陷

5.3.1.1 金属氧化物的晶体结构

大多数的金属氧化物的晶体结构都是由氧离子的密排六方晶格或立方晶格组成。金属离子在这些密排结构中所处的位置可分为两类（图 5-2）。一类是由 4 个氧离子包围的间隙，即四面体间隙；另一类是由 6 个氧离子包围的间隙，即八面体间隙。在密排结构中，每个密排的阴离子对应 2 个四面体和 1 个八面体。在不同的简单金属氧化物的晶体结构中，阳离子往往有规律地占据四面体间隙、八面体间隙，或同时占据两种间隙。

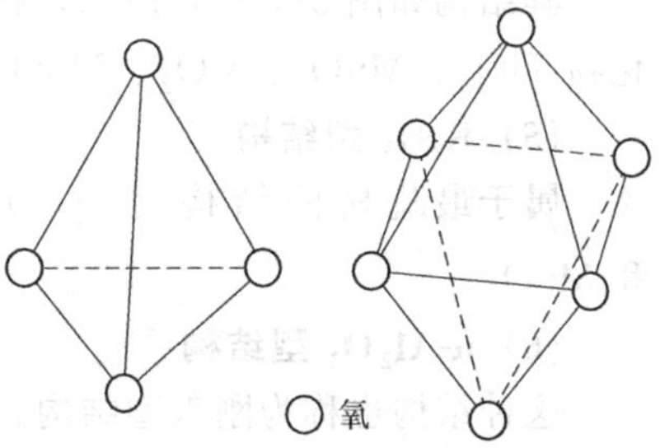

图 5-2 氧离子排列构成的四面体和八面体间隙

金属氧化物的晶体结构主要有如下几种：

(1) NaCl 型结构

其结构如图 5-3 (a) 所示。氧化物 MgO、CaO、SrO、CdO、CoO、NiO、FeO、MnO、TiO、NbO 和 VO 都具有这种结构。

(2) 纤锌矿型结构

氧化物 BeO 和 ZnO 具有这种结构。

(3) CaF_2 型结构

其结构如图 5-3 (b) 所示，在晶胞的中心有较大的空隙，有利于阴离子迁移。氧化物 ZrO_2、HfO_2、UO_2、CeO_2、ThO_2、PuO_2 等具有 CaF_2 型结构。

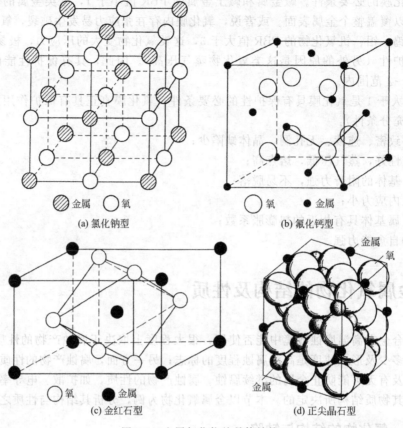

图 5-3　金属氧化物的晶体结构

(4) 金红石型结构

其结构如图 5-3（c）所示，在平行于 c 轴的方向构成有利于原子和离子扩散的通道。氧化物 TiO_2、MnO_2、VO_2、MoO_2、WO_2、SnO_2 和 GeO_2 等具有金红石型结构。

(5) ReO_3 型结构

属于最疏松的结构之一，具有易压扁的倾向。这种结构的重要氧化物有 WO_3 和 MoO_3。

(6) $\alpha\text{-}Al_2O_3$ 型结构

这种结构也称为刚玉型结构。在此结构中阴离子构成密排六方晶格，其中铝离子仅占据所有八面体间隙的 2/3。在此情况下，每个阳离子周围有 6 个氧离子，每个阴离子周围有 4 个阳离子。因此，阳离子的配位数是 6，阴离子的配位数是 4。其他三价金属的氧化物及硫化物也具有这种结构，如 $\alpha\text{-}Fe_2O_3$、Cr_2O_3、Ti_2O_3 和 V_2O_3 等。许多 $Me_{(1)}Me_{(2)}O_3$ 型氧化物，当金属 $Me_{(1)}$ 和 $Me_{(2)}$ 的平均价数等于 3 且它们的离子半径相当时，也具有这种结构，如 $FeTiO_3$。

(7) 尖晶石型结构

在此结构（AB_2O_4）中氧离子形成密排立方晶格，其中金属离子 A 和 B 分别占据八面体和四面体的间隙位置。尖晶石晶胞有 32 个氧离子，因而含有 32 个八面体位置和 64 个四面体位置。这些间隙位置可以以不同方式填充二价和三价阳离子，产生两种尖晶石结构，即正尖晶石型结构和反尖晶石型结构。在正尖晶石型结构中，如 $NiAl_2O_4$，1/2 的八面体间隙

为 Al^{3+} 填充，1/8 的四面体间隙为 Ni^{2+} 填充。在反尖晶石型结构中，1/8 的四面体间隙为三价阳离子填充，其余的三价阳离子和二价阳离子统计地分布在 16 个八面体间隙中，其结构式为 $B(AB)O_4$，Fe_3O_4 就是这种反尖晶石型结构，其正确的化学式应为 $Fe^{3+}(Fe^{2+}，Fe^{3+})O_4$。正尖晶石型结构如图 5-3（d）所示。

具有尖晶石型结构其分子式为 AB_2O_4 的化合物，两种金属的价不一定非要二价和三价，只要它们的价数之和等于 8 即可。因此，化学式也可以是 $A^{4+}B_2^{2+}O_4$ 和 $A^{6+}B_2^{1+}O_4$。

Me_2O_3 化合物中还有类尖晶石型结构，γ-Fe_2O_3、γ-Al_2O_3 和 γ-Cr_2O_3 就属于这类结构。所谓类尖晶石型结构是指尖晶石型结构中 Me^{3+} 不足。正常尖晶石型结构的每个晶胞中应有 32 个 O^{2-} 和 24 个 Me^{3+}，而类尖晶石型结构中则仅有 $21\frac{1}{3}$ 个 Me^{3+} 随机地占据尖晶石型结构中 24 个阳离子位置。

（8）SiO_2 型结构

在大气压下，晶态的 SiO_2 有三种主要形式，它们的稳定温度范围是：

$$石英 \xrightarrow{870℃} 鳞石英 \xrightarrow{1470℃} 白硅石 \xrightarrow{1710℃} 硅石熔体$$

石英又称为水晶，非晶态的 SiO_2 称为石英玻璃。

三种结晶 SiO_2 均由 Si-O 四面体构成。三种结构中氧均连接两个四面体，但每种结构中四面体互相连接的方式是各不相同的。非晶 SiO_2 的结构单元仍然是 Si-O 四面体，但四面体的有序连接只能持续一个不大的距离，而不像晶体 SiO_2 那样可以无限地持续下去。

5.3.1.2 氧化物中的缺陷

氧化物中的缺陷包括从原子、电子尺度的微观缺陷到显微缺陷。缺陷可以分为以下几类：①点缺陷（零维缺陷），是一种晶格缺陷，包括空位、间隙原子（离子）、原子错排等。②线缺陷（一维缺陷），是指晶体中沿某一条线附近的原子排列偏离了理想的晶体点阵结构，如刃位错和螺位错。③面缺陷（二维缺陷），包括小角度晶界、孪晶界面、堆垛层错和表面。④体缺陷（三维缺陷），包括空洞、异相沉淀等。⑤电子缺陷，包括电子和电子空穴。

在热力学上，缺陷又分为不可逆缺陷和可逆缺陷。不可逆缺陷的数量与环境的温度和气体分压无关，线缺陷、面缺陷及体缺陷均为不可逆缺陷。可逆缺陷的数量与环境温度及气体分压有关，点缺陷为可逆缺陷。本节重点讨论点缺陷。

点缺陷可以在氧化物内部形成，也可以通过与环境的反应而形成。正确地描述缺陷反应必须遵守一些规则，包括晶格格位的变化、质量守恒、电中性和质量作用定律。点缺陷的热力学理论基于以下假设：实际晶体可以看成是一种溶液，晶格为溶剂而点缺陷为溶质。点缺陷的热力学的定量描述只有在缺陷浓度不超过千分之几时才是正确的。

描述固体的点缺陷有几种符号系统，最常用的是 Kröger-Vink 符号系统。符号的形式如下：

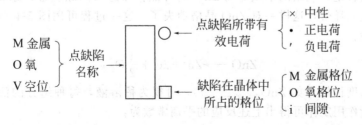

例如，氧化物中的点缺陷可记为：

$V_O^{\cdot\cdot}$——氧离子空位；V_M''——二价金属离子空位；

O_i''——间隙氧离子；$M_i^{\cdot\cdot}$——间隙二价金属离子。

电子缺陷中，电子载流子和空穴载流子分别记为 e' 和 $h^{\cdot}$。

金属氧化物可以分成化学计量的氧化物和非化学计量的氧化物两大类：

(1) 化学计量的氧化物及其点缺陷

当氧化物组分符合化学计量比时，点缺陷成对地形成，以保证物质守恒和电中性。符合化学计量的晶体中的点缺陷有四种情况：

① 弗兰克型缺陷。如果离子脱离格点进入晶格的间隙位置，就形成一个弗兰克 (Frankel) 型缺陷。弗兰克型缺陷总是成对出现，包含数目相等的空位和间隙离子。弗兰克型缺陷分弗兰克缺陷和反弗兰克缺陷。含有等量的间隙阳离子和阳离子空位为弗兰克缺陷，含有等量的间隙阴离子和阴离子空位称为反弗兰克缺陷。

② 肖脱基型缺陷。肖脱基 (Schottky) 型缺陷分肖脱基缺陷和反肖脱基缺陷。如果离子脱离正常格点位置而跑到晶体表面上，从而在这个离子原来位置上留下一个空格点，即形成一个肖脱基缺陷。肖脱基缺陷含有相同当量的阳离子和阴离子空位。反肖脱基缺陷含有相同当量的间隙阳离子和间隙阴离子。

这类缺陷的浓度与氧分压无关，而且与电子缺陷无关，因此化学计量的氧化物是离子导体。这类金属氧化物较少，如 MgO、CaO、ThO_2。

(2) 非化学计量的氧化物及其点缺陷

金属与非金属原子数之比不是准确地符合按化学分子式给出的比例，但仍保持电中性，如 $ZnO_{0.9997\sim1.000}$、$CoO_{1.0017\sim1.0090}$、$NiO_{1.005}$、$FeO_{1.065\sim1.19}$。氧化物的非化学计量程度与温度和氧分压有关。过渡族元素氧化物都属于这一类氧化物，氧化物既有离子键，还有金属键，是半导体，也称为半导体型氧化物。

例如，一个金属过剩氧化物的非化学计量反应为：

$$(1+x)MeO \longrightarrow Me_{1+x}O + \frac{x}{2}O_2 \tag{5-16}$$

可以看到，在金属过剩氧化物中，非化学计量程度随着氧分压下降而增大；与此相反，在金属不足氧化物中，非化学计量程度随氧分压上升而增大。

在非化学计量的氧化物中，根据过剩组分 (Me^{2+} 或 O^{2-}) 的不同可分为两类：金属过剩型氧化物和金属不足型氧化物。

① 金属过剩型氧化物。在金属过剩型氧化物中，过剩的金属离子位于晶格的间隙，形成点缺陷 $Me_i^{n\cdot}$，带 n 个有效正电荷，为了保持电中性，每形成一个 $Me_i^{n\cdot}$ 必然产生 n 个电子。因此，这类氧化物为 n 型半导体。典型的金属过剩型氧化物有 ZnO、CdO、BeO、RaO、V_2O_5、PbO_2、MoO_3、WO_3、CdS、BaS、Cr_2S_3、TiS_2 等。

以 ZnO 为例，缺陷结构如图 5-4 (a) 所示，可以设想缺陷是由下述步骤形成的：将一个氧原子从晶格移走，剩余的不成对的 Zn^{2+} 离开晶格而进入间隙位置，原属于被移走氧原子的两个电子进入导带，这样一对 ZnO 晶格消失了。这一过程可用图 5-4 (b) 表示，其缺陷反应可表示为：

$$ZnO \longrightarrow Zn_i^{\cdot\cdot} + 2e' + \frac{1}{2}O_2 \tag{5-17}$$

由于缺陷浓度很低 (如 $ZnO_{0.9997\sim1.000}$)，可视为稀溶液，每种组分的活度可用浓度来代替，利用质量作用定律可得出上述反应的平衡常数为：

$$K = c_{Zn_i^{\cdot\cdot}} c_{e'}^2 p_{O_2}^{\frac{1}{2}} \tag{5-18}$$

由于电中性，$c_{e'}=2c_{Zn_i^{..}}$，可得 $c_{e'}=(2K)^{\frac{1}{3}}p_{O_2}^{-\frac{1}{6}} \propto p_{O_2}^{-\frac{1}{6}}$。

由于 n 型半导体的电导率 κ 主要取决于导带电子浓度，因此，对于形成二价间隙锌离子的情况为：

$$\kappa \propto c_{e'} \propto p_{O_2}^{-\frac{1}{6}} \tag{5-19a}$$

对于形成一价间隙锌离子的情况为：

$$\kappa \propto c_{e'} \propto p_{O_2}^{-\frac{1}{4}} \tag{5-19b}$$

以上表明，氧分压对氧化物中缺陷和导带中电子浓度有决定作用。

500～700℃的测量结果显示，ZnO 的电导率随着氧分压的增大而减小，存在以下关系：

$$\kappa \propto p_{O_2}^{-(\frac{1}{4.5} \sim \frac{1}{5})} \tag{5-19c}$$

这一结果表明，实际 ZnO 结构中可能同时包括一价和二价两种间隙锌离子。

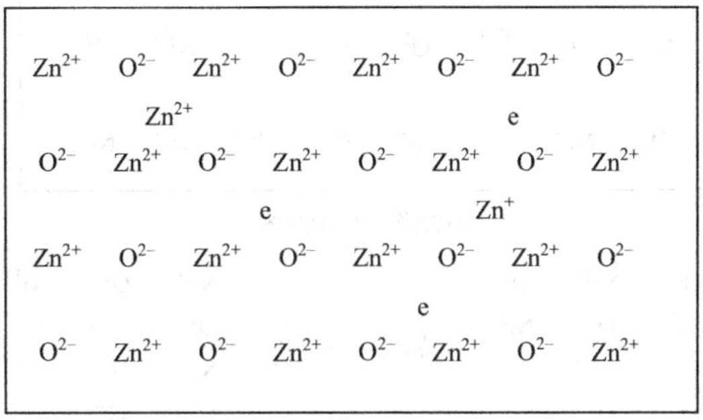

图 5-4 金属过剩型 ZnO 的缺陷结构

(a) 缺陷结构示意图

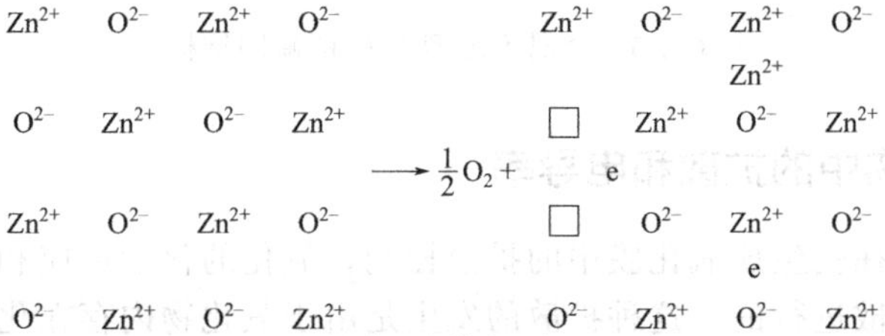

(b) 缺陷形成模式示意图

② 金属不足型氧化物。在金属不足型氧化物中，形成金属离子的空位 $V_{Me}^{n\cdot}$，带 n 个有效负电荷，按电中性原则，每一个 $V_{Me}^{n\cdot}$ 将产生 n 个电子空穴，因此，这类氧化物为 p 型半导体。典型的金属不足型氧化物有 NiO、FeO、Cu_2O、CoO、MnO、Bi_2O_3、FeS、Cu_2S、Ag_2O、Ag_2S、SnS、CuI 等。

以 NiO 为例，缺陷结构及其形成模式如图 5-5 所示。气氛中的 O_2 在晶体表面与 Ni 反应，形成一对额外的 NiO 晶格。由于 Ni 是由晶体内提供的，必然产生一个 Ni^{2+} 空位和两个电子空穴（Ni^{3+}）。其缺陷反应可表示为：

$$\frac{1}{2}O_2 \longrightarrow O_O(NiO) + 2h^{\cdot} + V_{Ni}'' \tag{5-20}$$

反应的平衡常数为：

$$K = c_{V_{Ni}''} c_{h^{\cdot}}^2 \cdot p_{O_2}^{-\frac{1}{2}} \quad c_{h^{\cdot}} = 2c_{V_{Ni}''}$$

对于 p 型半导体，电导率 κ 主要取决于电子空穴浓度，从而有：

$$\kappa \propto p_{O_2}^{\frac{1}{6}} \tag{5-21a}$$

Ni^{2+} 空位 V_{Ni}'' 为氧离子（O^{2-}）包围，是一个高负电荷区，很容易捕获电子空穴，从而可形成带一个有效电荷的离子空位 V_{Ni}'，此时：

$$\kappa \propto p_{O_2}^{\frac{1}{4}} \tag{5-21b}$$

电导率随氧分压变化的实验结果证实，在 NiO 中有两种类型的晶格缺陷。可以预料，在低氧分压下，双电荷空位占优势，电导率随氧分压的 1/6 次幂而变化；在高氧分压下，单电荷空位占优势，电导率随氧分压的 1/4 次幂而变化。

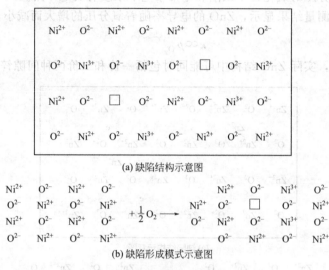

图 5-5 金属不足型 NiO 的缺陷结构

5.3.2 氧化物中的扩散和电导率

金属氧化过程往往受生成氧化膜中的扩散控制，氧化的化学反应和氧化膜中微观结构的变化都是通过固态扩散进行的。这种扩散的发生是由于氧化物内存在化学位梯度或电化学位梯度和各种缺陷。当扩散通过点缺陷（晶格缺陷）进行时，这种扩散称为体扩散。扩散也可以沿着线缺陷和面缺陷进行，包括位错、晶界等。由于沿着线缺陷和面缺陷的扩散往往比晶格扩散快得多，故线缺陷和面缺陷又常常被称为快速扩散的通道，这种扩散也常被称为短路扩散。图 5-6 所示为 NiO 中晶格、晶界和位错的镍示踪原子自扩散系数的差异。

如前所述，点缺陷的数量与环境的温度和气体的分压有关，因而由点缺陷导致扩散的自扩散系数也是环境温度和气体分压的函数。但在文献中只有少数氧化物的数据符合理论上的函数关系。目前，多数氧化物的扩散机制仍然不很清楚，有两类极端情况：①氧化物中点缺陷浓度太高，有可能形成更复杂的缺陷结构，如 FeO 等；②氧化物中点缺陷浓度极低，材料中含有微量杂质就足以使缺陷浓度发生很大的变化，如 Al_2O_3、Cr_2O_3、SiO_2 等。因此，文献中有关氧化物扩散系数的数据往往存在很大的分散性。

表 5-3 列出了在 1000℃时部分氧化物中金属离子的自扩散系数。由表中看出，铁、钴在其氧化物中的自扩散系数都较大，不可能有良好的抗氧化性能。金属离子在 Al_2O_3、SiO_2 和 Cr_2O_3 中的自扩散系数很小，而这三种氧化物的热力学稳定性又好。因此，Al_2O_3、SiO_2 和 Cr_2O_3 在所有氧化物中最具有抗氧化性，生成 Al_2O_3、SiO_2 和 Cr_2O_3 氧化膜的合金可以具有优良的保护性。

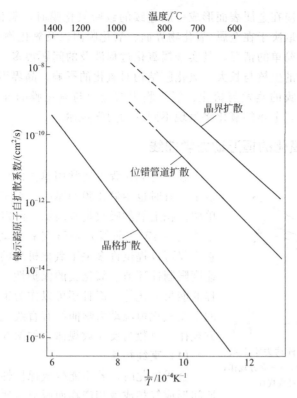

图 5-6　NiO 中晶格、晶界和位错的镍示踪原子自扩散系数的差异

表 5-3　氧化物中金属离子的自扩散系数（1000℃）

氧化物	自扩散系数/(cm²/s)	氧化物	自扩散系数/(cm²/s)
FeO	9×10^{-8}	$\alpha\text{-}Al_2O_3$	3×10^{-17}
Fe_3O_4	2×10^{-9}	$CoCr_2O_4$	Co: 1.7×10^{-12}; Cr: 1.9×10^{-12}
$\alpha\text{-}Fe_2O_3$	2×10^{-15}; O: 8×10^{-14}	$NiCr_2O_4$	Ni: 1.4×10^{-13}; Cr: 2.8×10^{-13}
CoO	3×10^{-9}	$NiAl_2O_4$	Ni: 1×10^{-13}
NiO	1×10^{-11}	SiO_2	O: 1.3×10^{-18}; Si 比 O 更小
Cr_2O_3	1×10^{-14}	MnO	1×10^{-10} ($p_{O_2}=10^{-11}$Pa)

氧化物的电导率与氧化物中的扩散系数有着内在的联系，根据 Nernst-Einstein 公式，电导率为：

$$\kappa_i=\frac{D_i q_i^2 c_i}{k_B T}\propto c_i \tag{5-22}$$

式中，κ_i 为 i 粒子的电导率；D_i 为 i 粒子的扩散系数；c_i 为 i 粒子的浓度；k_B 为玻尔兹曼常数；q_i 为 i 粒子所带的电荷。

因此，通过测定氧化物的电导率来研究氧化物中的缺陷结构与测定氧化物中的扩散系数是等价的。如果能知道每种载流子的浓度，即可知道该种载流子对总电导的贡献。

5.4　金属氧化过程的动力学

金属的高温氧化是高温腐蚀领域最重要而且最基本的一种腐蚀形式，又是一个极其复杂的过程。金属与氧反应在金属表面形成一层连续的致密氧化膜时，氧化膜将金属和氧隔开，氧化过程的继续进行取决于在金属/氧化物界面、氧化膜内以及氧化物/气相界面的物质反应和传输。这还是比较简单的情况，其实金属氧化过程涉及的问题很多。如氧化初期氧在金属表面的吸附、氧化物的生核与长大、氧化膜结构对氧化的影响、晶界引起的短路扩散、氧在金属内的溶解、氧化膜的蒸发与熔化、氧化膜中的应力与氧化膜的开裂和剥落等。显而易见，控制步骤不同时，金属的氧化将呈现不同的动力学规律。

5.4.1 金属氧化的恒温动力学曲线

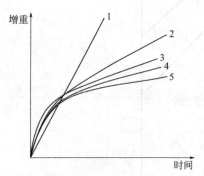

图 5-7 金属氧化的 5 种动力学曲线
1—直线规律；2—抛物线规律；3—立方规律；
4—对数规律；5—反对数规律

金属的氧化程度通常用单位面积上的重量变化 ΔW 来表示，有时也用氧化膜的厚度、系统内氧分压的变化或者单位面积上氧的吸收量来表示。测定氧化过程的恒温动力学曲线（ΔW-t 曲线）是研究氧化动力学最基本的方法，它不仅可以提供许多关于氧化机理的信息，如氧化过程的速度限制性环节、氧化膜的保护性、反应速率常数以及过程的能量变化等，而且还可以作为工程设计的依据。典型的金属氧化恒温动力学曲线有直线规律、抛物线规律、立方规律、对数与反对数规律，如图 5-7 所示。

(1) 直线规律

金属氧化时，若不能生成保护性的氧化膜，或在反应期间形成气相或液相产物而脱离金属表面，则氧化速率直接由形成氧化物的反应速率决定，因而其氧化速率恒定不变，即符合直线规律。

可用如下方程式表示：

$$\frac{dy}{dt}=k_1 \quad \text{或} \quad y=k_1 t+C \tag{5-23}$$

式中，y 为氧化膜厚度；t 为时间；k_1 为氧化的直线速率常数；C 为积分常数。

碱金属、碱土金属，以及钼、钒、钨等金属在高温下的氧化遵循这一直线规律。

(2) 抛物线规律

多数金属和合金的氧化动力学为抛物线规律。在较宽的温度范围内氧化时，在金属或合金表面上可以形成致密的较厚的氧化膜，氧化速率与膜的厚度成反比，氧化速率可由下列方程表示：

$$\frac{dy}{dt}=\frac{k_p}{y} \quad \text{或} \quad y^2=2k_p t+C \tag{5-24}$$

式中，y 为在 t 时间内氧化膜的厚度；k_p 为抛物线速率常数；C 为积分常数，它反映了氧化初始阶段对抛物线规律的偏离。

(3) 立方规律

在一定温度范围内，某些金属的氧化服从立方规律。例如，在 101325Pa (1atm) 氧中，锆在 600～900℃ 范围内氧化服从立方定律；铜在 100～300℃ 各种气压下的恒温氧化服从立方规律。

立方规律的方程为：

$$y^3=3k_c t+C \tag{5-25}$$

式中，k_c 为立方速率常数。

立方规律也在低温生成薄氧化膜时出现，有人认为，这可能与通过氧化物空间电荷层区

(4) 对数与反对数规律

有一些金属在低温或室温氧化时，服从对数与反对数规律，其方程为：

对数规律方程： $$y = k_1 \lg(t + t_0) + C_1 \tag{5-26a}$$

反对数规律方程： $$\frac{1}{y} = C_2 - k_2 \lg t \tag{5-26b}$$

式中，k_1、k_2 为速率常数；C_1、C_2、t_0 为常数。

这两种氧化规律均在氧化膜相当薄时才出现，它意味着氧化过程受到的阻滞远较抛物线规律中的为大。例如，室温下钢、铝、银等金属的氧化服从式（5-26a）的对数规律；铜、铁、锌、镍、铅、铝、钛和钽等的初始氧化服从式（5-26b）的反对数规律。但是，有时要区分上述两者往往是困难的。因为在短短的时间内，对于薄膜所获得的数据，无论用哪个方程处理，常常都能获得很好的结果。

5.4.2 厚氧化膜的生长——Wagner 金属氧化理论

金属在较低温度或室温中氧化往往形成薄氧化膜（厚度 10~200nm），生长动力学通常为对数或反对数关系。而在高温下，金属氧化生成厚氧化膜。

对具有抗氧化性的金属材料，表面生成一层均匀、致密的较厚氧化膜时（>10nm），金属氧化动力学符合抛物线规律。Wagner 在 1933 年建立了有关氧化膜抛物线生长动力学规律的理论。但真实的厚氧化膜生长时，往往偏离抛物线规律，这是由于金属氧化过程的复杂性，偏离理想状态的结果。例如，在金属/氧化膜界面或在氧化膜中生成孔洞，沿晶界的短路扩散，应力作用下氧化膜的开裂与剥落，氧化膜的蒸发等都会影响氧化的传质过程，可以使氧化动力学偏离抛物线规律。但金属氧化的抛物线规律的理论仍是金属氧化的重要理论基础。

Wagner 金属氧化理论的出发点是：
① 氧化膜是均匀、致密、完整的，与基体金属结合牢固；
② 氧化膜的厚度远远大于空间电荷层的厚度；
③ 在金属/氧化膜界面、氧化膜中以及氧化膜/气体界面建立热力学平衡；
④ 氧化膜的成分偏离化学计量比较小；
⑤ 离子和电子在氧化膜中的传输是控制步骤。

Wagner 在此出发点下建立了离子和电子在化学位梯度和电位梯度下，即在电化学位梯度下的传质方程，推导出抛物线规律的氧化速率常数的表达式。之后不久，Hoar 和 Price 根据金属氧化的电池模型推导出与 Wagner 理论一致的抛物线速率常数。由 Bailey 和 Ritchie 提出的金属氧化的电化学理论认为，金属氧化电池存在若干电荷传输步骤和化学步骤。在不同的条件下，氧化电池具有不同的控制步骤，因而呈现不同的动力学规律，氧化的电池理论具有更普遍的意义。因此，本节按照电池模型来推导 Wagner 抛物线速率常数，并按文献中传统的说法，统称为 Wagner 金属氧化理论。

金属氧化是一个如图 5-8（a）所示的电化学电池过程，氧化膜同时起到离子传输的固体电解质作用和电子传输的电子半导体作用。金属/氧化膜界面和氧化膜/气相界面分别为电池的阳极和阴极，其反应为：

阳极反应： $$Me \longrightarrow Me^{2+} + 2e \tag{5-27a}$$

阴极反应： $$\frac{1}{2}O_2 + 2e \longrightarrow O^{2-} \tag{5-27b}$$

电池总反应： $$Me + \frac{1}{2}O_2 \longrightarrow MeO \tag{5-27c}$$

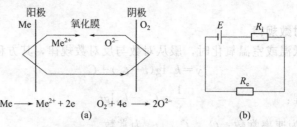

图 5-8 金属氧化的电池模型 (a) 及其等效电路 (b)

电池的电动势 ε 由反应的自由能变化 ΔG 决定,即

$$\varepsilon = -\frac{\Delta G}{2F} \tag{5-28}$$

此电池的等效电路如图 5-8 (b) 所示。式中,F 为法拉第常数。

根据闭合回路的欧姆定律,电池的总电阻为离子电阻 R_i 和电子电阻 R_e 之和,如果电池的面积为 1cm^2,厚度为 y,电池的总电阻 $R_{总}$ 为:

$$R_{总} = R_i + R_e = \frac{y}{\kappa(\tau_c + \tau_a)} + \frac{y}{\kappa(\tau_e)} = \frac{y}{\kappa \tau_e(\tau_c + \tau_a)} \tag{5-29}$$

式中,κ 为氧化膜的平均电导率;τ_c、τ_a、τ_e 为阳离子、阴离子、电子的迁移数,$\tau_c + \tau_a + \tau_e = 1$。

通过电池的电流为:

$$I = \frac{\varepsilon}{R_{总}} = \frac{\kappa \tau_e(\tau_c + \tau_a)\varepsilon}{y} \tag{5-30}$$

则氧化膜的生长速度可表示为:

$$\frac{dy}{dt} = \frac{IA}{2F\rho} = \frac{A\kappa \tau_e(\tau_c + \tau_a)\varepsilon}{2F\rho y} \tag{5-31}$$

式中,A 为氧化物的分子量;ρ 为氧化物的密度。

将式 (5-31) 积分,可得:

$$y^2 = 2k_p t + C \qquad k_p = \frac{A\kappa \tau_e(\tau_c + \tau_a)\varepsilon}{2F\rho} \tag{5-32}$$

式中,k_p 为抛物线氧化速率常数。

根据上述抛物线氧化速率常数的表达式可以分析影响氧化动力学的诸因素。

(1) 金属氧化的控制步骤

当生成的氧化膜为半导体时,电子的迁移数 $\tau_e \approx 1$,则氧化速率常数 k_p 的大小主要取决于离子迁移数 $\tau_a + \tau_c$ 的大小,即离子的迁移为金属氧化的控制步骤;当生成的氧化膜为离子导体时,离子的迁移数 $\tau_a + \tau_c \approx 1$,则氧化速率常数 k_p 的大小主要取决于电子迁移数 τ_e 的大小,即电子的迁移为金属氧化的控制步骤。因此,在金属中加入适当元素使其掺杂到氧化膜中,降低离子或电子的迁移,可以提高金属的抗氧化性能。

(2) 缺陷种类及氧分压

以金属过剩型氧化物和金属不足型氧化物为例,由式 (5-19a) 和式 (5-21a) 可知,金属过剩型氧化物的电导率与 $p_{O_2}^{-\frac{1}{6}}$ 成正比,金属不足型氧化物的电导率与 $p_{O_2}^{\frac{1}{6}}$ 成正比,因此,环境氧分压的变化对生成金属不足型氧化膜的氧化动力学影响较大,而对生成金属过剩型氧化膜的氧化动力学影响甚微。例如,环境氧分压变化对锌的氧化影响较小,对镍的氧化影响显著,就是这种原因。

5.4.3 氧化膜中的应力与应力松弛

金属的氧化动力学曲线常常由于发生氧化膜的开裂与剥落而偏离理论公式,并失去保护性。这是由于氧化膜中存在应力,氧化膜中的应力与松弛是决定氧化动力学的重要因素。

氧化膜中的应力有两种主要来源:一种是生长应力,是在氧化膜恒温生长中产生的;另一种是热应力,是由于基体和氧化膜的热膨胀和收缩不同而产生的。

5.4.3.1 氧化膜的生长应力

生长应力产生原因如下:

(1) PBR 值

当 PBR>1 时,氧化膜中受到压应力;当 PBR<1 时,氧化膜中受到拉应力,无法生成保护性氧化膜。PBR 是影响氧化膜内产生应力的主要因素之一,但是氧化膜内应力的大小并不只是取决于 PBR 值,还与氧化膜的生长机制等其他因素有关。一般规律是当新的氧化物在金属/氧化膜界面生成时,由 PBR 可以产生生长应力;若新的氧化物在氧化膜/气相界面生成时,则不可能因 PBR 产生生长应力。因此,PBR 是生长应力产生的必要条件之一,但不是充分条件。

(2) 外延应力

氧化初期形成的氧化物与基体晶格保持外延关系,由于金属和氧化物的固有晶格的参数不同,这种外延约束导致应力的产生。当氧化膜变厚时,氧化膜恢复固有晶格,外延应力消失。

(3) 合金或氧化膜成分的变化

合金发生选择氧化时,合金表面成分变化引起合金晶格变化导致产生应力,同样,氧化膜成分变化也能产生应力。氧在金属中溶解也可导致应力产生。

(4) 点缺陷应力

氧化膜中存在点缺陷梯度引起晶格参数变化而产生应力。同样,由于阳离子向外迁移,沿金属截面产生空位梯度,引起空位周围收缩,在基体中产生应力。

(5) 新氧化物在氧化膜内生成

可在氧化膜内产生压应力。

(6) 再结晶应力

氧化膜中再结晶是应力的起因之一,但也可以消除生长应力。

(7) 试样的几何形状引起的应力

在凸表面处形成的氧化膜易产生拉应力,在凹表面生成的氧化膜易产生压应力。

5.4.3.2 氧化膜的热应力

由于金属与氧化物的热膨胀系数不同(表 5-4),即使在氧化温度下不存在应力,在冷却过程中也会产生应力。

由于氧化物的热膨胀系数一般比金属的小,因此冷却时,氧化膜中总会产生压应力,应力的大小与热膨胀系数之差成正比,在较大的热应力作用下会使氧化膜从金属表面剥落。所以,提高在热循环条件下氧化膜的抗剥落能力是高温氧化研究的重要方向之一。

表 5-4 金属和氧化物的热膨胀系数   单位:K^{-1}

体系	氧化物	金属
Fe-FeO	12.2×10^{-6}	15.3×10^{-6}

续表

体系	氧化物	金属
Fe-Fe$_2$O$_3$	14.9×10^{-6}	15.3×10^{-6}
Ni-NiO	17.1×10^{-6}	17.6×10^{-6}
Co-CoO	15.0×10^{-6}	14.0×10^{-6}
Cr-Cr$_2$O$_3$	7.5×10^{-6}	9.5×10^{-6}
Cu-Cu$_2$O	4.3×10^{-6}	18.6×10^{-6}
Cu-CuO	9.3×10^{-6}	18.6×10^{-6}

5.4.3.3 氧化膜中应力的松弛

在氧化过程中氧化膜产生的生长应力和热应力可通过多种机制实现松弛，最主要的机制是：

① 氧化膜的开裂；
② 氧化膜从基体上剥落；
③ 氧化膜的塑性变形；
④ 基体的塑性变形。

显然，后两种机制对于提高抗氧化性能是有益的。

当氧化膜较薄时，膜的塑性变形显著；而当氧化膜较厚时，基体金属的塑性变形就会变得更重要。一般来说，高温蠕变是氧化膜发生塑性变形的主要方式。膜的塑性变形的发生与膜内的缺陷有关。缺陷浓度越高，塑性变形的概率就越大，膜内的应力释放就越多。另外，膜内的缺陷浓度越高，离子通过膜的扩散速率越大。此外，氧化膜的纯度、多孔性以及织构都会对氧化膜的塑性变形产生影响。基体的塑性变形不仅与金属的种类有关，还与氧的溶解、内氧化以及合金元素的选择性氧化有关。

当膜内应力不能通过膜或金属的塑性变形及时释放而累积达到较高值时，氧化膜就会发生破裂。氧化膜在恒温时发生破裂的可能性要比冷却过程中小得多，这一方面是由于冷却过程中膜应力叠加了热应力；另一方面是由于热应力的产生如此之快，以致来不及通过氧化膜或基体金属的塑性变形释放掉。也就是说，冷却过程中氧化膜应力释放的大小与冷却速度有关。冷却速度较快时，氧化膜通过蠕变释放应力很小；而当冷却速度足够慢时，释放的应力就很明显。

5.4.4 循环氧化

在恒定温度下进行的氧化称作恒温氧化。金属构件在实际使用过程中有时会经受冷-热循环，这种氧化称作循环氧化。

由于金属表面氧化膜与金属的线胀系数相差较大，温度变化时，氧化膜受热应力和热疲劳作用，会发生开裂和剥落，新的氧化物就会在贯穿裂纹处或剥落区快速形成。因此，为了评价氧化膜的抗剥落性能以及氧化膜破裂后新的氧化物生长速度，需进行循环氧化实验，进行循环氧化动力学测定。在实验时，先确定氧化温度、氧化时间、冷却后的温度及冷却速度等实验条件，然后进行周期性的氧化-冷却实验，测定试样的增重（或失重）或氧化膜剥落量随循环周次或氧化时间的变化曲线。循环氧化实验可在普通的电阻炉内进行。

图 5-9 比较了合金在恒温氧化和循环氧化过程中质量的变化。开始时，循环氧化过程中试样发生增重，与恒温氧化过程相近；但当增重逐渐达到一最高值后，由于氧化膜的剥落，增重开始下降。在许多情形下，氧化膜的剥落量与循环周次成正比。

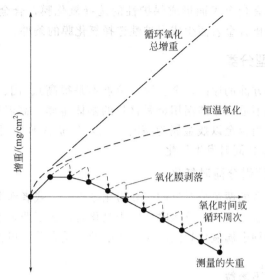

图 5-9　恒温氧化和循环氧化过程中试样质量的变化

5.5　合金的氧化

　　合金的氧化与纯金属的氧化存在相似的一面，许多在纯金属氧化中发生的现象也会在合金氧化中发生。但是，合金氧化与纯金属氧化又存在差别，合金至少含有两个组元和两个可能被氧化的成分，所以合金氧化必须考虑更多的影响因素和参数，合金氧化的机理将比纯金属氧化更复杂。

　　以 Ni-Cr 合金的高温氧化为例，图 5-10 为 Ni-Cr 合金在 1000℃氧化时抛物线速率常数与 Cr 含量的关系曲线。可以分成三个区：Ⅰ区，合金中 Cr 含量较低，随着 Cr 含量增加抛物线速率常数增大，生成的氧化膜以 NiO 为主，次层为 NiO 和弥散的 $NiCr_2O_4$ 尖晶石相，合金表层为 Ni 和岛状内氧化物 Cr_2O_3［图 5-11（a）］；Ⅱ区，Cr 含量增加，抛物线速率常数迅速下降，逐渐形成连续的 $NiCr_2O_4$ 层，内氧化物消失［图 5-11（b）］；Ⅲ区，Cr 含量增加，抛物线速率常数几乎不变，这时形成了选择性 Cr_2O_3 保护膜［图 5-11（c）］。其他二元合金的氧化也有类似的规律。

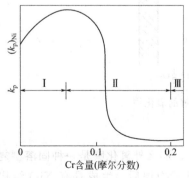

图 5-10　Cr 含量对 Ni-Cr 合金
氧化动力学的影响（1000℃）

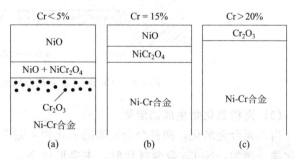

图 5-11　Cr 含量对 Ni-Cr 合金氧化产物结构的影响

第 5 章　金属的高温腐蚀及其防护

上述例子说明，只有合金表面形成保护性的选择氧化膜，合金才能具有最佳的保护性能。因此，本节重点分析合金表面生成保护性选择氧化膜的条件。

5.5.1 反应类型分类

由于价格、性能等方面的原因，金、银（熔点不是很高）、铂、钯、铑（在氧化性气氛中蒸气压高）等贵金属不适宜作高温用金属材料的基体金属，高温下使用的金属主要为铁、镍、钴为基体的合金。当合金以贱金属为基时，二元合金 A-B 中可能只有一种组分发生氧化，也可能两组分 A 和 B 同时发生氧化。

5.5.1.1 合金的两组分同时氧化

这种情形发生在合金的两组分对氧的亲和力相差不大，或者活泼组元含量较低，并在环境氧分压都高于两组分氧化物的分解压时。由于氧化时形成了两种不同金属的氧化物，合金表面的氧化膜结构与两种金属氧化物间的相互溶解的性质有关。可将氧化物层分为以下几种情况：

（1）两种氧化物互不溶解

对于许多合金体系，AO 和 BO 两种氧化物可以认为是互不相溶的。当然严格地讲，两种氧化物处于平衡时，它们的阳离子是有一定程度掺杂的。

假设 A 是合金中较不活泼的组元，氧化物的生长由阳离子向外扩散控制，AO 的生长速度较快。合金 AB 氧化时，初期表面上同时生成 AO 和 BO。由于 AO 生长速度较快，AO 将完全覆盖住 BO。BO 则通过置换反应 $B^{2+}+AO \longrightarrow BO+A^{2+}$ 进行生长。BO 粒子被埋在 AO 下边，集中在氧化膜/合金界面附近，可以减少 A^{2+} 向外扩散的有效面积，从而起到降低合金氧化速率的作用。

典型的例子如 Cu-Be 合金的氧化。Cu-Be 合金中铍的质量分数小于 6.7% 时，氧化膜外层为 CuO，内层为 Cu_2O+BeO 的双相层（图 5-12）。同时，在氧化膜下面的铜基体中形成了 BeO 内氧化物。由于铜和铍的氧化物间互不溶解，它们最后分布在各自的单相区内。

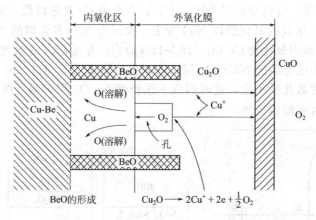

图 5-12 Cu-Be 合金氧化形成互不溶解的氧化物

（2）两种氧化物生成固溶体

当二元合金氧化，两种合金元素的氧化物可完全互溶，那么外氧化膜是一种固溶型复合氧化物。例如，Ni-Co 合金氧化时，主要形成 NiO，而钴置换镍后，生成具有 NiO 结构的复合氧化物，可写作 $(Ni, Co)O$。Ni-10.9%（质量分数）Co 合金在 1000℃ 下 10^5 Pa O_2 中氧化 24h 后，氧化膜和合金中的镍和钴的分布如图 5-13 所示。由于钴在氧化膜固溶体中的扩散速度比镍快，钴在氧化膜的外层富集，同时在靠近界面的合金中钴发生贫化。经历了初期氧化转变过程之后，氧化膜中建立起稳态的浓度梯度。由于两种阳离子在氧化膜中的扩散速度不同，它们在膜中产生不同的浓度梯度。

除 Ni-Co 合金外，Ni-Mn 合金氧化也形成完全固溶的（Ni，Mn）O 混合膜，Fe-Cr 合金形成 α-(Fe，Cr)$_2$O$_3$ 及 Fe(Fe，Cr)$_2$O$_4$ 膜。

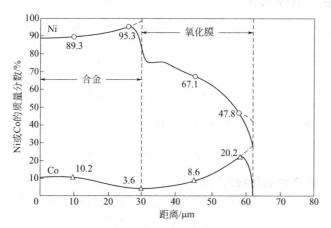

图 5-13　Ni-10.9%Co 合金氧化膜和合金中镍和钴的分布
(1000℃下 10^{5}Pa O$_2$ 中氧化 24h)

(3) 形成尖晶石型氧化物

Ni-Cr 合金的氧化膜结构与 Ni-Co 不同。例如 Ni-5Cr 合金在 1000℃空气中氧化时，镍和铬初始同时氧化形成 NiO 和 Cr$_2$O$_3$。但由于铬含量很低，主要形成 NiO 膜，而铬发生内氧化。随着氧化进行，NiO 层厚度增加，氧化膜/合金界面向合金内部移动。NiO 和初始氧化及内氧化形成的 Cr$_2$O$_3$ 发生固相反应：

$$\mathrm{NiO+Cr_2O_3 \longrightarrow NiCr_2O_4} \tag{5-33}$$

形成了被 NiO 包围的岛状 NiCr$_2$O$_4$ 尖晶石。因此，合金长时间氧化后，外氧化膜由外层 NiO 和含岛状 NiCr$_2$O$_4$ 的 NiO 内层组成，如图 5-14 所示。

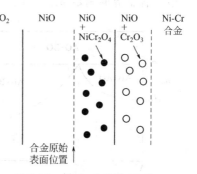

由于阳离子通过 NiCr$_2$O$_4$ 尖晶石相扩散比通过 NiO 慢得多，这些尖晶石氧化物对向外迁移的镍离子起到阻挡作用。随着合金中铬含量的增加，尖晶石相的体积分数上升，镍在氧化膜中的扩散通量降低，氧化速率减小。

从低 Cr 含量的 Ni-Cr 合金氧化的例子看出，从热力学上讲，铬的活性比镍高，氧化应主要生成 Cr$_2$O$_3$。但事实上，由于 Cr 含量低，最后形成的主要氧化产物是 NiO。这表明，合金氧化的最终产物主要取决于动力学因素。

图 5-14　低 Cr 含量的 Ni-Cr 合金氧化时氧化膜组成

普遍地，对于 Me-Cr (Me=Ni，Co，Fe) 和 Me-Al 合金系，如果铬和铝含量相对较低而不能形成单独的 Cr$_2$O$_3$ 或 Al$_2$O$_3$ 时，它们的氧化行为完全与 Ni-5Cr 合金类似。

5.5.1.2　合金中只有一种组分氧化

两种情况如下：

① B 组分氧化。这种情形通常发生在 B 组分对氧的亲和力显著大于基体 A，而且活泼 B 组分的含量达到一定值以上时。B 组分向外扩散速度快，在外表面形成 BO。即使在氧化同

期有 AO 形成，但由于 B 组分的活性高，将发生置换反应 AO+B⟶BO+A，而转变为 BO。这就是所谓的选择性氧化。关于选择性氧化的详细内容将在本章下面的小节中讲到。

② 基体元素 A 氧化。当 B 组分含量少或氧亲和力比较小时，容易出现这种情况。例如一般的钢种，氧化膜基本上是由铁的氧化物组成。

5.5.2 合金的选择氧化

设二元合金 AB，其中 B 比 A 具有对氧更大的亲和力。两组元与氧的反应为

$$A（合金）+\frac{1}{2}O_2 \longrightarrow AO \tag{5-34a}$$

$$B（合金）+\frac{1}{2}O_2 \longrightarrow BO \tag{5-34b}$$

为了简化分析，设 AO 与 BO 不互溶。上述两反应的平衡常数 K_1 和 K_2 可分别表示为

$$K_1=\frac{a_A}{a_{AO}}p_{O_2}^{\frac{1}{2}} \qquad K_2=\frac{a_B}{a_{BO}}p_{O_2}^{\frac{1}{2}} \tag{5-35}$$

式中，a 为金属元素或氧化物的活度。

固体氧化物的活度等于 1；A 和 B 的活度正比于它们的原子分数 N_A 和 N_B，即

$$a_A=\gamma_A N_A \qquad a_B=\gamma_B N_B$$

式中，γ 为活度系数；$N_A+N_B=1$。

则 AO 和 BO 可以同时生成的氧分压 $p_{O_2}^e$ 和合金成分 N_B^e 分别为：

$$p_{O_2}^e=\left(\frac{K_1}{\gamma_A}+\frac{K_2}{\gamma_B}\right)^2 \qquad N_B^e=\frac{1}{(K_1/K_2)(\gamma_B/\gamma_A)+1} \tag{5-36}$$

这种平衡条件的示意图见图 5-15。可以看到，$p_{O_2}\geqslant p_{O_2}^e$ 时，可同时生成 AO 和 BO；$p_{O_2}<p_{O_2}^e$，且 $N_B<N_B^e$ 时，只生成 AO；$p_{O_2}<p_{O_2}^e$，且 $N_B>N_B^e$ 时，只生成 BO。图中 Π_{AO} 和 Π_{BO} 分别是 AO 和 BO 的平衡分解压。所以，AB 合金要生成选择性 BO 氧化膜，必须使氧化膜/合金界面满足 $p_{O_2}<p_{O_2}^e$ 和 $N_B>N_B^e$。

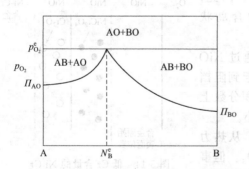

图 5-15　AB 二元合金-氧体系的稳定相示意图

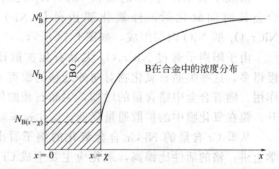

图 5-16　AB 合金选择氧化生成 BO 氧化膜时，合金中 B 的扩散示意图

当成分为 N_B^0 的 AB 二元合金表面生成唯一的 BO 氧化膜时，BO 氧化膜的生长和 B 在合金中的扩散如图 5-16 所示。可以建立如下扩散方程和边界初始条件：

$$\frac{\partial N_B}{\partial t}=D\frac{\partial^2 N_B}{\partial x^2} \tag{5-37a}$$

$$D\frac{\partial c_B}{\partial x}\bigg|_{x=\chi}+c_{B(x=\chi)}\frac{d\chi}{dt}=\frac{1}{V_{AB}}\times\frac{d\chi}{dt} \tag{5-37b}$$

$$N_{B(x=\infty)} = N_{B(t=0)} = N_B^0 \tag{5-37c}$$

式中，D 为合金的互扩散系数；$c_B = N_B/V_{AB}$；V_{AB} 为合金的摩尔体积；χ 为氧化膜/合金界面相对合金原始表面的位置。

χ 也是金属消耗区的长度，与 BO 的抛物线速率常数 k_p 有如下关系：

$$\chi = \frac{V_{AB}}{V_{BO}}\sqrt{2k_p t} \tag{5-38}$$

式中，V_{BO} 为 BO 的摩尔体积。

式（5-37a）的一般解为

$$N_{B(x>0)} = C_1 + C_2 \operatorname{erfc}\left(\frac{x}{2\sqrt{Dt}}\right) \tag{5-39}$$

式中，C_1、C_2 为常数，取决于边界条件。取 $x \to \infty$ 或 $t \to 0$，由边界条件式（5-37c）可确定 $C_1 = N_B^0$。将式（5-38）和式（5-39）代入式（5-37b）可求出

$$C_2 = -[1 - N_{B(x=\chi)}]\left(\frac{\pi k_p}{2D}\right)^{\frac{1}{2}}\frac{V_{AB}}{V_{BO}}\exp\left(\frac{V_{AB}^2}{V_{BO}^2} \times \frac{k_p}{2D}\right) \tag{5-40}$$

$$N_{B(x \geqslant \chi)} = N_B^0 - [1 - N_{B(x=\chi)}]\pi^{\frac{1}{2}}\left(\frac{\pi k_p}{2D}\right)^{\frac{1}{2}}\frac{V_{AB}}{V_{BO}}\exp\left(\frac{V_{AB}^2}{V_{BO}^2} \times \frac{k_p}{2D}\right)\operatorname{erfc}\left(\frac{x}{2\sqrt{Dt}}\right) \tag{5-41}$$

因此，$x = \chi$ 时，应用式（5-38），可得

$$N_{B(x=\chi)} = N_B^0 - [1 - N_{B(x=\chi)}]F(u) \tag{5-42}$$

其中辅助函数 $F(u)$ 定义为

$$F(u) = \sqrt{\pi}\, u \exp(u^2)\operatorname{erfc}(u) \tag{5-43}$$

以及

$$u = \frac{V_{AB}}{V_{BO}}\sqrt{\frac{k_p}{2D}} \tag{5-44}$$

当只生成 BO 氧化膜时，必须满足 $N_{B(x=\chi)} > N_B^e$。因此，根据上述公式，生成 BO 氧化膜时合金中 B 的最低含量必须满足：

$$N_{B(\min)}^0 = N_B^e + (1 - N_B^e)F(u) \tag{5-45}$$

当合金的扩散系数显著大于氧化膜的生长速度（$D \gg k_p$）时，$u \ll 1$，则

$$F(u) = \sqrt{\pi}\, u - 2u^2 + \sqrt{\pi}\, u^3 - 2u^4 + \cdots \tag{5-46}$$

则式（5-45）可简化为

$$N_{B(\min)}^0 > N_B^e + (1 - N_B^e)\frac{V_{AB}}{V_{BO}}\sqrt{\frac{\pi k_p}{2D}} \tag{5-47}$$

当 BO 比 AO 稳定得多时，N_B^e 是一个非常小的值，式（5-47）可进一步简化为

$$N_{B(\min)}^0 > \frac{V_{AB}}{V_{BO}}\sqrt{\frac{\pi k_p}{2D}} \tag{5-48}$$

此即著名的合金选择氧化的 Wagner 公式。可以看到，氧化膜的生长速度越低（k_p 越小），合金的扩散系数越大，合金越易发生选择氧化。因此，Fe(Ni,Co)-Cr 和 Fe(Ni,Co)-Al 合金中的 Cr 和 Al 含量超过某一临界浓度时将选择氧化生成 Cr_2O_3 或 Al_2O_3 氧化膜。当合金的晶粒细化时，发生沿晶界的短路扩散，可以降低发生选择氧化所需合金元素的临界浓度。

当合金含有适量的铬、铝或硅时，选择氧化形成 Cr_2O_3、Al_2O_3 或 SiO_2 氧化膜，从而具有良好的抗氧化性。

5.5.3 合金的内氧化及外氧化

在氧化过程中,氧溶解到合金相中并在合金中扩散,合金中较活泼的组元与氧反应在合金内生成氧化物颗粒,这一过程称为内氧化。下面以 A-B 二元合金为例说明内氧化的热力学条件。

设金属 A 在氧化条件下为较贵金属,即不生成 A 的氧化物,金属 B 可以生成一种氧化物 BO_v。整个反应过程可分为两个步骤,第一步是氧气以氧原子溶解到合金中

$$\frac{v}{2}O_2 \longrightarrow vO（溶解） \tag{5-49}$$

第二步是溶解的氧原子同合金中的 B 反应生成氧化物

$$B（合金）+vO（溶解）\longrightarrow BO_v \tag{5-50}$$

合金相中形成 BO_v 内氧化粒子的必要条件为

$$p_{O_2} > \left(\frac{a_{BO_v}}{a_B}\right)^{\frac{2}{v}} \exp\left[\frac{2\Delta G^{\ominus}_{BO_v}}{vRT}\right] \tag{5-51}$$

式中,$\Delta G^{\ominus}_{BO_v}$ 为形成 BO_v 的标准吉布斯自由能;a_B 为合金中 B 的活度;a_{BO_v} 为氧化物的活度。

合金中形成 BO_v 的必要条件可以按形成 BO_v 的溶度积 K_{sp} 表示

$$K_{sp} = [a_B][a_O]^v \tag{5-52}$$

式中,a_O 为氧在合金中的活度。

当 $[a_B][a_O]^v > K_{sp}$ 时,生成内氧化物 BO_v 沉淀,内氧化的深度一直延伸到刚刚不再满足生成 BO_v 条件的地方。

发生内氧化时,氧和元素 B 都在合金中发生扩散,而且 O 和 B 的浓度分布都不是线性的,如图 5-17 所示。B 以 BO_v 的形式在内氧化区发生富集,其富集程度取决于 O 和 B 的扩散能力的相对大小。一般规律是 O 的扩散能力越小,B 的扩散能力越大,则 BO_v 的富集程度越高。

大量的研究发现,当内氧化物富集到一定程度,或内氧化物 BO_v 的体积分数达到某一临界值时,合金不再内氧化,形成连续的外氧化膜,即发生所谓的内氧化向外氧化的转变。按照 Wagner 等的观点,当合金内氧化物发生富集接近临界体积分数 φ^* 时,氧向合金内的扩散受到阻碍,内氧化物将横向生长,达到临界体积分数 φ^* 时,新的氧化物只能在合金表面生成,即转变为外氧化。Wagner 导出由内氧化向外氧化转变的判据为

$$N^0_B > \left[\frac{\pi\varphi^* D_O V_{AB}}{2vD_B V_{BO_v}}\right]^{\frac{1}{2}} (N^S_O)^{\frac{1}{2}} \quad \left(\varphi = f\frac{V_{BO_v}}{V_{AB}}\right) \tag{5-53}$$

式中 N^0_B——发生转变 B 的摩尔分数(即合金中 B 的摩尔分数);
N^S_O——氧在合金表面的摩尔分数;
D_O、D_B——O、B 在合金中的扩散系数;
f——内氧化区中 BO_v 的摩尔分数。

由式 (5-53) 可以看到,降低氧向合金内传输的因素(如降低 N^S_O 或 p_{O_2} 以及 D_O),或加强 B 向外传输的因素(如合金表面微晶化,通过增强短路扩散来增大 D_B),都有利于在较低的溶质浓度下发生向外氧化的转变,从而有利于选择性氧化形成 BO_v 膜。

在 A-B 合金氧化时,若同时生成 AO 外氧化膜和 BO_v 内氧化物,则合金同时发生外氧化和内氧化时的浓度分布如图 5-18 所示,图中以原始合金表面为坐标轴的原点。此时式 (5-53) 仍然

成立，但此时 N_O^S 的含义有所不同，它表示外氧化膜与内氧化层界面处的氧摩尔分数。

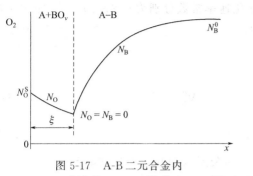

图 5-17　A-B 二元合金内氧化的 Wagner 模型

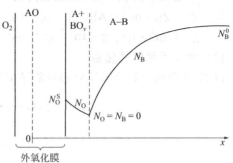

图 5-18　二元合金同时发生外氧化和内氧化时的浓度分布示意图

在二元合金中加入中等活性元素可以促进合金由内氧化向外氧化的转变。例如，在 Ni-Al 合金中加入适量的 Cr，可使生成 Al_2O_3 外氧化膜所需的 Al 含量显著下降，如 Ni-Cr-Al 合金系生成的氧化物，由于铬起到了除氧剂的作用，合金表面先生成一层 Cr_2O_3 氧化膜，降低了氧化膜/合金界面的氧活度，使合金中的铝在较低浓度下就可以选择氧化生成连续的 Al_2O_3 氧化膜。在高温（高于 900℃）和高氧压下 Cr_2O_3 逐渐以 CrO_3 蒸发掉，留下一个连续的保护性好的 Al_2O_3 氧化膜。如在 1200℃ 氧化 50h 后，Ni-6%Al 合金的氧化速率约是 Ni-9.3%Cr-5.8%Al 合金的 7 倍，Ni-19.5%Cr 合金约是 Ni-9.3%Cr-5.8%Al 合金的 1.8 倍。

加入中等活性元素促进合金的外氧化是高温合金设计的重要原则。Fe-Cr-Al、Co-Cr-Al、Cu-Zn-Al 等合金均具有同样的效应。

5.5.4　掺杂对合金氧化的作用

在分析抛物线氧化速率常数的影响因素时，已提出在合金中加入适当元素使其掺杂到氧化膜中，降低离子或电子的迁移，可以提高金属的抗氧化性能。

(1) 金属过剩型氧化物

以 ZnO 为例，其缺陷反应为

$$ZnO \longrightarrow Zn_i^{\cdot\cdot} + 2e' + \frac{1}{2}O_2 \tag{5-54}$$

缺陷的平衡浓度关系为

$$K = c_{Zn_i^{\cdot\cdot}} c_{e'}^2 p_{O_2}^{\frac{1}{2}} \tag{5-55}$$

Zn 中加入少量 Al 形成 Zn-Al 合金，氧化膜中将掺杂 Al^{3+}，其反应为：

$$Al_2O_3 \longrightarrow 2Al_{Zn}^{\cdot} + 2e' + 2O_O + \frac{1}{2}O_2 \tag{5-56}$$

式中，$Al_{Zn}^{\cdot}$ 为在 Zn 格位上的 Al^{3+}，多了 1 个正电荷；O_O 为在 O 格位的 O。

每掺入 1 个 Al^{3+} 就放出 1 个电子，由式 (5-55)，间隙 Zn^{2+} 浓度 $c_{Zn_i^{\cdot\cdot}}$ 将下降，氧化速率下降。

在 Zn 中加入低价金属则产生相反的效果。例如，Zn 中加入质量分数为 0.004 的 Li 形成的合金，其氧化速率是原来的 250 倍。

当 Zn 中加入少量 Li 形成 Zn-Li 合金，氧化膜中将掺杂 Li^+，其反应为：

$$Li_2O \longrightarrow 2Li_{Zn}' + Zn_i^{\cdot\cdot} + O_O \tag{5-57}$$

Zn 中加入少量 Li，使 ZnO 晶体中的间隙 Zn^{2+} 浓度增加，减小了导带中电子的浓度；

由式（5-55），间隙 Zn^{2+} 浓度 $c_{Zn_i^{..}}$ 增大，氧化速率增大。

如：Zn、Zn+0.1%Al、Zn+0.4%Li 的氧化速率常数分别为 $0.8 \times 10^{-9} g^2/(cm^4 \cdot h)$、$1 \times 10^{-11} g^2/(cm^4 \cdot h)$、$2 \times 10^{-7} g^2/(cm^4 \cdot h)$。

(2) 金属不足型氧化物

以 NiO 为例，其缺陷反应和缺陷平衡为

$$\frac{1}{2}O_2 \longrightarrow O_O + 2h^{\cdot} + V_{Ni}'' \tag{5-58}$$

$$K = c_{V_{Ni}''} c_h^2 p_{O_2}^{-\frac{1}{2}} \tag{5-59}$$

在 Ni 中加入少量 Cr 形成 Ni-Cr 合金，Cr^{3+} 掺杂到 NiO 中，产生缺陷反应

$$Cr_2O_3 \longrightarrow 2Cr_{Ni}^{\cdot} + V_{Ni}'' + 3O_O \tag{5-60}$$

该反应增加了 NiO 中的阳离子空位 V_{Ni}''，导致氧化速率上升。如图 5-10 所示，Ni-Cr 合金在 I 区的氧化速率随 Cr 含量增加而上升，其原因正是如此；相反，加入低价金属，如 Li，则氧化速率降低。

综上所述，通过掺杂可降低氧化速率。形成金属过剩型氧化膜时，应掺杂高价的金属；形成金属不足型氧化膜时，应掺杂低价的金属。上述规律称为控制合金氧化的原子价规律，也称为 Hauffe 原子价规律。

值得指出的是，掺杂对合金的氧化动力学的影响是有限的。工程中最有意义的是通过选择氧化形成具有保护性的 Cr_2O_3、Al_2O_3、SiO_2 氧化膜。

5.5.5 活性元素效应

在合金中加入少量的活性元素（又称为反应元素）可以显著提高抗氧化能力，特别是提高氧化膜在合金上的附着能力，这一现象称为活性元素效应。"活性元素"通常包括钇、稀土金属、锆、铪等。

活性元素对形成氧化铬的合金的氧化行为具有以下效应：

① 促进 Cr_2O_3 保护性氧化膜在 Cr 含量较低的情况下生成，即降低形成 Cr_2O_3 的临界 Cr 含量。

② 降低 Cr_2O_3 膜的生长速度。

③ Cr_2O_3 膜的生长机理发生变化，以氧向内扩散为主。

④ Cr_2O_3 膜的晶粒细化。

⑤ Cr_2O_3 膜与合金基体的附着力显著改善，具有优异的抗热循环氧化能力。

活性元素对 Al_2O_3 膜也有着类似的效应。活性元素改善 Al_2O_3 膜与合金基体的附着性；增强氧化膜中氧的扩散。然而活性元素并不能像对生成 Cr_2O_3 膜那样有效地降低合金中的铝含量以及控制 Al_2O_3 膜的生长速度。

目前，对活性元素效应还没有一致的观点，已提出的各种模型和假说有：

① 大尺寸的活性元素原子吸附在合金表面的位错等缺陷处，阻止金属离子向氧化膜内迁移，因而改变了氧化膜的生长机制，使氧化膜的生长以氧向内扩散为主。

② 弥散的活性元素的氧化物粒子起着空位陷阱的作用，降低或消除了孔洞的形成，提高了氧化膜的附着力。

③ 在主氧化膜与基体之间形成一层完整的活性元素化合物的封闭层，具有优良的热膨胀性能。

④ 活性元素的存在可以通过内氧化和晶间氧化起到钉扎氧化膜的作用。

⑤ 活性元素改善了合金/氧化膜界面的化学键。

抗高温氧化性能优异的 Me-Cr-Al-Y 涂层是运用活性元素效应的一个典型例子，广泛采用的 Ni-Co-Cr-Al-Y 涂层的成分是 20%Co、20%Cr、8%～12%Al 和<1%Y。

5.6 高温腐蚀的防护

5.6.1 提高合金的抗氧化性

金属的高温抗氧化性优良，既可以理解为处于高温氧化环境中的金属热力学稳定性高，在金属与氧化介质界面上不发生任何化学反应，如 Au、Pt，也可以理解为金属与氧的亲和力强，金属与氧化介质之间快速发生界面化学反应，并在金属表面生成了保护性的氧化膜，抑制了金属表面的氧化反应，这类金属有 Al、Cr、Ni 等。实际材料中很少使用贵金属，通常利用合金化来提高合金的抗氧化性。为达到此目的，经常采用以下几种方法。

(1) 减小基体氧化膜中晶格缺陷的浓度

利用 Hauffe 原子价法则，当基体氧化膜为 p 型半导体时，往基体中加入比基体原子价低的合金元素以减小离子缺陷浓度；当基体氧化膜为 n 型半导体时，则加入高原子价的元素来减小离子缺陷浓度。

(2) 生成具有保护性的稳定新相

加入能够形成具有保护性的尖晶石型化合物元素，如当 $w(Cr)>10\%$ 时 Fe-Cr 合金生成 $FeCr_2O_4$，Ni-Cr 合金生成 $NiCr_2O_4$。对合金元素的要求是必须固溶于基体中，合金元素和基体元素对氧的亲和力相差不太悬殊，而且合金元素的原子尺寸应尽量小，此时形成的尖晶石氧化物均匀、致密，能有效地阻挡氧和金属离子的扩散。

(3) 通过选择性氧化生成优异的保护膜

加入的合金元素与氧优先发生选择性氧化，从而形成保护性的氧化膜，避免基体金属的氧化。为了实现这一目的，合金元素必须具备以下几个条件：

① 合金元素与氧的亲和力必须大于基体金属与氧的亲和力；

② 合金元素必须固溶于基体中，确保合金表面发生均匀的选择性氧化；

③ 合金元素的加入量应适中，含量过低不能形成连续的氧化保护膜，含量过高易于析出第二相，破坏合金元素在合金中的均匀分布状态；

④ 合金元素的离子半径应小于基体金属，便于合金元素易于向表面扩散，优先发生氧化反应；

⑤ 加入活性元素，改善氧化膜的抗氧化能力。

向合金中加入某些活性元素，如稀土、钇、锆、铪等，可以明显增加合金的抗氧化性。一般来说，活性元素有以下几方面作用：

① 增强合金元素的选择性氧化，减少所需要的合金元素含量；

② 降低氧化层的生长速度；

③ 改变氧化层的生长机制，使其以氧向内扩散为主；

④ 抑制氧化物晶粒的生长；

⑤ 改善氧化层与基体金属的黏附性，使其不易剥落。

此外，还可以向合金中加入熔点高、原子尺寸大的过渡族元素，使其固溶于基体中，增加合金的热力学稳定性。另外，合金元素在基体中如能形成惰性相，减少合金表面的活化面积，也可以降低合金的氧化反应速率，达到增强合金的抗氧化性目的。

5.6.2 常见金属和耐热合金的抗氧化性

5.6.2.1 镍及镍基合金

镍是高温氧化中比较重要的元素。一方面,镍是重要的镍基高温合金的基本元素,同时也是各类耐热钢、不锈钢的重要组成元素。镍基合金是当前制造航空、舰艇、工业燃气轮机等高温部件的主要材料,必须具备优良的高温强度及高温抗蚀性,如发动机的涡轮盘、燃烧室及涡轮叶片等。另一方面,镍在常温和常压下只形成一种氧化物 NiO,它是研究氧化反应的理想金属。NiO 是一种阳离子不足的 p 型半导体,因此可以预料,镍氧化过程中,阳离子和电子向外迁移占优,新的 NiO 主要在氧化膜外表面形成。

(1) 镍

镍的氧化遵循抛物线规律,镍氧化的抛物线速率常数随氧分压而变化。

NiO 生长时受杂质影响较大。也就是说,纯度不同的镍氧化时,速率常数可以相差很大,甚至达 4 个数量级。由于这一原因,早期进行的纯度较低的镍氧化数据重复性极差。而后来利用高纯度(杂质含量不大于 0.002%)镍进行实验时就有很好的再现性。同时发现,高纯镍的速率常数比不太纯镍的要低。这一现象是容易解释的。NiO 中镍是二价,而镍中的杂质元素主要是二价或三价的。当三价杂质元素在 NiO 中溶解时,导致 NiO 中阳离子空位浓度增加,镍氧化速率提高。

对于不太纯的镍(如杂质含量在 0.1%左右),氧化膜由两层组成:外层致密,为柱状晶;内层疏松,为等轴晶。Pt 标记实验表明,外层长大是通过阳离子向外迁移,而内层长大是通过氧向内迁移。前面已指出,内层的形成是由于膜内形成了贯穿的微裂纹,导致氧直接侵入。此种情况下形成的氧化物疏松多孔。

氧在 NiO 中的自扩散比镍慢 5 个数量级。在 NiO 中,镍沿位错和晶界的扩散要比在晶格内的扩散快 4~5 个数量级。在 100 kPa 氧压和 522~800℃温度范围内,镍沿位错的扩散系数为:

$$D_{Ni(disl)} = 0.26\exp\left[-\frac{192(kJ/mol)}{RT}\right] \tag{5-61}$$

镍沿晶界的扩散系数为:

$$D_{Ni(gb)} = 0.43\exp\left[-\frac{171(kJ/mol)}{RT}\right] \tag{5-62}$$

镍在 NiO 中晶格和短路扩散系数的比较如图 5-6 所示。

(2) 单相固溶强化的 Ni 基合金

这类合金是以 Ni80Cr20 为基础发展起来的 γ 固溶体(奥氏体)变形板材合金(如 GH-30 或 Nimonic75),在 300~1200℃的温度区间内,有着比金属 Ni 和 Cr 更优良的抗氧化性。

Ni80Cr20 合金在 400℃氧化时,表面氧化皮为 NiO。在 500~700℃时,氧化皮为 α-Cr_2O_3。温度高于 800℃时,氧化皮为尖晶石 $NiCr_2O_4$ 和少量 α-Cr_2O_3、NiO;$NiCr_2O_4$ 在表面氧化皮中的出现不仅提高了氧化皮的致密性,而且由于它有着和合金近似的热膨胀系数,所以在热应力作用下能抑制 α-Cr_2O_3 的脱落。温度高于 800℃时,在锈皮中开始出现多层结构,内层为细晶粒组织,表层为粗晶粒不连续组织。

当温度高于 1000℃时,Ni80Cr20 合金表层开始出现晶界氧化与疏松组织层。温度高于 1100℃,由于 Cr_2O_3 的局部挥发而破坏了 $NiCr_2O_4$ 氧化皮的连续性,所以合金抗氧化性在 1100℃以上急剧恶化,而在 1000℃以下这种合金抗氧化性是优良的。

需要指出的是,合金恒温氧化试验的结果与循环氧化试验有明显差异。在恒温氧化试验时,Ni80Cr20 合金在 1000℃时选择氧化,形成的氧化皮为 Cr_2O_3;而在循环氧化试验时,由于表面氧化皮的剥落，氧化皮为 $Cr_2O_3 + NiCr_2O_4$。在 900～1050℃（分别在 900℃、950℃、1000℃、1050℃保温 1h 后空冷 10min）共进行 200 次循环，GH-30 合金的表面氧化层为 $Cr_2O_3 + NiCr_2O_4$，$NiCr_2O_4$ 随温度的升高而增加，经 1050℃/200 次循环氧化后 $NiCr_2O_4$ 成为主要氧化物，外层是 $NiCr_2O_4$，内层是 Cr_2O_3。

在 Ni-Cr 系固溶强化型合金中，为确保抗氧化性，合金中的 Cr 含量应维持在 20%～30%。但当 Cr 含量>30%时，合金中会出现 TCP 相（主要是 σ 相），对力学性能带来不良的影响。

在 Ni-Cr 二元系中，为了增加合金的固溶强化，常加入元素 W 或 Mo，它们对合金的抗氧化性有一定的影响，主要表现在高于 1000℃时。当超过 1000℃时，合金中的 W 和 Mo 都要被氧化成有着较大结构应力的 WO_3 与易挥发的 MoO_3，WO_3 使外氧化皮在热应力条件下易从金属表面剥落，MoO_3 增加了氧化皮的不连续性和氧化皮中的孔洞。Ni-Cr 二元合金中如存在 Fe 与 Co，它们在氧化时能取代 Ni 而存在于氧化皮中，增加阳离子空穴浓度，而使氧化速率增大。在 Ni-Cr 合金中固溶少量 Y、Th 及其他稀土元素，会增加锈皮与合金之间的黏结力。

固溶强化型镍基高温合金的高温抗氧化性是优良的。由于其氧化皮组成均匀，并且连续致密，而破坏相的产生都是在 1000℃以上，所以在 1000℃以下这类合金可长期使用。

(3) 沉淀强化复相的 Ni 基合金

这类合金是复相合金，主要组成是 Ni-Cr-Al-Ti。在时效处理过程中，有金属间化合物 γ′相（Ni_3Al）、碳化物相等沉淀于 γ 固溶体（γ-Ni）中；γ 和 γ′两相在反应界面上的物理化学稳定性、氧化速率及氧化产物组成等方面均存在差别，呈现出不均匀的氧化并形成具有复相结构的氧化皮。钛部分置换铝，形成 γ′相 [$Ni_3(Al，Ti)$]，铌、钴等可溶入 γ′相，部分置换 Ni。铌、钴可强化和稳定 γ′相，钴可增加 γ′相的数量，也可强化 γ′相，可提高 γ′相的固溶温度。高温合金的高温强度主要取决于 γ′相的总量。

有的合金 Cr 含量较低，但仍然能保持优良抗氧化性。其原因是合金往往存在大量 γ′相，使 γ 基体相中 Cr 含量相对提高，若在氧化的温度范围 γ′相稳定存在，会促使 γ 相选择氧化。高 Cr 的 γ 相保证了在合金表面形成致密的 Cr_2O_3 氧化皮，因而在 1000℃以下表现出优良的抗氧化性。而当温度超过 1000℃后，γ′相开始向 γ 相中溶解，γ 相与 γ′相就同时以不同的氧化速率开始了锈蚀。γ 相的表面氧化形成 NiO、Cr_2O_3 和 $NiCr_2O_4$，γ′相的表面氧化形成 NiO、Al_2O_3 和 TiO_2，这种结构差异导致相界晶体缺陷及相间内应力增加，温度高于 1000℃后，合金的外锈皮、内腐蚀及晶界腐蚀急剧增加。

合金的抗氧化性随 γ′相体积分数的增加及 Cr 含量的降低而变坏，随 Al 含量的增加而变好。合金 γ 相中含 Mo 或 W 时，Mo 对抗氧化性将带来不良的影响。

5.6.2.2 钴及其合金

钴氧化可以形成两种氧化物：一种为 NaCl 型结构的 CoO，另一种为尖晶石结构的 Co_3O_4。由于在通常的温度范围内，Co_3O_4 形成的氧分压高，例如在 950℃下高于 100 kPa 氧压，在 1050℃下高于 1MPa 氧压才能生成 Co_3O_4。因此，通常的氧化条件下，钴表面只有 CoO 生成。

由于钴也是重要的高温合金基本元素或添加元素，对它的氧化研究也比较多。如同 NiO、CoO 也是金属不足的 p 型半导体，CoO 的生长由钴离子向外扩散进行。纯钴上生成的 CoO 为单层结构。但杂质含量较高的钴上生成具有双层结构的 CoO，内层多孔，外层致密。其发生机理和镍完全相同。

和 NiO 相比，CoO 的缺陷结构要更复杂。CoO 中可能存在二价、一价、中性钴的空位。除了这些偏离化学计量时引入的缺陷外，同时还可能存在外来杂质缺陷及本征弗兰克

(Frankel)缺陷。可以预料，氧化速率常数随氧分压及温度的变化会相当复杂。在950~1300℃之间，温度较低时，一价和中性空位占优；温度较高时，一价空位占优。

钴基合金是世界上较早用于航空发动机高温部件的金属材料，是一种碳化物强化或固溶强化的合金；金属Co在高温下有着较金属Fe优良的抗氧化性，有着较金属Ni优良的抗硫蚀性。目前Co基合金包括Co-Cr、Co-Cr-Ni、Co-Cr-Ni-W合金。它们多借助于生成尖晶石结构的$CoCr_2O_4$来保证抗氧化性，W加至Co-Cr-Ni中后，进一步提高了Co基合金在1000℃以上的抗氧化性，并减少了内氧化。

5.6.2.3 铁、耐热钢和铁镍基合金

从Fe-O相图已知，铁在高温下空气中氧化时将生成由FeO、Fe_3O_4和Fe_2O_3构成的多层膜。具体地，在570℃以下，只有Fe_3O_4和Fe_2O_3两层；在570℃以上，有FeO、Fe_3O_4和Fe_2O_3三层。各氧化物层在膜中的分布规律为：最富金属的氧化物紧靠金属生成，最富氧的氧化物则在靠近气相一侧生成。

FeO是一种金属不足的p型半导体。其偏离化学计量可以很大。例如在1000℃时，可以从$Fe_{0.95}O$到$Fe_{0.88}O$变化。由于如此高的阳离子空位浓度，FeO中阳离子和电子的迁移率是极高的。

Fe_3O_4是一种反尖晶石结构，其缺陷浓度比FeO低。它的一个分子中含有占据八面体位置的Fe^{2+}和Fe^{3+}各一个，另有一个Fe^{3+}占据四面体位置。在八面体和四面体位置处都存在缺陷，因此，铁离子可以通过这两个位置迁移。伴随铁离子向外迁移，必然使电子经由电子空穴也向外迁移。

Fe_2O_3有两种晶型：具有菱形六面体结构的$\alpha\text{-}Fe_2O_3$和具有立方结构的$\gamma\text{-}Fe_2O_3$。在400℃以上，Fe_3O_4氧化形成$\alpha\text{-}Fe_2O_3$。因此，只需要考察$\alpha\text{-}Fe_2O_3$。在菱形六面体结构中，通常认为处于间隙位置的铁离子容易发生迁移。但也有人提出相反的观点。

综合以上考虑，可以用图5-19来描述铁的氧化机制。图中清楚地标明了各个相界所发生的反应。整个体系中离子迁移过程是：在Fe/FeO界面电离形成的Fe^{2+}穿过FeO层向外迁移，并在FeO/Fe_3O_4界面处将Fe_3O_4还原成FeO。过剩的Fe^{2+}和Fe^{3+}通过Fe_3O_4中四面体和八面体上的空位继续向外迁移。在Fe_3O_4/Fe_2O_3界面上与Fe_2O_3反应形成Fe_3O_4。在Fe_2O_3层中考虑了两种离子扩散的情形：一种情形是Fe^{3+}向外迁移（通过空位V_{Fe}'''），在Fe_2O_3/O_2界面上和O_2反应形成新的Fe_2O_3；另一种情形是O^{2-}向内迁移，并在Fe_3O_4/Fe_2O_3界面上与从Fe_3O_4层中迁移来的Fe^{2+}反应形成Fe_2O_3。

伴随离子的迁移，也发生电子的迁移。对电子迁移的考虑和对离子迁移的完全类似。

由于在FeO内，阳离子和电子的迁移率高，这一层的厚度和Fe_3O_4及Fe_2O_3的相比要厚得多。事实上，在1000℃时，它们的相对厚度粗略地可以认为是FeO：Fe_3O_4：Fe_2O_3=95：4：1。在570℃以下由于不形成FeO层，相应地氧化速率要低。

由于570℃以上氧化时，FeO层占整个氧化膜的95%左右，这一层的生长就控制着总的氧化速率。FeO中缺陷浓度受Fe/FeO和FeO/Fe_3O_4两个相界上的平衡氧分压制约，所以在任意给定温度下，FeO的生长速度不受外界氧分压的影响。由此可以说，铁氧化的总速度也几乎与外界氧分压无关。

耐热钢含有较大量的Cr、Al、Si和少量稀土元素，以提高抗氧化性；还常含有镍、钴、钼、钨、钒、锰等元素以改善力学性能。当使用温度超过650℃时，耐热钢可生成Cr_2O_3、Al_2O_3、$FeCr_2O_4$组成的致密氧化物，来保证高温抗氧化性。Cr13马氏体不锈钢使用温度不高于580℃，抗氧化温度不高于750℃；奥氏体不锈耐热钢最高使用温度为750℃，一般

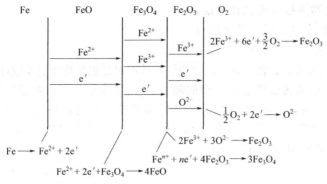

图 5-19 铁上生成 FeO、Fe_3O_4 及 Fe_2O_3 三层膜的扩散步骤和界面反应（570℃以上）

使用在 600～700℃；高 Cr 铁素体不锈钢作为抗氧化用钢使用温度可达 1000～1050℃；Fe-Cr-Al 合金（铁素体）的抗氧化温度可达 1350℃。常见的 Fe-Cr-Al 合金的成分为：0.03% C，0.3% Si，0.1% Mn，25% Cr，5% Al，0.20% Ti，余为铁。需要注意的是，高 Cr 的铁素体不锈钢（合金）由于析出 Fe-Cr 金属间化合物 σ 相或铁素体内 Cr 的有序化而引起热脆和冷脆，而易于产生脆性，使其使用受到了很大的限制。

典型 Fe-Cr-Al 合金的成分为 Fe-23Cr-5Al，Me-Cr-Al 是最重要的常规高温合金。

铁镍基高温合金是从奥氏体型不锈耐热钢发展起来的，使用温度超过 750℃。在 18-8 不锈钢基础上加入 Al、Ti、Nb 等元素，形成金属间化合物 γ′ 相 $Ni_3(Al,Ti)$ 使合金获得强化，提高使用温度。典型合金有 A286（相当于 GH132），含 15% Cr、25% Ni、2.15% Ti、0.15% Al、1.0% Mo。

5.6.3 高温涂层保护

高温合金必须同时具备两方面的性能要求：优异的高温力学性能和抗高温腐蚀性能。但实际上，对同一种合金，这两方面的性能之间有时是相互矛盾的，不可能同时达到最优化。例如：

① 为改善合金的高温力学性能，必须增加钨、钼、钒等固溶强化型合金元素，而相应地就会降低铬、铝的含量。铬是最重要的抗高温腐蚀元素，只有当合金中铬的质量分数大于 15% 时，合金才具有良好的抗热腐蚀性能。但高强度镍基合金中铬含量又不宜太高，否则会形成有害的 σ 相 $[(Cr,Mo)_x(Ni,Co)_y]$。为了抑制 σ 相的形成，要求铬的质量分数不超过 9%。这样一来，必然会损害合金的抗高温腐蚀性能。

② 铝是最重要的抗氧化元素。但铝含量增加，合金塑性下降，加工性能也会严重恶化。为了改善合金的塑性和加工性能，就要降低合金中的铝含量。铝含量的降低意味着为保证 Al_2O_3 膜稳定地生长所能供应的铝量减少，氧化膜保护寿命被缩短。

要解决合金的高温力学性能和抗高温腐蚀性能之间的矛盾，一个非常有效的途径即在合金表面施加适当的涂层。通常涂层都较薄，主要起保护基体金属不受高温腐蚀的作用。而对高温强度的要求主要由基体合金来承担。由于基体合金和防护涂层可以单独设计，施加防护涂层的合金部件就可以既保持合金足够的高温强度而表面又具有优异的耐高温腐蚀性能。特别是在主要是要求抗高温腐蚀性能的场合，通过低级材料表面施加防护涂层可达到高级材料的功效，从而可大大节约成本。

高温防护涂层有两种：扩散涂层（diffusion coatings）和覆盖涂层（overlay coatings）。按高温涂层的发展历史，涂层可分为下列 4 类：

① 铝化物涂层（第一代涂层）；

② 改性的铝化物涂层（第二代涂层）；
③ Me-Cr-Al-Y 涂层（第三代涂层）；
④ 热障涂层（第四代涂层）。

最常见的扩散元素为铝、铬、硅等，典型的扩散涂层是铝化物涂层及改性的铝化物涂层。

Me-Cr-Al-Y 涂层为覆盖涂层，涂层的制备主要有两种方法：物理气相沉积和等离子喷涂。Me-Cr-Al-Y 涂层的优点在于它成分选择的多样性，即可以根据不同的工作环境和不同基体材料选择合适的涂层成分。为防止涂层退化，可在涂层与基体间增设扩散障，制成 Pt-Me-Cr-Al-Y 和 TiN-Me-Cr-Al-Y 涂层。

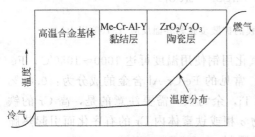

图 5-20 双层结构的热障涂层构造及工作原理示意图

热障涂层（thermal barrier coatings，TBCs）也是覆盖涂层，是由陶瓷隔热面层和金属黏结底层组成的涂层系统，其构造及工作原理如图 5-20 所示。热障涂层采用金属黏结底层的目的是改善陶瓷面层和基体合金的物理相容性以及抗氧化保护基体的作用。黏结底层的厚度一般为 $0.1 \sim 0.2 mm$，它的成分多为 Me-Cr-Al-Y，主要为 Ni-Cr-Al-Y 或 Ni-Co-Cr-Al-Y。此外，黏结层的微观结构也会直接影响陶瓷层与金属层的结合性能。目前，制备热障涂层的主要技术手段有两种：等离子喷涂和电子束蒸发物理气相沉积（EB-PVD）。由等离子喷涂制备的涂层为等轴晶，而由 EB-PVD 获得的是柱状晶。燃气轮机高温部件最初使用空气等离子体喷涂（APS），为了获得较致密、含氧化物低的热障涂层，先后发展了真空等离子体喷涂（VPS）和低压等离子体喷涂（LPPS）工艺。LPPS 工艺通常是在 $10 \sim 50 kPa$ 的低压空气中使用常规的等离子枪进行喷涂。等离子喷涂的热障涂层在热力和机械循环负荷下容易剥落，因而寿命有限。20 世纪 80 年代开发了 EB-PVD 工艺，EB-PVD 获得柱状晶的每个柱状晶体与基底层牢固相接。由于柱状晶间结合差，这种柱状晶组织更能有效地承受热应力，其抗热震性能明显要好，其抗剥落寿命比等离子体喷涂的涂层高 7 倍。

高温防护涂层的应用范围十分广泛，在挖掘金属材料的使用潜力、提高使用温度、延长使用寿命、扩大使用范围等方面取得了非常显著的效果。

思考题与习题

1. 解释下列名词：PBR 值，非化学计量的氧化物，n 型半导体，p 型半导体，选择氧化，内氧化，Hauffe 原子价规律。
2. 如何判断金属高温腐蚀的可能性和方向性？
3. 金属氧化物中缺陷类型有哪些？
4. 金属氧化膜具有保护作用的充分与必要条件是什么？
5. 金属高温氧化的基本过程和动力学规律是什么？
6. 试述高温合金氧化的特征和机理。
7. 简述 Wagner 金属氧化理论。
8. 试分析 Cr 含量（0~30%）对 Ni-Cr 合金在 1000℃ 氧化的动力学（抛物线速率常数）影响（图 5-10）的机理。
9. 提高高温合金抗氧化性的途径有哪些？
10. 常用的高温腐蚀表面防护技术有哪些？

第2篇

船舶相关环境的腐蚀

第6章
金属在海洋环境中的腐蚀

材料在不同环境中的腐蚀情况千差万别。暴露在大气中的钢,其表面会生成锈皮,在锈皮的保护作用下,腐蚀速度逐渐减小;船舶、码头、钻井平台等的腐蚀随海水浓度、温度、深度、水质的变化而不同。总的来说,在海洋环境等自然环境中,常温下的腐蚀绝大多数是吸氧腐蚀,但不同环境条件下的氧去极化反应、阳极过程、金属腐蚀次生过程的影响是存在明显差异的。

海洋船舶常年处在腐蚀性强的海洋环境中,外船体、甲板、上层建筑、舱内海水管路、压载水舱等遭受海水或海洋大气的腐蚀。同时,船舶内还常存在因海水泄漏产生积水而引起腐蚀问题(如船舶舱底的腐蚀)。海水腐蚀和海洋大气腐蚀是船舶面临的主要腐蚀问题。

6.1 海水腐蚀

金属材料在海洋工程中应用量大,服役条件广,迄今为止仍是海洋工程中的主要材料。海洋约占地球表面积的70%。海水是自然界中量最大,而且还具有很强腐蚀性的天然电解质。近年来海洋开发受到普遍重视,各种海上运输工具、船舶、海上采油平台、开采和水下输送及储存设备、海岸设施和军用设施等不断增加,它们都可能遭受海水腐蚀。我国沿海工厂、海洋船舶等常使用海水作为冷却水,腐蚀问题很突出。我国海岸线长达18000km,海洋天然资源十分丰富,所以研究和解决金属材料的海水腐蚀问题,对于发展我国海运和海洋开发以及海军现代化建设具有重要意义。

6.1.1 海水的特性

海水中溶有大量的以氯化钠为主的盐类,人们常把海水近似地看作氯化钠(NaCl)3%或3.5%的溶液。海水中含盐量用盐度或氯度来表示。盐度是指1000g海水中溶解的固体盐类物质的总质量(g),而氯度是指1000g海水中的氯离子质量(g),常用百分数或千分数表示。通常先测定海水的氯度(Cl‰),然后用经验公式推算得到盐度(S‰),公式如下:

$$S‰ = 1.80655 \text{ Cl}‰$$

正常海水的盐度一般在 32‰～37.5‰ 之间变化，通常取盐度 35‰（相应的氯度为 19‰）作为大洋海水的盐度平均值。表 6-1 列出了海水中盐类的主要组成及各离子含量，表 6-2 列出了主要海域的海水含盐量。海水的总盐度随地区而变化，在某些海区和隔离性的内海中盐度有较大的变化，如在江河的入海口，海水被稀释，盐度变小。在地中海、红海这些封闭性海中，由于水分急速蒸发，盐度可达 40‰。

表层海水含盐量一般在 32‰～37.5‰ 之间，随着水深的增加，含盐量略有增加。海水有很高的电导率，海水的平均电导率约为 4×10^{-2} S/cm，远远超过河水（2×10^{-4} S/cm）和雨水（1×10^{-5} S/cm）的电导率。海水 pH 值通常为 8.1～8.2，且随海水深度变化而变化。

表 6-1 海水中盐类的主要组成及各种离子含量（海水盐度 35‰）（ASTM D1141）

离子	浓度/(g/kg)	组分	浓度/(g/kg)
Cl^-	19.37	NaCl	24.53
Na^+	10.77	$MgCl_2$	5.20
Mg^{2+}	1.30	Na_2SO_4	4.09
Ca^{2+}	0.409	$CaCl_2$	1.16
K^+	0.338	KCl	0.0695
Sr^{2+}	0.010	$NaHCO_3$	0.201
SO_4^{2-}	2.71	KBr	0.101
Br^-	0.065	H_3BO_3	0.027
HCO_3^-①	0.14	$SrCl_2$	0.025
F^-①	0.001	NaF	0.003

① ASTM D1141 中没有这两个离子，根据其他教材、资料情况，编者加入。

表 6-2 主要海域的海水含盐量

海域	总含盐量/%	中国海域	总含盐量/%
大西洋	2.5～3.8	渤海	2.9～3.1
太平洋	3.4～3.7	黄海	3.0～3.1
地中海	3.7～3.9	东海	2.7
红海	>4.1	南海	3.4
黑海	1.7～2.2	一般河水	0.01～0.03
白海	1.9～3.3	（为比较列入）	
波罗的海	0.2～0.8		
英国北海	3.5～3.6		

海水是一种含有多种盐类近中性的电解质溶液，并溶有一定的氧。海水含氧量是海水腐蚀的主要因素，这决定了金属在海水中腐蚀的电化学特征。在正常情况下，海表面与空气接触的面积很大，有不断的机械搅拌（浪）、自然对流，除特殊情况外，可以认为海水的外层是被氧（空气）所饱和的；在标准大气压空气饱和下，溶氧量在 5～10mL/L 范围内。在 20℃、盐度 35‰ 时，海水中氧的溶解度为 5.35mL/L。

6.1.2 海洋环境分类及腐蚀特点

按照金属和海水的接触情况可将海洋环境区域分类为：海洋大气区、飞溅区、潮汐区、全浸区和海泥区（图6-1）。根据海水的深度不同，全浸区又可分为浅水、大陆架和深海区。不同区域的环境条件和腐蚀特点见表6-3。

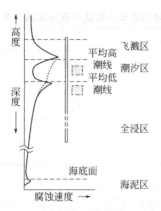

图6-1 不同海洋环境区域的示意图

表6-3 不同海洋环境区域的腐蚀特点比较

区域划分	海洋区域	环境条件	腐蚀特点
	海洋大气区	风带来海盐颗粒，影响腐蚀的因素有：高度、风速、雨量、温度、辐射等	腐蚀遵循大气腐蚀规律。海盐粒子使腐蚀加速，但随离海岸线距离而不同
平均高潮线	飞溅区	潮湿。充分充气的表面，无海生物沾污	海水飞溅，干湿交替，腐蚀激烈
	潮汐区	周期沉浸，供氧充足	由于氧浓差电池作用，本区会受到保护
平均低潮线	全浸区	在浅水区海水通常为氧所饱和，影响腐蚀的因素有：流速、水温、污染、海生物等。在大陆架海生物沾污大大减少，氧含量有所降低，温度也较低	腐蚀随温度变化，浅水区腐蚀较重，阴极区往往形成石灰质水垢，生物因素影响大。随深度增加，腐蚀减轻，但不易生成水垢保护层
海底	（深海区）	深海区氧含量可能比表层高，温度接近0℃，水流速低，pH值比表层低	钢的腐蚀通常较轻
	海泥区	常有细菌（如硫酸盐还原菌SRB）	泥浆通常有腐蚀性，有可能形成泥浆-海水间的腐蚀电池。有微生物腐蚀的产物，如硫化物

在飞溅区，金属表面常被充气的海水湿润，由于海水和空气充分接触，含氧量达到最大程度；并且飞溅区受到海水运动的冲击，该处的保护涂层也较易脱落破坏。因此，飞溅区的腐蚀最为严重（飞溅区腐蚀速度最大，海泥区腐蚀速度最小。这是由于飞溅区金属表面潮湿，供氧充足，更因为干湿交替，盐分浓缩，腐蚀条件最充分，所以腐蚀速度最大）。

潮汐区是平均高潮线与平均低潮线之间的区域。对于孤立的金属样板，其腐蚀速度稍高于全浸区。但对于长尺寸的钢带（桩）试样，潮汐区的腐蚀速度反而明显低于全浸区的顶部。这是由于孤立钢样的腐蚀受氧扩散控制，潮汐区供氧充分，腐蚀速度高于全浸区；而对于长尺寸钢样，受到氧浓差电池的作用（两极间电位差约有40～90mV），潮汐区为阴极而受到一定程度的保护，全浸区的顶部区域为阳极而使腐蚀加速。

全浸区：在浅海区，氧含量通常接近于饱和，生物活性很大，水温又较高，腐蚀一般比较严重。在深海区，随着深度的增加，海水溶解氧先减后增。如太平洋海区，在水深约700m处溶解氧最少，溶解氧浓度约为0.4mL/L。深海区温度低，水流速低，pH值低，深海区很难形成钙质沉淀层。

表 6-4 为国产船体钢的长、短试样在某海域 2 年的腐蚀速度比较，表中的数据也表明了短试样与长试样在全浸区和潮汐区的腐蚀差异。

表 6-4　国产船体钢的长、短试样在某海域 2 年的腐蚀速度比较　　　单位：mm/a

海洋区带	长试样			短试样		
	10CrMoAl	09MnNb	3C(B 级钢)	10CrMoAl	09MnNb	3C(B 级钢)
海洋大气区	0.046	0.065	0.085	0.028	0.041	0.043
飞溅区	0.133	0.186	0.23	0.30	0.25	0.27
潮汐区	0.025	0.04	0.035	0.21	0.20	0.18
全浸区	0.143	0.249	0.25	0.13	0.15	0.16

海泥区为全浸区以下的部分，主要由海底沉积物构成。海泥区盐度高，电阻率低，但氧浓度低，发生的腐蚀通常比在海水中缓慢。但海泥区往往含有硫酸盐还原菌等微生物，因此，微生物对腐蚀的影响较为显著。

6.1.3　海水电化学腐蚀过程的特征

海水是典型的电解质，电化学腐蚀的基本规律对于海水腐蚀都是适用的，但从海水特征出发，其电化学过程也具有自身的特征。

① 在海水 pH 值条件下，析氢反应的平衡电位为 $-0.48V$（相对于 NHE），吸氧反应的平衡电位约为 $+0.74V$（相对于 NHE）。除了镁及其合金既有吸氧腐蚀又有析氢腐蚀外，其他金属海水腐蚀的阴极过程是氧去极化过程，它是腐蚀的控制环节，一般受氧达到腐蚀表面的速度所控制。

② 对于大多数金属来说，海水腐蚀时的阳极阻滞很小，因而腐蚀速度相当大。因为 Cl^- 等卤素离子能阻碍或破坏金属的钝化，只有极少数金属（如钛、锆等）能在海水中保持钝态。Cl^- 的破坏方式有：

　　a. 破坏氧化膜。Cl^- 对氧化膜的渗透破坏作用，以及对胶状保护膜的解胶破坏作用。
　　b. 吸附作用。Cl^- 比某些钝化剂更容易吸附。
　　c. 电场效应。Cl^- 在金属表面吸附时形成了强电场，从金属中引出金属离子。
　　d. 形成络合物。Cl^- 与金属易形成络合物，加速了金属的阳极溶解过程。

③ 海水的电导率大，电阻性阻滞很小，所以海水腐蚀过程中金属表面形成的微电池和宏观电池都有很大的活性，海水中异种金属接触时很容易发生电偶腐蚀。在海水中异种金属接触所构成的腐蚀电池，其作用更强烈，影响范围更远。如海船的青铜螺旋桨可引起远达数十米处的钢制船体的腐蚀。

④ 海水中易出现局部腐蚀，如点腐蚀和缝隙腐蚀，在高流速的海水中易产生冲刷腐蚀和空泡腐蚀。

6.1.4　影响海水腐蚀的因素

(1) 盐度

海水中以 NaCl 为主的盐类，其浓度范围对钢（Fe）而言，刚好接近腐蚀速度最大的浓度范围（见图 2-12），当盐浓度超过一定值后，由于氧的溶解度降低，使金属的腐蚀速度降低。

(2) pH 值

海水的 pH 一般处于中性，对腐蚀影响不大。在深海处，pH 值略有下降，此时不利于在金属表面生成具有保护性的碳酸盐。

（3）碳酸盐饱和度

在海水的pH值条件下，碳酸盐一般达到饱和，易于沉积在金属表面而形成保护层，当施加阴极保护时，更易使碳酸盐沉积析出。河口处的稀释海水，尽管电解质本身的腐蚀性并不强，但是碳酸盐在其中并非饱和，不易在金属表面析出形成保护层，致使腐蚀增加。

（4）氧含量

海水中氧含量增加，可使金属腐蚀速度增加。这是由于局部阳极的腐蚀速度取决于阴极反应，去极化随着到达阴极氧量的增加而加快。在标准大气压空气饱和下，海水中溶氧量在5～10mL/L范围内。波浪及绿色植物的光合作用能提高氧含量，海水中氧含量可高达12mL/L。而海洋动物的呼吸作用及死生物分解需要消耗氧，故使氧含量降低。污染海水中氧含量可大大下降。海水中氧含量随着流速和深度也有很大变化。不同温度、深度海水中溶解氧浓度见表6-5和表6-6。

表6-5　在标准大气压下氧在海水中的溶解度　　　　　　单位：mL/L

盐度/‰	0	10	20	30	35	40
0℃	10.30	9.65	9.00	8.36	8.04	7.72
10℃	8.02	7.56	7.09	6.63	6.41	6.18
20℃	6.57	6.22	5.88	5.52	5.35	5.17
30℃	5.57	5.27	4.95	4.65	4.5	4.34

表6-6　海水深度与碳钢、低合金钢平均腐蚀速度的关系

深度/m	盐度/‰	温度/℃	pH值	溶解氧/(mL/L)	流速/节	腐蚀速度/(mm/a)
15	33.51	12～19	8.1	3.9～6.6	变化	0.117
723	34.36	5.0	7.5	0.4	0.06	0.032
2067	34.60	2.2	7.7	1.6	0.03	0.060

注：太平洋海区，时间364～763d。1节=1海里/时=1.852km/h。

（5）温度

一般认为，海水温度每升高10℃，海水中金属腐蚀速度提高约1倍（图6-2）。但随着温度上升，氧的溶解度随之下降，又削弱了温度效应。一般来说，铁、铜和它们的合金在炎热的环境或季节里，海水腐蚀速度要快些。

（6）流速

许多金属腐蚀与海水流速有较大的关系。尤其对钢铁、铜及铜合金等常用金属，存在一个临界流速，超过此流速，金属腐蚀明显加快。

但对在海水中能钝化的金属则不然，有一定的流速能促进钛、镍合金和高铬不锈钢的钝化，而提高耐蚀性。

当海水流速很高时，金属腐蚀急剧增加，由于介质的摩擦、冲击等机械力的作用，出现了冲刷腐蚀和空泡腐蚀。

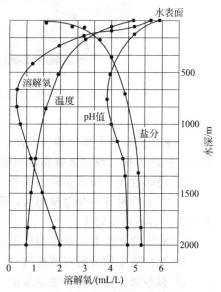

图6-2　海水深度与温度、盐的浓度及溶解氧的关系（太平洋）

(7) 生物性因素的影响

生物因素对腐蚀影响很复杂，有时表现出减少金属腐蚀的有利影响，但多数情况下还是增加了金属腐蚀，尤其是局部腐蚀。海洋生物在船舶或海水构筑物表面附着形成缝隙，容易诱发缝隙腐蚀。微生物的生理作用会产生氨、CO_2 和 H_2S 等腐蚀性物质，会加速腐蚀。图 6-3 为高强度低合金（HSLA）钢试片在杜蒂戈林（Tuticorin）港海水中的海生物污损和腐蚀形貌，海生物的附着引起了 HSLA 钢严重的局部腐蚀。另外，海生物的附着会严重影响船舶的航行性能、设备装置的使用运行。

(a) 海水中暴露12个月

(b) 海水中暴露24个月

图 6-3　HSLA 钢试片在杜蒂戈林港海水中的海生物附着（左）和腐蚀（右）形貌
（试样尺寸：90mm×120mm）

海水中的海洋金属结构物表面（如船舶的水下船体，海水冷却系统的进、出口处）常丛生着一些海生物，致使金属腐蚀加速，这是因为：

① 局部改变了海水介质的成分，如：在丛生叶绿素植物处，水层中含氧量增加。
② 海生物附着并非完整均匀，附着层内外形成氧浓差电池；海生物在金属表面附着形成缝隙，容易诱发缝隙腐蚀。
③ 海生物在生命活动中因放出 CO_2 而使介质呈酸性。
④ 死亡海生物分解可能析出 H_2S，使周围液体酸化。
⑤ 有些海生物能穿透油漆保护层，使保护层遭受破坏，从而加速腐蚀。
⑥ 在附着生物底部形成缺氧环境，促进 SRB 等厌氧微生物繁殖而产生腐蚀破坏作用。

海生物对海水腐蚀的影响称为海生物污损。

不同的金属和合金在海水中被海生物污损的速度是不同的，海生物污损最严重的是铝及其合金，各种钢、镍基合金、钛合金也易被海生物污损，铜及其合金被海生物污损的速度最小。钛合金海生物污损严重。海生物污损时虽然金属自身几乎不腐蚀，但严重影响相关构件、设备的使用、运行。

6.1.5 海水腐蚀的防护

对于海水中海洋结构的防腐蚀，除进行合理的防腐蚀结构设计外，主要防腐蚀措施有如下几种：

(1) 合理选材、研制新材料

钛及钛合金在海水中的耐蚀性优异，镍和铜合金在海水中是较耐蚀的材料；不锈钢在海水中耐蚀性与成分密切相关，普通不锈钢易发生点蚀等局部腐蚀，一般应选用超低碳的不锈钢。钛、镍、铜及其合金和不锈钢的价格高，因此主要用于关键部位。海洋设施中大量使用的还是钢铁材料，牌号很多，应根据具体要求合理选择和匹配，同时可根据我国资源情况发展耐海水腐蚀新材料。美国 USS 公司在 1967 年生产了以 Mariner 为商标的含 Cu-Ni-Cr 耐海水腐蚀低合金钢，欧洲、日本也研制、生产了耐海水腐蚀的 Cu-Ni-Cr 钢。海洋设施中大量使用的钢铁材料，要注意电偶腐蚀问题。当两种材料的自腐蚀电位差小于 50mV 时，一般就不会产生明显的电偶腐蚀。

(2) 涂层保护

这是防止金属材料海水腐蚀普遍采用的方法，除了应用防锈漆外，有时还采用防生物污损的防污漆。对于处在潮汐区和飞溅区的某些固定结构物，可以使用蒙乃尔合金包覆。

(3) 阴极保护

阴极保护是防止海水腐蚀常用的方法之一，但只在全浸区才有效。阴极保护分为外加电流阴极保护和牺牲阳极阴极保护。外加电流阴极保护法便于调节，而牺牲阳极阴极保护法则简单易行。对于钢铁，海水中常用的牺牲阳极有三元锌（Zn-Al-Cd）阳极和高效铝合金阳极。目前，高效铝合金阳极已逐步取代三元锌阳极。在海水全浸区，实际情况下往往是采用有机涂层和阴极保护进行联合保护。

6.2 金属在大气中的腐蚀

大气腐蚀是金属与所处的自然大气环境间因环境因素而引起材料变质或破坏的现象。在大气中使用的钢材量一般超过全世界钢产量的 60%，桥梁、钢轨、厂房的钢梁、各种机械设备、车辆以及武器装备等金属材料都是在大气环境下使用。据估计，因大气腐蚀而造成的损失约占总腐蚀损失量的 50% 以上。因此，研究大气腐蚀的现象和规律，了解大气腐蚀的机理和影响因素（如温度、湿度、含盐量、CO_2 含量、SO_2 含量、光照等），研究金属材料耐大气腐蚀性能及防止大气腐蚀的方法是非常必要的。

6.2.1 大气腐蚀的分类

从全球范围看，大气的主要成分几乎是不变的，见表 6-7，只有其中的水分含量随地域、季节、时间等条件而变化。

表 6-7　大气在 10℃、101.3kPa 时的基本组成（不包括杂质）

成分	质量分数/%	成分	质量分数/%
氮(N_2)	75	氩(Ar)	1.26
氧(O_2)	23	氖(Ne)	12×10^{-4}
水蒸气	0.70	氪(Kr)	3×10^{-4}
二氧化碳(CO_2)	0.04	氦(He)	0.7×10^{-4}
氢(H_2)	0.04×10^{-4}	氙(Xe)	0.4×10^{-4}

参与大气腐蚀过程的主要是氧和水汽。空气中的氧溶解于金属表面存在的电解液薄层中，作为阴极去极化剂，参与电化学腐蚀过程。金属表面的电解液薄层主要是由大气中水汽形成的。

空气中的水汽含量通常用相对湿度来表示。大气中水蒸气压与同一温度下大气中饱和水蒸气压的比值称为相对湿度。当相对湿度达到100%时，大气中的水汽就会直接凝结成水滴降落或凝聚在金属表面形成肉眼可见的水膜。即使相对湿度小于100%，由于毛细管凝聚作用和吸附作用或化学凝聚作用，水汽也可以在金属表面凝成很薄、肉眼不可见的水膜。

由于金属表面水膜的存在，而金属表面的水膜并不是纯净的水，空气中及工业大气中的气体杂质和盐颗粒、海洋大气中的盐颗粒都会溶解在水膜中，使之成为电解质溶液，这样就具备了进行电化学腐蚀的条件，使金属受到明显的大气腐蚀。

根据金属表面潮湿程度的不同，可把大气腐蚀分为三类。

(1) 干大气腐蚀

这类大气腐蚀发生在空气非常干燥的条件下，此时金属表面不存在液膜层，其腐蚀速度很小。在清洁大气中，普通的金属在室温下都可以产生不可见的氧化膜。在有微量气体沾污物（如硫化物）存在的情况下，铜、银和某些其他非铁金属在常温下也会形成一层可见的膜，这种膜的生成使金属失去光泽，通常称为失泽作用；但在同样条件下，铁和钢的表面将保持光亮。

(2) 潮大气腐蚀

这类大气腐蚀时，水汽的浓度必须超过某一最小值（临界湿度）。当大气相对湿度足够高时，金属表面存在肉眼看不见的薄液膜层。即使相对湿度小于100%，由于毛细管凝聚作用和吸附作用或化学凝聚作用，水汽也可以在金属表面凝成肉眼不可见的很薄的水膜。铁在不直接被雨淋时发生的锈蚀就是这种腐蚀的例子。

(3) 湿大气腐蚀

在这种情况下，水分在金属表面已凝聚成液滴，金属表面存在肉眼可见的水膜。当空气湿度接近100%时，以及当水分以雨、雪、水沫等形式直接落在金属表面上时，在金属表面上存在着肉眼可见的凝结水膜（厚度为 $1\mu m\sim 1mm$）。

图 6-4 定性地示出了大气腐蚀速度与金属材料表面水膜层厚度之间的关系，大致可分为四个区域。

① 区域Ⅰ。金属表面只有约几个水分子厚（1~10nm）的水膜，还没有形成连续的电解质溶液，相当于干大气腐蚀，腐蚀速度很小。

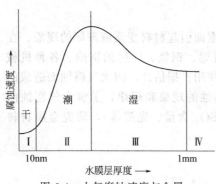

图 6-4　大气腐蚀速度与金属表面水膜层厚度之间的关系

② 区域Ⅱ。当金属表面水膜厚度约在 $1\mu m$ 时，由于形成连续电解液层，腐蚀速度迅速增加，发生潮大气腐蚀。

③ 区域Ⅲ。水膜厚度增加到 1mm 时，发生湿大气腐蚀，氧通过液膜扩散到金属表面显著困难，因此，腐蚀速度明显下降。

④ 区域Ⅳ。金属表面水膜层厚度大于 1mm，相当于全浸在电解液中的腐蚀，腐蚀速度基本不变。

通常所说的大气腐蚀是指在常温下潮、湿空气中的腐蚀，即区域Ⅱ、Ⅲ的腐蚀。

6.2.2 大气腐蚀的机理

当大气中 CO_2、SO_2、NO_2 或盐类溶解于金属表面由于凝露而形成的薄膜中时，该水膜则成为电解质，此时金属表面发生电化学腐蚀。

大气腐蚀是金属表面处于电解质薄液膜下的腐蚀过程，其腐蚀规律符合电化学腐蚀的一般规律。

(1) 大气腐蚀的电化学过程

① 阴极过程。在液膜下的大气腐蚀中，阴极过程以氧去极化为主。

$$O_2 + 2H_2O + 4e \longrightarrow 4OH^-$$

在强酸性溶液中，铁、锌、铝等金属全浸在还原性溶液中，阴极过程主要是氢去极化。但在城市污染的大气中所形成的酸性水膜下，这些金属的腐蚀也主要是氧去极化腐蚀。这是因为在薄的液膜条件下，氧的扩散比全浸状态更为容易。

② 阳极过程。

$$M + xH_2O \longrightarrow M^{n+} \cdot xH_2O + ne$$

在薄的液膜条件下，大气腐蚀的阳极过程受到较大的阻滞，因为氧更容易到达金属表面，生成氧化膜或氧的吸附膜，使阳极处于钝态。阳极钝化及金属离子化过程困难是造成阳极极化的主要原因。

当液膜增厚时，相当于湿大气腐蚀，氧到达金属表面有一个扩散过程，因此腐蚀过程受氧扩散过程控制。所以，潮大气腐蚀主要受阳极过程控制，而湿大气腐蚀主要受阴极过程控制，但与全浸腐蚀相比，其控制程度已大为减弱。

(2) 锈蚀机理

一般认为，锈层对于锈层下基体铁的离子化将起到强氧化剂的作用。Evans 认为大气腐蚀的锈层处在潮湿条件下，锈层起强氧化剂作用。在锈层内，Evans 锈层模型如图 6-5 所示，阳极反应发生在金属/Fe_3O_4 界面上：

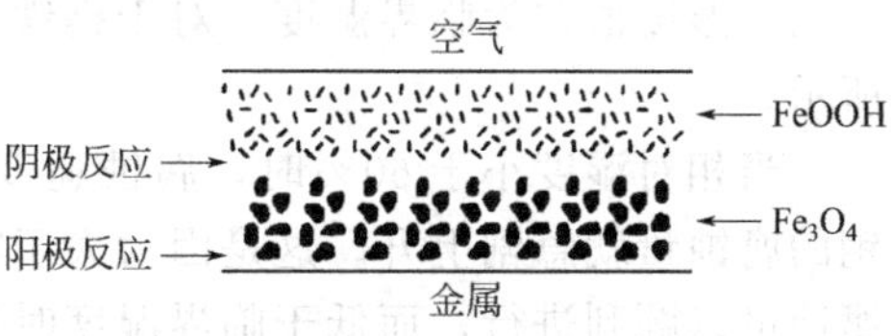

$$Fe \longrightarrow Fe^{2+} + 2e$$

图 6-5 锈层内的腐蚀电化学过程

阴极反应发生在 Fe_3O_4/FeOOH 界面上：

$$6FeOOH + 2e \longrightarrow 2Fe_3O_4 + 2H_2O + 2OH^-$$

锈层内发生 $Fe^{3+} + e \longrightarrow Fe^{2+}$ 的还原反应，可以看出，锈层参与了阴极过程。

当锈层干燥时，即外部气体相对湿度降低时，锈层和底部基体钢在大气中氧的作用下，锈层重新氧化成 Fe^{3+} 的氧化物，可见在干湿交替的条件下锈层能加速钢的腐蚀过程。

碳钢锈层结构一般分内外两层。内层紧靠钢/锈的界面上，附着性好，结构较紧密，主要由致密的带少许 Fe_3O_4 晶粒和非晶 FeOOH 构成；外层由疏松的结晶 α-FeOOH（goethite)、γ-FeOOH (lepidocrocite) 构成。环境不同时，锈层各结晶相的相对含量也不同，有人认为锈层中大约还含有 40% 的无定形物。在工业大气中，碳钢锈层还常存在一些盐类，如 $FeSO_4·7H_2O$、$FeSO_4·4H_2O$、$Fe_2(SO_4)_3$ 等，它们降低了锈层的保护性。

碳钢不能靠自身形成保护膜。所以在室外大气条件下，通常要附加表面保护层，如防锈漆和锌、铝覆盖层等；或加入耐大气腐蚀的合金元素（如 Cr、Cu、P 等）使锈层具有良好的保护作用，这类钢通常称为耐候钢。

在印度的德里市有 1600 年前建造而至今保持完好的锻铁柱，其材质中含有质量分数为 0.25% 的 P。早在 1911 年，美国就把含质量分数为 0.15%～0.25%Cu 的钢作为耐候钢来使用。从 1916 年开始，ASTM（美国材料试验协会）将 260 种钢在工业、农村和海岸地区进行了长期暴露试验，确认了 Cu 和 P 的有效作用。为了研究各种合金元素对大气腐蚀的影响，美国 USS 公司对 3000 多种低合金钢进行了长期暴露试验，并在 1933 年研制成功含有 Cu、Ni、Cr 和 P 的 Cor-Ten 钢（10CuPNiCr）。1914 年前后，德国进行的试验证实了 Cu、Cr、Ni、Mo 的效果。

耐候钢的锈层结构主要也是由 Fe_3O_4、α-FeOOH、γ-FeOOH 构成，通常经 2～4 年暴露后，就形成稳定的保护性锈层，腐蚀速度降至很低，因此可以不经涂装直接使用。锈层结构分析表明，耐候钢的锈层与基体金属之间有 50～100μm 厚的非晶态尖晶石型氧化物层，而且该层富集着有效的合金元素 Cr、Cu、P。这一与基体金属附着性好、致密、富集合金元素的非晶态层，是提高耐候钢耐蚀性的主要原因。

6.2.3 影响大气腐蚀的因素

影响大气腐蚀的因素很多，这里主要讨论影响大气腐蚀的几个主要因素：气候因素、大气成分等。

(1) 气候因素

① 相对湿度。温度和相对湿度是影响金属大气腐蚀的重要因素。

当金属表面处在比其温度高的空气中，空气中的水蒸气将以液体凝结于金属表面，这种现象称为结露。金属表面能否结露与空气的湿度有关，一般，空气的湿度越大，金属表面越易结露，表面上的电解液存在时间越长，化学反应速率越大，腐蚀速度也相应越大。每种金属都存在一个腐蚀速度开始急剧增加的湿度范围，人们把大气腐蚀速度开始急剧增大时的大气相对湿度值称为临界湿度。对于钢铁、铜、锌，临界湿度约在 50%～70% 之间，如图 6-6 所示。

当相对湿度小于 60% 时，腐蚀速度很慢，几乎不被腐蚀；当相对湿度达 60% 以上时，钢的腐蚀量就急剧上升。这是因为大于临界湿度时，金属表面已形成完整的水膜，使电化学腐蚀可以顺利进行，而低于临界湿度时还不能形成完整的水膜。在相对湿度不太高时，形成水膜是由于毛细管凝聚作用、化学凝聚作用或物理吸附凝聚作用。

② 气温。当相对湿度达到临界湿度以上时，温度的影响十分明显。按一般化学反应，温度每升高 10℃，反应速率提高约 2 倍。

③ 降雨。降雨对大气腐蚀具有两方面的作用，一方面增大了大气中相对湿度，增加腐蚀速度；另一方面，降雨能冲刷金属表面的污染物和灰尘，减缓腐蚀。

(2) 大气成分

由于地理环境不同，大气中除基本组成外，常含有其他杂质，如在工业区常混入硫化物（SO_2、SO_3、H_2S）、氮化物（NO、NO_2、NH_3、HNO_3）、碳化物（CO、CO_2）、Cl_2、HCl、有机化合物等，它们也称为大气污染物质。大气中还有固体尘粒，海洋大气中含有

NaCl。它们都会对金属大气腐蚀产生较大影响，不同程度地加速大气腐蚀。其中，SO_2 浓度的影响最大，海盐粒子的影响也很大。

石油、煤等燃料燃烧的废气中含 SO_2 最多，因此，在城市和工业区，SO_2 的含量可达 $0.1 \sim 100 mg/m^3$。图 6-7 示出了抛光钢在纯净空气、含 SO_2 的空气及含有固体杂质颗粒的空气中腐蚀随相对湿度增加的试验结果，由图 6-7 可知：

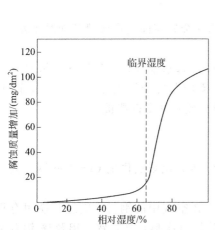

图 6-6　Fe 在含质量分数 0.01% SO_2 的空气中的腐蚀增重和湿度的关系曲线

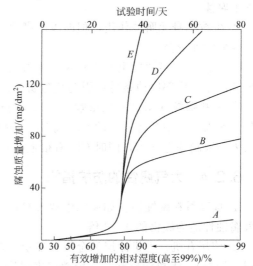

图 6-7　抛光钢在空气中腐蚀随相对湿度增加的曲线
A—纯净空气；B—有硫酸铵颗粒，无 SO_2；C—0.01% SO_2；
D—硫酸铵颗粒+0.01% SO_2；E—烟粒+0.01% SO_2

① 空气纯净时，腐蚀速度相当低，随着湿度的增加，腐蚀速度仅有轻微的增加。

② 在污染的空气中，空气的相对湿度低于 70%（临界湿度）时，即使是长期暴露，腐蚀速度也是很低的。但在 SO_2 存在的条件下，当相对湿度稍高于 70%（临界湿度）时，腐蚀速度急剧增加。

③ 被硫酸铵和煤烟粒子污染的空气加速金属的腐蚀。

多数研究认为，SO_2 促进金属大气腐蚀的机制主要有两种方式：其一，认为部分 SO_2 在空气中能直接氧化成 SO_3，SO_3 溶于水后形成 H_2SO_4；其二，认为有一部分 SO_2 吸附在金属表面上，与 Fe 作用生成易溶的硫酸亚铁（$FeSO_4$），$FeSO_4$ 进一步氧化并由于强烈的水解作用生成了 H_2SO_4，H_2SO_4 再与 Fe 作用，按这种循环方式加速腐蚀。因此，整个过程具有自催化作用，其反应如下：

$$Fe + SO_2 + O_2 \longrightarrow FeSO_4$$
$$4FeSO_4 + O_2 + 6H_2O \longrightarrow 4FeOOH + 4H_2SO_4$$
$$2H_2SO_4 + 2Fe + O_2 \longrightarrow 2FeSO_4 + 2H_2O$$

Schwarz 认为锈层内 $FeSO_4$ 的生成机理如图 6-8 所示，可分为外层 FeOOH、内层 $Fe(OH)_2$ 和基体铁表面上的 $FeSO_4 \cdot nH_2O$ 三层。如果生成的锈层被可溶性硫酸盐侵蚀，锈层几乎无保护能力。相反，如最初锈层很少受硫酸盐污染，其保护性较好。

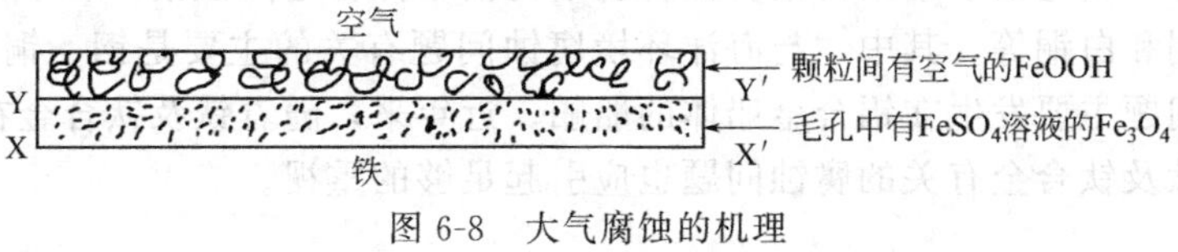

图 6-8　大气腐蚀的机理

大气中通常称为灰尘的固体微粒杂质也能加速腐蚀，灰尘的组成十分复杂，除海盐颗粒外，还包括碳和碳化物、硅酸盐、氮化物、铵盐等固体颗粒。在城市大气中灰尘的含量为 $0.2\sim2mg/m^3$，而在强烈污染的工业大气中甚至可达 $1000mg/m^3$ 以上。固体颗粒对大气腐蚀的影响方式可分为四类：

① 尘粒本身具有腐蚀性，如铵盐颗粒，能溶入金属表面的水膜，提高电导率和酸度，促进了腐蚀。

② 尘粒本身无腐蚀作用，但能吸附腐蚀物质，如碳粒能吸附 SO_2 及水汽，冷凝后生成腐蚀性的酸性溶液。

③ 尘粒既无腐蚀性也不吸附腐蚀性物质，但它沉积在金属表面能形成缝隙而凝聚水分，形成氧浓差的局部腐蚀条件而引起缝隙腐蚀，如砂粒。

④ 海盐颗粒（NaCl）的影响。在海洋附近的大气中，海水水滴在海浪飞沫飞散时混入大气，所以大气中含有较多的 Cl^- 或 NaCl 颗粒，NaCl 颗粒落在金属表面，它有吸湿作用，增大表面液膜的电导率，同时 Cl^- 有很强的腐蚀性，因而使腐蚀变得严重。

6.2.4 大气腐蚀的防护措施

① 提高材料耐蚀性。如在钢中加入 Cu、P、Cr、Ni 等，例如美国的 Cor-Ten 钢，其耐大气腐蚀性能为碳钢的 4～8 倍。

② 使用有机、无机涂层和金属覆盖层。对长期暴露在空气中的钢材，应经常使用有机涂层（涂料）、无机涂层和合金覆盖层来保护。除有机涂层（涂料）外，锌、铝及锌-铝合金镀层在大气中防护性能好，有很广泛的应用；锌-铬无机涂层在大气中有很好的耐蚀性和保护性能，也获得了广泛应用。

③ 使用气相缓蚀剂和暂时性防护涂层。这些暂时性的保护方法主要用于保护储藏和运输过程中的金属制品。气相缓蚀剂的蒸气能在金属表面形成吸附膜，从而起到防锈作用。如亚硝酸盐二环己胺和碳酸环己胺等，前者用以保护钢铁、铝制品。

暂时性保护涂层和防锈剂有凡士林、石油磺酸盐、溶于石油的羊毛脂、亚硝酸钠等。在暂时性保护涂层中常加有阳极阻滞性的颜料，以增加防蚀效果。

④ 降低大气湿度。只要把大气的湿度保持在临界湿度以下，就可以防止金属发生大气腐蚀。通常湿度应控制在 50% 以下，最好保持在 30% 以下。方法有加热空气、加吸水剂（如活性炭、硅胶、氯化钙、活性氧化铝等）以及冷冻除水等办法。这种方法主要用于仓储金属制品的保护。

其他措施还有进行合理设计、防止缝隙中存水、去除金属表面上的灰尘等。开展环境保护，减少大气污染很重要。

6.3 船用金属材料在海洋环境中的腐蚀行为

常用的船用金属材料主要有钢及铸铁、铜及铜合金、铝合金、钛及钛合金、镍及镍合金、轴承合金等。钢包括碳素结构钢、低合金结构钢（低合金高强钢）和不锈钢等，铜合金包括黄铜、青铜和白铜等。其中，与海洋环境腐蚀问题有关的主要是钢、铜合金和铝合金。铝合金的腐蚀问题主要发生在铝合金船体的船舶。近年来，随着钛及钛合金在船舶中应用的不断扩大，与钛及钛合金有关的腐蚀问题也应引起足够的重视。

6.3.1 碳素结构钢和低合金结构钢

在海洋环境中，碳素结构钢和低合金结构钢主要发生"不均匀的全面腐蚀"，如图 6-9 所示。腐蚀速度受氧去极化反应控制，在海洋大气中形成的锈层容易剥落而不具有保护作用。

暴露类型是影响钢在海洋环境中腐蚀行为的最重要因素。碳钢、低合金钢在海洋环境中的腐蚀速度如表 6-8 所示，在飞溅区腐蚀速度最高，比全浸区高几倍，潮汐区的腐蚀速度介于飞溅区和全浸区之间。在静止海水全浸时，低碳钢的平均腐蚀速度约在 0.076～0.1mm/a 之间。在飞溅区的腐蚀速度约为全浸区的 5 倍。

表 6-8 碳钢、低合金钢在海洋环境中的腐蚀速度　　　　单位：mm/a

海洋环境	低合金钢	碳钢
海洋大气区	0.04～0.05	0.2～0.5
飞溅区	0.1～0.15	0.3～0.5
潮汐区	约 0.1	约 0.1
全浸区	0.15～0.2	0.2～0.25
海泥区	约 0.06	约 0.1

碳素结构钢和低合金结构钢的典型腐蚀形态有：

(1) 均匀腐蚀

这种腐蚀形态表现为与腐蚀环境接触的整个金属表面上几乎以相同的速度进行腐蚀（如图 6-10）。这种腐蚀形态存在于少数碳钢、低合金钢在海水全浸条件下。

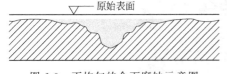

图 6-9 不均匀的全面腐蚀示意图

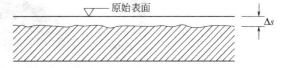

图 6-10 均匀腐蚀示意图

(2) 点蚀

表面产生点状腐蚀或坑状腐蚀（坑蚀），且从表面向内部扩散，形成孔穴。这种腐蚀形式是碳钢、低合金钢中常见的腐蚀形态，形成原因是受局部腐蚀微电池作用。

(3) 溃疡腐蚀

腐蚀形态表现为金属表面产生深浅不等、周边不规则的溃疡状况。这是碳钢、低合金钢中常见的腐蚀形式。

(4) 蜂窝状腐蚀

腐蚀形态为蚀点或蚀坑毗连成片，向纵向发展成形成类似蜂窝形状。只有少数牌号的低合金钢表面在潮汐区出现该腐蚀形态。

(5) 麻点腐蚀

腐蚀形态表现为在整个金属表面产生多而且密布的蚀点。只有少数牌号的低合金钢表面在飞溅区出现该腐蚀形态。

(6) 氧浓差腐蚀

氧浓差腐蚀是海洋结构中常见的腐蚀形态。由于金属表面不同部位氧的浓度不同而形成氧浓差腐蚀电池。氧供应充分的部位为电池阴极，腐蚀得到减缓；氧少的部位为电池阳极而加速腐蚀。如：长试样和短试样（短试样只能处于某个单独区带）有明显的差别，最明显的是潮汐区和全浸区。短试样在潮汐区的腐蚀速度比全浸区大 40%～80%，而长试样在潮汐区的腐蚀速度仅为全浸区的 15% 左右（见表 6-4）。

低合金钢由于加入适当的有效合金元素，如 Cr、Ni、Al、P、Si、Cu 等，可使表面在腐蚀过程中形成致密、黏附性好的保护性锈层，提高耐腐蚀性能。海洋用低合金高强钢在大气中产生的锈层具有一定保护作用，在飞溅区也有优异的性能，腐蚀速度低于碳钢；但在全浸区不能形成保护性锈层，其腐蚀速度与普通碳钢基本相同。耐海水涂层应用到适当制备的低合金钢表面，比应用到碳钢表面耐久得多。著名的玛琳娜钢（Mariner）是一种含 Ni-Cu-P 的低合金钢，它大大改善了飞溅区的性能。还有日本的 Mariloy Cr-Cu-Mo 钢。

6.3.2 不锈钢

不锈钢在海水中是钝化的，不发生均匀腐蚀。不锈钢的钝化膜取决于钢的成分、状态和供氧条件。海水流速增大，供氧充分可促进钝化；降低不锈钢的碳含量，提高不锈钢的 Cr、Ni 含量并添加 5%～6%Mo，耐海水腐蚀能力大大提高，得到耐海水腐蚀不锈钢。在海洋环境中，主要腐蚀破坏形式是点蚀和缝隙腐蚀，在高流速海水中奥氏体不锈钢也会发生严重的冲刷腐蚀。

不锈钢点蚀从表面向内部扩展形成蚀孔。宏观上金属表面绝大部分腐蚀轻微，仍保持金属光泽，但局部的蚀点（坑）已经深入，甚至穿洞。在海洋大气和海水（尤其是静止海水）中，不锈钢易发生点蚀，如图 6-11 和图 6-12 所示。图 6-13 是海水泵叶轮的冲刷腐蚀形貌。

图 6-11　电站换热器不锈钢海水管路内的点蚀

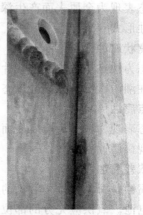

图 6-12　海岛的 316L 不锈钢门框的腐蚀

(a) 使用初期　　　　　　　　　　(b) 使用时间不到1年

图 6-13　海水泵叶轮（316L 不锈钢）的冲刷腐蚀形貌

图 6-14　HDR 双相不锈钢海水管路法兰面的缝隙腐蚀坑

对于不锈钢来说，含氯离子的溶液通常是引起缝隙腐蚀的敏感介质，所以不锈钢在海水中的缝隙腐蚀形态最为常见。缝隙腐蚀不仅发生在螺栓垫片等处的缝隙，在大型硬壳海生物附着的下面也经常会伴随缝隙腐蚀的发生。图 6-14 为 HDR 双相不锈钢海水管路法兰面的缝隙腐蚀坑。

不锈钢还易发生溃疡腐蚀和隧道腐蚀。不锈钢表面蚀点或蚀坑向周围不规则扩展，可形成溃疡状腐蚀，在溃疡面局部仍存在蚀点向纵深扩展而形成的蚀孔。隧道腐蚀的产生是由于受重力作用，具有腐蚀性的某些腐蚀产物在金属表皮下向某方向流动形成的隧道状局部腐蚀。

另外，不锈钢在飞溅区会形成麻点腐蚀，其表现为在金属表面上形成多而密的腐蚀点，点的直径小且较均匀地分布在金属表面，从而形成麻点状腐蚀。

不锈钢的焊缝区（焊接接头）是不锈钢结构和构件发生腐蚀破坏的主要部位。

奥氏体不锈钢焊缝区如图 6-15 所示，焊缝区经常发生腐蚀破坏，主要发生点蚀、缝隙腐蚀、晶间腐蚀、刀线腐蚀和应力腐蚀开裂（SCC），发生与沉淀相有关的优先腐蚀。焊缝区的主要沉淀相有 σ 相、$M_{23}C_6$ 碳化物、少量的 M_6C 碳化物等，这些沉淀相通常富 Cr 和富 Mo。沉淀相周围形成贫 Cr 区等合金元素贫化区，它们耐蚀性通常低于其周围的奥氏体。在含氯的水溶液中，焊缝金属和热影响区的局部腐蚀为点蚀和缝隙腐蚀。在合金元素贫化区，易优先发生点蚀。Ti、Nb 稳定化的奥氏体不锈钢对刀线腐蚀敏感。刀线腐蚀是一种局部形式的晶间腐蚀，在邻近焊缝的热影响区窄带上产生严重的腐蚀而成深沟，这种腐蚀形式被形象地称为刀线腐蚀。Ti、Nb 稳定化的奥氏体不锈钢焊接时，毗邻熔合线的基体金属因温度高（950～1400℃）而使稳定化碳化物 TiC、NbC 溶解，而后的快速冷却阻碍了稳定化碳化物的沉淀析出。如果钢再加热到敏化温度，会析出 Cr 的碳化物而在毗邻熔合线形成窄的贫 Cr 区。

双相不锈钢的耐氯化物点蚀性能和缝隙腐蚀性能优异，通常优于奥氏体不锈钢，具有优异的耐氯化物应力腐蚀开裂性能。图 6-16 为双相不锈钢 2205（S31803）、3RE60（S31500）、2304（S32304）和 2507（S32750）在中性含氧（约 8×10^{-6}）溶液中耐 SCC 性能与温度、氯化物浓度的关系，双相不锈钢的耐 SCC 性能显著优于奥氏体不锈钢 304L（S30403）和 316L（S31603）。

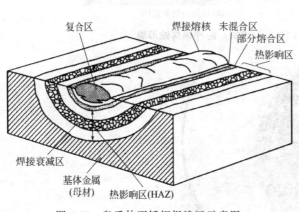

图 6-15　奥氏体不锈钢焊缝区示意图

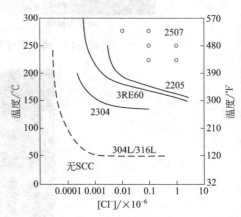

图 6-16　双相不锈钢耐 SCC 性能与温度、氯化物浓度的关系

$$t/\text{℃}=\frac{5}{9}(t/\text{℉}-32)$$

双相不锈钢一般含有较多的合金元素，其中最重要的合金元素有铬、镍、钼、氮、锰、铜、钨等，这使双相不锈钢组织较为复杂，使焊缝组织也较为复杂。双相不锈钢母材的耐腐蚀性能优异，但焊缝区（尤其是热影响区）容易发生腐蚀，在静态海水中容易发生点蚀。图 6-17 为某船 HDR 双相不锈钢海水管的点蚀穿孔形貌。

图 6-17　某船 HDR 双相不锈钢海水管的点蚀穿孔形貌

焊接操作对焊缝区耐点蚀和 SCC 性能的影响包括：Cr、Mo、N 等合金元素在两相分布不均；不当的铁素体/奥氏体相比例；形成氮化物和金属间化合物相等有害析出相，产生贫 Cr、Mo 的区域；根部焊道的 N 损失，N 的损失会降低焊缝金属的耐蚀性。

双相不锈钢焊缝金属为铸态组织，属于铁素体凝固模式，一次凝固为单相铁素体相。高温下铁素体相的扩散系数高，使得合金元素快速均匀化，凝固偏析可消除，即使存在少量镍和钼元素的显微偏析对于奥氏体相的析出也无大影响。焊缝金属凝固后冷却至室温的过程与高温热影响区转变一样，部分铁素体相会转变为奥氏体相，会析出二次相。焊接热输入高时，较低冷速能促进更多奥氏体相的转变，可以获得足够数量的奥氏体，但凝固组织的铁素体晶粒容易长大。相反，采用低的热输入焊接时，高的冷速使奥氏体的数量比较少。铁素体/奥氏体相比例对焊缝的抗热裂纹能力、力学性能及腐蚀性能均有重要影响，铁素体/奥氏体相比例不当会降低耐蚀性。焊接热输入较高、冷却速度较低，可获得最好的耐点蚀性能。为确保耐 SCC 性能、耐蚀性和力学性能，焊缝中铁素体不得少于 25%，不得超过 60%。但焊接热输入不能太大而引起冷速过慢，这可致使有害二次相的析出，使高温热影响区与熔合区的塑韧性及耐局部腐蚀抗力大幅度降低。SAF2205 双相钢在 600~1000℃温度范围较长时间加热时，可析出 σ 相、χ 相、Cr_2N 等有害二次相。当合金化程度更高或含有 Cu 和 W 时，这些二次相的析出动力学更快。

双相不锈钢焊缝区的二次相有：σ 相、χ 相、氮化物（Cr_2N 与 CrN）、碳化物（$M_{23}C_6$、M_7C_3）、二次奥氏体相（γ_2）。由于双相不锈钢的含碳量非常低（0.01%~0.02%之间），碳化物的析出量非常少。

σ 相是一种硬而脆的金属间相，主要由 Fe-Cr-Mo 等元素组成，相中富集了 Cr、Mo 等主要合金元素。由于 σ 相富 Cr，因而在其周围往往出现贫 Cr 区或由于它本身的溶解而使钢的耐腐蚀性能降低。σ 相是危害性最大的一种二次相，析出速度快，体积分数大，显著降低双相不锈钢的力学性能和耐腐蚀性能，尤其是冲击韧性和耐点蚀性能。

χ 相一般在 700~900℃温度内首先沿铁素体晶界及铁素体-奥氏体相界析出，析出量往往要比 σ 相少很多；与 σ 相相比，它在较低的温度和较窄的温度范围内存在。χ 相也是富 Mo 相，被认为是 σ 相的前驱体，通常与 σ 相共存，同样对韧性和耐蚀性能有不良的影响。2507 双相不锈钢在低于 σ 相转变温度处理时出现点蚀，被证明是 χ 相析出诱导的。

N 是双相不锈钢的非常重要元素，能提高不锈钢耐点蚀和缝隙腐蚀的能力，第二代和第三代双相不锈钢的 N 含量都较高。N 主要固溶于奥氏体中，稳定奥氏体，发挥间隙固溶强化的作用，提高奥氏体不锈钢的耐点蚀性能，推迟 σ 相的形成；N 是提高双相不锈钢中奥氏体比例，消除 Cr、Mo 偏析，提高奥氏体相耐蚀性的必要元素。但 N 对铁素体不锈钢的力学性能很不利。双相不锈钢焊接时，在熔合区或高温热影响区高温快冷过程中，铁素体中 N 的溶解度迅速降低，过饱和的 N 在铁素体内部及晶界以 Cr_2N 的形式析出，Cr_2N 的析出对双相钢的力学性能及耐腐蚀性能影响显著。另外，双相不锈钢在 700~900℃之间等温处理，铁素体会发生分解而形成氮化铬（Cr_2N）与二次奥氏体相（γ_2）。

二次奥氏体相（γ_2）是相比固溶原始奥氏体相而言的，它是在后续热处理或者焊接过程产生的。在低温（600~1000℃）等温处理时，铁素体可通过共析反应分解而形成二次奥氏体相（γ_2），比如 $\delta \longrightarrow \sigma + \gamma_2$ 或 $\delta \longrightarrow Cr_2N + \gamma_2$，通过这种方式获得的二次奥氏体的含 Cr 量往往比原始态奥氏体低 3% 左右，成为双相不锈钢腐蚀优先发生的位置。

6.3.3 铜及铜合金

铜基合金耐海水腐蚀性好，广泛应用于制造在海水中工作的设备和构件，如海水管路、冷凝器、热交换器、螺旋桨、海水淡化装置、泵、阀等。

铜合金耐海水腐蚀主要有两方面原因：一是铜的热力学稳定性高，铜的离子化困难；二是材料表面在海水中形成氧化亚铜（Cu_2O）保护膜。但由于铜基体和保护膜的硬度都较低，铜合金的耐高速海水冲刷腐蚀的能力较差，当海水流速超过临界值后，保护膜破坏，腐蚀速度急剧升高。另外，铜在下列介质中是不耐腐蚀的：氧化性酸（如硝酸、热浓硫酸）和充气非氧化性酸（包括碳酸），氨水（＋氧气），能派生氨（胺）的物质，氧化性重金属盐〔如$FeCl_3$、$Fe_2(SO_4)_3$ 等〕，H_2S 和某些硫化物。

海洋工程中常用的铜合金有：铝黄铜、锡黄铜、B10、B30、镍铝青铜、铝青铜、锡青铜、硅青铜等。

6.3.3.1 腐蚀机理及腐蚀行为特点

铜及铜合金的一个重要特性，就是在表面生成一层氧化亚铜保护薄膜。一般认为，铜合金在海水中腐蚀的初期受阴极反应控制，后期受表面膜稳定性控制。

阴极反应：$O_2 + 2H_2O + 4e \longrightarrow 4OH^-$

阳极反应

① 在腐蚀活化区，阳极反应是 Cu 被氧化成 Cu^+，形成氯化物，然后水解

$$Cu + 2Cl^- \longrightarrow CuCl_2^- + e$$

$$2CuCl_2^- + H_2O \longrightarrow Cu_2O + 2H^+ + 4Cl^-$$

② 在钝化区，Cu 被氧化成氧化亚铜（Cu_2O）。

$$2Cu + H_2O \longrightarrow Cu_2O + 2H^+ + 2e$$

影响铜及铜合金海水腐蚀的因素包括：膜的形成、含氧量、速度、温度和海生物沾污等。通常容易发生冲刷腐蚀、空泡腐蚀、选择性腐蚀（脱锌、脱铝、脱镍等）、点蚀、应力腐蚀和腐蚀疲劳。

铜在污染海水中耐腐蚀性较差一些。近年来由于近海海水污染增加，铜合金发生腐蚀破坏的概率大大增加。

6.3.3.2 影响腐蚀的因素

（1）膜的形成

虽然铜是稳定的金属，但在海水中能令人满意使用的主要原因是其表面形成一层氧化亚铜保护膜。生成物常沉积在这层薄膜上，起保护作用。这些生成物可能是氯氧化铜、氢氧化铜或碱性碳酸铜和含钙物质。

铁的存在常常会生成抗蚀性很好的薄膜。含铁的铜镍合金会产生一层暗色的抗蚀薄膜。研究资料表明，铁加在铝黄铜中，能促进薄膜的形成。

（2）铜合金在污染海水中的腐蚀速度较高

污染海水中常含有硫化氢或其他硫化物，使铜及铜合金表面生成主要为硫化亚铜（Cu_2S）的黑色多孔腐蚀产物膜，使其腐蚀速度增大，原因有：

① Cu_2S 膜很脆，无黏着力，对基体无保护作用。

② Cu_2S 膜阻碍保护性腐蚀产物膜 Cu_2O 形成。

③ Cu_2S 膜可起阴极作用。Cu_2S 在海水中的电位为 0.1V（相对于 SCE），而铝黄铜为 -0.25V（相对于 SCE），Cu_2S 将作为有效阴极而加速腐蚀，或产生严重点蚀。

（3）含氧量

含氧量是影响表面洁净的铜合金海水腐蚀的最重要因素，至少可从三个方面影响腐蚀：①阴极表面的氧去极化作用；②亚铜离子氧化成正铜离子 Cu^{2+}；③在金属表面上促使

生成保护膜。

如：在再循环系统中，当海水中的氧全部去除时，铜合金的腐蚀速度约为被空气饱和海水中的 1%。

如果铜或铜合金上有一层保护膜，氧必须扩散通过这层膜，才能继续腐蚀。随着保护膜的形成，腐蚀速度随时间而降低，因此，含氧量对进一步腐蚀的速度的影响小得多。

（4）流速

铜及某些铜合金对流速很敏感。一般来说，铜在海水中使用时，流速不高于 0.915m/s 最合适。铜中加入镍或铝，合金化后就能明显改善抗冲刷腐蚀性能。铜镍合金中加入 Fe，可提高耐冲刷腐蚀性能，但会使耐点蚀性能有所降低，如图 6-18 所示。为了平衡耐冲刷腐蚀性能和耐点蚀性能，Cu-Ni10 和 Cu-Ni30 中最优 Fe 含量应分别为 1.5% 和 0.5%。含 Cr 的 Cu-Ni 合金（如 C72200）耐流动海水腐蚀性能优异，但在静态海水中较易发生点蚀，为此，C72200（Cu-Ni16-Fe1-Cr）中固溶的 Fe + Cr 必须大于 0.7%。C70600（Cu-Ni10-Fe1-Mn）、C71640（Cu-Ni30-Fe2-Mn2）、C72200 在 9m/s 流动海水中的腐蚀失重曲线如图 6-19 所示，表 6-9 为部分铜合金在不同流速流动海水中的腐蚀速度，C72200 的临界流速达到了 9m/s 以上。

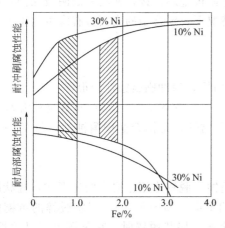

图 6-18 铁含量对 Cu-Ni10 和 Cu-Ni30 耐腐蚀性能的影响

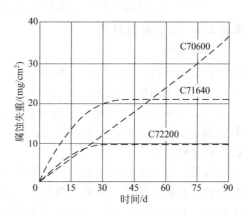

图 6-19 Cu-Ni 合金在 9m/s 流动海水中的腐蚀失重曲线

表 6-9 部分铜合金在 10～26℃ 流动海水中的腐蚀速度（试验时间：1～2 个月）

单位：mm/a

项目	流速 4.6m/s	流速 6.8m/s	流速 9.8m/s	主要成分/%
C44300	1.8～4.8	—	—	Cu 70～73, Sn 0.8～1.2, As 0.02～0.10, Zn 余
C68700	0.36～3	—	—	Cu 76.0～79.0, Al 1.8～2.5, As 0.02～0.10, Zn 余
C70600	0.12～2.16	0.36～1.56	1.56	Ni 9～11.0, Fe 1.0～1.8, Mn 1.0, Zn 1.0, Cu 余
C71500	0.12～1.08	0.36～6.84	1.68～2.04	Ni 29～33, Fe 0.4～0.7, Mn 1.0, Zn 1.0, Cu 余
C71900	无明显腐蚀	0.12～0.36	1.08～1.44	Ni 29～32, Mn 0.5～1.0, Cr 2.6～3.2, Fe 0.25, Zr 0.08～0.2, Cu 余

续表

项目	流速4.6m/s	流速6.8m/s	流速9.8m/s	主要成分/%
C72200	无明显腐蚀	0.12	无明显腐蚀	Ni 15.0~18.0,Fe 0.50~1.0,Mn 1.0,Cr 0.30~0.70,Zn≤1.0,Cu余

(5) 温度

如果其他的因素不变,铜合金的腐蚀常常随温度的升高而加快。如:在北卡罗来纳的Wrightsville海岸,夏天泵叶轮、冷凝器管道、阀门等部件在海水中的腐蚀速度就比冬天的高。在巴拿马附近的太平洋中,水温较高,铜合金的腐蚀速度比较高。而在加利福尼亚附近的太平洋中,水温较低,铜合金的腐蚀速度也较低。

然而,当把海水加热到较高温度,则氧含量降低,生成矿质水垢的倾向变大,这就使海水的侵蚀性降低,腐蚀速度下降。

(6) 海生物沾污

铜合金的腐蚀产物(Cu^+)影响海生物沾污。靠近腐蚀金属表面水膜中的铜离子Cu^+毒害海生物。通常,当腐蚀速度为$6mg/(dm^2 \cdot d)$(约为1mil/a,1mil=0.0254mm)时,就没有海生物了。如果铜或铜合金与钢、铝或其他阳极金属连接,使其表面阴极保护,此时铜合金的腐蚀会减少或完全停止。在停止腐蚀的情况下,铜合金的表面将有海生物生长。

6.3.3.3 主要腐蚀形式

(1) 冲刷腐蚀

铜镍合金耐冲刷腐蚀性能好,尤其是含Cr的白铜,耐冲刷腐蚀性能很好。

铝青铜耐冲刷腐蚀性能好,ZQAl9-4-4-2(4%Fe,4%Ni,2%Mn)的耐流动海水性能最佳,不仅腐蚀速度低,且耐冲刷腐蚀又耐脱成分腐蚀,是铜合金中耐蚀性最好的一种材料。但青铜通常是铸造的,只能制造铸件。

(2) 选择性腐蚀

在海水及其他环境中,黄铜常因脱锌作用而腐蚀。脱锌作用主要有两种形式:栓状脱锌和层状脱锌。栓状脱锌是一块铜"替换"了原来的黄铜(如图6-20)。层状脱锌的黄铜的横截面上有一层均匀疏松的铜,其下面是未腐蚀的金属;层状脱锌时,在黄铜上可以"长出"几层致密的铜层,且每层之间是由氧化亚铜填充。

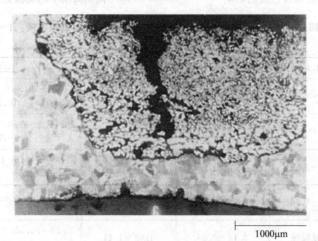

图6-20 Cu70Zn30黄铜的栓状脱锌

铝青铜具有脱成分敏感性，尤其是 ZQAl9-4 和 ZQAl14-8-3-2，脱成分比较明显。ZQAl9-4 含 4%Fe，既脱 Al，也脱 Fe，呈栓状脱成分腐蚀形貌；ZQAl14-8-3-2 含 Mn 高达 14%，同时含 3%Fe 和 2%Ni，Ni 可抑制脱 Al 和 Fe，主要是脱 Mn，呈弥散微细栓状脱成分腐蚀形貌。ZQAl9-4-4-2 没有发生明显的脱成分腐蚀现象。

铜镍合金中的脱镍作用很少，在高于 100℃、低流速、高局部热流量的条件下发现过。

（3）点蚀

由于铜合金表面没有真正的保护膜，点蚀不是主要的腐蚀形式。但由于冶金因素和环境因素，使表面腐蚀不均匀。在铜合金中，Al 含量不高于 8% 的铝青铜和低 Zn 的黄铜，耐点蚀性能最好。铜镍合金和锡青铜的耐点蚀性能中等，高铜合金（>96%Cu）和硅青铜容易发生点蚀。Mn 含量高的铜合金在海洋大气中稍微易发生点蚀。

在静止海水中，铜镍合金对点蚀、缝隙腐蚀和沉积腐蚀具有显著的敏感性，浸泡 15d 即可发现众多绿色小锈点，22d 即可发现明显的缝隙腐蚀。Cu70Ni30 合金的点蚀特点是：初期点蚀非常小，直径通常小于 0.5mm，在整个表面分布不均匀。静止海水中的点蚀问题曾导致某船冷凝器因 Cu70Ni30 合金冷凝器管腐蚀穿孔而整机报废。铜镍合金在干净海水中对点蚀不敏感，点蚀主要发生在有硫化物的污染海水中，滞流海水中因含有分解的有机物而易产生点蚀。为防止铜镍合金腐蚀损坏，海水流速应不低于 0.6m/s，以避免出现滞流。

在静止海水和低流速下，铝青铜没有点蚀敏感性，在静止海水中的腐蚀速度都相当低，腐蚀速度都在 10^{-3} 数量级。

（4）晶间腐蚀

蒙次黄铜（60Cu40Zn）、锡黄铜、铝黄铜、硅青铜对晶间腐蚀敏感。

（5）应力腐蚀开裂

氨-铵混合物是铜合金发生应力腐蚀开裂最常见的腐蚀性介质，含 Zn 低于 15% 的黄铜有良好的耐 SCC 性能，含 20%～40% Zn 的黄铜对 SCC 敏感，但随着 Zn 含量增大，敏感只是稍有增大。

（6）电偶腐蚀

在海水中，铜及其合金对于钢铁等大部分常用金属来说是阴极，因此，电偶腐蚀通常是使电偶对中另一金属比铜更易受侵蚀。通常，铜合金间在海水中相互耦合是安全的；有些情况，恰当的电极耦合能使其使用寿命更长。铜合金管板，常选择比铜合金电位稍高的材料，如船用黄铜管板配用铝黄铜管。

另外，锡青铜在静止海水中，呈全面均匀腐蚀形貌，无明显局部腐蚀形貌。表面均匀生成质地较厚、附着牢固的腐蚀产物膜。锡含量 10%～12% 的锡青铜低压管道，可在 3m/s 的海水流速下安全使用，该合金耐溃疡腐蚀性、耐沉积物腐蚀性、耐污染海水腐蚀性都较好，没有脱成分腐蚀敏感性，且具有防止海生物附着性能。

6.3.4 铝及铝合金

近年来，在海洋环境中铝合金的应用正在不断增加，如 5086-H32 或 5086-H34 合金已被广泛用于海洋结构。这种合金具有优良的耐蚀性，可以焊接并通过应变硬化以达到较高的强度。

铝合金在海洋大气中钝化膜是基本稳定的，所以，当金属表面被自由地暴露在海洋大气中时，铝及铝合金通常是抗腐蚀的。但在海水全浸状态下，大多数铝合金尤其是高强度铝合金容易产生点蚀、晶间腐蚀和应力腐蚀破坏、剥层腐蚀等；而且相对于钢铁，涂层保护和电化学保护的效果较差，因此，大大限制了铝合金在海洋工程中的应用。另外，在充分被搅动的海水中，由于供氧充分，钝化膜稳定，铝合金抗腐蚀性较好，也可采用铝合金，如民用快艇的艇体可采用 Al-Mg 和 Al-Mg-Zn（不焊接）铝合金建造。

目前，铝合金主要用于海洋大气中。对于船舶，可用于制造船舶的上层建筑和高速船的船体。

(1) 点蚀

铝及其合金的保护膜不耐氯离子破坏，在海水中钝态是不稳定的，容易发生点蚀，在海洋大气中也会发生点蚀。

(2) 晶间腐蚀

图 6-21 为铝合金晶间腐蚀的形貌。2×××、5×××、7××× 系列铝合金对晶间腐蚀敏感，6××× 系列铝合金耐晶间腐蚀性能好。2××× 系列铝合金沿晶界会产生窄的贫铜区，是阳极性的。5××× 系列铝合金晶间会沉淀析出阳极性的 Mg_2Al_3 相，会沿晶界形成连续通路。无铜的 7××× 铝合金系列，晶界有含 Zn、Mg 的阳极性相；含铜的 7××× 系列铝合金，沿晶界会产生窄的贫铜区。

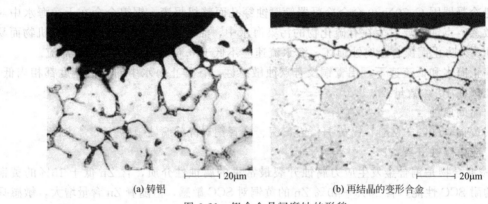

(a) 铸铝 (b) 再结晶的变形合金

图 6-21 铝合金晶间腐蚀的形貌

(3) 剥层腐蚀

剥层腐蚀（exfoliation corrosion）（简称剥蚀）是对铝合金危害性很大的一种腐蚀形式，它具有不同的表现形式，如粉化、剥皮或产生直径几毫米的鼓泡。剥层腐蚀导致材料强度和塑性的大幅度下降，从而降低了材料的使用寿命。

通常铝合金的晶格本体、沉淀相和溶质贫化区之间的电化学行为相差很大，导致晶界比晶粒内部更易腐蚀。国内外大多数研究者认为，在一般情况下，高度定向的显微组织和晶界电偶腐蚀（沉淀相/溶质贫化区）是引起铝合金剥层腐蚀的必要条件，因此，剥层腐蚀被认为是晶间腐蚀的一种特殊形式。认为剥层腐蚀与晶间腐蚀敏感性有关，热处理使铝合金中产生沿晶界的有选择性的阳极通道，当晶间腐蚀在扁平的、平行于表面晶粒的、有高度方向性的组织中进行时，不溶性腐蚀产物的体积大于所消耗金属的体积，从而产生"楔入效应"，产生外推力，外推力撑起上面没有腐蚀的金属，引起分层剥落。外推力与晶粒形状有关，晶粒被拉长得越严重，产生的外推力越大。

M. C. Reboul 等对 7020 铝合金的剥层腐蚀进行了较详尽的研究，认为 7020 铝合金的剥层腐蚀有两类：一类是由于 Mg 和 Zn 在枝晶晶界偏析，使偏析区相对于基体来说是阳极，形成阳极通道，引起剥层腐蚀；另一类是由于 Cr 和 Mn 从固溶体中析出，Cr 和 Mn 浓度的降低，使该区域相对于基体来说是阳极，形成阳极通道，引起剥层腐蚀，这类观点认为剥层腐蚀起源于晶间腐蚀，并呈沿晶界腐蚀的方式扩展，腐蚀产物造成的外推力是促进分层剥落的因素。

使用轧制或挤出工艺制成的板材或棒材，由于晶粒严重变形，晶间沉淀物/溶质贫化区形成了平行于表面的层状分布的活性阳极通道。在腐蚀介质中，钝化膜破裂发生点蚀或缝隙腐蚀，然后发展为晶间腐蚀。在腐蚀产物楔入力的作用下，晶间腐蚀倾向于沿与表面平行的方向生长，并逐步发展为剥层腐蚀。图 6-22 和图 6-23 为铝合金的剥层腐蚀形貌。

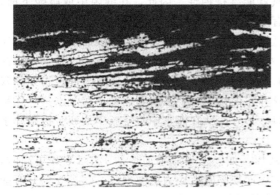
图 6-22　7178-T651 铝合金板在海岸环境中的剥层腐蚀

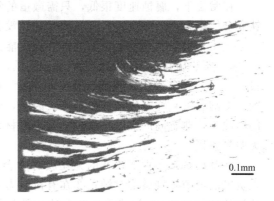
图 6-23　焊接后的 Al-Mg-Zn 合金的剥层腐蚀

晶粒内部腐蚀也能引起剥层腐蚀，在对晶间腐蚀不敏感感的铝材中也发现了剥层腐蚀，所以另有一部分学者认为，剥层腐蚀是一种应力腐蚀，铝合金在沉淀硬化的过程中其固溶体的分解程度决定了剥层腐蚀敏感性。

对剥层腐蚀最敏感的铝合金是能热处理的 2××× 系列和 7××× 系列铝合金，以及某些冷加工的 5××× 系列铝合金，如 5456-H321 船板。在这些铝合金中，剥层腐蚀的发生主要是由于沉淀相的不合理分布。消除剥层腐蚀的工艺是促进沉淀相在晶内均匀分布，或促进沉淀在较高的阶段进行。增加沉淀热处理的时间和温度，可有效降低剥层腐蚀的敏感性，也可降低应力腐蚀的敏感性。H116 和 H117 时效工艺可防止 5083、5086 和 5456 船体板的剥层腐蚀。

（4）应力腐蚀开裂

铝合金仅在含有相当数量的固溶合金元素（如 Cu、Mg、Si、Zn）时，才对应力腐蚀敏感，超过峰值强度后继续沉淀析出第二相（过时效），可显著提高铝合金对 SCC 的免疫力。如 T73 时效处理的 7075-T73 具有良好的耐 SCC 性能（开裂应力高于 300MPa），显著优于 T6 时效处理的 7075-T6（开裂应力约 50MPa）。7075-T6 的沉淀相为 GP 区，而 7075-T73 的沉淀相为 η 相（$MgZn_2$）。容易产生应力腐蚀开裂的主要是 2×××、5×××、7×××（含 Cu）、7×××（无 Cu）系列强度较高的铝合金。其中，在拉应力加载方向是短横向时，7×××（无 Cu）系列铝合金的耐 SCC 性能最低。

铝合金的应力腐蚀开裂通常是晶间型的。铝合金的 SCC 发生在水或水蒸气的环境中，氯离子等卤素离子对加速破坏的影响最大。

6.3.5　钛及钛合金

钛及其合金在各种海洋环境下都是耐蚀的，在目前所知的工程结构材料中，对常温下的海洋环境，钛是最耐蚀的，十年全浸挂片几乎觉察不出发生腐蚀。钛是在所有海洋深度完全耐蚀的少数金属的一种。在大部分的海洋环境使用中，钛上形成一层薄的氧化膜，并使其得到完全保护。在典型海洋环境中，其氧化条件通常会促使钛钝化，机械或化学损坏的表面几乎即刻得到恢复。

在海洋大气中，钛及钛合金具有突出的耐蚀性能。在常温下，不会有缝隙腐蚀、点蚀和一般腐蚀。

钛及钛合金在飞溅区和潮汐区具有优越的耐蚀性。在飞溅区，充分接触空气的海水对钝化有利。在潮汐区，虽然钛上沉积着生物，但仍有充分的氧使其维持钝化。

在常温下，腐蚀速度很低，只需微量的氧就能维持钝性。因此，在缝隙中或藤壶下面，钛完全能耐腐蚀。在飞溅区和潮汐区，钛没有点蚀。

钛不仅对海水环境完全耐蚀，而且还能抵抗污染的海水、某些港口冲淡的海水、含气体（如氯、氨、硫化氢或过多的二氧化碳）的海水、热的海水。钛能耐流速极高的海水，腐蚀极微，钛及其合金几乎能耐现代技术领域所有速度的海水。在海水中，钛对于冲击腐蚀和穴蚀（空泡腐蚀）亦有优越的耐蚀性。因此，就叶轮使用而言，在所有速度下对海水具有优越的耐蚀性，兼有高的强度，钛合金是理想材料。另外，钛在海水中与空气中的疲劳极限几乎无明显差别。

在某些特殊条件下，钛的钝化膜有时会破坏。如：①当海水加热到121.1℃和更高时，在贫氧的缝隙中观察到点蚀；②在有拉应力和表面缺陷时有应力腐蚀裂纹；③当受力并有盐沾污的钛加热到260℃或更高温度时，产生应力腐蚀裂纹。

另外，钛是生物相容性材料，易被海生物污损。海生物污损虽不会使钛合金产生腐蚀，但也严重影响构件的使用和设备的运行。

思考题与习题

1. 比较淡水腐蚀与海水腐蚀的不同特点，说明金属材料在江河入海口处腐蚀速度大于海水中腐蚀速度的原因。
2. 海水中氧的含量对金属的海水腐蚀有何影响？分析海水中氧浓差电池形成的原因。
3. 试比较海水腐蚀、大气腐蚀的电化学过程特征。
4. 海洋腐蚀环境可分成哪几个区域？各有什么特点？
5. 大气腐蚀的过程是怎样的？大气腐蚀的机理是什么？
6. 根据表6-10数据，分析说明碳钢的大气腐蚀速度有如下排序的原因：青岛＞广州＞沈阳＞北京。

表6-10 四地气候条件

气候条件	地区			
	青岛	广州	沈阳	北京
年平均气温/℃	12.6	21.7	8.5	11.8
每年冰冻期/月	1~2	0	4	1~2
年平均风速/(m/s)	5.2	2.5	4.0	2.0
年平均日照百分率/%	56	46.6	9.4	62
五年降雨雪天数	477	646	451	381
五年≥70%相对湿度天数	990	1399	619	631

7. 试述大气腐蚀的分类及其影响因素。试述耐候钢的耐腐蚀机理。
8. 大气中的固体颗粒能否使金属的大气腐蚀速度增大？为什么？
9. 评价和比较铜合金、铝合金和不锈钢的海水腐蚀行为。
10. 试述铜及铜合金耐海水腐蚀的原因。铜合金为什么在污染海水中耐蚀性较差？
11. 试分析海水流速对碳钢、铜合金、不锈钢腐蚀的影响。

第7章
船舶动力装置的腐蚀

7.1 概述

海洋船舶常年处在海洋环境中，除海洋大气、海水引起的腐蚀外，腐蚀问题主要与动力装置有关。海水腐蚀和大气腐蚀已在上一章做了介绍，江河湖泊淡水含盐量低，其腐蚀性一般比海水弱得多，腐蚀原理、研究方法、防腐措施与海水腐蚀基本相同，腐蚀通常也是受氧去极化的阴极过程所控制。本章介绍动力装置中除海水腐蚀以外的腐蚀，重点介绍高温高压水的腐蚀。

7.1.1 船舶动力装置的组成

动力装置是指利用燃料化学能、核能等能量产生原动力的成套技术装备，由原动机、辅助机械和设备、管路、仪表、监控系统等组成。船舶动力装置是所需能量产生、传递及消耗的全部动力机器、机械设备和系统的有机综合体，是船舶的心脏和动脉。船舶动力装置由以下部分组成：主推进装置、辅助机械装置、全船管路系统、其他机械及设备、自动监测和控制系统。主推进装置包括主机、传动设备、轴系、推进器（大部分是螺旋桨）、动力管路系统等保证船舶航行的整套设备。动力管路系统保证主推进装置的正常运行，包括为主机提供燃料、冷却水和进排气等系统。辅助机械装置是相对主推进装置而言，它提供除推进功率以外的各种能量以供航行和工作、生活需要，主要包括发电装置、供热装置、制冷装置和环保设备等。全船管路系统是保证船舶生命力、安全稳定航行和人员正常生活需要，如防水、防火、通风、取暖、空调、供水等设备和系统以及环保方面烟气治理、污水处理装置及系统。

船舶动力装置是一个非常复杂的设备和系统或能量的综合体，其中主推进装置是最重要的部分。按主机的形式，船舶动力装置有柴油机动力装置、蒸汽轮机动力装置、燃气轮机动力装置、联合动力装置和核动力装置。柴油机由燃料在气缸内部燃烧释放出热能，以燃气为工质推动气缸内的活塞做功。船舶燃气轮机主要由压气机、燃烧室和燃气涡轮等部件组成，燃料在燃烧室内燃烧产生高温燃气推动涡轮做功。蒸汽轮机动力装置的主要组成部分是蒸汽锅炉和汽轮机。锅炉以高温水作为工作介质，产生有一定温度和压力的蒸汽，蒸汽在汽轮机中不断膨胀做功，推动汽轮机旋转并通过螺旋桨推动船舶航行，蒸汽动力装置的回热循环如图7-1所示。船舶锅炉由锅炉本体、过热器、经济器、空气预热器、燃烧装置、通风系统和其他辅助装置组成。

船舶核动力装置中的核反应堆采用的是压水堆。压水堆是世界动力堆中最为广泛应用的堆型。作为船舶用堆，它是至今唯一得以成功运行的反应堆。作为核电站用堆，无论是已经运行的，或是正在建造与计划建造的堆型中，它也是被采用最多的反应堆。压水堆核动力装置由一回路系统和二回路系统组成,原理流程图如图 7-2 所示。一回路系统是一组完全相同的、各自独立且相互对称的、平行而并联在反应堆压力壳接管上的密闭环路。每一条环路都是由一台蒸汽发生器、一台反应堆冷却剂泵、反应堆进出口接管处的各一只冷却剂隔离阀和连接这些设备的主回路冷却剂管道组成。反应堆冷却剂是高温高压水,在反应堆冷却剂泵的驱动下,流经反应堆堆芯,吸收了核燃料裂变放出的热能后出堆,流经蒸汽发生器,通过蒸汽发生器的 U 形传热管壁面,把热量尽可能多地传给 U 形管外侧二回路系统的蒸汽发生器给水,然后流回反应堆冷却剂泵,再重新被泵送进反应堆。吸收堆芯核燃料持续释放出的热能,再出堆,如此循环往复构成了放射性密闭循环回路。二回路系统是将蒸汽的热能转换成机械能或电能的装置。二回路系统主要由蒸汽发生器、蒸汽轮机、主冷凝器、冷凝水泵、给水加热器、除氧器、循环水泵、中间汽水分离器和相应的阀门、管路等组成。二回路系统的蒸汽发生器给水,通过蒸汽发生器大量 U 形管的管壁,吸收了一回路高温高压水从反应堆带来的热量,在蒸汽发生器里蒸发形成饱和蒸汽,蒸汽从蒸汽发生器顶部流出,通过主蒸汽管流进蒸汽轮机的主气门和调节气门,然后进入汽轮机,推动叶轮做功,然后通过减速器、齿轮组传递给螺旋桨。做功后的蒸汽排入主冷凝器,通过循环冷却水的冷却后凝结成水,冷凝水由冷凝水泵驱动进入低压加热器加热再到除氧器加热除氧,然后经给水泵送到高压加热器再加热,提高温度后重新返回蒸汽发生器,作为蒸汽发生器给水,再进行上述循环。

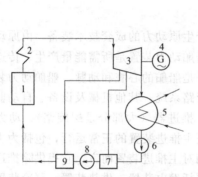

图 7-1 蒸汽动力装置的回热循环
1—锅炉;2—过热器;3—汽轮机;4—发电机;
5—冷凝器;6—凝水泵;7—低压加热器;
8—给水泵;9—高压加热器

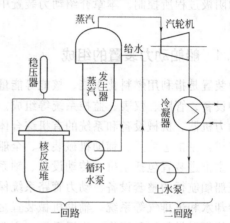

图 7-2 压水堆核动力装置的原理流程图

7.1.2 船舶动力装置的腐蚀概况

在船舶动力装置中,主要腐蚀问题有:水冷却系统的腐蚀,燃料燃烧、高温燃气引起的高温部件的腐蚀,以蒸汽为工质的动力装置的高温高压水腐蚀,以及因海水渗漏而引起的腐蚀。

船舶水冷却系统通常由热交换设备、冷凝器、水泵、阀门、过滤器和管路等构件组成。在船舶工业领域中,每艘船舶都要设置多套水冷却系统,如主水冷却系统、辅水冷却系统、空调水冷却系统、设备水冷却系统、海水冷却系统、淡水冷却系统等,分别用来保证主机、辅机、空调、发电机、舵机等各种设备的安全运行。水冷却系统的腐蚀问题严重,主要是海水腐蚀,腐蚀形式主要有点蚀、电偶腐蚀、缝隙腐蚀、晶间腐蚀、选择性腐蚀、冲刷腐蚀以及空泡腐蚀等。柴油机冷却系统主要采用闭式系统,由淡水(冷却水)系统和海水系统组成，淡水对柴油机部件进行循环冷却，然后采用舷外海水冷却淡水。柴油机缸套外壁易发生穴蚀（空泡腐蚀），这是由于活塞与缸套有配合间隙，活塞在缸套中往复运动，缸套受侧推力作用产生振动，缸套水腔的冷却水受迫振动后向冷却水内部传递波（相当于形成湍流），波疏处冷却水压力降低使水汽化而形成气泡，波密处冷却水压力升高使气泡被压缩而破裂。当振动强度足够大时，气泡的形成和溃灭而导致空泡腐蚀。

柴油机的轻柴油、锅炉的重油等燃料燃烧及产生的燃气会引起高温部件的高温腐蚀。这些高温部件通常在裸露条件下使用，燃料中的硫、钒等有害物质通常是引起高温腐蚀问题的主要因素，如锅炉烟气侧的腐蚀问题。

燃气轮机的高温部件的腐蚀问题主要是热腐蚀，高温部件表面有热障涂层等高温防护涂层。热腐蚀是金属材料在高温含硫环境的燃气工作条件下与沉积在其表面的盐发生反应而引起的高温腐蚀形态。船用燃气轮机在高盐雾的海洋大气中工作，其热腐蚀除与燃料有害物质有关外，盐雾与燃料有害物质的相互作用是造成腐蚀问题的关键。

锅炉工作介质是高温高压水，使用的是纯度高的水，但在实际使用中常发生腐蚀问题。高纯度的高温高压水也是核动力装置一、二回路的主要腐蚀性介质和环境。一回路腐蚀问题主要出现在蒸汽发生器和传热管材，常发生应力腐蚀开裂（SCC）。一回路通常水质好，传热管材应力腐蚀的主要因素是水质的劣化，再是由于传热管材抗应力腐蚀性能不足。反应堆内的燃料元件包壳材料通常采用性能优异的锆合金，但由于环境非常恶劣（高温、高压、辐照等），也会出现腐蚀问题。

7.2 高温高压水腐蚀

通常把温度超过 100℃ 的水称为高温水。水的沸点随压力升高而升高，故液态水的高温与高压紧密相关，高温水实际上就是高温高压水。为了提高热效率，锅炉等以高温高压水为工作介质的装置的工作压力越来越高，许多锅炉的工作压力已达 10MPa 以上，少数称为超临界锅炉的压力则达到 30MPa 以上。目前，船舶主锅炉的工作压力大多低于 10MPa，辅锅炉通常为中压锅炉。

对这些在高温高压条件下运行的装置来说，腐蚀是重大的威胁，装置的腐蚀破坏将造成严重后果。完全纯净的高温高压水的腐蚀性并不严重，但在实际运行使用中，高温水中多少会含有氧、盐类等杂质，其腐蚀性便明显加剧。很多在低温工业水中耐蚀的材料，在高温高压水中会迅速腐蚀破坏。

7.2.1 高温水的腐蚀产物

在高温水中，当气氛不具有很强的氧化性（即氢压力不是很小）时，Fe 最终腐蚀生成物为 Fe_3O_4，相应的腐蚀反应为 $3Fe+4H_2O \longrightarrow Fe_3O_4+4H_2$。当在氧化性气氛条件下及水汽压很高的时候，则有腐蚀产物 FeOOH 出现。

在通常情况下，铁在纯的高温水中最终的腐蚀产物是 Fe_3O_4，在钢铁表面上一般形成良好的 Fe_3O_4 保护膜。该腐蚀产物通常有致密层与结晶层内外两层，内层很致密，对金属的附着性好；外层多孔，由黑色的、带有光泽的结晶颗粒组成。能否形成致密的 Fe_3O_4 膜受溶解氧量、Cl^- 浓度及 pH 值等外界条件的影响，也与金属成分与组织有关。随着钢中铬含量的提高，耐蚀性显著改善。铝的加入，对于改善耐蚀性也有效。18-8 不锈钢在高温水中的表面氧化物与 Fe_3O_4 相类似，其差别仅在于 Cr、Ni 替代了 Fe_3O_4 中的一部分 Fe，替代的比例和 Cr、Ni 在不锈钢中的含量一致。它们一般是这样一些氧化物类型：Fe_3O_4、$NiFe_2O_4$、Cr_2FeO_4、$NiCr_2O_4$ 等。其氧化物通式可表示为 M_3O_4。$\alpha\text{-}Fe_2O_3$ 是一种赤红色氧化物，它不像 Fe_3O_4 那样具有保护性，如有 $\alpha\text{-}Fe_2O_3$ 出现，则表示锅炉水中有溶解氧存在。

在低温水中，在铜合金表面形成的腐蚀产物是微红色的氧化亚铜（Cu_2O）；而在高温水中，则能够产生黑色的氧化铜（CuO）。通常 CuO 在 Cu_2O 的表面上形成，具有灰黑色粉末状的外观。

在高温水中，铝表面产生的氧化物有两层。内层是无定形 Al_2O_3 与混乱取向的 AlOOH，外层是取向一致的 AlOOH。

镍表面形成的氧化物是 NiO。在锅炉水的温度下，镍表面的氧化膜是深灰色的，稍呈粉末状。在高温水中，含 Cr 或 Fe 的镍合金表面形成尖晶石型氧化物 Me_3O_4，其中 Me 是 Cr、Fe 或 Ni 这样一些金属的原子。

7.2.2 影响高温水腐蚀的因素

高温水以纯度高的水作为原水，溶解氧、pH 值、过热、CO_2 含量是影响高温水腐蚀的主要因素。

（1）溶解氧

由图 2-13 可知，在敞开的容器中，温度升高，水中溶氧量减少。由于动力学因素，碳钢、低合金钢的腐蚀速度先随着温度的升高而增加，到达 80℃ 左右，因溶解氧减少，腐蚀速度出现极大值；温度进一步升高，溶解氧进一步减少，腐蚀速度下降。但是在密闭容器中，在一定压力下，气相中的氧与溶解氧呈平衡状态，溶解氧不会因温度升高而减少，故碳钢、低合金钢在密闭容器中的腐蚀速度随温度的升高而直线上升。因此，水中溶解氧对高温水腐蚀影响很大，是影响高温水腐蚀的首要因素。

溶解氧引起的腐蚀称为氧腐蚀，是锅炉中最常见的腐蚀形式。有溶解氧存在时常会形成点蚀、缝隙腐蚀等局部腐蚀，会形成赤红色腐蚀产物。在实际运行操作中，必须尽可能降低水中含氧量。

（2）pH 值

在室温下，钢的腐蚀速度随水的 pH 值的增加而显著减缓；同样，在高温下，若提高水溶液的 pH 值，钢铁就会因形成稳定的 Fe_3O_4 表面保护层而减少腐蚀。

图 7-3 示出高温水的铁腐蚀量与 pH 值的关系，pH 值的变化是通过加入 HCl 及 NaOH 来调节的。由图 7-3 可见，当 pH 值保持 10～11 时，铁的腐蚀量最小。对于防止高温水腐蚀的措施来说，除脱气除氧以外，最主要的就是控制 pH 值。

对于锅炉，为了得到适当 pH 值的炉水，防止过高的碱度，当压力大于 1.5MPa 时，通常采用磷酸三钠或磷酸二氢钠作为锅炉内水处理剂。当炉水保持一定的磷酸根离子浓度时，Ca^{2+}、Mg^{2+} 与磷酸根离子可生成难以溶解的钙镁磷酸盐类，随排污除去，从而使浓度减小到不能形成水垢的程度。在碱性较高（pH=10～12）的沸腾炉水中，钙离子就会与磷酸根发生如下反应：

$$10Ca^{2+}+6PO_4^{3-}+2OH^- \longrightarrow Ca_{10}(OH)_2(PO_4)_6\downarrow$$

生成物水化磷灰石是水渣，易随排污清除。炉水中适量的磷酸盐含量，能使金属壁面生成磷酸盐保护膜。但当磷酸根离子浓度过高时，会增加炉水含盐量，还可能生成黏性很强的磷酸镁或磷酸铁，沉积在金属表面形成二次水垢。因此炉水中的磷酸根离子浓度必须适量。

磷酸钠盐在高温下会因溶解度降低而析出，使高温水的 pH 值难于保持稳定。在高压锅

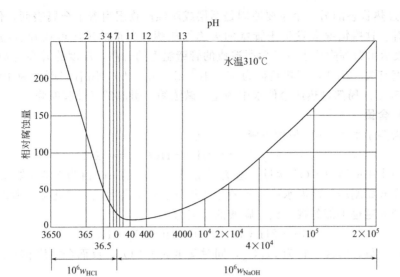

图 7-3 铁腐蚀量与 pH 值的关系（pH 值为 25℃时的测定值）

炉中，常用加入氨、联氨（肼）等易挥发性物质的方法来调节 pH 值，以免产生固体沉积物。该法所能得到的 pH 值较其他方法要低一些，但对系统内 pH 值的波动不易控制，这是该法的不足之处。因此，要求有严格的水质管理相配合。联氨除了有控制 pH 值的作用外，还可以脱氧。另外还应注意氨所造成的冷凝器腐蚀（铜合金的腐蚀）。

对于压水堆核电站，蒸汽发生器传热管内是一回路系统压力 15.5MPa、温度 320℃左右的含硼酸和氢氧化锂的高温高压水，传热管外为二回路系统 6.8MPa、285℃的蒸汽。硼酸作为中子吸收剂加入高温水，以化学控制核反应，氢氧化锂调节 pH 值。如不用硼酸控制核反应，高温高压水中也可不用添加氢氧化锂。二回路的 pH 调节剂（碱化剂）有：磷酸盐（Na_3PO_4 或 Na_2HPO_4/NaH_2PO_4），氨（NH_3），联氨（N_2H_4），吗啉（morpholine, MPH）（C_4H_9ON），乙醇胺（ethanolamine, ETA）（$NH_2CH_2CH_2OH$）等。采用磷酸盐水解生成 NaOH 来调节二回路水的 pH 值时，由于 NaOH 碱性过强且容易浓集，易造成传热管的应力腐蚀开裂、管壁减薄和点蚀。我国压水堆核电厂二回路水化学处理方式大多采用氨和联氨的全挥发处理（AVT）（联氨主要是作为除氧剂和还原剂引入的），25℃时给水的 pH 值控制在 9.6～9.7。氨的优点是化学性质稳定，在二回路条件下不会分解。使用氨作为 pH 调节剂操作简单，经验成熟，成本低廉。但氨挥发性大，氨作为碱化剂时，液相 pH 值偏低。对于二回路采用全铁系统的电站，为维持液相较高的 pH 值，采用加大氨的添加量，来抑制碳钢和低合金钢等的流动加速腐蚀（FAC）。氨对铜有络合作用，对于含铜的二回路系统，提高氨浓度，会加速铜合金的腐蚀。乙醇胺具有低挥发性、强碱性、低热分解率等特性，现在世界上 60% 以上核电厂应用乙醇胺代替氨作为碱化剂调节给水 pH 值，乙醇胺在美国、日本、韩国等国家得到广泛使用。

（3）过热

过热状态的产生主要有两个原因：

① 在锅炉蒸发管受热面、过热受热面等传热面上，由于水在表面沸腾并伴随有大量蒸汽泡产生，金属表面附有蒸汽泡后，热传导性变差，易于进一步造成局部过热。当气泡离去时，因溶液流入又会使该处温度下降，气泡的急剧生成与破坏使金属表面处于温度的急剧交变状态（温差约 10～15℃），金属表面的氧化膜层由此受到破坏，腐蚀加速。

② 造成过热状态的另一个重要原因是垢层或腐蚀产物层附着于金属表面，使传热恶化，管壁温度上升。这些情况多发生于管壁的火焰加热侧，严重的过热可致管道爆破事故的发生。图 7-4 表示水垢等附着于管壁后所造成的管壁温度的升高，温度的升高与炉管的热负荷及附着层厚度有关。例如，当热负荷为 17×10^5 kJ/(m^2·h)，附着层厚度为 $100\mu m$ 时，管壁温升已有 50℃。局部过热还会使水中的盐、碱浓缩，引起碱腐蚀和碱脆。

(4) CO_2 含量

二氧化碳溶于水后，pH 值便下降，反应为

$$CO_2 + H_2O \rightleftharpoons H_2CO_3 \rightleftharpoons H^+ + HCO_3^- \rightleftharpoons 2H^+ + CO_3^{2-}$$

在常温纯水中的游离 CO_2 含量一般为 1mg/L，对应的 pH 值为 5.5（如图 7-5），这时铁的腐蚀速度开始剧增。高温水中的碳酸盐受热分解后也会生成二氧化碳，所以高温水中二氧化碳的腐蚀问题也不能忽视。铁与碳酸的反应为

$$Fe + 2H_2CO_3 \longrightarrow Fe(HCO_3)_2 + H_2$$

如果水中含氧，腐蚀产物为 Fe_2O_3，同时又生成了 CO_2，反而会促使 pH 值降低，反应式为：

$$4Fe(HCO_3)_2 + O_2 \longrightarrow 2Fe_2O_3 + 4H_2O + 8CO_2$$

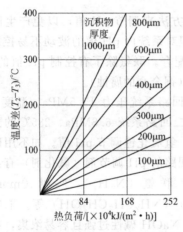
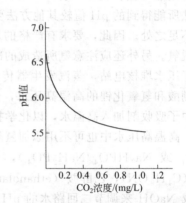

图 7-4　沉积物附着所致管壁温度的升高　　图 7-5　纯水中 CO_2 浓度与 pH 值的关系

二氧化碳所造成的腐蚀多属均匀腐蚀，腐蚀产物被水流或汽流带走，使水汽的品质降低。

温度对溶解 CO_2 引起的腐蚀速度有明显的加速作用，如在密闭容器中，水温从 60℃升高到 90℃时，溶解 CO_2 引起的腐蚀速度增加 2.6 倍。

7.2.3　高温高压水中的碱腐蚀

在锅炉等以高温高压水作为工作介质的受热装置中，通常加入氢氧化钠等碱性物质来调节水的 pH 值。一般情况下，含有少量 NaOH 的锅炉水对于钢铁的腐蚀性是很小的，但是在某些局部区域（例如在锅炉的缝隙处、腐蚀产物或沉积物层的下面以及表面沸腾等局部过热处），由于反复的蒸发和凝聚作用，NaOH 被局部浓缩，该处的金属在浓碱溶液的作用下迅速被腐蚀。

(1) 碱的局部浓缩

图 7-6 为碱局部浓缩原理示意图。炉管由于外部加热，管壁两侧存在温度梯度。图 7-6 (a) 为管壁上没有沉积物附着的情况，图 7-6 (b) 为管壁附有沉积层的情况，T_1、T_2、

T_3、T_4 分别为管壁外侧、管壁内侧、沉积层水侧、炉水的温度。与管面相接触的液层处于过热状态,过热度为 $\Delta T = T_2 - T_4$。图中示出对应于管内温度梯度的分布,还存在着 NaOH 浓度梯度。据测定,当热负荷为 17×10^5 kJ/(m^2·h) 时,在洁净管壁上的过热度约为 3~5℃;由图 7-4 可知,垢层厚度大于 100μm 时过热度就可达 50℃ 以上。图 7-7 表示过热度与水中 NaOH 浓缩程度的关系。由此可见,即使炉水本身的碱浓度在 100×10^{-6} (10^{-2}%) 以下,但在管内洁净表面处的炉水,其含碱浓度可达 0.1 (10%) 左右;而在附着有沉积物层的管表面处,则碱浓缩可达 50% 以上。

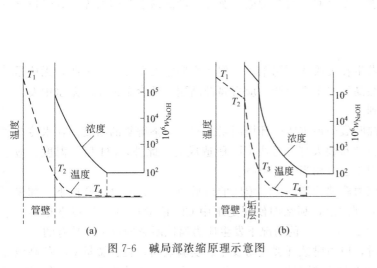

图 7-6 碱局部浓缩原理示意图

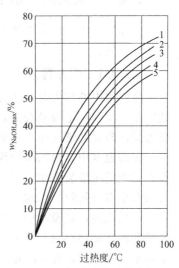

图 7-7 锅炉水的过热度与
碱浓缩程度的关系

1—2MPa; 2—4.9MPa; 3—9.8MPa;
4—13.7MPa; 5—17.7MPa

(2) 碱腐蚀的反应机制

钢在碱溶液中的腐蚀取决于碱溶液的浓度和温度。当碱浓度增加到 25% 时,腐蚀量急剧增加,这就造成了明显的碱腐蚀。在高温高浓度的碱液内,钢的表面膜受到破坏,生成易溶的亚铁酸盐。

$$Fe(OH)_2 + 2NaOH \longrightarrow Na_2FeO_2 + 2H_2O$$
$$Fe + 2NaOH \longrightarrow Na_2FeO_2 + H_2 \uparrow$$

反应生成的亚铁酸钠和炉水接触时,将因 pH 值变化而失去稳定性,成为铁的氧化物和碱。

$$3Na_2FeO_2 + 4H_2O \longrightarrow 6NaOH + Fe_3O_4 + H_2 \uparrow$$

所以,在腐蚀过程中,游离碱并没有消耗,生成疏松的腐蚀产物 Fe_3O_4 也没有保护作用,它堆积在金属表面,使碱腐蚀更严重。

当炉水碱度不大时,NaOH 浓度约为 1~3mg/L 时,即使高温状态下,$Fe(OH)_2$ 也可变为致密的 Fe_3O_4 保护膜,增加抗腐蚀性能。在很低温度条件下,即使 NaOH 浓度非常高,也不会发生碱腐蚀。显然,温度越高,NaOH 浓度越大,碱腐蚀越严重。

(3) 防止碱腐蚀的措施

可以采取以下措施来防止碱腐蚀。

① 加强水质管理,减少沉积物和腐蚀产物的附着。金属表面沉积物和腐蚀产物层是碱腐蚀的重要诱发因素。为此,应加强水质管理,包括除氧、除二氧化碳、控制 pH 值、降低

水中硬度盐类和腐蚀产物含量。

② 进行排污清洗，保证金属表面洁净。采取水处理措施后，仍会残存一定的杂质并析出于金属受热面上，可采取排污措施以保持金属表面洁净。此外，对锅炉等设备应定期进行化学清洗，以去除垢层及腐蚀产物。

对于热力设备应注意避免热负荷过大而使金属过热。经验表明，超负荷运行是许多事故的起因。

7.2.4 高温高压水中的应力腐蚀断裂

在高温水中，应力腐蚀开裂主要是 Cl^- 引起的应力腐蚀、游离碱引起的碱脆，有时也会发生氢腐蚀。

7.2.4.1 应力腐蚀

高温水中的应力腐蚀主要发生在奥氏体不锈钢中。但是实验室的研究结果表明，无论是铁素体不锈钢还是镍基合金，在高温水中都会产生应力腐蚀断裂。低合金钢在高温水中发生应力腐蚀断裂的情况还未曾见到。

在高温水中，影响应力腐蚀断裂的最重要的环境因素是 Cl^- 与溶解氧的浓度。在水冷却型原子能反应堆装置中，应力腐蚀断裂大部分是由 Cl^- 所造成的。此外，pH 值、温度、应力的大小以及间隙、汽水比等因素也有相当大的影响。

一般认为，高温水中发生应力腐蚀开裂的 Cl^- 浓度的最低值应在百万分之几以下。如果考虑到由于加热蒸发能使 Cl^- 局部浓缩，那么即使规定水中 Cl^- 浓度在 10^{-5}% 以下也不一定是十分安全的。在 Cl^- 浓度为 2×10^{-5}% 的情况下发生应力腐蚀断裂的例子也是有的。

当溶解氧与 Cl^- 同时存在时，应力腐蚀开裂更易发生。实验表明，在含微量 Cl^- 的高温纯水中，溶解氧对不锈钢的应力腐蚀开裂有极大的影响。如果溶解氧量处于 10^{-5}% 以下，Cl^- 浓度即使很高，断裂也不发生。如果氧含量在 10^{-4}% 以上，必须使 Cl^- 浓度降低到 10^{-5}% 以下才是安全的。

许多研究报告认为，如果高温水处于碱性范围内某一个 pH 值下，不锈钢就不容易产生应力腐蚀开裂。在 260~270℃ 下，该临界 pH 值为 8~10，并随 Cl^- 和溶解氧浓度而变化。虽然提高 pH 值一般来说对防止不锈钢应力腐蚀断裂有好处，但是过分提高 pH 值却会引起碱脆。

随着温度的提高，应力腐蚀开裂倾向急剧增加，并且使发生断裂的 Cl^- 临界浓度值下降。当处于 100℃ 以下的低温度时，断裂就不易发生。应力的下降使发生断裂所需要的时间延长。但是，实际上也有在非常小的应力下就发生断裂的情况。

间隙的存在与局部过热可使水中氯化物浓缩，所以间隙与局部过热也成为促进断裂的重要因素。所谓间隙不仅仅是指那些宏观的缝隙，也包括由于点蚀与晶间腐蚀所产生的微小的孔洞与沟槽等。所以酸洗时所产生的微小的晶间腐蚀、MnS 等非金属夹杂物以及腐蚀产物等因素也能成为断裂的原因。

此外，金属方面的因素如合金成分、组织结构、敏化以及冷加工等，对应力腐蚀开裂的敏感性也有很大的影响。

7.2.4.2 碱脆

(1) 特征

高温高压水介质中的碱脆，实质上是应力腐蚀开裂中的一种特殊形式，它是在有游离碱存在时所发生的应力腐蚀开裂。碱脆是工业锅炉和中、低参数发电锅炉最危险的损坏形态，它经常出现在锅炉的铆接及管子的胀接处。国内外在 20 世纪 50 年代时曾由此发生过不少恶性爆裂事故。

碱脆的破坏特征是典型的脆性破坏,沿晶间产生裂纹,但它仅在一定的条件下才会发生:①在金属中存在着高度的局部应力;②水质具有强烈侵蚀性,碱度较高;③金属结构中存在不严密性(如铆接或胀管的接合缝),造成炉水的高度浓缩。碱脆正是上述因素综合作用的结果。

(2) 碱脆的机理

研究表明,碱脆敏感的电位区间为 $-0.8\sim-1.0\mathrm{V}$ (SHE),对应的是活化-钝化过渡区。由 $Fe\text{-}H_2O$ 系的电位-pH 图(图7-8)可知,在碱性敏感电位区发生的反应为:

阳极:$Fe+3OH^-\longrightarrow HFeO_2^-+H_2O+2e$

$3HFeO_2^-+H^+\longrightarrow Fe_3O_4+2H_2O+2e$

阴极:$2H^++2e\longrightarrow H_2$

在敏感区域的氧化膜为 Fe_3O_4,这已由 X 射线衍射分析得到证实。在电位处于活化-钝化过渡区时,覆盖在表面上的 Fe_3O_4 是不完整的,故有人认为氧化膜只覆盖在晶粒表面,而晶界尚未钝化。也有人认为 Fe_3O_4 的延性差,0.5%~0.6%局部塑性变形就可使其破裂。据估计,氧化膜与裸露出的钢基体之间存在 1V 左右的电位

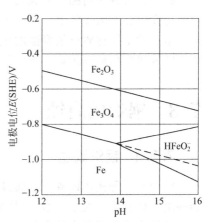

图 7-8 $Fe\text{-}H_2O$ 电位-pH 图的高 pH 值处的部分图线

差,使局部无膜的区域或晶界优先溶解。裂纹的扩展按预存的活性途径的机理进行,碳和杂质沿晶界偏析构成了择优溶解的阳极相。此外,也有人从阴极析氢反应出发,主张碱脆是属于氢脆机理。

蒸汽锅炉接合部位的局部应力包括:①由于铆接或胀接引起的内部应力;②锅炉蒸汽压力所造成的外部应力;③运转过程中温度的变化或受热状态的不均所导致的热应力。在不严密的铆接或胀接等接合处,具有一定侵蚀性的炉水又经过高度浓缩,于是在拉应力和高浓度碱液的双重作用下,金属迅速腐蚀断裂。最初阶段是碱腐蚀,继而在应力的条件下沿晶粒边界发展,反应产生的气态氢和具有较大体积的氧化物会产生很大的附加内应力,促使裂纹进一步发展。

(3) 影响因素

① 碱浓度。一般认为,碳钢、低合金钢在稀 NaOH 溶液中具有良好的耐蚀性,只有在碱浓度大于 5%~15%时才能发生碱脆,特别是在 30%左右最容易发生碱脆。

② 温度。温度越高,越容易产生碱脆,尤其是沸点附近。产生碱脆的最低临界温度为 60~65℃。

③ 应力。一般认为,只有受到某种程度塑性变形的钢,即应力超过屈服强度时才可能发生碱脆。

(4) 碱脆的防止

首先,应注意改进锅炉制造工艺,即废止铆接,不用胀管法安装炉管,尽可能使用全焊接工艺组装。

其次,采取适当的热处理,以消除在焊接、装配加工时产生的残余应力。在可能条件下降低负荷,在尽可能低的温度下操作。

在水处理方面,应设法降低水的碱度。可在水中加入适量硝酸钠或磷酸盐以控制游离碱浓度。

7.2.4.3 氢腐蚀

在高温高压水中有时也会发生氢腐蚀。在腐蚀激烈进行的场所，发生如下反应：

$$3Fe+4H_2O \longrightarrow Fe_3O_4+4H_2$$

所产生的氢向钢内部渗入，和钢中渗碳体作用生成甲烷

$$Fe_3C+2H_2 \longrightarrow 3Fe+CH_4$$

此时，可观察到钢中有脱碳组织存在，并有因甲烷引起的内应力所造成的晶间裂纹。氢腐蚀易发生在弱酸性的水质中，例如在锅炉经酸洗后有残酸遗留等情况下。

金属的不同材质对氢腐蚀的敏感性是不同的，低碳钢对此就很不敏感。钢中含有 Mo、W、V 等碳化物形成元素，能增强钢的耐蚀性，而冷加工则会促进腐蚀。

7.3 锅炉的腐蚀

7.3.1 锅炉概述

锅炉是一种换热设备，它通过燃料的燃烧，使燃料中的化学能转变为热能，并将此热能传递给工作介质（大多为水），从而使工质升温甚至转变成为具有需要热力学参数的蒸汽。锅炉装置常采用碳钢或低合金钢制造，温度高于 455℃ 的部位不使用碳钢，采用耐热钢或高温合金。锅炉过热管束采用低合金耐热钢（如 12Cr1MoVg）或奥氏体不锈钢（如 06Cr18Ni11Nb），以及高温合金（如 Fe-Ni-Cr 合金 GH984）等。锅炉的腐蚀可分为两大类：一是锅炉内高温水引起的腐蚀，即水侧腐蚀；二是与燃料燃烧产生的烟气有关的腐蚀，即烟气侧腐蚀，该类腐蚀主要发生在锅炉受热面。

(1) 受热面

水在锅炉中的吸热是通过布置各种受热面来完成的。由于受热面所处的烟温区域不同，受热面所起的作用也不同。根据炉水所处的热力学状态，锅炉的受热面可分为加热受热面、蒸发受热面和过热受热面。

水冷壁、凝渣管和对流管束在蒸汽锅炉中也称为蒸发受热面。凝渣管可以保护后面密集的过热受热面不结渣堵塞，因此也称为防渣管束。锅炉管束就是布置在上下锅筒之间的密管束。管束与锅筒通常是胀接，也可以是焊接。管内的水及汽水混合物自然循环流动，受热强的管子为上升管，受热弱的为下降管。锅炉管束中管子较多，若管束中间某根管子损坏（通常多是因腐蚀而损坏），修理十分困难，只能在锅筒中把管子两头堵住。

过热器的作用是将锅炉的饱和蒸汽进一步加热到所需过热蒸汽温度。对于电站锅炉和船用锅炉，过热器是必需的受热面，除将锅炉的饱和蒸汽加热到具有一定过热度的合格蒸汽外，并要求在锅炉工况运行时保证过热蒸汽温度在允许范围内变动。过热蒸汽在汽轮机中膨胀做功到一定程度后，再回到锅炉中进行加热，然后再回到汽轮机中做功，这种受热面叫再热器。再热器实质上也是过热器。过热器和再热器内流动的是高温蒸汽，其传热性能差，而且过热器和再热器又位于高温烟囱区，所以管壁温度较高。

(2) 锅炉用水

炉水在锅炉管内的一般流程是：给水流经加热受热面进入蒸发受热面（水冷壁或锅炉管束）产生蒸汽，在过热受热面（过热器）中达到额定蒸汽参数。锅炉及热力循环设备的水汽系统包括给水系统和蒸汽系统两个部分，给水系统包括从原水进入锅炉流经的一系列设备管道及其蒸发受热面，蒸汽系统包括蒸汽流经的过热受热面及其用汽设备。热力系统中各处的

水质差别较大。

根据水汽系统中水质及功用，常将锅炉用水分为：

① 原水。它是未经任何处理的天然水，如江湖水和地下水等，或者是取自城市供水系统的自来水。原水是锅炉补水的原料。

② 补水。它是原水经过净化处理后，用以补充锅炉损失的水。按不同的处理方法，可分为软化水、除盐水和蒸馏水等。

③ 回水。蒸汽经用汽设备的做功或热交换，冷凝后返回锅炉的水，即为凝结水。

④ 给水。它是送进锅炉的水，通常包括回水和补水两部分。

⑤ 炉水。它是在锅炉本体的蒸发系统中流动着的水。

⑥ 排污水。锅炉炉水在不断蒸发和浓缩作用下，其含盐量或碱度增加，当水质指标超过标准要求时排放掉的炉水即为排污水。

水送入锅炉前需要对给水进行净化、软化、除盐、除气等处理，以最大限度地除去杂质和氧气、二氧化碳。炉水中的杂质等可造成结垢、腐蚀、蒸汽污染等，不仅会降低管内工质的传热系数，严重时可能会因为管金属不能得到足够冷却而引起超温爆管，蒸汽污染会威胁到过热器工作的安全性。因此，必须对给水规定水质指标。

锅炉水水质指标分两类：一类是反映某种物质或离子含量的成分，如钙、镁、氯化物、硫酸根、磷酸根和溶解氧等；另一类是反映某一类物质含量或某些化合物之和，有全固形物、硬度、碱度、pH 值和油等。主要有下列一些：

① 全固形物。指水中除溶解气体外，全部杂质转化成固体，由水样蒸干后烘干的残留物，用 mg/L 表示。包括悬浮固形物和溶解固形物。悬浮固形物（悬浮物）是可用过滤材料从水中分离出来的固形物。溶解固形物是指溶解在水中的全部盐类以及铁、铝、硅的氧化物和一些有机物。

② 硬度。指水中溶解的钙盐、镁盐的总含量，单位为 mmol/L，包括碳酸盐硬度（水中溶解的碳酸氢盐含量）和非碳酸盐硬度（水中溶解的氯化物、硫酸盐及其他钙镁盐含量）两类。

③ 碱度。指水中 OH^-、CO_3^{2-}、HCO_3^- 及其他一些弱酸盐含量之和，单位为 mmol/L。如果水分析结果为碱度小于硬度，则表明水中既有碳酸盐硬度又有非碳酸盐硬度，硬度减去碱度即为非碳酸盐硬度，属于非碱性水；如果碱度大于硬度，则水中只有碳酸盐硬度而无非碳酸盐硬度，所以碱度与暂时硬度值相等，称之为碱性水。应当指出，弱酸根 HCO_3^- 与强碱氢氧根 OH^- 不能在水中共存，因为两者能反应生成 CO_3^{2-} 和 H_2O。

④ 相对碱度。指水中游离的 NaOH 含量（OH^- 碱度折算成的 NaOH 含量）与溶解固形物含量的比值，是为防止锅炉产生苛性脆化而规定的技术指标。

⑤ pH 值。表示水的酸碱性，是指水中氢离子浓度的负对数。

⑥ 含盐量。指水中阳离子和阴离子的总含量，单位为 mg/L。

⑦ 溶解氧。表明水中含有氧气的多少，单位为 mg/L。

⑧ 含油量。表示水中含有油的量，单位为 mg/L。

中高压以上锅炉的给水指标中还有亚硫酸根、磷酸根、铁、铜、二氧化硅、二氧化碳、联氨含量。某型船用锅炉用水的质量指标要求如表 7-1 所示。

表 7-1 某型船用锅炉用水的质量指标要求

给水	工作值	炉水	工作值
含盐量/(mg/L NaCl)	≤0.5	含盐量/(mg/L NaCl)	≤70

续表

给水	工作值	炉水	工作值
氯离子含量/(mg/L)	≤0.05	氯离子含量/(mg/L)	≤10
含氧量/(mg/L)	≤0.02	磷酸值/(mg/L)	$10\sim20(PO_4^{3-})$
含油量	0		$7\sim15(P_2O_5)$
含Fe^{2+}/(mg/L)	≤0.05	碱值/(mg/L)	4~6
含Cu^{2+}/(mg/L)	≤0.05	含油量	0

(3) 燃料的燃烧

锅炉燃料有煤、石油等，锅炉一般燃用劣质燃料。按油中含硫量的多少，燃油可分为低硫油（<0.5%）、中硫油（0.5%~2%）和高硫油（>2%）三种。电站锅炉以煤为主，并且在保证综合效益的条件下，主要燃用劣质煤。船用锅炉通常以重油为燃料。

燃料燃烧后的产物就是烟气。燃料燃烧时，其中的可燃质碳生成二氧化碳，氢生成水蒸气，硫生成二氧化硫。燃料完全燃烧后产生的烟气的组成为 CO_2、SO_2、N_2 和 H_2O。若不完全燃烧，则除上述组分外，烟气中还将出现 CO、CH_4、H_2 等可燃组分。

灰分是燃料燃烧后产生的固体残余物。煤中的灰分由 SiO_2、Al_2O_3、Fe_2O_3、CaO、MgO、TiO_2、Na_2O、K_2O、SO_3 等组成。石油中的灰分是矿物杂质在燃烧过程中经高温分解和氧化作用形成的固体残存物（V_2O_5、Na_2SO_4、$MgSO_4$、$CaSO_4$ 等），会在锅炉的各种受热面上形成积灰并引起金属的腐蚀。石油中的灰分很少，但具有较强的黏结性，燃油锅炉受热面上的积灰不易清除，含量很少的灰分会对长期运行的锅炉产生很大的影响。

由于燃料中含有灰分、水分以及硫分，燃料燃烧时锅炉各受热面的外部工作条件非常恶劣。硫分燃烧后产生 SO_2，部分 SO_2 氧化成 SO_3，它们与烟气中水蒸气结合形成硫酸或亚硫酸蒸气，遇到较冷的受热面就会凝结在受热面表面上，造成对受热面的腐蚀。灰分会沉积在受热面上，使受热面积灰、结渣。如果烟气中的水蒸气遇冷后凝结（结露）下来，也会加重对锅炉尾部低温受热面的腐蚀和堵灰。

7.3.2 水侧的腐蚀

锅炉水侧的腐蚀属于钢在水介质中的腐蚀，腐蚀原因主要与水质有关，主要是溶解氧、溶解二氧化碳、铁锈及碱的浓缩引起的，有的是 Cl^- 引起的。

7.3.2.1 氧腐蚀

(1) 氧腐蚀的破坏形式

氧腐蚀，即为通常以 O_2 为去极化剂的吸氧腐蚀，是锅炉中最常见的腐蚀形式，破坏形式有全面腐蚀和溃疡腐蚀（或斑点腐蚀）两种。腐蚀产物为 Fe_2O_3［或 $Fe(OH)_3$］和 Fe_3O_4，表面为疏松、黄褐色或砖红色的小鼓包，如清除这些腐蚀产物便呈现腐蚀坑。

温度对氧腐蚀速度有明显加速作用，在密闭容器中，水温从 60℃ 升高到 90℃ 时，溶解氧引起的腐蚀速度约增加一倍。

(2) 腐蚀的历程

① 低温有氧情况。在低温下氧存在时（如投运前保护不好、停运后管理不当），锅炉的腐蚀属于氧的去极化腐蚀。阳极、阴极反应及腐蚀的总反应如下：

阳极区　　　　$Fe \longrightarrow Fe^{2+} + 2e$

阴极区　　　　$O_2 + 2H_2O + 4e \longrightarrow 4OH^-$

二次过程 $Fe^{2+}+2OH^- \longrightarrow Fe(OH)_2$
进一步氧化 $4Fe(OH)_2+O_2+2H_2O \longrightarrow 4Fe(OH)_3$
再转化 $2Fe(OH)_3 \longrightarrow Fe_2O_3+3H_2O$
总反应 $4Fe+3O_2 \longrightarrow 2Fe_2O_3$

生成的 Fe_2O_3 疏松,无保护作用,这是锅炉运行所不希望的条件。

② 高温无氧情况。在高温无氧情况下,腐蚀是水中的氢离子对铁腐蚀发生去极化作用。阳极、阴极反应及腐蚀的总反应如下:

阳极区 $Fe \longrightarrow Fe^{2+}+2e$
阴极区 $2H^++2e \longrightarrow H_2 \uparrow$
二次过程 $Fe^{2+}+2OH^- \longrightarrow Fe(OH)_2$
进一步转化 $3Fe(OH)_2 \longrightarrow Fe_3O_4+H_2 \uparrow +2H_2O$
总反应 $3Fe+4H_2O \longrightarrow Fe_3O_4+4H_2 \uparrow$

因此,在高温无氧情况下,腐蚀的最终产物是生成很细密的 Fe_3O_4,牢固附着在碳钢表面上,起到了很好的保护作用,防止金属的进一步腐蚀,这就是锅炉运行所希望的条件。

③ 高温有氧情况。在高温有氧情况下,锅炉的腐蚀为氧的去极化腐蚀。阳极、阴极反应及总的腐蚀反应式如下:

阳极区 $Fe \longrightarrow Fe^{2+}+2e$
阴极区 $O_2+2H_2O+4e \longrightarrow 4OH^-$
二次过程 $Fe^{2+}+2OH^- \longrightarrow Fe(OH)_2$
进一步氧化 $4Fe(OH)_2+O_2+2H_2O \longrightarrow 4Fe(OH)_3$
再转化 $Fe(OH)_2+2Fe(OH)_3 \longrightarrow Fe_3O_4+4H_2O$
总反应 $3Fe+2O_2 \longrightarrow Fe_3O_4$

在高温有氧情况下,最终生成的腐蚀产物是很疏松的 Fe_3O_4,容易掉落,无保护作用,基体金属可以进一步发生腐蚀,是锅炉不希望的运行条件。

(3) 氧腐蚀的防止

为了减少锅炉的氧腐蚀,应该除去炉水中的氧。除氧方法主要有热力除氧和化学法除氧。

① 热力除氧。热力除氧是通过设置热力除氧器,在热力除氧器作用下,可以把氧除到 $21\mu g/L$。为了将腐蚀速度控制在允许的范围内,一般规定,压力为 $6MPa$ 以上的发电锅炉的给水含氧量应小于 $7\mu g/L$,$3.8 \sim 5.8MPa$ 的发电锅炉给水含氧量应小于 $15\mu g/L$,而 $1.6 \sim 2.5MPa$ 的工业锅炉给水含氧量标准为小于 $50\mu g/L$。船用锅炉装置设置了热力除氧器,除氧器的进汽压力为 $1.25atm$,要求除氧后出水的温度为 $105℃$。

为了彻底除氧,还采用化学法作为辅助手段。

② 化学法除氧。化学法除氧一般采用 Na_2SO_3 和联氨(N_2H_4)等药品。加 Na_2SO_3 脱氧的反应式为:$2Na_2SO_3+O_2 \longrightarrow 2Na_2SO_4$。理论上除去 $1mg/L$ 的氧需要 $7.9mg/L$ 的 Na_2SO_3。Na_2SO_3 量少,除氧不完全;Na_2SO_3 余量不能太大,一般为 $2 \sim 7mg/L$,炉水则为 $10 \sim 40mg/L$。还有资料介绍,高压锅炉水中 Na_2SO_3 的余量可达 $100 \sim 140mg/L$。Na_2SO_3 的使用量可以按如下的公式计算:

$$Q=(7.9W_O+R_{es})S_w \times \frac{100}{P}$$

式中 Q_{es} —— Na_2SO_3 的使用量,g/h;
W_O —— 给水中的含氧量,mg/L;
R_{es} —— Na_2SO_3 的余量,mg/L;

S_w——给水量，t/h；

P——Na_2SO_3 的纯度，%。

为了增加 Na_2SO_3 的除氧速度，可以加入少量的钴、镍等阳离子，如硫酸钴等物质。但是在高温下 Na_2SO_3 容易分解生成 SO_2，冷凝后造成高压锅炉的严重腐蚀，故采用联氨除氧。联氨除氧已广泛用于 0.2~1.2t/h 的电站锅炉中。联氨除氧的反应式如下：

$$N_2H_4 + O_2 \longrightarrow N_2\uparrow + 2H_2O$$

联氨的热分解反应式为：

$$2N_2H_4 \longrightarrow N_2\uparrow + 2NH_3 + H_2\uparrow$$

$$3N_2H_4 \longrightarrow N_2\uparrow + 4NH_3 \text{（pH=8 时）}$$

从上式可以看出，采用联氨脱氧生成的氮气无害，脱氧效果也很好。但是当联氨的加入量超过 10% 时，NH_3 含量增加，pH 值增加，会造成整个系统中铜管及管件的腐蚀，故应该调节好联氨的使用量。实际操作表明：联氨加入理论量的 3~5 倍，残留在锅炉水中的联氨量可使锅炉水中的氨量为 0.05~0.15mg/L。为了增加联氨脱氧的速度可以加入银、铜阳离子的物质。

③ 停炉保养。锅炉系统设备停用期间易发生氧腐蚀，对停用锅炉最常见的做法是排掉炉水或者充满水。在这两种情况下，锅炉金属都可能发生严重的腐蚀。在充满水的情况下，腐蚀速度常受氧的补给速度所控制，腐蚀可以发生在锅炉内表面的任何部位；在排掉水的情况下，供氧充足，腐蚀速度常取决于锅炉内空气的湿度，因锅炉内空气湿度是饱和的，氧腐蚀严重。但如果停用时仍保持原水位，不充满水，溶解氧会在水位附近富集，特别容易造成该部位的腐蚀。

停炉时的保护方法可以分为湿法和干法两大类。湿法保护的目的是去掉氧，具体做法是：

① 排干炉水。

② 使整个锅炉充满除过氧并加有化学除氧剂（200mg/L 亚硫酸钠或 200mg/L 联氨）的碱性除氧水，维持锅炉内水压大于大气压力，封闭锅炉，最好同时加入硫酸钴等催化剂。

③ 定期分析检查氧和除氧剂含量，确定是否需要补加药品。

干法保护的目的是去掉水，具体做法是：

① 排干炉水。

② 把锅炉内表面用除湿机或热气流吹干，最好是用氮气吹干，直到露点达到 −20℃ 以下。

③ 向干燥的锅炉内放置干燥剂（生石灰或硅胶），干燥剂放在托盘内，托盘放在汽包内，封闭锅炉，经常在炉膛内用红外灯或电炉加热以防水汽凝结。

④ 定期检查干燥剂，确定是否需要更换。

7.3.2.2 二氧化碳腐蚀

锅炉水中二氧化碳主要来自三个方面：第一，来自锅炉上水；第二，来自体系的漏气或回水缸的呼吸；第三，来自碳酸氢盐和碳酸盐的分解。分解后的 CO_2 再度溶解于水中，因此，冷凝水是二氧化碳腐蚀最严重的介质。二氧化碳所造成的腐蚀多为均匀腐蚀，腐蚀产物被水流或汽流带走，使水汽品质降低。

(1) 二氧化碳腐蚀的历程

① 无氧情况。在水中没有溶解氧，只有溶解二氧化碳时，碳钢的腐蚀为氢的去极化作用。其腐蚀反应式如下：

$$CO_2 + H_2O \longrightarrow H_2CO_3$$

$$Fe + 2H_2CO_3 \longrightarrow Fe(HCO_3)_2 + H_2\uparrow$$

随着腐蚀的进行，溶解的 CO_2 不断消耗，如果没有新的 CO_2 补充，腐蚀可以停止。

② 有氧情况。在水中既溶有 CO_2，又溶有 O_2 时，碳钢腐蚀的历程如下：

$$Fe + 2H_2CO_3 \longrightarrow Fe(HCO_3)_2 + H_2 \uparrow$$

$$2Fe(HCO_3)_2 + \frac{1}{2}O_2 \longrightarrow Fe_2O_3 + 4CO_2 \uparrow + 2H_2O$$

$$3Fe(HCO_3)_2 + \frac{1}{2}O_2 \longrightarrow Fe_3O_4 + 6CO_2 \uparrow + 3H_2O$$

总反应是：

$$2Fe + 2H_2O + \frac{1}{2}O_2 \longrightarrow Fe_2O_3 + 2H_2 \uparrow$$

$$3Fe + 3H_2O + \frac{1}{2}O_2 \longrightarrow Fe_3O_4 + 3H_2 \uparrow$$

腐蚀反应，一方面生成溶解度很小的氧化铁，其保护性不太好；另一方面释放出 CO_2，它再度溶解于水中，溶解的 CO_2 进一步发生腐蚀，一直到溶解氧完全被消耗完为止。因此 CO_2 实际上只起了一个催化剂的作用，本身并不消耗。腐蚀的实质是 CO_2 使水的酸度增加，水中的氢离子夺取铁中的电子，变为氢气而逸出，水变为碳钢的腐蚀剂。

(2) 二氧化碳腐蚀的防止

防止二氧化碳腐蚀的主要措施是降低水中的碱度，方法主要有两种：

一种方法是加入挥发性物质中和碳酸腐蚀剂。挥发性物质有环己胺、吗啉等有机物质，它们可随蒸汽一道挥发，溶于凝结水中，中和碳酸。反应为：

$$C_6H_{11}NH_2 + H_2CO_3 \longrightarrow C_6H_{11}NH_4CO_3$$

这一中和反应可以使凝结水的 pH 值提高到 7 以上。此法的缺点是药品中和后消耗掉了，因此成本很高；并且只能防止二氧化碳腐蚀，而不能防止氧腐蚀。

另一种方法是加入缓蚀剂，在钢铁表面上生成一层吸附膜，防止凝结水的腐蚀。防止二氧化碳腐蚀的缓蚀剂通常有十八烷胺、十六烷胺等直链胺。它们在设备表面上生成一层吸附膜，可防止凝结水的腐蚀。它们既可防止二氧化碳腐蚀又可防止氧腐蚀，价格也比较便宜。

7.3.2.3 铁锈引起的腐蚀

(1) 铁锈引起腐蚀的历程

铁锈覆盖在钢铁表面上，由于阻碍了氧的扩散，产生氧浓差腐蚀，可使钢铁表面上生成蚀坑。在这一腐蚀过程中，腐蚀去极化剂是氧，而不是铁锈。但是在高温下，铁锈本身与氧一样，也可以作为一种腐蚀去极化剂。即铁锈中的三价铁吸收金属中的电子，变为二价铁，使元素铁氧化。因此，此时铁锈与氧一样，作为腐蚀反应的去极化剂。其阳极反应、阴极反应及总的腐蚀反应如下：

阳极区　　$Fe \longrightarrow Fe^{2+} + 2e$

阴极区　　$Fe_2O_3 \cdot nH_2O + 2e \longrightarrow 2Fe(OH)_2 + 2OH^- + (n-3)H_2O$

二次反应　$Fe^{2+} + 2OH^- \longrightarrow Fe(OH)_2$

进一步氧化　$4Fe(OH)_2 + O_2 + 2H_2O \longrightarrow 4Fe(OH)_3$

再转化　　$Fe(OH)_2 + 2Fe(OH)_3 \longrightarrow Fe_3O_4 + 4H_2O$

总反应　　$Fe + Fe_2O_3 \cdot nH_2O + \frac{1}{2}O_2 \longrightarrow Fe_3O_4 + nH_2O$

因此，铁锈作为腐蚀的去极化剂时，溶解的氧再将还原的二价铁变为三价铁，即三价铁起了一个再生作用。

(2) 铁锈引起腐蚀的防止

防止铁锈引起腐蚀的措施有以下四种：

① 锅炉运行前进行清洗。

② 锅炉运行过程中进行煮炉，但煮炉用水要进行处理，否则煮炉过程中可能引起腐蚀。

③ 酸洗除锈垢。

④ 停炉时的保护。停炉半个月内，可以采用加有 Na_2SO_3 和 $NaOH$ 的脱氧水充满锅炉加压保护。停炉 2 个月内，可以用氮气把炉水压出，保持氮气压力 $0.03\sim 0.06MPa$。如果长期停炉，需烘干或吹干锅炉内表面，再放以硅胶、无水氧化钙、生石灰等物质，吸收水分，进行保护。

7.3.2.4 碱浓缩引起的腐蚀

锅炉的钢铁表面缺陷处、接合缝和沉积物层、垢层下等可产生碱浓缩，碱浓缩引起的腐蚀破坏形式有碱腐蚀和碱脆两种。

有研究指出，锅炉中的微量杂质可以在缺陷部位上浓缩到 10^5 倍。例如，有报道水中 $9mg/L$ 的 $NaOH$，经过连续蒸发，周期性浓缩后，浓度可以增加到 $3.75mol/L$（$150g/L$）。当碱浓度增加到 25% 后，便可以引起锅炉明显的碱腐蚀：破坏钢的表面膜、生成可溶性的亚铁酸盐，亚铁酸钠和炉水接触时又生成疏松的 Fe_3O_4 和碱（腐蚀的反应方程式见 7.2.3 节）。在腐蚀过程中，游离碱并没有消耗，Fe_3O_4 也没有保护作用，它堆积在金属表面，使碱腐蚀更严重。碱腐蚀多发生在焊缝、水循环停滞、汽水分层及水垢缝隙等处，腐蚀特征为溃疡腐蚀或斑点腐蚀，形成凸凹不平的腐蚀坑。

缺陷处 $NaOH$ 浓缩后，若缺陷处存在大的局部拉应力，则可能产生碱脆。碱脆的最低 $NaOH$ 浓度为 5%，在 30% 时最危险，且在沸腾温度下最容易产生碱脆。因此，缺陷处 $NaOH$ 浓缩后，有可能落在产生碱脆的温度-浓度区间引起危害性很大的碱脆。

为了防止锅炉的碱浓缩，需防止锅内结垢。常加入纯碱和磷酸盐以防止锅内结垢。纯碱（Na_2CO_3）可有效去除水中非碳酸盐硬度，但其水解反应会造成过高的 OH^- 浓度，因此，仅适用于 $1.5MPa$ 以下的低压锅炉。为得到适当 pH 值的锅水，可以加入 Na_3PO_4、$NaNO_3$ 等。当炉水碱度不大时，碳钢具有良好的耐蚀性；当锅炉局部缺陷处的 $NaOH$ 浓度低于 5% 时，便不会产生碱脆。

① 加入 Na_3PO_4。使 $\dfrac{(Na_3PO_4)}{(NaOH)}$ 大于或等于 1 时，便能防止碱的过量浓缩。因满足这一浓度比值时，裂纹中达到 Na_3PO_4 的结晶条件，OH^- 浓度便不能增加。因此，调节锅炉水的 $c(PO_4^{3-})$ 和 pH 值，使达不到发生碱脆的区域，从而可以防止碱脆。

② 加入 $NaNO_3$，采用磷酸盐-硝酸盐处理。$NaNO_3$ 的加入量与锅炉压力及 $NaOH$ 的浓度有关：压力为 $1.75MPa$ 时，浓度比为 0.25；压力为 $4.92MPa$ 时，浓度比为 0.40。

7.3.3 烟气侧的腐蚀

锅炉受热面的烟气侧的腐蚀进行得相当快，有的运行 1 年就要更换管子。我国电厂中，燃油锅炉的空气预热器曾有 18 天就腐蚀穿孔需停炉换管的记录。根据腐蚀区域烟温的高低，可分为高温腐蚀和低温腐蚀。高温腐蚀主要指炉膛水冷壁的烟气侧腐蚀和过热器或再热器管子的外部腐蚀。低温腐蚀主要是指空气预热器冷端的腐蚀。

燃油的含硫量高，会对锅炉低温受热面产生腐蚀。一般来说，当燃油中的含硫量高于 0.3% 时，就应注意低温腐蚀问题。重油的灰分虽少，但灰分中常含有钒、钠、钾、钙等元素的化合物,燃烧产物的熔点很低,约600℃,壁温高于610℃的受热面会产生高温腐蚀。

7.3.3.1 水冷壁管的腐蚀

任何容量、参数、形式的锅炉的炉膛水冷壁管上都可能发生外部腐蚀。腐蚀通常发生在燃烧器中心线位置标高上下,对于管子来说,向火侧的正面腐蚀得最快,侧面较好,背面几乎不发生腐蚀。腐蚀速度高达 2mm/a,一般情况下为 1.1~1.5mm/a。目前,对这种高温腐蚀发生的机理还认识得不清楚。但研究表明,发生腐蚀的管壁附近毫无例外地都是还原性气氛;并且当管壁温度超过 300℃ 时,才发生腐蚀。温度愈高,腐蚀愈严重。H_2S 及 SO_3 的浓度愈高,腐蚀愈严重。

防止或减轻水冷壁管腐蚀的措施有:

① 燃料脱硫。如果能在进入炉膛前彻底脱除燃料中的硫分,则几乎不会发生高温腐蚀。但现有技术水平,还不能实现。

② 可采用燃烧过程脱硫的方法,尽量减少 H_2S 及 SO_3 的产生,降低其浓度。

③ 改善环境气氛,合理组织燃烧室的空气动力场,不使燃烧过程有局部的缺氧,抑制还原性气氛的产生。

④ 设法降低管壁温度,采用烟气再循环。

⑤ 在可能发生腐蚀的区域贴壁喷入空气流,形成保护膜。

⑥ 采用耐腐蚀的材料,如在水冷管壁上喷涂氧化铝等。

7.3.3.2 过热器及再热器的腐蚀

过热器和再热器以及吊挂部件的烟气腐蚀有时很快,可高达 1mm/a,会很快地引起爆管而被迫停炉检修,影响安全性、可靠性和经济性。这种腐蚀多与高温黏结灰有关,多发生在迎风面。

这种腐蚀与燃料有关,主要有硫酸盐型腐蚀和钒氧化物型腐蚀两种类型。对燃油锅炉来说,主要为钒氧化物型腐蚀(简称钒腐蚀);而对燃煤锅炉来说,主要为硫酸盐型腐蚀。

过热器或再热器管上存在积灰层(高温黏结灰),这些积灰层中有复合硫酸盐 $X_3Fe(SO_4)_3$(X 为 Na 或 K)存在,若其温度高于 550℃,则呈熔液状态。若其温度高于 710℃,则发生分解,分解出 SO_2 而形成正硫酸盐。液态的复合硫酸盐对金属有强烈的腐蚀作用。尤其在 650~750℃ 范围内腐蚀速度最快,过程如下:

$$\begin{array}{c} Fe + X_3Fe(SO_4)_3 \longrightarrow X_2SO_4 + FeS \\ \text{(管壁金属)} \quad \text{(液态)} \qquad\qquad + \qquad\quad + \\ \qquad\qquad\qquad\qquad Fe_2O_3(\text{飞灰中}) \quad O_2 \\ \qquad\qquad\qquad\qquad\qquad + \\ \qquad\qquad\quad SO_3 \longleftarrow O_2 + SO_2 + Fe_3O_4 \end{array}$$

相关反应如下(X=Na):
$$10Fe + 2Na_3Fe(SO_4)_3 \longrightarrow 3Fe_3O_4 + 3FeS + 3Na_2SO_4$$
$$Fe_2O_3 + 3SO_3 + 3Na_2SO_4 \longrightarrow 2Na_3Fe(SO_4)_3$$
$$Fe_2O_3 + 3SO_2 + 3/2O_2 + 3Na_2SO_4 \longrightarrow 2Na_3Fe(SO_4)_3$$
$$3FeS + 5O_2 \longrightarrow Fe_3O_4 + 3SO_2$$

事实上,这个过程的周期性结果相当于 $3Fe + 2O_2 \longrightarrow Fe_3O_4$,而其他中间产物相当于催化剂的作用。这个过程说明,只要有少量的液态 $X_3Fe(SO_4)_3$ 存在,并有氧气供给,就可腐蚀大量的金属。此外,这个过程中产生的 FeS 也有腐蚀作用。

钒氧化物型腐蚀(简称钒腐蚀)主要是由于油中的矿物质在燃烧高温作用下升华,而在过热器或再热器管子较低温度的壁面冷凝下来,形成一些腐蚀性物质,尤其是熔点低的钒钠的复杂化合物,腐蚀性最强的是 $Na_2O \cdot V_2O_4 \cdot 5V_2O_5$。当壁温在 600~650℃时出现这种腐蚀。发生钒腐蚀的重要条件是受热面上有液态的沉积物。液态的钒酸盐能溶化原来金属表面的保护性氧化膜。

钒腐蚀的机理为:

大多数钒化物都是低熔点物质,由于低熔点钒化物的凝固,由钒酸盐变成复式钒酸盐,并放出氧气;在熔融时,则吸收氧气。

在燃气/氧化膜界面,钒化物熔融时吸氧,反应式为:

$$Na_2O \cdot V_2O_4 \cdot 5V_2O_5 + \frac{1}{2}O_2 \longrightarrow Na_2O \cdot 6V_2O_5$$

而在氧化膜/金属基体界面上,钒盐变成复式钒盐放出氧,反应式为:

$$mNa_2O \cdot nV_2O_5 \longrightarrow mNa_2O \cdot (n-p)V_2O_4 \cdot pV_2O_5 + \frac{p}{2}O_2 \quad (m、n、p 均为整数)$$

由于以上可逆反应,加快了氧向金属表面的传输,引起腐蚀加速。

对于铁的钒腐蚀过程,铁表面沉积一层 $V_2O_4 \cdot 5V_2O_5$ 熔融物,在氧化物/气体界面发生反应:

$$2V^{4+} + \frac{1}{2}O_2 \longrightarrow 2V^{5+} + O^{2-}$$

而在氧化物/铁界面发生反应:

$$2V^{5+} + Fe \longrightarrow 2V^{4+} + Fe^{2+}$$

总反应为:

$$Fe + \frac{1}{2}O_2 \longrightarrow Fe^{2+} + O^{2-}$$

也就是说,在氧化物/铁界面,铁发生溶解。此后,Fe^{2+} 向气体/氧化物界面扩散,并且以 FeO 析出,结果在外表面形成一层非保护性的 FeO 膜。由于生成 FeO 的反应明显加快,所以在铁的表面上 Fe^{2+} 不会饱和,铁持续不断地发生溶解。从上述反应过程可看出,钒的腐蚀与气氛中的氧有着非常密切的关系。在含氧的环境中产生非常明显的腐蚀作用,而在惰性气氛中就不发生腐蚀,如在氮气中不会发生钒腐蚀。

当灰分中同时含有 V_2O_5 和 Na_2SO_4 时,即同时存在硫酸盐型腐蚀和钒腐蚀时,灰分中的 Na_2SO_4-V_2O_5 反应生成如下低熔点的钒酸盐,同时释放出氧化能力强的 SO_3 和 O_2。

$$Na_2SO_4 + V_2O_5 \longrightarrow 2NaVO_3 + SO_3 \quad (1000℃)$$

$$5Na_2SO_4 + 12V_2O_5 \longrightarrow 5Na_2O \cdot V_2O_4 \cdot 11V_2O_5 + \frac{1}{2}O_2 + 5SO_3 \quad (700~900℃)$$

$$Na_2SO_4 + 6V_2O_5 \longrightarrow Na_2O \cdot V_2O_4 \cdot 5V_2O_5 + \frac{1}{2}O_2 + SO_3 \quad (500~750℃)$$

这些低熔点的钒化物使金属表面的氧化物发生溶解,造成熔盐腐蚀。SO_3 使熔盐酸度增加,造成氧化膜酸性溶解而引起加速腐蚀。最具腐蚀性的灰分中含有 15%~20% 的 Na_2SO_4。

影响高温黏结灰的所有因素都影响高温腐蚀的程度和速度,其中温度的影响较为突出。研究证实,若壁温小于 550℃,则腐蚀大为减轻,这也是现代锅炉过热蒸汽不再提高(540℃)的原因之一。复合硫酸盐中 Na 和 K 的比例,当 Na:K≈1 时,熔点最低,腐蚀最严重。

电站锅炉的高温腐蚀比较突出,因锅炉参数相对不高等原因,目前船用锅炉高温腐蚀问题不多。但船用锅炉过热器管束的根部常因积灰和受潮而导致腐蚀穿孔。船用锅炉过热器管束水侧腐蚀较为突出。统计表明,船用锅炉过热器管束一般在使用几千小时后(或三年以后)即开始陆续堵管,过热器管束使用寿命远低于设计寿命。水侧腐蚀是由于水质不合格、停航期间没有进行满水保养等造成的,造成了氧腐蚀、化学物质的浓缩及点蚀。

防止及减轻过热器及再热器外腐蚀的措施主要有：

① 控制管壁温度。因硫酸盐型腐蚀和钒氧化物型腐蚀都在较高温度下产生，且温度越高，腐蚀速度越快，降低管壁温度可以防止和减缓腐蚀。目前，主要采用限制蒸汽参数来控制高温腐蚀。国内外大部分锅炉过热蒸汽温度与再热蒸汽温度趋向于540℃，同时蒸汽出口段不布置在烟温过高处。

② 采用低氧燃烧技术，降低烟气中 SO_3 和 V_2O_5 的含量。试验表明，当过量空气系数小于1.05时，烟气中的 V_2O_5 含量迅速下降，且烟气温度越高，降低过量空气系数对减少 V_2O_5 含量的效果越显著。

③ 选择合理的炉膛出口烟温，以及在运行过程中避免出现炉膛出口烟温过高现象，以减少和防止过热器与再热器结渣及腐蚀。

④ 定时对过热器与再热器进行吹灰，清除含有碱金属氧化物和复合硫酸盐的灰污层，以阻止高温腐蚀发生。当已存在高温腐蚀时，过多的吹灰使灰渣层脱落，反而会加速腐蚀的进行。

⑤ 合理组织燃烧，改善炉内空气动力及燃烧工况，防止水冷壁结渣、火焰中心偏移或后移等可能引起热偏差的现象发生，减少过热器与再热器的沾污结渣。

7.3.3.3 低温受热面的腐蚀

烟气中的水蒸气和硫酸蒸气进入低温受热面时，与温度较低的受热面金属接触，并可能发生凝结而对金属壁面造成腐蚀。电站锅炉管壁温度较低的管式空气预热器的低温段和金属温度较低的回转式空气预热器冷端，均是容易发生低温腐蚀的部位。对管式空气预热器的低温腐蚀，将使管壁穿孔，使大量空气漏入烟气中，造成送风量不足、炉内不完全燃烧、热损失增加、锅炉热效率降低。

低温受热面上的腐蚀多是由于烟气中的硫酸蒸气冷凝在受热面上所引起的，而酸雾的凝结与烟气的酸露点有直接关系。

(1) 酸露点

当水蒸气遇到冷壁面时，蒸汽将冷凝在表面上，形成一个个的小水珠。烟气中的水蒸气也会发生同样的过程。如果燃料中不含硫分，或虽然含硫但不形成 SO_3，那么尾流受热面上只有达到对应纯水蒸气分压力时的饱和温度（T_s）才会有水凝结下来。一般来说，在锅炉尾部，T_s 为30～60℃，这一数值相对来说是比较低的，远远低于排烟温度。

如果燃料含有硫分，而且燃烧时有部分 SO_3 生成，SO_3 与烟气中水蒸气作用时，会形成硫酸，它能在较低温度下凝结。将烟气中硫酸蒸气凝结的温度称为酸露点，用 T_1 表示。它的数值主要与烟气中的 SO_3 含量有关，当然也与水蒸气含量有关。例如，如烟气中含有0.005%的 SO_3，则露点可高达150℃。这一数值与排烟温度相当。

研究表明，酸露点并不随 SO_3 含量的增加线性增加，SO_3 增加到某一浓度后，进一步提高 SO_3 含量，酸露点的增加变缓，例如，增加到0.01%后，再增加 SO_3 的含量，酸露点增加得并不显著。但这并不说明酸露点的增加变缓，而认为硫酸蒸气含量超过一定量后，危险性就不会增加。因为露点温度的高低还不足以表明腐蚀的严重程度，而最主要的是受热面金属低于露点以下部分的硫酸凝结量。

烟气的露点虽不能全部表征低温腐蚀的程度，但它毕竟是一个能清楚表征腐蚀是否发生的指标，在一定程度下也能表征腐蚀的严重与否。

(2) 低温腐蚀

发生在低温受热面上的腐蚀称为低温腐蚀。低温腐蚀具有如下特点：

① 有化学腐蚀（如硫酸作用于金属），也有电化学腐蚀（如水蒸气冷凝后与金属作用）。

② 腐蚀产物中主要是低价铁的硫酸盐（$FeSO_4$）和铁氧化物（Fe_2O_3 及 Fe_3O_4）等。

③ 腐蚀速度有时很高，可高达 1mm/a。

④ 这种腐蚀都发生在温度低于酸露点的壁面上。

⑤ 当壁温处于酸露点和水露点之间时，腐蚀速度并不随硫酸浓度的增大而线性增大，约在浓度 56% 时达到最大。

⑥ 当壁面温度达到或低于水露点后，由于有大量水蒸气的凝结，腐蚀速度急剧增加。壁面温度低于水露点 30℃左右时，腐蚀速度最大。

⑦ 蒸发受热面上的积灰有时能加速腐蚀，有时能抑制腐蚀，但多数情况是促进的。

(3) 影响低温腐蚀的主要因素

① 燃料中的含硫量。含硫量越高，SO_3 生成的量就可能越多，酸露点就越高。

② 运行时的过量空气系数。过量空气系数为实际送入锅炉的空气量（实际空气量）与理论空气量的比值。过量空气系数越高，O_2 量越多，SO_3 生成量就越多。

③ 受热面的金属温度。在锅炉的常见尾部受热面壁温范围内，壁温与腐蚀速度一般并不存在线性关系，但壁温越低，腐蚀越严重。

④ 烟气的温度。一般来说，壁温一定的条件下，烟温高，腐蚀速度低。

⑤ 吹灰方法。吹灰可以消除积灰的影响。

7.4 核动力装置的腐蚀

核动力装置系统与核电站系统类似，由核蒸汽供给系统和常规系统组成。核蒸汽供给系统的核心装置是核反应堆和主回路系统等。在沸水堆核电站中，反应堆冷却剂为高纯水；在压水堆中，反应堆冷却剂为碱性高温水（$LiOH+H_3BO_3$）或高温水；在重水堆（PHWR）中，反应堆冷却剂为加氨的高温碱性水；在 VVER 反应堆中，冷却剂为含 $KOH+H_3BO_3$ 的高温水溶液。

压水堆核电站的流程图如图 7-2 所示。在压水堆装置中，通过核燃料的水称为一次水。通常用联氨处理，以去除溶解氧，用 LiOH 调整一次水的 pH 值至 10～11。被一次水加热的锅炉水称为二次水。压水堆的一次水操作条件是：温度 260～288℃，pH 值为 10～11，溶解氧量小于 $0.1\mu g/g$，流速 6.1～9.2m/s。压水堆中的一次水是加压的，不会沸腾而造成氯化物和碱的浓缩，也不致引起应力腐蚀断裂。二次水的处理方法与通常的锅炉水相同。一回路的管路材料有奥氏体不锈钢，如 321 不锈钢（06Cr18Ni11Ti）。一回路管路制造工艺非常严格，水质条件控制严格，腐蚀问题基本没有。

二回路的管路材料有碳钢、低合金钢（如 16Mn）和不锈钢（321）。目前主蒸汽管路主要用碳钢、低合金钢，高温水 pH 值偏低时，容易产生流动加速腐蚀（FAC）。奥氏体不锈钢在碱性高温水环境中容易产生应力腐蚀开裂，开裂机理通常是阳极型；另外，焊接工艺控制不良时，焊缝处易出现腐蚀问题。

本部分涉及的主要是压水堆反应压力容器和蒸汽发生器部分的腐蚀问题。

为了防止放射性气体与裂变产物释放到一次水中去，核燃料必须用耐腐蚀的材料包覆起来。包覆材料一般是采用锆合金。包壳材料是燃料芯体的密封外壳，要求具有中子吸收截面小、导热性好和良好的抗辐照等物理力学性能。它的一个重要作用是防止燃料的腐蚀和裂变产物的扩散，它是反应堆第一层防止核泄漏的安全屏障。

为了减少系统中的腐蚀产物，核电站中的大多数装置（除冷凝器以外）都是由耐腐蚀的奥氏体不锈钢或 Ni-Cr-Fe 合金制造的。腐蚀产物随流体通过原子反应堆堆芯受到辐照后，将转变成放射性物质，并可能在远离堆芯的某些地方沉淀和积聚，这些物质发出的放射性射线能够危及操作人员的健康。

下面分别介绍包壳材料的腐蚀和蒸汽发生器的腐蚀。

7.4.1 包壳材料锆合金的腐蚀

7.4.1.1 锆及锆合金的概况

(1) 锆

按地壳上的储量来讲，锆不能算稀有金属，但从其矿藏的分散及制取的困难性来看，锆实际上是属于稀有金属。锆的熔点为 1852℃，相对密度 6.5。锆具有很低的热中子吸收截面、优异的耐腐蚀性能、良好的力学性能和可加工性能，是原子能工业中重要的结构材料。

锆的热力学活性很高，其标准电极电位为 $-1.53V$（$Zr \rightleftharpoons Zr^{4+} + 4e$），但锆易于钝化，在多数腐蚀性介质中，其稳定电位为 $-0.2 \sim 0.1V$。锆的化学稳定性优于镍及其合金，也优于高级不锈钢、钛及其合金。

在常温下，锆对含氯化物的溶液稳定，在海水中也很稳定。锆及其合金对高温高压下的水、蒸汽也具有良好的耐腐蚀性，低于 400℃ 时没有显著的腐蚀。

钝化的锆在不含 NO_2 的所有浓度的硝酸中都是稳定的，但在含氯离子的硝酸溶液中是不稳定的。锆在王水以及含氯离子的氧化剂溶液中不稳定。锆在氯化铁（$FeCl_3$）、氯化铜及卤水中不稳定。锆在 20% 盐酸中 100℃ 以下是稳定的，但在 70% HNO_3 中稳定性只可达 35℃。在 35~60℃ 范围内，锆对所有浓度的磷酸都是稳定的，但当温度达 100℃，浓度高于 70% 时，会发生强烈腐蚀。无论在冷的或热的 10% H_2SO_4 中，锆都是稳定的。高温较浓的硫酸及氢氟酸能显著地腐蚀锆。在熔融的 KNO_3 和碱中，锆腐蚀得特别快。

锆中溶入气体（H_2、O_2、N_2、Cl_2）对其是有害的，特别是氮和氧，它们能使其力学性能和耐腐蚀性变坏。锆中溶解氢可使其变脆。

(2) 锆合金

锆合金被广泛地应用于动力堆中的燃料元件包壳及堆内结构材料，它是以锆为主要元素，加入少量的 Sn、Nb、Fe、Cr、Ni 等形成的一种合金。目前主要使用的锆合金有 Zr-2、Zr-4、Zr-1Nb、Zr-2.5Nb、E635、M5、ZIRLO 和低 Sn 含量的 Zr-4（改进 Zr-4），它们的主要成分如表 7-2 所示。

表 7-2 常用锆合金的主要成分（质量分数） 单位：%

名称	Fe	Sn	Cr	Ni	Nb	O
Zr-2	0.07~0.20	1.2~1.7	0.05~0.15	0.03~0.08	—	0.08~0.15
Zr-4	0.18~0.24	1.2~1.7	0.07~0.13	<0.007	—	0.08~0.15
低锡 Zr-4	0.18~0.24	1.2~1.5	0.07~0.13	—	—	0.09~0.16
Zr-1Nb	0.006~0.012	—	—	—	0.9~1.1	0.05~0.07
Zr-2.5Nb	0.08~0.15	—	0.008~0.012	—	2.3~2.7	0.09~0.13
E635	0.4	1.2~1.3	—	—	0.95~1.05	0.05~0.07
ZIRLO	0.09~0.13	0.18~1.2	—	—	0.8~1.2	0.006~0.008
M5	—	—	—	—	0.8~1.2	0.09~0.15

Zr-2 合金主要用在沸水堆中作为元件包壳和堆芯结构材料,Zr-4、Zr-1Nb 和 Zr-2.5Nb 用在压水堆中作为元件包壳和堆芯结构材料。燃料元件包壳的水侧腐蚀是限制反应堆燃耗提高的重要因素之一,为了保证反应堆的安全,这些锆合金用于平均燃耗低于 40MW·d/kgU 的动力堆中。为了降低反应堆的运行成本,提高核电站的经济效益(提高燃料的利用率),加大燃耗是目前采取的一项重要措施。低锡 Zr-4 就是在 Zr-4 的基础上,通过降低锡含量来提高其耐腐蚀性能的。在高燃耗的条件下,低锡 Zr-4 的耐腐蚀性能比 Zr-4 提高了将近 1 倍,它可用在燃耗大约为 50MW·d/kgU 的动力堆中。如果要进一步提高燃耗,就需要发展新型的锆合金,如美国的 ZIRLO、法国的 M5、俄罗斯的 E635、德国的 ELS、日本的 NDA 等。

7.4.1.2 锆合金的氧化机理

锆合金的腐蚀一般都以氧化增重来表示。目前,还没有办法将锆及其合金的氧化动力学用一个动力学方程来表示。锆在高温水或水蒸气中的氧化曲线一般如图 7-9 所示。

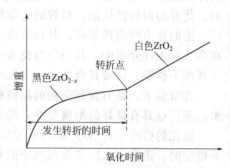

图 7-9 锆的氧化增重与氧化时间的关系

在高温水或过热蒸汽中,锆腐蚀后生成一层附着牢固的、致密的、黑色的 ZrO_2 保护膜。黑色氧化膜为四方、立方和单斜相的 ZrO_2,其中四方和立方相的 (001) 方向与样品表面平行。这种腐蚀过程的化学反应方程式为:

$$Zr + 2H_2O \longrightarrow ZrO_2 + 2H_2$$

在氧化的初始阶段,黑色氧化膜有光泽且平滑,具有很好的耐腐蚀性能。此时,氧化膜的成分未达到化学计量值,它的分子式为 ZrO_{2-x},这里 $x<0.005$。当锆或锆合金腐蚀的氧化膜厚度达到 $2\sim3\mu m$ 时,开始出现转折;转折后,氧化速率加快,氧化膜由黑色变成灰色;当氧化膜厚度达到 $50\sim60\mu m$ 时,颜色开始变白,并且变得疏松且易剥离。转折后的氧化产物为化学计量的 ZrO_2。转折后的腐蚀增重符合线性关系。

图 7-10 和图 7-11 分别反映了两种锆合金在高温纯水和局部 LiOH 浓集的介质中的腐蚀结果。

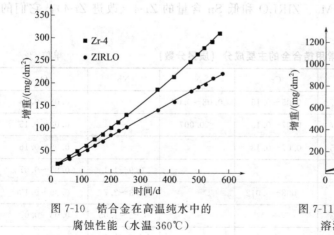

图 7-10 锆合金在高温纯水中的腐蚀性能(水温 360℃)

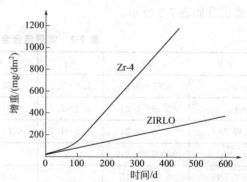

图 7-11 锆合金在 Li 含量为 70×10^{-6} 的溶液中的腐蚀性能(水温 360℃)

7.4.1.3 锆合金的均匀腐蚀

锆和锆合金的腐蚀氧化过程极为复杂,与氧化过程中的许多因素有关,包括合金元素和杂质含量、材料的加工工艺和组织状态、表面处理工艺、腐蚀介质的温度、腐蚀介质的组分、受力状态、中子通量等。

需要指出的是，纯锆的耐腐蚀（主要为耐均匀腐蚀）性能优良，但是，由于其他方面的因素，反应堆中所用的都是锆合金，而不是纯锆。

在锆合金中添加的元素中，Fe对锆的耐腐蚀性影响较小，而其他元素影响较大。但是在不同的温度下，各元素的影响也有差异。例如，在350℃水中，合金元素对锆耐腐蚀性的不利影响按以下顺序依次递减：Mo、Si、Cu、Nb、Ni、Cr、Sn、Fe；而在温度为400℃时，其顺序变为：Cu、Mo、Si、Nb、Sn、Ni、Cr、Fe。

对于一些最有害的元素，一般需要控制其含量在标准值以下，表7-3给出了锆合金中主要杂质含量的控制标准。

表7-3　Zr-2和Zr-4合金中主要杂质的含量标准（质量分数）　　单位：$10^{-4}\%$

国际相关标准	Al	B	C	Cu	N	Ti	W	Si
ASTM标准	75	0.5	270	50	80	50	100	120(Zr-4) 200(Zr-2)
美国军用标准	75	0.5	270	50	80	50	100	120
GE公司核级规范	75	0.5	500	50	100	50	100	100
德国VDM公司标准	75	0.5	270	50	80	50	100	120

温度是影响锆合金腐蚀的一个重要因素，正因为如此，锆合金的氧化动力学曲线通常是作为温度的函数表示出来。不论是在氧化的转折前还是转折后，温度的升高都将加速锆合金的腐蚀，并且随着温度的升高，氧化的转折点也随之前移。

在水和水蒸气中，氟化物对锆合金的腐蚀影响是极为严重的，其他杂质未见有明显的影响。同时，水中的氧对辐照下的锆合金的腐蚀速度有明显的加速作用。在H_2O和D_2O中的腐蚀没有多大的差异。锆合金的腐蚀速度与溶液的pH值没有明显的依赖关系，但是当pH值高于12时，LiOH将使锆合金的腐蚀速度大大增加。

7.4.1.4　锆合金的吸氢

锆合金的吸氢是一个非常重要的问题，伴随着锆合金腐蚀而产生的吸氢进一步促进了锆合金的破坏过程。在锆-氢的相图中，有一个与α相平衡的δ相，δ相的氢化锆组成形式是$ZrH_{1.5}\sim ZrH_{1.9}$，当锆中的氢含量低于固溶极限时，氢便固溶在锆合金中，它不以单独的相形式出现；而当氢含量高于固溶极限时，它将以片状的氢化锆形式析出。氢所造成的危害程度与氢化锆是否形成、形成后氢化锆的含量及其分布有密切关系。氢化锆是脆性的，当它析出时，使完整的锆合金在一些局部的位置上被隔断，因而降低了韧性，容易产生氢脆。在金属和氧化膜中发生氢化物的局部沉积，可能导致疖状腐蚀的发生。

锆合金在水和水蒸气中腐蚀时，生成氧化锆和氢，锆合金能部分吸收这种氢。锆合金的吸氢过程为：首先，氧化层表面上的阴离子空穴与吸收的水分子作用，在表面上留下一个氧阴离子和两个质子；然后，质子与来自氧化物金属交界面上的电子结合形成氢原子，氢原子在锆基体中迁移而完成吸氢过程。腐蚀吸氢的特点是氢均匀分布在锆合金基体中，因此，腐蚀吸氢不会造成锆合金局部的氢破坏。

7.4.1.5　锆合金的疖状腐蚀

锆合金包壳除均匀腐蚀外，还将出现一种局部腐蚀——疖状腐蚀（nodular corrosion），这种腐蚀现象表现为产生薄饼状的ZrO_2圆形斑点，颜色为白色，斑点的直径可达0.5mm

或更大，其厚度可达上百微米。这些白色斑点的分布各有不同，有时成串聚集在一起，大量的不同大小的斑点常常在整个燃料元件表面上连成一片白色层，其形状如图 7-12 所示。

图 7-12　锆合金的疖状腐蚀形貌

疖状腐蚀是一种不均匀腐蚀，形成的氧化膜疏松易脱落，严重的会导致包壳的提前破损和失效，进而威胁到反应堆的安全运行。疖状腐蚀最先是在沸水堆核电站中的 Zr-2 合金上发现的，随后在压水堆 Zr-4 合金上也发现有疖状腐蚀存在。疖状腐蚀在富氧的水中容易发生，并且随着中子通量的升高，疖状腐蚀增加。

锆合金疖状腐蚀的试验研究通常用高压釜试验来模拟进行。在高温高压的过热蒸汽作用下，材料表面首先形成一层厚度约为 $1\mu m$ 的致密黑色氧化膜；随着试验时间的增加，氧化膜局部破裂，形成肿块；肿块逐步发展成为圆形的白色斑点，表面突起，这就是疖。疖状腐蚀发生后的白色氧化物则均为单斜相的 ZrO_2。疖在氧化膜的表面呈菜花状突起，并以半球状叠起，相互间存在波纹和突起，因此疖存在的地方氧化膜的生长速度要高于周围区域。通过对疖的断面观察，发现疖呈扁豆状，如图 7-13 所示。

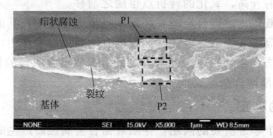

 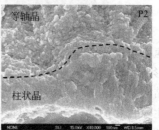

图 7-13　热轧 N18 锆合金的疖状腐蚀断面形貌
（在 500℃、10.3MPa 过热蒸汽中腐蚀 3h）

锆合金的疖状腐蚀是一个复杂过程，其中包含了扩散、迁移、吸附、氧化还原、相转变等物理化学过程，其中有的是系列过程，有的是平行过程。疖状腐蚀的影响因素主要有：表面处理、热处理、合金元素、第二相粒子、氢和辐照等。

（1）表面处理

一般而言，保持原始表面状态的试样抗疖状腐蚀能力最差。通过机械抛光和化学抛光可以改善表面状态，从而提高试样的抗疖状腐蚀能力，这是因为通过上述表面处理，除去了表面的原始变形层以及各种沾污等不利因素。

但是，应该指出，机械抛光会使基体表面产生局部变形，位错密度增加，氧离子易沿位错管道扩散而加速氧化，同时由于划痕的存在，增加了氧化表面；不恰当的酸洗过程会导致氟污染，形成氟氧化锆（$ZrOF_2$）并在表面沉积，从而增加腐蚀速度。

通过高温氧化或阳极氧化的方法在锆合金表面生成一层预生膜可以延缓疖状腐蚀的发生，这是因为预先形成一层致密的黑色氧化膜再进行高温腐蚀时，氧化膜内压力状况会改变，抑制了氧离子从氧化膜外表面向基体金属一侧的扩散，降低了氧化膜的生长速度。

(2) 合金元素

在改善锆合金的抗疖状腐蚀能力的各种方法中，改变合金元素的成分和分布是一种重要而有效的方法。锆合金中含有多种合金元素，如 Fe、Cr、Ni、Sn、Nb 等，这些元素对改善锆合金的高温力学性能起到了重要的作用。同时，Ni、Fe、Cr、Nb 等合金元素的存在对疖状腐蚀的发生具有一定的抑制作用，在一定的情况下，合适含量的合金元素有助于减少或避免疖状腐蚀的出现。

Zr-2 合金对疖状腐蚀的敏感性要小于 Zr-4 合金，表现为后者的氧化增重要大大高于前者。Cox 认为 Fe 是主要因素，因为 Zr-4 合金中 Fe 的含量要高。Inagaki 总结出当 Fe 和 Ni 的含量（质量分数）满足 $0.30[Ni]+0.15[Fe] \geqslant 0.045$ 时，锆合金不会出现疖状腐蚀现象。

需要特别说明的是，Nb 对 Zr 有较高的强化作用，Nb 能有效地减少锆合金对 H_2 的吸收，并能减轻 C、Al、Ti 对 Zr 的影响，从而增强锆合金的耐腐蚀性。同样，Nb 的存在对疖状腐蚀的发生也有很好的抑制作用。Nb 的质量分数大于 0.5% 的锆合金在有氢的蒸汽中不会发生疖状腐蚀反应；当 Nb 的质量分数小于 0.5% 时，即使会发生疖状腐蚀，疖也很难长大。

另外，合金元素的分布也对疖状腐蚀有很大的影响。Ogata 研究发现，疖状腐蚀与合金元素沉积分布有关系。大量的疖状腐蚀形核出现在合金元素分布不均匀的金属中，并且首先发生在合金元素含量低的区域。由于晶界处有合金相析出，晶体内的合金元素含量相对较低，所以容易发生疖状腐蚀。

(3) 热处理

研究表明，锆合金的腐蚀与热力学变化有关，如热处理工艺和退火温度。锆合金中存在多种第二相粒子，第二相的析出与热处理机制有关。锆合金中的金属间化合物的分子式一般为 $Zr_2(Ni, Fe)$ 和 $Zr(Cr, Fe)_2$，这些第二相粒子包含了大部分合金元素。热处理可以改变材料的组织，可以使合金元素和第二相粒子重新分布。

研究发现，第二相粒子尺寸大于 175nm 时就可能发生疖状腐蚀，这与氢的流入及在第二相粒子处产生的氢化物有关。图 7-14 给出了与第二相粒子的大小有关的疖状腐蚀发生的一种机制。大量的氢进入锆合金基体中会导致较大的第二相粒子产生。如果氢的流速大于氢在金属中的扩散速度时，在第二相粒子处会产生氢化物，就可能导致疖状腐蚀发生；但如果这种大颗粒的第二相粒子较少，每个粒子中的氢流量就不会太大，氢就可以通过金属扩散出去。因此，尺寸大于 175nm 的高密度的第二相粒子会导致疖状腐蚀的形成。

锆合金的热处理方法主要有 α 退火、β 淬火和 α+β 淬火。α 退火工艺可以使晶粒增大，使大颗粒析出相出现，合金元素 Cr、Fe 和 Ni 减少，疖容易在元素减少和元素含量稳定之间的区域成核，同时导致锆合金的抗均匀腐蚀性能和抗疖状腐蚀性能的降低。β 淬火和 α+β 淬火能够显著提高锆合金的抗疖状腐蚀能力。通过 β 淬火，合金元素能够均匀化，把 β 相晶

粒转化成针状的 α 相组织，产生颗粒较小的第二相粒子，这些粒子呈链状网络分布，有利于 H_2 扩散，如图 7-15 所示。需注意的是，采用 β 淬火能有效抑制 Zr-4 合金的疖状腐蚀发生，但当燃耗提高时，其均匀腐蚀会加大。

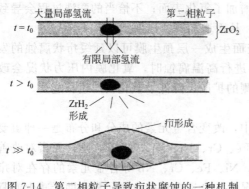

图 7-14　第二相粒子导致疖状腐蚀的一种机制

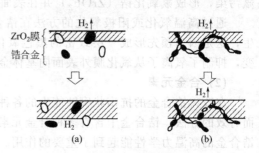

图 7-15　热处理对疖状腐蚀行为的影响
(a) α 退火锆合金；(b) β 淬火或 α+β 淬火锆合金

(4) 氢

氢不是合金元素，但在水侧腐蚀过程中，Zr 基体被氧化使 H_2O 还原产生氢，因为水化学控制所存在的氢都会在某种程度上被锆合金吸收，因此必须对氢的行为进行评价。当氢的含量超过其在 Zr 中的固溶度时，会析出氢化物，发生"氢脆"，使 Zr 的塑性及冲击韧性降低；同时，氢对 Zr 的疖状腐蚀也有着很重要的影响。

在锆合金的氧化腐蚀中，氢的来源主要有三个方面：金属中的氢、蒸汽中的氢和水蒸气分解出的氢（生成氢化物）。锆合金含氢量大约为 0.002%。Lunde 的研究表明，在锆合金中氢的渗入量在 0.03%～0.05% 之间时，氢不会显著影响疖状腐蚀的发生，原因可能是在 500℃ 下锆合金的氢溶解度为 0.05%。许多研究报告指出，在高压釜中生成疖需要 10MPa 的高压。但如果蒸汽中存在 H_2 或者高压釜以前曾经用作氢处理，在 2MPa 的压力条件下就能生成疖。在锆合金高温高压氧化时，水蒸气会分解产生氢化物和氢气。

由于 ZrO_2 中氢的扩散系数很小，H_2 是不可能直接在 ZrO_2 中扩散的。一般而言，氢是通过氧化膜中的第二相粒子进行扩散的。氢扩散的结果就是有氢化物产生，氢化物主要沉积在金属和氧化膜中，如果发生局部的氢化物沉积，就可能导致疖状腐蚀发生。

一般氢化物为 ZrH，研究发现，α+δ 相氢化物附近容易发生疖状腐蚀，而在 600℃ 以上则很难形成疖。根据分析，在沸水堆和高压釜中，在很小的条件范围内才会发生疖状腐蚀，疖状腐蚀发生的温度范围大致在 500～550℃ 之间（H_2O 此时以过热蒸汽的状态存在）。在此温度下，氢的流入量才会大于基体中饱和浓度，从而形成疖。而在其他条件下或在压水堆中，疖状腐蚀不容易发生。

有研究表明，只有在氧化的过程中产生的氢化物才会引起疖状腐蚀反应。如果在腐蚀前就形成了氢化物，则只会产生均匀腐蚀。

7.4.1.6　辐照对腐蚀的影响

与其他高温高压环境相比，核反应堆内材料还承受强烈的辐照，辐照对腐蚀的影响不可忽视。反应堆材料在水溶液中的辐照腐蚀是多种因素综合作用的复杂过程，在反应堆活性区，在强烈的中子和 α、β、γ 射线等的辐照下，材料显微组织会出现严重的辐照损伤，同时辐照分解可引起水化学的变化。

辐照可改变金属的相结构，使金属中产生大量的各种缺陷，降低其稳定性，从而加速腐蚀过程。例如，18-8 不锈钢在中子辐照下，可发生从奥氏体到珠光体的转变，使钢在含氯化物介质中的耐腐蚀性下降。同时辐照还造成第二相粒子的溶解以及合金元素的再分布，也会对腐蚀产生影响。辐照会造成氧化膜的损伤，氧化膜辐照损伤形成的缺陷对膜的电导率和扩散过程的影响也会改变金属的腐蚀速度。具有保护性氧化膜的金属材料如锆合金、不锈钢等，在反应堆运行温度下，辐照使腐蚀速度增大 1.2～4.4 倍。随着辐照剂量的进一步增高，辐照增强腐蚀效应会更为明显。

水经辐照后，会产生 H_2、H_2O_2 和 O_2，H_2、H_2O_2 主要由氢离子和氢氧自由基复合组成。H_2O_2 的自氧化还原分解反应随着反应温度和 pH 值的增加而加快。金属离子的催化作用也会加剧 H_2O_2 的分解，H_2O_2 也会与金属离子反应放出 O_2。H_2 在高温高压下能使核压力容器材料（特别是钢材）产生氢腐蚀，而氧气则加剧了材料的氧化，使压力容器材料受到很大的损害。

辐照时金属电极电位发生正向移动，一般认为，这主要是辐照分解产生的 H_2O_2 等氧化性产物作用的结果，氧化膜的作用次之。

辐照在使材料产生大量缺陷的同时，可以显著降低材料的力学性能，因此在辐照和 SCC 联合作用下会产生辐射增强应力腐蚀开裂（IASCC）。IASCC 能在低应力下出现，在沸水堆中还能观察到其影响有增加的趋势。使用高纯奥氏体材料可能是降低 IASCC 的有效办法。

对均匀腐蚀而言，研究表明，辐照总体上是加速了锆合金的腐蚀行为，其均匀腐蚀速度与注入量近似成正比，试验表明，经 $10^{25} n/m^3$ 的中子注入量辐照后，其均匀腐蚀速度增加了 2 倍。

对于疖状腐蚀而言，研究结果却显示，辐照对锆合金的抗疖状腐蚀能力的提高有一定的促进作用。辐照的强度、剂量和时间对疖状腐蚀有不同的影响。总的来说，辐照对疖状腐蚀的影响机制还有待进一步研究。

7.4.2 蒸汽发生器的腐蚀

7.4.2.1 蒸汽发生器腐蚀概况

蒸汽发生器是压水堆核电站，核动力装置一、二回路进行热量交换的重要设备，在核安全上处于压力边界，其可靠性对整个核电站、核动力装置的性能和热利用率有显著影响。核电站几十年的运行经验表明，由于腐蚀原因造成核电站的电容量损失约为 3%～5%，并且随着堆龄的增长，腐蚀问题越来越突出，经常迫使核电站强制性停堆、延长停堆维修时间或提前更换蒸汽发生器，蒸汽发生器的严重损坏还将导致断管安全事故。蒸汽发生器是核电站压力边界最为薄弱的环节之一，其可靠性对整个电站的安全性和利用率有显著影响。

蒸汽发生器出现的腐蚀问题主要包括微振磨蚀、耗蚀（wastage）、点蚀、凹痕腐蚀（denting）、晶间腐蚀、应力腐蚀等。在早期，核电站蒸汽发生器的腐蚀破损形式主要是耗蚀和凹痕腐蚀，目前主要是应力腐蚀开裂，它包括传热管内侧应力腐蚀开裂（SCC-ID）和外侧应力腐蚀开裂（SCC-OD）。图 7-16 是蒸汽发生器的主要腐蚀类型及其发生部位。

(1) 点蚀

一般出现在蒸汽发生器的二次侧，在传热管的冷端、管板和第一层支撑板之间；在二次侧，冷凝器的泄漏使得氯离子和氧渗入，同时铜离子的污染和有害离子的浓集是造成点蚀的主要原因。1981 年核电站蒸汽发生器堵管有近 10% 是由点蚀造成的，以后点蚀发生的比例都很低。这与传热管材有关。20 世纪 70～80 年代，蒸汽发生器传热管主要用 In-600；20 世纪 90 年代开始，传热管主要采用 In-800 和 In-690 材料，In-800 和 In-690 的抗点蚀性能优于其他传热管材料。

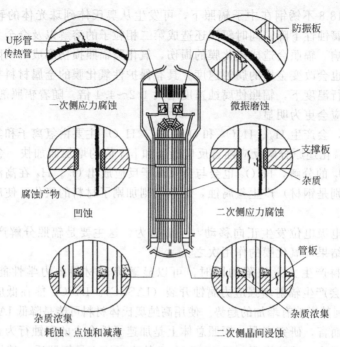

图 7-16 蒸汽发生器的主要腐蚀类型及其发生部位

(2) 耗蚀

在 20 世纪 70 年代前期，核电站绝大部分蒸汽发生器堵管都是由耗蚀引起的。耗蚀一般发生在蒸汽发生器的管板附近，主要是管板和管支撑板上的淤渣沉积部位发生传热管严重的均匀腐蚀，造成管子减薄。耗蚀的腐蚀机理目前还不十分清楚，可能是由于磷酸盐浓缩引起的腐蚀加速，因为磷酸盐溶液中固相一旦析出，水溶液便呈酸性，加速传热管材的均匀腐蚀；同时，由于传热管中的镍元素与磷酸盐发生以下化学反应：

$$2Na_2HPO_4 + 2Ni \longrightarrow Na_4(NiPO_4)_2 + H_2$$

这就导致传热管腐蚀减薄。通过改变二回路系统水化学，采用全挥发处理以及在蒸汽发生器下部增设排污系统便可基本上解决耗蚀问题。

(3) 凹蚀

在 20 世纪 70 年代的后期，凹蚀最为普遍，它主要发生在蒸汽发生器管板和管支撑板的缝隙区。由于缝隙区离子的高度浓集，使得用碳钢或低合金钢做的管板和管支撑板腐蚀速度加剧。腐蚀生成 Fe_3O_4 后体积发生膨胀，腐蚀产物塞满了管板和管支撑板的缝隙，使传热管变形破坏。通过改用不锈钢作为管支撑板材，减少腐蚀，并且改变支撑板的管孔结构形式（改为与管接触面小的梅花孔或栅格结构），即可大大减缓传热管的凹蚀。

(4) 应力腐蚀

应力腐蚀是蒸汽发生器传热管腐蚀破损的一种重要类型。早期使用 18-8 奥氏体不锈钢制造传热管，易发生应力腐蚀开裂。应力腐蚀的形式有晶间型应力腐蚀开裂（IG-SCC）和穿晶型应力腐蚀开裂（TG-SCC）。二次侧的应力腐蚀主要发生在蒸汽发生器的管板附近，在管支撑板附近也有少量发生，这主要是由于在缝隙区有害杂质的浓集造成的。一次侧应力腐蚀主要在 U 形弯管部位发生，目前还没有十分有效的解决方法。

7.4.2.2 传热管材的发展

在辐照下，腐蚀产物所产生的放射性同位素有 ^{60}Co、^{58}Co、^{59}Fe、^{54}Mn 与 ^{51}Cr，它们的半

衰期为 27～5.3 年不等。^{60}Co 有一个很长的半衰期，故应尽量减少合金中的钴含量。仅仅十分必要时，才使用钴基合金。压水堆核电站蒸汽发生器所使用的传热管材有 18-8 奥氏体不锈钢、因科镍 600（In-600）、因科镍 800（In-800）、蒙乃尔 400（Monel-400）和因科镍 690（In-690）等。18-8 奥氏体不锈钢主要用在早期的核电站和核动力装置中，因易发生应力腐蚀开裂，由国际镍公司推荐，从 1968 年开始，美国和西欧一些国家选用 In-600 作为传热管材。在早期运行的核电站中，In-600 占 80％左右。从 20 世纪 90 年代开始，蒸汽发生器传热管主要采用 In-800 和 In-690 材料。18-8 不锈钢只有俄罗斯等少数国家还在使用。我国核动力装置传热管早期使用 18-8 不锈钢制造，目前主要采用新 13 号 Ni-Cr-Fe 合金。

表 7-4 列出了蒸汽发生器传热管材的化学成分。

In-600 刚开始投入运行时，使用状况良好，但是，到 1971 年后，腐蚀破裂事故明显上升。然而，也有个别蒸汽发生器很少出现传热管破裂。一些专家认为，只要对蒸汽发生器二回路水质进行严格控制，特别是用全挥发水处理替代磷酸盐处理，In-600 仍可作为蒸汽发生器的可选材料。以德国和瑞典为代表的一些国家又推出了一种新材料 In-800，它具有很高的抗氯化物应力腐蚀和抗点蚀性能；而美国等则是通过改变 In-600 的热处理方式，即采用时效（TT）处理（In-600TT）来提高它的抗腐蚀性能。国际镍公司认为，In-800 的抗苛性应力腐蚀性能不强，于是在 In-600 的基础上，研制出了抗腐蚀能力更强的 In-690（TT）。

表 7-4　蒸汽发生器传热管材的化学成分（质量分数）　　　　　单位：%

成分	In-600 EDF	In-800 KUW	In-800 AECL	In-690 EDF	In-690 ASTM	新 13 号
C	0.010～0.050	<0.03	≤0.03	0.010～0.040	≤0.015	≤0.03
Ni	>72	32～35	32.5～35.0	>58	>58	34～37
Cr	14～17	20～23	21.0～23.0	28～31	27～31	24～28
Fe	6～10	基体	基体	7～11	7～11	基体
Cu	<0.50	<0.75	≤0.75	<0.50	≤0.5	
Co	<0.10	<0.10	≤0.015	<0.10		≤0.05
Ti	<0.50	<0.60	≥0.35	<0.50		0.15～0.60
Al	<0.50	0.15～0.45	0.15～0.60			0.15～0.45
Mn	<1.0	0.4～1.0	≤1.00	<0.50	≤0.50	0.5～1.5
Si	<0.50	0.3～0.7	≤0.75	<0.50	≤0.50	0.3～0.7
P	<0.025	<0.020	≤0.015	<0.025		≤0.015
S	<0.015	<0.015	≤0.015	<0.015	<0.15	≤0.015
其他		Ti/(C+N)≥8 Ti/C≥12	Ti/(C+N)≥8 Ti/C≥12			

7.4.2.3　影响传热管应力腐蚀的主要因素

影响传热管应力腐蚀的主要因素有化学成分、热处理、电位、应力、水化学条件等。

(1) 化学成分

图 7-17 是将几种常见的传热管材按镍含量的大小比较其抗应力腐蚀性能的结果，材料的镍含量增加时，在除氧的条件下抗碱性应力腐蚀能力明显增加。从图 7-18 可见，在许多含氯离子的介质中，镍是抗穿晶型应力腐蚀的有效元素。随着 Fe-Cr-Ni 合金中镍含量的增加，应力腐蚀开裂的形式由穿晶型向晶间型转变，即在穿晶型应力腐蚀改善的同时，晶间型应力腐蚀的敏感性增加。合金中 Cr 含量的增加，对防止高镍合金的晶间型应力腐蚀具有重

要作用，而且还可以使合金表面膜中 Cr 浓度增加，形成以 Cr 的尖晶石型为主的致密、稳定、黏结性和塑性均好的表面膜。在含氧的苛性介质中，要提高合金抗应力腐蚀性能，除增加镍含量外，还需加大铬含量（见图 7-19）。当 Cr 含量大于 28% 时，对腐蚀开裂免疫；而当 Cr 含量小于 28%，Fe 含量为 6%～11% 时，最容易发生应力腐蚀开裂。In-600 的合金成分恰好在此范围内。从提高耐苛性应力腐蚀的角度出发，调整其化学成分是必要的。在合金中加入钛，同时把碳含量降到很低，以提高其稳定化程度，降低固溶处理温度等措施是提高 In-800 抗晶间型应力腐蚀的一项重要工艺。为了防止由于敏化引起的应力腐蚀开裂，如图 7-20 所示，在降低碳含量的同时（一般小于 0.03%），当 $w(Ti)/w(C) \geqslant 12$ 时，晶间腐蚀深度明显下降。因此，对蒸汽发生器传热管 In-800 管做出规定：$w(Ti)/w(C) \geqslant 12$，$w(Ti)/w(C+N) \geqslant 8$。

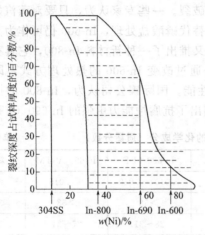

图 7-17　在 50% NaOH 除氧水中不同合金的应力腐蚀性能
（U 形试样，360℃，试验期 5 周）

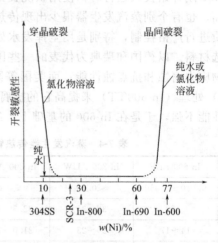

图 7-18　在高温（350℃）水中 Ni 含量对应力腐蚀开裂的影响

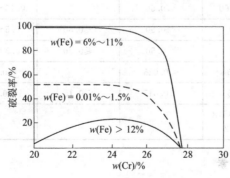

图 7-19　Cr 和 Fe 含量对应力腐蚀的影响
（U 形样品，27 天）

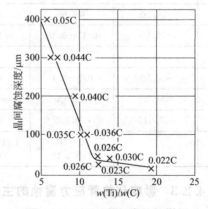

图 7-20　In-800 晶间腐蚀性能与稳定化程度的关系

(2) 热处理

热处理对 In-600 抗应力腐蚀的影响与不锈钢有些不同。经过敏化处理的 In-600 合金在含氧或除氧的高温水中的应力腐蚀破裂（SCC）敏感性要比其固溶处理的 SCC 敏感性大，即使在 C 含量很低（0.002%）的条件下也会发生晶间型应力腐蚀开裂（IG-SCC）。但是，当 C 含量为 0.04%～0.06% 的 In-600 经过约 700℃、1h 的特殊热处理后,对 SCC 的敏感性迅速下降。因此,人们便利用热处理改善 In-600 的抗应力腐蚀性能。在 In-600 传热管改进的工艺上,就是采用先在 1150℃ 固溶处理,然后在 700℃ 进行时效处理(TT 处理),这样生产的 In-600TT 具有很好的抗应力腐蚀性能。在 In-690 传热管的研制中也利用了这种热处理工艺。表 7-5 是 In-690 传热管材在不同热处理条件下,在苛性介质中的抗应力腐蚀试验结果。In-690 合金的高耐腐蚀性,一方面是由于合金中含有较多的 Cr 和 Ni 元素;另一方面是因为经过特殊热处理后,碳化物在晶界以半连续状生成,使贫 Cr 层得到恢复,以致对苛性应力腐蚀开裂的阻力增大。图 7-21 反映了不同晶粒度的 In-600 合金在高温碱性介质中对应力腐蚀敏感性的影响,晶粒度等级越大时,抗 IG-SCC 性能越好。

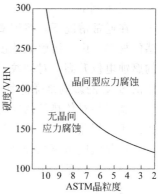

图 7-21 硬度和晶粒度对 In-600 晶间型应力腐蚀的影响(316℃,溶解氧含量为 0.01%,pH=10)

表 7-5 热处理对 In-690 抗碱性应力腐蚀的影响

试样编号	热处理工艺	腐蚀介质	温度/℃	延伸率/%	应力腐蚀敏感指数
1	1100℃固溶+715℃×2h TT	50% NaOH	316	47.7	0.37
2	1100℃固溶+715℃×5h TT	50% NaOH	316	50	0.35
3	1100℃固溶+715℃×10h TT	50% NaOH	316	42.5	0.43
4	1100℃固溶+715℃×15h TT	50% NaOH	316	47.0	0.34
5	1100℃固溶+715℃×30h TT	50% NaOH	316	50.6	0.32
6	950℃固溶+715℃×15h TT	50% NaOH	316	42.1	0.26
7	1050℃固溶+715℃×15h TT	50% NaOH	316	39.8	0.36
8	1150℃固溶+715℃×15h TT	50% NaOH	316	41.1	0.41

(3) 应力

蒸汽发生器传热管在制造过程中就存在着应力,如在 U 形弯曲端和管板胀接处,传热管承受较大的残余应力。虽然引起应力腐蚀的应力值与时间、温度、水中杂质的存在情况和浓缩机制有关,但是高应力将加速应力腐蚀开裂。发生应力腐蚀的临界值与其屈服应力值接近,并且随着应力的增加,发生应力腐蚀的时间缩短。在核电站一般通过两种途径消除应力:一是热处理;二是对 In-800 外表面进行喷丸处理。

(4) 水化学条件

水化学条件是影响蒸汽发生器传热管应力腐蚀的一个十分重要的因素。导致传热管一次侧应力腐蚀开裂的因素主要是水中的溶解氧,二次侧主要是苛性碱、氯离子等有害物。在二次侧采用磷酸盐处理时,磷酸盐在高温水溶液中水解生成氢氧化钠:

$$Na_3PO_4 + H_2O \longrightarrow Na_2HPO_4 + NaOH$$

或者,磷酸盐与腐蚀产物反应也可以生成氢氧化钠:

$$3Fe_3O_4 + 8Na_3PO_4 + 12H_2O \longrightarrow Fe_3(PO_4)_2 + 6FePO_4 + 24NaOH$$

随着碱浓度的增加,传热管材料应力腐蚀的速度加快,NaOH 浓度对 In-600 的 SCC 影响小于 In-800 和 In-690。经过 TT 处理的 In-600 抗应力腐蚀性能提高,同时,In-800 和 In-690 存在一个发生应力腐蚀的临界碱浓度(大约为 5% NaOH)。

图 7-22 是几种传热管材在含氯离子的高温水中的应力腐蚀性能。氯离子对不锈钢的抗

SCC 是不利的。

在通常情况下，溶解氧具有加速应力腐蚀的作用。它主要表现为：一些对应力腐蚀不敏感的材料，由于溶解氧浓度的升高，对应力腐蚀开始敏感；随着溶解氧的增加，一些不锈钢的腐蚀电位升高，对裂纹扩展起加速作用。也有些人认为，溶解氧对钢在 50% NaOH 溶液中的 SCC 的影响是降低其开裂敏感性。

微量铅对传热管的应力腐蚀影响较大。在核电站中，由于一些设备采用的密封材料中的铅溶于二回路水中，通过迁移和浓集，在蒸汽发生器缝隙处淤渣聚集到一定量时，使传热管产生穿晶型应力腐蚀开裂。

在水化学条件中，还存在杂质离子在缝隙中浓集的问题，浓集问题在后面专门论述。

(5) 电位

电位对传热管材的应力腐蚀有明显的影响。电位的作用主要是促进对应力腐蚀的敏感性，还有是加速裂纹的扩展。In-600 在低电位区域呈晶间型应力腐蚀开裂；而 In-800 在低电位区域则呈穿晶型应力腐蚀开裂，在高电位区呈晶间型应力腐蚀开裂。讨论电位对传热管应力腐蚀的影响时，必须与介质环境的苛刻程度结合起来，在不同的条件下，电位所起的作用也有差异。

7.4.2.4 蒸汽发生器的缝隙浓集

杂质在蒸汽发生器缝隙中的浓集是传热管腐蚀破损的主要原因。在电站运行过程中，由于传热管表面有较大的热负荷存在，在传热管表面附近会形成较大的温度梯度。在传热管与管板之间、传热管与管支撑板之间的许多缝隙中，由于缝隙窄而长，并且水在这些地方不太流畅，二次侧不挥发性杂质离子如 K^+、Na^+、Ca^{2+}、Mg^{2+}、Cl^-、SO_4^{2-}、NO_3^-、F^- 等极易聚集在这些缝隙中，使得大量杂质在缝隙区高度浓集（hideout），其浓集的倍数高达 10^4 以上，比通常缝隙（没有表面热负荷的缝隙）中离子浓集的倍数要大几个数量级。图 7-23 是在不同的条件下缝隙不同位置处的氯离子浓集情况（图中 L 为缝隙长度，c_0 为整体水中浓度，ΔT 为传热管表面与水介质间的温度梯度，R_{sg}/A_c 为传热管表面热流密度）。

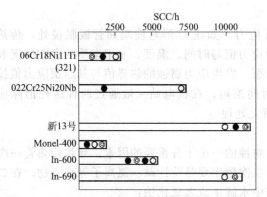

图 7-22 供热管材在 0.08% 溶解氧中的应力腐蚀性能
○ 330℃，Cl^- 含量 0.01%；● 316℃，Cl^- 含量 0.01%；
◉ 290℃，Cl^- 含量 0.05%

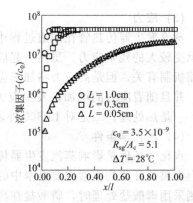

图 7-23 杂质在缝隙中不同位置的浓度变化

当缝隙较长时，缝隙中的杂质离子浓度比较稳定。大量的试验表明，杂质离子在缝隙中的浓集因子（缝隙中离子浓度与外部介质中同种离子浓度的比值）是常数。这是因为：①在缝隙中，当可溶性离子浓度增加时，减小了缝隙内溶液的饱和蒸气压，使得缝隙中溶液的沸点升高，因而缝隙中水的蒸发受到抑制，浓集过程相应减缓。②当缝隙中杂质离子浓度达到它的饱和溶解度时，如果该离子继续进入缝隙中，它将结晶或沉积下来。③缝隙内杂质离子浓集是因进入缝隙内的杂质数量大于缝隙内杂质的扩散造成的。经过一段时间后，当进入缝隙内的杂质量等于结晶或析出量与缝隙内杂质出来量之和时，浓集过程达到平衡，缝隙内的杂质离子浓度不再发生变化。

停堆时，在低温条件下缝隙区蒸汽发生器（SG）传热管材料起保护作用的氧化膜很难修复，从而加速了传热管的腐蚀损伤。从20世纪80年代起，一些发达国家便开展了SG传热管的缝隙内杂质返回（hideout return）规律的研究，取得了一些显著的成果。有人研究了超压和降压过程对缝隙中的Na^+返回的影响，结果表明：随着一、二回路温差ΔT减小，缝隙中Na^+返回率增大；当ΔT为零时，对缝隙的杂质返回最有利。在180℃条件下，漂洗5～6次的实验表明：超压漂洗有利于缝隙中杂质返回，杂质返回率达80%以上，降压漂洗不利于缝隙中杂质返回。Kansai Electric和Mitsubishi研究了不同的杂质返回工艺对杂质返回率的影响，结果表明：超压过程对缝隙杂质返回不利，降压过程对缝隙杂质返回有利，但杂质返回率不高，仅能返回50%左右；加压和降压交替使用的方法能有效地清除缝隙中的杂质，杂质返回率高达90%以上。杂质返回率与缝隙尺寸、升降压次数、降压时间以及水箱温度有关。

思考题与习题

1. 影响高温水腐蚀的主要因素是什么？
2. 在高温高压水中为什么会发生碱腐蚀？应如何避免？
3. 在高温高压水中为什么会发生碱脆？试述锅炉碱脆的特征、机理及影响因素。
4. 如何防止锅炉的氧腐蚀？
5. 锅炉水侧的腐蚀主要有哪些类型？简述防止这些腐蚀问题的主要措施。
6. 核反应堆燃料元件包壳材料锆合金主要发生什么形式的腐蚀？
7. 影响蒸汽发生器传热管应力腐蚀的主要因素是什么？

第3篇
船舶腐蚀的控制与防护技术

第8章 金属腐蚀的控制

金属腐蚀是金属与周围环境的作用而引起的破坏，金属腐蚀的控制就是调节金属与环境之间的相互作用，使金属设备、结构或零部件保持其强度和功能，不致因发生腐蚀而劣化甚至损坏（失效），以实现长期安全运行。

腐蚀控制的目标是：使金属设备、结构或零部件的腐蚀速度保持在一个比较合理的、可以接受的水平。也就是说，我们并不要求金属完全不腐蚀，而允许以一定的速度腐蚀（当然应当是很小的）。

8.1 金属腐蚀控制与防护方法分类

金属腐蚀破坏的形式很多，在不同的环境中引起腐蚀的原因不尽相同，而且影响因素也非常复杂。影响腐蚀的因素包括金属本身的因素（成分、组织结构、表面状态及应力等）和环境因素（介质组成、浓度、pH 值、温度、压力以及流动速度等），因此，根据不同情况采用的腐蚀控制与防护方法也是多种多样的，涉及的范围极广，有时甚至涉及多个学科领域。

从金属腐蚀的概念可知，对金属腐蚀进行控制与防护可从三个方面入手：一是隔离腐蚀环境，或是调整腐蚀环境，使其不具有侵蚀能力或降低侵蚀能力；二是将金属制件本身设计、制造成足以耐蚀；三是从电化学腐蚀机理出发进行电化学保护。在生产实践中常用的蚀控制与防护方法大致可分为如下几类：

① 合理选材。根据不同的环境，选择经济合理的耐蚀金属材料，或改善金属材料的组织来提高耐蚀性。

② 防腐蚀结构设计。从防腐蚀角度出发，设计设备的结构，减轻设备在运行中发生的腐蚀危害。

③ 表面改性。包括表面扩散渗入技术和离子注入技术，这类技术可使材料表面的热力学稳定组元的浓度大大增加，强化表面的耐蚀性能，从而提高材料的整体耐蚀性。

④ 电化学保护。利用电化学原理，对被保护金属进行阴极保护或阳极保护，降低金属在使用环境中的腐蚀。对于海水中的工程结构、船舶，阴极保护是主要的防腐蚀手段。阳极保护主要应用在化工行业中，一般不适用于海水中的工程结构、船舶，本书就不做专门介绍。

⑤ 金属覆盖层。由电镀、化学镀、热喷镀、热浸镀等技术得到的金属覆盖层，包括阴极性覆盖层、阳极性覆盖层和多层覆盖层，分别通过隔离介质，阴极控制，牺牲阳极和阴、阳极联合控制达到防护目的，将在后续章节中专门介绍。

⑥ 化学转化膜。通过化学方法或电化学方法得到的氧化膜或化学转化膜，将在后续章节中专门介绍。

⑦ 非金属覆盖层。包括有机涂层、无机涂层和非金属衬里等。

⑧ 介质处理。包括去除环境介质中的有害物质（如锅炉用水的净化处理、除氧）、调节环境介质的pH值、改变环境介质的湿度（如干燥）、在环境介质中添加少量的能阻止或减轻金属腐蚀的物质（缓蚀剂）、添加阻垢剂或杀菌剂等。

⑨ 优化工艺设计或改进工艺流程。

⑩ 加强操作管理和防腐技术管理。

上述各种方法中，①和③是从材料角度出发的方法，④是从电化学角度出发的方法，⑤~⑦是使材料与环境介质隔开的方法，⑧是改变环境的方法，②、⑨和⑩属系统工程的方法。

每一种腐蚀控制与防护方法都有其应用范围，使用时必须加以注意。对某一种情况有效的方法，在另一种情况下可能是无效的，有时甚至是有害的。如阳极保护只适用于金属在环境介质中易于钝化的体系，如果不能形成钝态，则阳极保护不仅不能减缓腐蚀，反而会加速金属的阳极溶解。另外，在某些情况下，采用单一的方法其效果并不明显，但如采用两种或多种防腐蚀方法进行联合保护，其防腐蚀效果则有显著增加。如牺牲阳极保护-涂层联合保护就比单独采用一种方法好得多。

因此，对于一个具体的腐蚀体系，究竟采用哪一种防腐蚀方法，应根据腐蚀原因、环境介质条件、各方法的防腐蚀效果、施工的难易程度以及经济效益等予以综合考虑，不能一概而论。

8.2 防腐蚀设计

8.2.1 耐蚀材料的选择

耐蚀材料的选择应该说是一个合理选材的问题，而合理选材是关系到防腐蚀设计成功与否的非常关键的一环。所谓合理选材，指的是要综合考虑设备中各种材料的协调一致性，要把功能与耐蚀性一起加以考虑；既要考虑设备功能对材料的要求，也要考虑设备服役环境介质对材料的作用；既要考虑设备在实用方面的功能，也要考虑它的可靠性和使用寿命。

(1) 环境作用

主要考虑两大方面的因素，即化学因素和物理因素。对于以水为介质的设备，要考虑的因素有：

① 化学因素，包括溶液的成分（包括杂质）及其浓度、pH值、氧含量、溶液的氧化还原性、沉淀物生成的可能性等；

② 物理因素，包括溶液的温度、流速、受热及散热条件、受力类型及大小等。

(2) 合理选材

材料有各类金属材料和非金属材料，合理选材应主要从材料的力学性能、耐蚀性能、加工性能和经济性四个方面进行选择。

① 力学性能。对于金属材料，主要有屈服强度、断后伸长率、断面收缩率、硬度、冲击韧性、疲劳性能等。

非金属材料的力学性能，主要有极限强度、黏结强度、脆性、耐磨性、压缩强度、伸长率、硬度、疲劳性能、冲击强度、弹性模量等。

② 耐蚀性能。对于金属材料，主要有在介质中的腐蚀速度、对各种局部腐蚀类型（包括点蚀、缝隙腐蚀、晶间腐蚀、电偶腐蚀、选择性腐蚀、磨蚀、应力腐蚀、氢损伤、高温氧化及高温腐蚀等）的敏感性、氢气氛对材料强度的影响、高温环境对材料强度的影响、材料在电动序或电偶序中的位置等。对于海水中使用的船用金属材料来说，重点要考虑的是材料及焊缝区的耐点蚀、电偶腐蚀、磨蚀、缝隙腐蚀、应力腐蚀、选择性腐蚀等性能。在流动介质中，流速应低于材料的临界流速，或者选用临界流速大于实际流速的金属。对于需要焊接的船舶结构来说，要注意焊缝腐蚀的问题。

对于非金属材料，主要有在大气、酒精、各种化学品、各种气体、油类、烃类、溶剂、太阳光、水及其他介质中的破坏性能、老化性能，对均匀腐蚀、汽蚀、疲劳、龟裂等的敏感性。

③ 加工性能。对于金属材料，主要有机械加工性能、铸造性能、焊接性能等，以及进行各种加工工艺后材料耐蚀性能的变化。

对于非金属材料，主要有模压和注射成型（压缩比、模压压力、速度等）、层压法（压力、温度）高温成型、机械加工性能（切削速度、易燃性、加工质量等）等。

④ 经济性。包括原料成本、成型、加工的费用，维护修理的费用等。

目前已有多种有关金属和非金属材料的性能手册以及腐蚀数据手册，可供详细查找。需要指出的是，腐蚀数据手册中所列的使用条件有时与实际使用条件并不完全一致，因此，在确定选材前必须进行材料的腐蚀试验。

8.2.2 防腐蚀结构设计

设备的腐蚀在很多情况下都与其结构有关，不良的结构常常会引起应力的集中、局部过热、液体流动的停滞、固体颗粒的沉积和积聚、电偶电池的形成等，这些都会引起或加速腐蚀过程。因此，在设计中应充分注重设备的结构设计。

防腐蚀结构设计，就是在保证满足设备的功能和工艺要求的条件下，适当地改变设备及部件的形状、布局，调整其相对位置或空间位置，达到控制腐蚀的目的。在防腐蚀结构设计中，一般应遵循以下原则。

(1) 结构形状应尽可能简单合理，避免溶液和颗粒残留停滞

形状简单的结构易于采取防腐蚀措施。形状复杂的结构往往存在死角、缝隙、接头等，这些部位易造成腐蚀介质的积存、浓缩等现象，引起腐蚀。

局部液体的残留或固体物质的沉降堆积会产生浓差腐蚀电池或沉积物腐蚀。容器出口及容器底部的结构设计应力求容器内部的液体可排净，要避免死角和排液不净的死区等，如图8-1所示的各种情况。

(2) 要妥善处理异种金属的接触

不同的金属相接触会形成电偶电池而促进腐蚀，要避免电偶腐蚀，在结构设计中应注意以下几点：

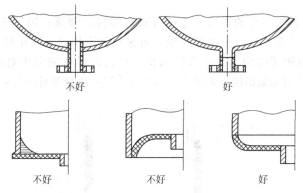

图 8-1 防止积液与颗粒堆积的结构设计示意图

① 在同一结构中应尽量采用相同的金属材料。

② 不同的金属连接时，尽量采用绝缘措施，避免直接接触，如图 8-2 所示，施加绝缘组件（绝缘垫片、绝缘套筒等）、胶黏剂涂封等。条件允许时，也可将整个接头用密封胶包覆以隔离腐蚀介质。

③ 在无法避免不同的金属材料直接接触，又不允许采用绝缘措施的情况下，应尽量选用在电偶序中相近的材料。一般来说，两种材料的电位差小于 50mV 时不致引起太大的电偶腐蚀。但不同的介质条件下，金属的电偶序会有些变化，在设计中应特别注意介质条件。

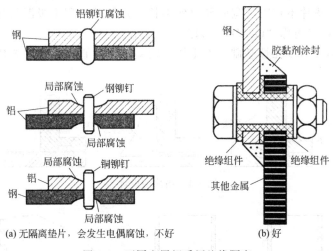

图 8-2 不同金属间采用绝缘隔离

④ 在形成电偶电池时，受到腐蚀的是电位较负的阳极性金属，因此，应尽可能设计成大阳极小阴极的结构，以降低阳极性金属材料的腐蚀速度。

在流动介质中，当电绝缘处理的两种金属在同一平面上时，合理的介质流向（如图 4-5 所示）应是阳极性金属在阴极性金属之前，否则阴极性金属会沉积在阳极性金属上而促进阳极性金属腐蚀。

⑤ 采用涂层保护时，涂料应涂在电位较正的阴极性金属上，由于涂层具有小的孔隙，就形成了大阳极小阴极的状况，降低了阳极性金属的腐蚀速度；如果将涂料涂在电位较负的阳极性金属上，则会形成小阳极大阴极的状况，反而会加速阳极金属的局部腐蚀穿孔。

(3) 要避免缝隙

在设备上总是有各种部件的连接,连接方式有焊接、铆接、销钉连接、法兰盘连接等,这些连接存在大量的缝隙,易产生缝隙腐蚀,可采用如下措施来防止缝隙腐蚀的发生:

① 尽可能不采用铆接结构而采用焊接结构,焊接时尽可能采用对焊、连续焊,而不采用搭接焊、间断焊,或者采取措施(如敛缝、锡焊或涂层)将缝隙封闭起来,如图8-3所示。

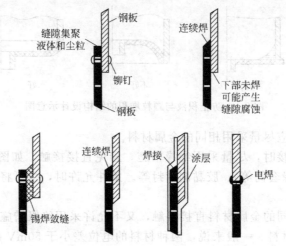

图8-3 防止搭接处缝隙腐蚀的设计

② 如需采用铆接结构,应改善铆接状况,如在铆缝中填入一层不吸潮的垫片。

③ 法兰连接处垫片不宜因过宽而导致伸出长,并尽量采用不吸湿的材料作垫片,或者采用"O"形密封环(简称"O"环),如图8-4所示。

④ 容器底部不要与多孔性基础(如土壤、混凝土等)直接接触,要用支座隔开,如图8-5所示。

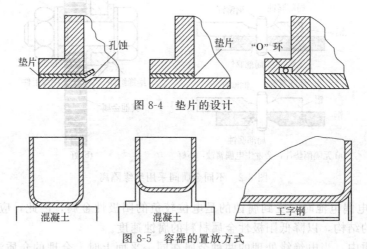

图8-4 垫片的设计

图8-5 容器的置放方式

(4) 要降低应力

应力的来源有工作应力、装配应力、热应力和残余应力,在设计时应尽量降低各种应力,需注意以下几点:

① 避免应力集中。部件的形状变化不要有尖角而应该有足够的圆弧过渡,如图8-6所示,要避免各种切口、缺陷的存在。

② 降低焊接残余应力。搭接焊接时，应保证有足够的搭接长度，最小搭接长度为厚度的 5 倍；应采用适当的焊条连续对焊，以降低焊接应力，如图 8-7 所示；材料的厚度不同时，较薄的材料易产生过热区，因此材料的厚度应尽可能均匀，以降低热应力，如图 8-8 所示。另外，焊接时产生热应力，还可以选择适当的热处理方法来消除。

③ 冷加工时易产生较大的残余应力，加工过程中应采取消除应力的措施，或者采用热加工和进行热处理。

④ 减小振动，消除腐蚀疲劳。为使振动引起的腐蚀疲劳危险降低到最小程度，可用隔振、吸振、减振等方法来承载结构或设备在腐蚀环境中的振动或颤动。

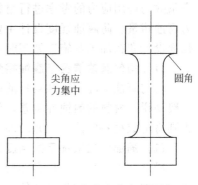

图 8-6 避免应力集中的设计

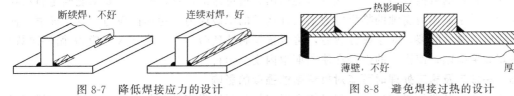

图 8-7 降低焊接应力的设计　　　　图 8-8 避免焊接过热的设计

(5) 要保证合适的流速和流动状态

设计时应避免过度的湍流、涡流，要避免断面急剧变化和流速方向的急变。如凸台、沟槽、直角等易造成涡流（见图 4-37），设计中应尽量避免这些形式；管道的弯曲半径应尽可能大，避免直角弯曲；高流速会造成涡流，导致严重的冲刷腐蚀甚至空泡腐蚀，应将流速控制在适当值以下。

(6) 要避免引起环境差异

加热器的位置和原料（溶液）入口的位置及结构如果设计不当，会引起环境介质的温度差异和浓度差异，引起温差腐蚀电池和浓差腐蚀电池，应注意避免，如图 8-9 和图 8-10 所示。

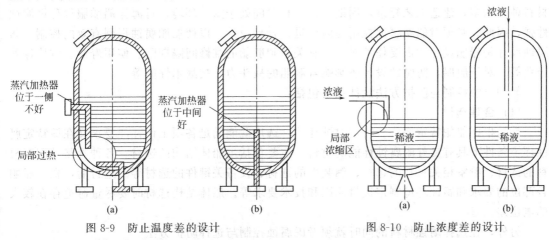

图 8-9 防止温度差的设计　　　　图 8-10 防止浓度差的设计

需要特别指出的是，在防腐蚀设计时，要调整、优化结构空间位置，应尽量提高结构的可维护性，便于防腐蚀施工和检修。

8.2.3 防腐蚀强度设计

为了使设备在预期寿命期间内有足够的强度来保证其能够可靠运行，必须在按一般的安全系数与许用应力的考虑进行材料强度设计的基础上加大材料的尺寸,这一加大的尺寸就称为腐蚀裕量。防腐蚀强度设计主要包含均匀腐蚀情况下腐蚀裕量的确定、局部腐蚀情况下的强度设计和在加工及施工处理时可能对材料耐蚀强度的影响三个方面的内容。

(1) 均匀腐蚀情况下腐蚀裕量的确定

均匀腐蚀情况下腐蚀裕量的确定,要根据材料在服役环境介质中的腐蚀速度进行计算。一般来说,材料的耐蚀性越差,估算的腐蚀裕量就越大。但是也不能过分地加大腐蚀裕量,否则将造成材料的浪费,并增加加工和施工的难度。

(2) 局部腐蚀情况下的强度设计

局部腐蚀类型是多种多样的,而且会因材料、环境介质、条件的不同而不同,目前,还无法根据局部腐蚀的强度降低采用强度公式计算腐蚀裕量。对于晶间腐蚀、孔蚀、缝隙腐蚀等只有采取正确选材、注意结构设计或控制环境介质等措施来防止。而对于应力腐蚀和腐蚀疲劳,如果材料的数据资料齐全,就有可能做出合适可靠的设计。例如,如果能确定材料在实际环境介质中的应力腐蚀的临界应力,设计构件的承载应力(包括内应力)低于该值时便不会导致应力腐蚀断裂。对于腐蚀疲劳,可以根据腐蚀疲劳寿命曲线 $\sigma\text{-}N$(应力-循环次数)中的表观疲劳极限,使设计的设备在使用期限内安全运行。

(3) 在加工及施工处理时可能对材料耐蚀强度的影响

应该注意,某些加工或施工过程可能会引起材料耐蚀强度的变化。例如,某些不锈钢通过焊接加工后,由于敏化温度的影响会发生晶间腐蚀,使材料强度下降而在使用中造成断裂。

8.2.4　船舶腐蚀控制与防护方法设计

从前面所述可知,在生产实践中可供选用的腐蚀控制与防护方法有很多,可以采用的防护方法有表面改性、电化学保护、金属和非金属涂层、衬里、添加缓蚀剂等,各种防护方法都有其特定的适用范围,因此,腐蚀控制与防护方法的选择及其技术设计就显得十分重要。

对于船舶的主要结构,腐蚀控制与防护的主要方法包括合理选材、防腐蚀结构设计、涂层保护、阴极保护、金属覆盖层、异金属接头的电绝缘或包覆隔离、介质处理等。船舶使用材料种类繁多,建造工艺复杂,周期长,很长时间处于露天环境,且海洋船舶服役环境腐蚀性强,因此,必须对船舶腐蚀控制与防护进行合理设计,以使船舶腐蚀得到有效的控制。防腐蚀设计是船舶设计的重要任务之一,它关系到船舶的维修间隔期限、使用寿命、维修保养经费等。对于舰船,防腐蚀设计还影响着舰船的战斗力、技战术性能等。

船舶腐蚀控制与防护方法设计主要包括:

(1) 合理选材

就是根据船舶特定部位、特定腐蚀环境,选用既能满足各项工作性能要求又在该特定腐蚀环境条件下具有良好耐腐蚀性能的材料。主要包括主船体结构的选材、各种管路及配套材料的选材、舱室相关材料的选材、舾装件的选材、设备关键件的选材等。选材前,根据船舶各部位的要求和腐蚀环境制定选材原则和技术要求等。船体结构选材时要尽量避免存在较大的电位差。

另外,在选择耐蚀材料的同时就须考虑腐蚀控制与选择防护方法。

(2) 防腐蚀结构设计

船舶防腐蚀结构设计的原则要求主要为:根据船舶的设计寿命,在满足性能要求的条件下要留有足够适量的腐蚀裕量;不应留有死角和无法进行腐蚀防护和维修的窄缝;防止结构形成积水滞留,造成局部腐蚀,接合处要特别注意防止缝隙腐蚀;尽量减少异金属连接结构,防止产生电偶腐蚀。

另外,在结构设计时,要注意结构和设备的可维修性。

(3) 涂料保护设计

船舶从船体到管系,从设备到基座,从水线以上到水线以下各个部位,主要的防腐蚀方法就是涂料防腐。涂料实质上是半成品,要通过涂装作业才能最终赋型而成涂膜(涂层)。因此,涂料保护设计应该是涂料涂装设计。根据船舶不同部位的要求,防腐蚀涂料涂装设计包括涂料的选用、涂料的正确配套、涂层厚度要求、涂装的前处理等级要求、涂装工艺要求、涂装质量要求等。涂料的选择主要从使用环境条件、耐用年限、涂料质量、施工性能、环保性以及经济性等方面考虑。

船舶的涂料与涂装将在第 11 章专门论述。

(4) 阴极保护设计

阴极保护有牺牲阳极和外加电流两种方法,这两种方法在船舶上都有使用,水下船体既采用牺牲阳极阴极保护,又采用外加电流阴极保护,而海水冷却管系及设备、消防管系、压载水舱等只采用牺牲阳极阴极保护。

阴极保护设计时,应根据被保护构件的材质、表面涂层种类及破损情况、腐蚀介质特性等选取合适的保护电位和保护电流密度,计算保护面积和总保护电流。牺牲阳极阴极保护设计包括阳极材料及规格的选择,阳极的布置、数量和安装方式等。外加电流阴极保护设计包括辅助阳极、参比电极的选择和布置,恒电位仪的选择等。船舶阴极保护技术在本章后面进行专门论述。

船舶腐蚀控制是一个系统工程,要从船舶性能的全局考虑。总的来说,腐蚀控制与防护方法的选择及其技术设计应按照适用、有效、易维护、经济的标准进行,具体就是要从环境介质、材料性能、设备功用、使用寿命、方便施工、易于管理和经济合理等几个主要方面加以考虑。

8.3 缓蚀剂

在腐蚀环境中,通过添加少量能阻止或减缓金属腐蚀速度的物质以保护金属的方法,称为缓蚀剂保护,少量的添加物质就是缓蚀剂。缓蚀剂的保护效果用缓蚀率(Z)表示:

$$Z = \frac{v_0 - v}{v_0} \times 100\%$$

式中 v_0——不加缓蚀剂金属的腐蚀速度;

v——加缓蚀剂后金属的腐蚀速度;

Z——缓蚀率(缓蚀效果)。

Z 能达到 90% 以上的缓蚀剂即为良好的缓蚀剂。

缓蚀剂保护作为一种腐蚀控制与防护技术,具有如下好处:

① 用量少,成本低,收效大,一般添加 0.1%~1% 之间,即可起防蚀作用。

② 不改变金属构件的性质和生产工艺。

③ 方法简单,使用方便,不需特殊的附加设备。

采用缓蚀剂保护时,整个系统中凡是与介质接触的设备、管道、阀门、仪表等均可得到保护,这一点是任何其他腐蚀控制与防护措施都不可比拟的。但需要指出的是,从缓蚀剂保护的经济效果和环境保护来看,如直流水因缓蚀剂流失太大不适宜采用缓蚀剂保护,循环水、酸洗除锈或除垢等使用缓蚀剂是有限量的,采用缓蚀剂保护是适宜的。

8.3.1 缓蚀剂的分类

(1) 按缓蚀剂的作用机理分类

根据缓蚀剂在电化学腐蚀过程中主要是抑制阳极反应，还是抑制阴极反应，或者两者同时抑制，可分为阳极型缓蚀剂、阴极型缓蚀剂和混合型缓蚀剂，如图 8-11 所示。

① 阳极型缓蚀剂又称阳极抑制型缓蚀剂，它们能增加阳极极化，使腐蚀电位正移，如图 8-11 (a) 所示。阳极型缓蚀剂通常是氧化剂，是由于缓蚀剂阴离子移向阳极表面使金属钝化。例如中性介质中用的铬酸盐、亚硝酸盐、正磷酸盐、硅酸盐等。对于非氧化型缓蚀剂，只有在溶解氧存在时才能起抑制作用，如苯甲酸钠。

阳极型缓蚀剂的缓蚀效果好，但用量不足时，不能充分覆盖阳极表面，反而会加速腐蚀，所以又称危险型缓蚀剂。但苯甲酸钠例外，即使它用量不足，也只会引起一般的腐蚀。

② 阴极型缓蚀剂又称阴极抑制型缓蚀剂，能抑制阴极过程，增加阴极极化，使腐蚀电位负移，如图 8-11 (b) 所示。阴极型缓蚀剂通常是缓蚀剂阳离子移向阴极表面形成化学或电化学的沉淀保护膜，从而抑制阴极过程。

阴极型缓蚀剂用量不足不会加速腐蚀，又称为安全缓蚀剂，如硫酸锌、碳酸氢钙、石灰、聚磷酸盐等。

③ 混合型缓蚀剂又称混合抑制型缓蚀剂，对阴极过程和阳极过程同时有抑制作用，腐蚀电位变化不大，如图 8-11 (c) 所示。这类缓蚀剂多数是有机化合物，如含 S、含 N 以及既含 N 又含 S 的有机物。

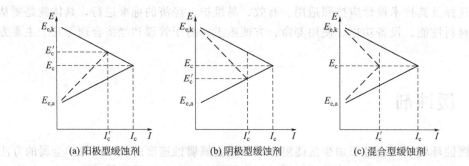

(a) 阳极型缓蚀剂　　(b) 阴极型缓蚀剂　　(c) 混合型缓蚀剂

图 8-11　缓蚀剂抑制电极过程的三种类型

(2) 按照缓蚀剂所形成的保护膜性质分类

按照缓蚀剂在保护过程中所形成的保护膜性质，可将缓蚀剂分为三类：

① 氧化膜型缓蚀剂。这类缓蚀剂本身是氧化剂或以溶解氧作为氧化剂，由于它具有钝化作用，故又称为"钝化剂"。它能使金属表面形成

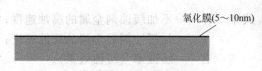

图 8-12　氧化膜型缓蚀剂保护膜示意图

致密、附着力强的氧化膜（5～10nm）（保护膜如图 8-12 所示）。当氧化膜达到一定厚度时，氧化速率减慢，氧化膜的成长基本停止。因此过量的缓蚀剂不会造成垢层化或铁鳞化，但用量不足会加速腐蚀。

按照电极反应过程，这类缓蚀剂又可细分为阳极抑制型（如铬酸钠）和阴极去极化型（如亚硝酸钠）两类。对于阳极抑制型缓蚀剂，如图 8-13 (a) 所示，当未加缓蚀剂时，金属的阳极极化曲线为曲线 1；当加入足量的缓蚀剂后，阳极极化曲线为曲线 2，腐蚀电流显著降低；当缓蚀剂用量不足时，阳极极化曲线为曲线 3，钝化膜不能充分覆盖阳极表面而会有

孔蚀的危险，促进局部腐蚀。对于阴极去极化型缓蚀剂，如图 8-13（b）所示，当未加缓蚀剂时，阴极极化曲线为曲线 1；当加入足量的缓蚀剂后，阴极极化曲线为曲线 2，腐蚀电流显著降低；当缓蚀剂用量不足时，阴极极化曲线为曲线 3，会加剧金属的腐蚀。

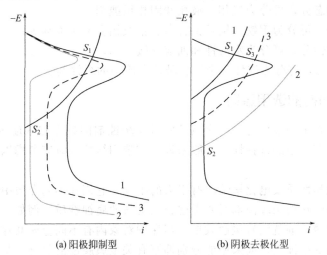

(a) 阳极抑制型　　(b) 阴极去极化型

图 8-13　氧化膜型缓蚀剂作用原理示意图
1—不加缓蚀剂；2—足够的缓蚀剂；3—缓蚀剂用量不足

② 沉淀膜型缓蚀剂。这类缓蚀剂本身并无氧化性，但能与有关离子反应并在金属表面形成防腐蚀的沉淀膜（保护膜如图 8-14 所示）。沉淀膜比钝化膜厚（几十到 100nm），且致密性、附着力比钝化膜差，所以缓蚀效果比氧化膜型缓蚀剂差，而且只要介质有该缓蚀剂和相关离子，沉淀膜厚度就不断增加，因而可能引起结垢的副作用，通常要与去垢剂合并使用。这类缓蚀剂如硫酸锌、碳酸钙、聚磷酸钠等。

图 8-14　沉淀膜型缓蚀剂保护膜示意图

③ 吸附膜型缓蚀剂。这类缓蚀剂能吸附在金属表面，改变金属表面的性质，从而阻滞腐蚀过程。

这类缓蚀剂通常为有机缓蚀剂，缓蚀剂分子是由两部分组成：一部分是容易被金属吸附的亲水极性基，另一部分是憎水或亲油的有机原子团（如烷基）。极性基的一端被金属表面所吸附，而憎水的一端向上形成定向排列，结果腐蚀介质就被缓蚀剂分子排挤出去，使介质与金属表面分隔开，起到保护金属作用（保护膜如图 8-15 所示）。

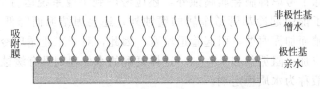

图 8-15　吸附膜型缓蚀剂保护膜示意图

根据吸附机理，又可分为物理吸附型和化学吸附型。为了形成良好的吸附膜，金属表面必须是洁净的（即活性的）表面。因此，在酸性介质中往往比在中性介质中更多采用这类缓蚀剂。

(3) 其他分类方法

按用途分，可分为冷却水、锅炉、油气井、酸洗、石油化工工艺缓蚀剂等；

按化学成分分，可分为有机和无机缓蚀剂；

按使用时的相态分，可分为气相、液相和固相缓蚀剂；

按保护金属分，可分为钢铁、铜及铜合金、铝及铝合金缓蚀剂等；

按缓蚀剂溶解性分，可分为水溶性和油溶性缓蚀剂；

按使用 pH 值分，可分为酸性、中性、碱性介质中的缓蚀剂。

8.3.2 缓蚀剂的选用原则

缓蚀剂的缓蚀效果与金属材料、介质条件以及缓蚀剂的种类和浓度等有着密切的关系，因此缓蚀剂的应用有严格的选择性。一般来说，在选用缓蚀剂时应考虑以下主要因素。

(1) 保护对象

不同金属的化学性质及电化学性质有很大的不同，它们在不同介质中的腐蚀行为和吸附特性也不相同，因此在选用缓蚀剂时要考虑金属材料的腐蚀性质。例如，对于难以钝化的金属，采用钝化膜型缓蚀剂就没有缓蚀效果。当保护对象内有不同金属共存时，应采用对共存金属均有保护作用的缓蚀剂，或采用能分别抑制有关金属腐蚀的复合（复配）缓蚀剂。

(2) 腐蚀介质

对于不同腐蚀介质应选用不同类型的缓蚀剂，以达到对金属的有效保护。例如，在中性水介质中使用的缓蚀剂大多为无机物，以氧化膜型和沉淀膜为主；在酸性介质中使用的缓蚀剂大多为有机物，以吸附型为主。

选用缓蚀剂还必须考虑它在腐蚀介质中的溶解度，对于气相缓蚀剂则应有一定的蒸气压或挥发度。溶解度或挥发度太低，将影响缓蚀剂在介质中的传递，使它们不能有效、足量地到达金属表面，不能发挥应有的缓蚀效果。

(3) 缓蚀剂用量

只要能产生有效的缓蚀作用，当然用量越少越好。缓蚀剂用量过多有可能改变介质的性质（如 pH 值），甚至减弱缓蚀效率，在经济上也会降低效益。对于氧化膜型缓蚀剂，初始往往需要加大用量（可比正常用量高出 10～20 倍），以快速生成完好的保护膜，即所谓的"预膜"处理。

对于阳极型缓蚀剂，如果用量不足，不足以阻滞全部阳极区金属的氧化过程时，反而会加速金属的腐蚀或引起局部腐蚀的危险。

(4) 缓蚀剂的复配

由于金属腐蚀情况的复杂性，使用单一缓蚀剂很难取得理想的效果。如果多种缓蚀剂复配使用的效果比单一使用的总效果高出很多，则这种现象称为缓蚀剂的协同效应。

缓蚀剂选用时除了考虑抑制金属腐蚀外，还应考虑到工业系统运行的总体效果。例如，工业循环冷却水除了能引起冷却管道金属的腐蚀外，还会因结垢而降低冷却效果，以及因菌、藻类生物的繁殖而加深腐蚀，引起管道堵塞。因此，对于工业循环冷却水的处理，除了加入缓蚀剂外，还应加入阻垢剂和杀生剂，这样复配的水处理剂具有缓蚀、阻垢、杀菌、灭藻等多种功能，一般称为水质稳定剂。

(5) 缓蚀剂使用的环境保护

许多高效缓蚀剂往往具有毒性。如果选用有毒缓蚀剂，在排放时应考虑毒性的消除处理问题。

有些缓蚀剂（如亚硝酸盐和磷酸盐等）可成为微生物的营养源，会助长装置内的细菌和藻类的大量生长，严重时会造成管道堵塞和造成排放水赤潮。

(6) 缓蚀剂的经济效果

缓蚀剂保护的经济效果应从设备的保护价值和缓蚀剂的消耗费用综合考虑。直流水因缓蚀剂流失太大不适宜采用缓蚀剂保护，循环水、酸洗除锈或除垢等使用缓蚀剂是有限量的，采用缓蚀剂保护是适宜的。

另外，缓蚀剂保护与其他防腐蚀方法如电化学保护、涂料保护等联合使用，可大幅提高保护效果和经济效益。

缓蚀剂广泛应用于石油、化工、钢铁、机械、动力和运输等行业，但船舶上因使用材料种类较多、经济效果、环境保护等因素，使用缓蚀剂保护技术较少。

8.4 阴极保护技术

阴极保护技术是对电解质溶液（如海水等）中的金属结构进行阴极极化，使其得到保护的防腐蚀技术。阴极保护技术已广泛应用于各领域，成为最重要的防腐蚀技术之一，也是船舶最重要的防腐蚀技术。

当电连接的不同金属（如钢铁和锌）处于同一电解质溶液（如海水）中时，由于电极电位不同，构成腐蚀电池，电位较负的金属（如锌）成为阳极，而电位相对较正的金属（如钢铁）成为阴极。由于阳极金属的溶解而使作为阴极的金属得到保护，就是通常所说的牺牲阳极阴极保护，电池中的阳极金属称为牺牲阳极。除了用电位较负的金属或合金（牺牲阳极）保护电位较正的金属外，还有一种方法是强制外加电流的阴极保护技术，即对保护金属外加阴极电流，使其阴极极化，当阴极极化至被保护金属阳极反应的平衡电极电位时，其阳极溶解停止，从而达到保护的目的。

1834年，法拉第发现了腐蚀与电流的定量关系，这一发现奠定了电解的科学基础和阴极保护原理。1890年爱迪生试图用外加电流方法达到保护船体的目的，但由于当时没有合适的辅助阳极材料和电源，结果未能实现。进入20世纪初期，随着阳极材料和电源技术的发展，阴极保护技术逐步在各个领域得到应用，从早期的保护船舶，发展到对管道、埋地电缆、海底构筑物等的保护。在20世纪中期以后，阴极保护技术得以快速发展和应用，无论是阳极材料，还是外加电流的电源、辅助阳极及参比电极等，都有了较大进步。

本节主要介绍了阴极保护的基本原理、牺牲阳极阴极保护和外加电流阴极保护技术及其应用。

8.4.1 阴极保护的基本原理

从电位-pH图可知，如果将金属的电位向负方向移动，金属将进入电位-pH图的稳定区（不腐蚀区），其阳极溶解停止。为此，向被保护件引入阴极电流，使阴极极化。此时，被保护金属既受到自身的电化学不均匀性所致的腐蚀电池的作用，也受到外加阴极电流 i_K^{ex} 的作用，如图8-16（a）所示。

当外加保护电流 i_K^{ex} 由辅助阳极流向阴极时，如图8-17（a）所示，阴极本身还承受着腐蚀原电池的阳极电流 i_a，因此，阴极电流 i_k：

$$i_k = i_a + i_K^{ex}$$

当外加阴极电流（i_K^{ex}）等于 i_k 时，$i_a=0$，即外加电流致使阴极极化电位降到金属阳极平衡电极电位 $E_{e,a}$ 时，阳极电流 i_a 为零，阳极反应停止，腐蚀也就停止了，就达到了保护金属的目的。

当然，也可以借助一个电极电位更负的金属或合金与被保护金属组成腐蚀电池，使被保护金属阴极极化，从而实现保护金属的目的，如图 8-16（b）所示。

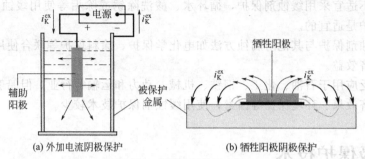

图 8-16　阴极保护示意图

8.4.2　阴极保护的参数

阴极保护时，外加保护电流的大小和被保护金属达到的电位决定金属是否达到完全保护。因此，判定金属是否达到完全保护通常用最小保护电流密度和最低保护电位两个基本参数来说明。

(1) 最低保护电位

由图 8-17 的原理图可以看出，要使金属完全保护，必须阴极极化，使总电位达到腐蚀微电池阳极的平衡电位 $E_{e,a}$，该电位即为最低保护电位。最低保护电位值因金属的性质和腐蚀环境不同而有所不同。表 8-1 列出了不同金属在海水中进行阴极保护时采用的保护电位值。

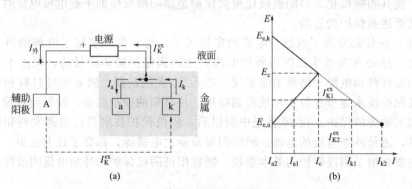

图 8-17　外加电流阴极保护原理图

表 8-1　阴极保护采用的保护电位值　　　　　　　　　　　单位：V

参比电极	金属或合金	铁与钢 含氧环境	铁与钢 缺氧环境	铜合金	铝 正的极限值	铝 负的极限值
参比电极	Cu/饱和 $CuSO_4$	−0.85	−0.95	−0.5～−0.65	−0.95	−1.2
参比电极	Ag/AgCl/海水	−0.8	−0.9	−0.45～−0.6	−0.90	−1.15

对于不知最低保护电位值的情况，也可以采用比腐蚀电位负 0.2～0.3V（对于钢铁）和负 0.15V（对于铝）的办法来确定。但是这种估计是很粗略的，对于一个具体的保护体系，如无经验数据，最好通过实验来确定最低保护电位值。

在选择保护电位时，要考虑以下三方面的因素：

① 要有一定的保护效果。如果保护效果太小，被保护金属仍以一定的速度在腐蚀，这样实施阴极保护的意义不大。可以在阴极保护电位恒定条件下，用失重法测定金属腐蚀率，测得阴极保护效果（保护度）。表 8-2 为海水中的钢结构在不同保护电位下的保护度。保护度的计算式如下：

$$Z=\frac{v_0-v}{v_0}\times 100\%$$

式中　v_0——未进行阴极保护金属的腐蚀速度；
　　　v——阴极保护后金属的腐蚀速度；
　　　Z——保护度。

表 8-2　海水中的钢结构在不同保护电位下的保护度

电位相对于(SCE)/V	-0.75	-0.80	-0.85	-0.90
保护度/%	79	91	94	99

② 日常耗电量要小。从理论上来说，保护电位越负，保护效果越好，但所需的保护电流要很大。

③ 要防止"过保护"的产生。如果保护电位太负，就会产生"过保护"，金属表面会有大量氢气析出，可使钢发生"氢脆"而遭到破坏。金属表面氢气的析出，会使金属表面的涂层脱落，对保护金属不利。

(2) 最小保护电流密度

使金属得到完全保护时所需的电流密度称为最小保护电流密度。如图 8-17（b）中的 I_{K2}^{ex} 即为最小保护电流。它的数值与金属种类、表面状态、介质条件（组成、浓度、温度、流速等）等有关。一般当金属在介质中的腐蚀性越强，阴极极化程度（阴极极化率）越低时，所需的保护电流密度越大。故凡是增加腐蚀速度、降低阴极极化（阴极极化率）的因素，如温度升高、压力增大、流速加快，都使最小保护电流密度增大。

8.4.3　阴极保护的应用范围

阴极保护的效果很好，而且简单易行，目前在船舶、海洋工程结构（海上采油平台、码头、海底隧道等）、水闸、地下管线等方面已获得广泛应用。一般来说，金属结构进行阴极保护时要考虑以下几方面的因素。

① 腐蚀介质必须是能导电的，并且要有足够高的电导率以便建立连续的电路。例如在海水、中性盐溶液、碱溶液、弱酸性溶液、有机酸、土壤等介质中宜进行阴极保护，而大气腐蚀则不能应用阴极保护。

② 金属材料在所处的介质中要容易进行阴极极化，否则耗电量大，不宜进行阴极保护。碳钢、低合金钢、铜及铜合金等常用金属材料都可采用阴极保护。在阴极保护中，不论阴极反应是氧去极化反应还是氢离子去极化反应，都会使阴极附近溶液的碱性增加，对耐碱性较差的两性金属（如铝），可能会使其腐蚀加速，产生负保护效应，因而使两性金属采用阴极保护受到限制。例如铝在海水中进行阴极保护时，必须在不大的电流密度下进行。但两性金属在酸性介质中是可以采用阴极保护的，例如铅在稀硫酸中采用阴极保护是完全可行的。

需要注意的是，介质处于钝态的金属不宜进行阴极保护，外加电流可能将其活化，阴极保护可能反而会加速腐蚀。

③ 被保护设备的形状、结构不要太复杂，否则可能产生局部"屏蔽"现象，使金属表面电流分布不均匀，造成有的部位达不到保护电位，而有的部位由于电流集中而造成过保护。

8.4.4 牺牲阳极阴极保护

牺牲阳极阴极保护是在被保护金属上连接一个电位较负的金属作为阳极，它与被保护金属在电解液中形成一个大电池，依靠牺牲阳极不断腐蚀溶解产生的电流对被保护金属进行阴极极化，达到保护的目的。

(1) 牺牲阳极材料

作为牺牲阳极材料的金属或合金，须具备以下特点：

① 有足够负的电位，并且很稳定。牺牲阳极不仅要有足够负的开路电位，而且它与被保护金属之间的有效电位差（即驱动电位）要大。适合作钢铁的牺牲阳极材料有锌基、铝基及镁基三大类，适合作铜及铜合金的牺牲阳极材料还有铁基。

② 工作中阳极极化小，溶解均匀，腐蚀产物易脱落，表面不产生高阻的硬壳。

③ 电化学当量要高，即产生 $1A \cdot h$ 电量消耗的阳极质量要小。

④ 阳极的自溶量小，电流效率高。电流效率是指实际电容量在理论电容量中所占的百分数。理论电容量是根据库仑定律计算的消耗单位质量牺牲阳极所产生的电量，实际电容量是实际测得的消耗单位质量牺牲阳极所产生的电量，单位都是 $A \cdot h/kg$。由于牺牲阳极本身的局部电池作用，部分电量消耗于自身的腐蚀作用。

⑤ 腐蚀产物无毒，不污染环境。

⑥ 材料来源广，加工容易，价格便宜。

通常纯金属材料作牺牲阳极都存在着某些不足，通过添加其他元素来改性，可以提高其性能。如常用的锌阳极都是添加 Al 和 Cd 元素的，通常称为三元锌阳极。另外，有些杂质元素含量会大大降低阳极性能，因而在阳极冶炼时须对这些杂质元素的含量严格控制。

工程中常用的牺牲阳极有镁合金、锌合金、铝合金三大类。此外，还有铁阳极，主要用于保护铜等贵金属结构。镁阳极因其开路电位较负，驱动电压大，主要用在介质导电性较差的条件下，如土壤、淡水中。Al-Zn-In 系合金不含有毒元素，且不需要进行热处理，综合性能好，是目前研究最多、应用最广泛的一类牺牲阳极。Al-Zn-In 三元合金电流效率高，但表面腐蚀不均匀，会产生许多蚀孔和疱，有时也出现裂缝，加入第四、五种元素，可以使腐蚀均匀。

常用牺牲阳极材料及其性能见表 8-3 和表 8-4。另外，船用高效铝合金阳极还有 Al-Zn-In-Mg-Ga-Mn（A22）阳极。

同锌合金阳极相比，铝合金阳极具有一些较为突出的优点：

① 电容量大，可以设计长寿命牺牲阳极；

② 重量轻，施工方便；

③ 制造工艺简便，材料来源充足，单位电量的价格便宜；

④ 在海水环境中性能良好，有自动调节电流的作用。

表 8-3 常用牺牲阳极的成分　　　　　　　　　　　　单位:%

牺牲阳极(代号)	Zn	In	其他元素
Zn-Al-Cd	余量	—	Cd 0.05~0.12;Al 0.3~0.6
Al-Zn-In-Cd(A11)	2.5~4.5	0.018~0.05	Cd 0.005~0.02
Al-Zn-In-Si(A12)	5.5~7.0	0.025~0.035	Si 0.10~0.15
Al-Zn-In-Sn-Mg(A13)	2.5~4.0	0.020~0.050	Sn 0.025~0.075;Mg 0.50~1.00
Al-Zn-In-Mg-Ti(A21)	4.0~7.0	0.020~0.050	Mg 0.50~1.50;Ti 0.01~0.08

表 8-4　牺牲阳极的电化学性能对比

种类	开路电位 （相对于 SCE）/V	工作电位 （相对于 SCE）/V	实际电容量 /(A·h/kg)	电流效率 /%
锌合金	-1.09～-1.05	-1.05～-1.00	≥780	≥95
铝合金	-1.18～-1.05	-1.12～-1.05	≥2400	≥85
			≥2600①	≥90①

① 高效铝阳极 A21、A22 的性能参数。

由于铝合金阳极具有以上优点，从 20 世纪 60 年代以来发展很快，目前已在各种场合广泛使用，在海水环境中逐渐取代了锌合金阳极。但铝合金阳极也有不足之处：
① 溶解性能比锌合金阳极低；
② 与钢结构撞击有诱发火花的可能性；
③ 在电阻高的介质中，电流效率很低。

(2) 牺牲阳极阴极保护设计计算

牺牲阳极阴极保护设计计算一般应满足两个条件：
① 所设计的牺牲阳极数量应能提供足够的保护电流使船体达到保护电位；
② 所设计的牺牲阳极总重量应能满足船体防蚀有效年限。

牺牲阳极阴极保护设计具体步骤如下：
① 计算保护面积。对于船体来说，主要包括船体的浸水面积，螺旋桨表面积，舵、海底阀箱面积及其他附件的面积等。
② 选取保护电流密度。根据船体的实际使用情况（如航速、在航率、表面涂层种类、状况、船舶载重吨位等），按表 8-5 选取合适的保护电流密度，按表 8-6 获得合适的保护电位。

表 8-5　船舶各部位的保护电流密度

部位	船用钢板			裸露的 青铜、黄铜
	涂环氧系或 氯化橡胶漆	漆膜易脱 落部位	裸露	
保护电流密度/(mA/m²)	10～20	50～100	>100～200	400～500

表 8-6　船舶各部位的保护电位

部位	涂漆钢质船体	铝质船体	铜质螺旋桨
保护电位（相对于 SCE）/V	-1.00～-0.85	-1.10～-0.95	-0.65～-0.5

③ 选取牺牲阳极规格，计算牺牲阳极发生电流量。可按相关标准选取牺牲阳极材料及规格，也可根据实际需要确定一些非标准的牺牲阳极规格。按照相关标准，计算选取阳极的接水电阻和发生电流量。接水电阻与阳极规格有关，阳极的接水电阻 $R=\rho(L+B)$，单位为 Ω（欧姆）。其中，ρ 为海水电阻率，一般取 $\rho=25\Omega\cdot cm$；L 为单块阳极长度，单位为 cm；B 为单块阳极宽度，单位为 cm。阳极的发生电流量 $I_f=\Delta E/R$，单位为 A（安培）。ΔE 为牺牲阳极的驱动电压，单位为 V。对钢质船体，锌合金阳极的 ΔE 取 0.25V，铝合金阳极的 ΔE 取 0.30V；对铝壳船体，锌合金阳极的 ΔE 取 0.15V，铝合金阳极的 ΔE 取 0.20V。
④ 计算牺牲阳极用量。根据总的保护电流和所选取牺牲阳极的发生电流量，确定牺牲阳极的数量。
⑤ 估算牺牲阳极的使用寿命。根据牺牲阳极的重量、牺牲阳极的实际电容量、单块牺

牲阳极的发生电流量、牺牲阳极的利用率等，确定使用寿命；如没达到设计要求，则重新选择牺牲阳极规格，重新核算，直至达到设计要求。

按标准规范进行牺牲阳极的计算不是很准确，目前已开始采用边界元等数值计算的方法进行牺牲阳极和外加电流的计算。

(3) 牺牲阳极的安装与分布

牺牲阳极必须与船体、舵等有足够的电连接，要求接触电阻≤0.005Ω，一般可采取直接焊接和螺栓固定两种方式。焊点及涂层烧损部位应重新刷涂层，阳极均匀布置在底部或不易损坏、污染部位。另外，船舶液舱内安装铝阳极时，安装势能应不大于275J，以免阳极脱落撞击钢板产生火花。

船体牺牲阳极安装前应在背面涂1~2道防锈涂料，以防止阳极背面腐蚀而过早脱落，同时可使阳极电流分布得更远更均匀。阳极安装时，要与船体紧贴，尽量减小间隙。牺牲阳极的工作面严禁沾染油污和涂层。

对于船体，应按如下原则布置牺牲阳极：

① 船体所需牺牲阳极应在两舷均匀对称布置在舭龙骨和舭龙骨前后的流线上；
② 螺旋桨所需牺牲阳极应均匀布置在靠近螺旋桨周围的船壳板上，舵板所需牺牲阳极应均匀布置在艉部船壳板及舵上，其安装高度应在轻载水线以下；
③ 牺牲阳极的长度方向沿流线方向安装；
④ 多螺旋桨的船舶艉部距螺旋桨300mm范围内的船壳板上不得布置牺牲阳极；
⑤ 全船阳极总量的1/2应布置在船体艉部。

8.4.5 外加电流阴极保护

外加电流阴极保护系统是将外设直流电源的负极接被保护金属结构，正极与安装在金属结构外部并与其绝缘的辅助阳极相连接。电路接通后，电流从辅助阳极经电解质溶液（如海水）至金属结构形成回路，金属结构阴极极化而得到保护。其特点为：

① 可随外界条件（如海区、流速、温度等）的变化自动调节电流，使被保护部分的电位控制在最佳保护电位范围内。
② 使用寿命、保护周期长。采用不溶性高效辅助阳极，使用寿命可达10~20年。
③ 辅助阳极排流量大，作用半径大，可以保护结构复杂、面积较大的设备。

外加电流阴极保护系统一般由控制电源、辅助阳极、阳极屏蔽层和参比电极等四部分组成。

(1) 辅助阳极

在外加电流阴极保护系统中，与直流电源正极连接的外加电极称为辅助阳极，其作用是使电流从电极经介质传递到被保护体表面。辅助阳极材料的电化学性能、力学性能、工艺性能及阳极结构的形状、大小、分布与安装等对其寿命和保护效果都有影响。理想的辅助阳极材料应具有下列性能：

① 导电性能好，阳极极化小，表面电阻小，排流量大；
② 耐腐蚀，消耗量小，寿命长；
③ 材料应具有一定的机械强度，耐磨损，并耐冲击和振动；
④ 机械加工性能好，易于加工成各种形状；
⑤ 材料易获得，价格相对便宜。

现用阳极材料有碳钢、石墨、高硅铸铁、铅银合金、铂及铂复合阳极、钛基金属氧化物阳极等。碳钢为可溶性阳极，石墨、高硅铸铁和铅银（2%~3%银）合金为微溶性阳极，后两种为不溶性阳极。目前，船舶阴极保护所用的辅助阳极为不溶性阳极。

铂耐蚀性优异，具有优异的电化学性能，是理想的辅助阳极材料，但价格昂贵。为了降低价格，目前，船体阴极保护用辅助阳极主要使用铂复合阳极，通常是在金属基体上覆盖一薄层铂，金属基体的材料主要有钛、铌和钽。由于钽为稀有金属，价格高，目前用量不多。在海水中使用较多的是钛和铌。船舶上现在用的铂复合阳极有铂/钛和铂/铌复合阳极。铂/钛和铂/铌复合板状阳极采用爆炸复合后轧制的方法制得，这种阳极用少量的铂复合在金属基体表面，具有铂电极的性能和优点，能在很高的阳极电流密度下长期工作，尺寸小、重量轻、寿命长（使用年限 20～25 年），是较为理想的辅助阳极材料。

钛基金属氧化物阳极也是目前船用辅助阳极。钛基金属氧化物阳极是在钛基体上用热分解方法沉积一层导电的混合金属氧化物。这种金属氧化物阳极具有高的电催化活性和非常大的真实表面积，在海水中具有很低的极化电位，也是一种高效长寿命的阳极（使用年限 15～20 年）。

船舶用辅助阳极及其绝缘托架的结构如图 8-18 所示。

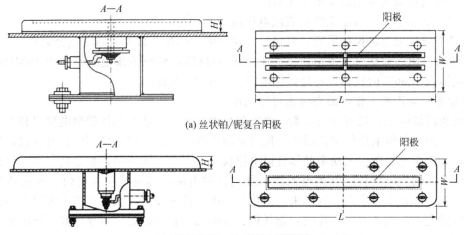

图 8-18　辅助阳极及其绝缘托架的结构示意图

（2）参比电极

在外加电流阴极保护系统中，参比电极被用来测量被保护体的电位，并向控制系统传递信号，以便自动或手动调节保护电流的大小，以使被保护结构的电位处于保护范围。

参比电极应具有下列性能：在长期使用过程中，参比电极应保持电位稳定，重现性好；受外界温度及环境条件影响要小，温度系数小；有一定的机械强度，耐海水冲刷，耐磨损，使用寿命要长。银/氯化银参比电极电位稳定，对氯离子可逆，是海水介质中比较理想的参比电极。

（3）阳极屏蔽层

外加电流系统工作时，从阳极排出较大的电流，阳极周围被保护结构的电位会很负，以致产生析氢现象，使附近的涂层破坏，降低保护效果。为防止这种现象发生，扩大电流的分布范围，确保阴极保护效果，需在辅助阳极周围涂装屏蔽层。

阳极屏蔽材料的性能要求为：

① 具有优良的绝缘性能；
② 对船体钢板有良好的附着力，并具有一定的韧性，以防止受海水冲击而损坏；
③ 耐海水侵蚀，耐氯和 OH^- 的作用；

④ 使用寿命长，与阳极同寿命；

⑤ 工艺性能好，施工简单，原料易得。

阳极屏蔽材料现在普遍采用环氧腻子涂料。环氧腻子涂料具有较高的耐电位性能[(-3.50 ± 0.02)V（相对于银/氯化银参比电极，30d）]，涂装1~2道，涂装厚度一般为1.5~3mm，使用寿命10年以上。通常辅助阳极附近应厚一些，向屏蔽层边缘方向逐渐减薄，边缘处应薄到0.5mm。

(4) 控制电源

在外加电流阴极保护系统中所使用的控制电源有恒电位仪、整流器等，船舶用的为恒电位仪。恒电位仪性能要求如下：

① 根据参比电极提供的信号自动调节保护电流，使被保护体处于保护电位范围内。

② 电位控制误差为不大于±0.02V。

③ 给定电位在−1.5~0V范围内连续可调（表头显示为正值）。

④ 参比电极输入端阻抗不低于1MΩ。

⑤ 波动电压不大于自定义输出直流电压的5%。

⑥ 具有限流或过流保护装置，有过、欠保护电位的显示报警及断电报警装置。

⑦ 绝缘电阻。对标称电源电压不大于60V的仪器，对地绝缘电阻不小于10MΩ；对标称电源电压大于60V的仪器，对地绝缘电阻不小于100MΩ。

⑧ 稳态时能正常工作，瞬态时能可靠工作。

目前我国的恒电位仪可分为3类：磁饱和恒电位仪、大功率晶体管恒电位仪和开关电源恒电位仪。磁饱和恒电位仪坚固耐用，抗过载能力强，是目前广为使用的恒电位仪，但其体积较大，加工工艺复杂。大功率晶体管恒电位仪输出平稳，无噪声，控制精度高，但线路复杂，也是常用的恒电位仪。开关电源是一种优异的电源，具有响应速度快、电能转换效率高、重量轻、体积小等优点。近年来，采用开关电源技术发展起来的开关电源恒电位仪具有开关电源的优点，主要有以下优点：能耗低、效率高；稳定性好、可靠性高、抗电磁干扰能力强，更适合于无人值守的情况下使用；尺寸小、重量轻。开关电源恒电位仪已在船舶上使用。

(5) 轴接地装置

为了使螺旋桨与轴获得保护，也为了消除铜质螺旋桨与钢质船体之间产生的电偶腐蚀，通常采用轴接地装置，降低推进器与船体之间的电位差，要求其在轴转动时电位差不大于60mV。

一般采用碳刷-滑环（导电环）装置。滑环装置有两种：一种是将两个半圆金属合金环固定在轴上；另一种是采用金属合金带直接包覆在轴上。注意接头上应保持平滑，否则当与碳刷接触时会产生很强的噪声，并易损坏。固定在轴上的金属合金环要求其导电性好，耐蚀，不易氧化。目前滑环所用的材料有黄铜、银/铜合金等，而电刷则多为银/石墨、铜/石墨或金属碳刷。轴接地装置如图8-19所示，滑环为铜合金本体-银带复合结构，与碳刷接触部位复合一层银带，电刷为银/石墨碳刷。

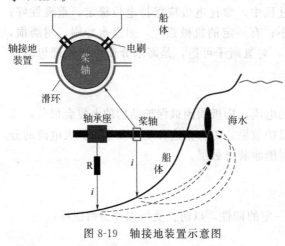

图8-19 轴接地装置示意图

(6) 舵和稳定翼的接地

在舵和稳定翼材质为碳钢或低合金钢时，要将其接地以确保得到保护。一般在机舱内采用截面积不小于 $25mm^2$、长不超过 3m 的铜质单芯船用软电缆进行接地，可焊接，也可螺栓固定。要求它们与船体间的电位差小于 20mV，接地电阻小于 0.02Ω。若对舵不进行接地处理时，应对其施加单独的牺牲阳极阴极保护。

8.4.6 牺牲阳极阴极保护法和外加电流阴极保护法的比较

外加电流阴极保护法的优点是可以调节电流和电位，使用范围广，可用于要求大电流的情况下，在使用不溶性阳极时装置耐久。其缺点是要有直流电源设备，要安装参比电极、辅助电极和布置线路，需要经常的操作费用，必须经常维修检修，当附近有其他结构时可能产生干扰腐蚀（如地下结构阴极保护时）。对于船舶来说，外加电流阴极保护法只用于保护外船体。相比于牺牲阳极保护，外加电流保护船体时，电流分布更具有不均匀性。另外，对于舰船，外加电流阴极保护还会产生电场，会影响舰船的隐身等其他性能。

牺牲阳极阴极保护法的优点是不用外加电流，故适用于电源困难的场合，施工简单，管理方便，对附近设备没有干扰。牺牲阳极阴极保护法用于保护船体、液舱、海水管路等。其缺点是能产生的有效电位差及输出电流量都是有限的，适用于需要小电流的场合；调节电流困难，阳极消耗大，需定期更换。

8.4.7 阴极保护与涂料联合保护

涂料可将金属与介质机械隔开，起着保护金属的作用。但由于涂层本身的微孔、老化，往往出现龟裂、剥离；另外，施工不良可使涂层产生针孔，安装过程中会产生机械损伤，这些都会使涂层的保护效果降低，而且裸露部分的金属与涂层部分可能会形成小阳极大阴极的局部电池，使局部金属遭受严重腐蚀，漆膜将破坏得更严重。因此，单独采用涂料保护，往往不能得到满意的保护效果。如果采用涂料与阴极保护联合防腐蚀，则裸露部分的金属表面由于获得集中的保护电流而得到阴极保护，这就可以弥补涂层的缺陷，防止涂层的劣化，因而可大大延长设备的检修周期。

阴极保护与涂料并用有如下优点：

① 降低电流消耗，缩短极化至保护电位所需要的时间。

裸露钢板采用阴极保护时电流消耗量较大，而采用涂料与阴极保护联合保护时，由于涂层覆盖了绝大部分金属表面，只有涂层的针孔处及局部破损处需要进行保护，因而只要较小的电流就可将被保护设备、构件极化至保护电位。一般情况下，联合保护所需的电流只是裸露钢板保护所需电流的 10%～20%。例如，碳钢在海水中阴极保护时，在静止海水中裸露钢板需要的电流密度为 $30\sim50mA/m^2$，在流速为 20mile/h（1mile=1609.344m）海水中裸露钢板需要的电流密度为 $80\sim100mA/m^2$；而在有乙烯涂层时，静止海水中需要的保护电流密度为 $1\sim10mA/m^2$，20mile/h 海水中需要的保护电流密度为 $2\sim20mA/m^2$；在乙烯涂层使用 1 年后，静止海水中需要的保护电流密度为 $10\sim20mA/m^2$，20mile/h 海水中需要的保护电流密度为 $20\sim40mA/m^2$。

阴极保护与涂料并用可缩短极化至保护电位所需要的时间。例如由涂层保护的钢板用 $0.11mA/m^2$ 的电流密度进行阴极极化仅几个小时就可达到保护电位，而裸露钢板用 $45mA/m^2$ 的电流密度进行阴极极化需要几天才能极化到同一电位。

由于需要的电流量减小，故电源容量和阳极用量（包括辅助阳极和牺牲阳极）均可减少，因而降低了阴极保护的投资和操作费用。

② 改善了电流的分散能力，使设备各部分的电位分布比较均匀，尤其是对于结构复杂的设备，效果更显著。

实践证明，联合保护是经济有效的防腐蚀措施，特别是对于涂层一旦破坏难以重新涂刷的水下、地下等大型金属结构，采用联合保护具有独特的防腐蚀效果。

③ 阴极保护对涂料的影响。在阴极保护过程中，金属表面附近的溶液的碱性会增加，可能促使漆膜剥落、起泡、龟裂，因此要求选用合适的涂料与之配合。在选用船舶涂料时，除了考虑在介质中的耐蚀性外，还要考虑所能允许的最负电位，也就是要考虑涂料的耐电位性问题，也称耐阴极剥离性能。一些船舶涂料允许的最负电位值（耐阴极电位值）如表 8-7 所示。

表 8-7　几种船体涂料涂层的耐阴极电位值［银/氯化银（海水）］

涂料名称	油性涂料	沥青系涂料	乙烯系涂料	氯化橡胶系涂料	环氧沥青系涂料	有机富锌涂料	无机富锌涂料	环氧系涂料
耐电位值/V	−0.8	−0.95	−1.0	−1.2	−1.25	−1.3	−1.3	−1.50

思考题与习题

1. 什么是腐蚀控制？腐蚀控制主要方法有哪些？
2. 什么是防腐蚀设计？其主要内容是什么？
3. 正确选材的内涵是什么？正确选材对防腐蚀有何意义？
4. 选材的基本步骤有哪些？如何在选材过程中做到技术上的可行性和经济上的合理性的统一？
5. 如何根据不同的腐蚀环境选择耐蚀材料？
6. 什么是合理的结构设计？
7. 结构设计中针对均匀腐蚀和局部腐蚀的设计内容分别有哪些？
8. 防腐蚀设计中腐蚀实验的作用是什么？实验结果的正确性及对实际生产的指导作用取决于哪些因素？
9. 防护方法的选择原则有哪些？
10. 什么是缓蚀剂？何谓缓蚀效率？缓蚀剂可分为哪几种类型？分别说明各自的缓蚀机理。
11. 使用电位-pH图和极化曲线说明阴极保护、阳极保护的原理。
12. 阴极保护的基本参数有哪些？怎样确定合理的保护参数？
13. 阐述下列术语的意义：
(1) 保护电位；　(2) 保护电流密度；　(3) 完全保护；　(4) 有效保护；
(5) 过保护；　(6) 保护程度；　(7) 保护效率；　(8) 耐阴极剥离性。
14. 解释有关牺牲阳极性能的下列术语：
(1) 开路电位；　(2) 闭路电位；　(3) 驱动电压；　(4) 理论发生电量；
(5) 实际发生电量；(6) 电流效率；　(7) 阳极消耗率；(8) 电化当量。
15. 试述牺牲阳极的性能要求。海洋船舶常用的牺牲阳极有哪些？说明其应用对象。
16. 试述外加电流阴极保护的辅助阳极的性能要求。海洋船舶常用的辅助阳极有哪些？

第9章
金属覆盖层保护技术

金属表面采用金属或非金属覆盖金属基体,避免金属与腐蚀介质直接接触是金属材料的主要保护技术。金属表面覆盖层种类较多,由于它们作用较大,因此在金属保护技术中获得了广泛的应用。为了达到防护的目的,金属表面覆盖层必须满足如下基本要求:

① 表面覆盖层在介质中耐蚀,与基体金属结合强度高,附着力强;
② 表面覆盖层完好、致密、孔隙率小;
③ 表面有良好的物理、力学性能;
④ 表面有一定的厚度和均匀性。

金属表面覆盖层可分为两大类:金属覆盖层和非金属覆盖层。

非金属覆盖层有涂料和衬里两大类。非金属衬里是在金属表面衬以橡胶、塑料、玻璃钢等材料以达到保护金属免受腐蚀的目的。涂料将在后面专门介绍。

根据基体金属与覆盖层之间的电位关系,金属覆盖层可分为阳极性覆盖层和阴极性覆盖层。阳极性覆盖层的电位比基体金属的电位负,在腐蚀性介质中覆盖层为阳极,基体金属为阴极;如果覆盖层有孔或裂纹,则覆盖层金属溶解而使基体金属得到阴极保护。阴极性覆盖层的电位比基体金属的电位正,在腐蚀性介质中覆盖层为阴极,基体金属为阳极;如果覆盖层有孔或裂纹,则露出的基体金属与覆盖层形成小阳极大阴极的腐蚀电池,使基体金属遭受严重的局部腐蚀。金属覆盖层腐蚀如图 9-1 所示。

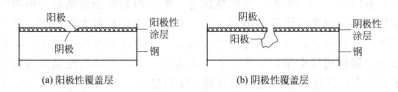

图 9-1 金属覆盖层腐蚀示意图

需要指出的是,金属的电位是随介质条件的不同而变化的,因此,金属覆盖层是阳极性还是阴极性,要根据具体条件而定。如钢铁的锌覆盖层,通常是阳极性,但在 70~80℃ 的热水中,锌的电位比铁正,锌覆盖层是阴极性;钢铁的锡覆盖层通常是阴极性,但在有机酸中成了阳极性。

根据使用目的,金属覆盖层可分为防护性覆盖层、防护装饰性覆盖层和功能性覆盖层。对于防护性金属覆盖层,常用的是阳极性覆盖层。对于钢铁来说,阳极性覆盖层主要是锌、铝的覆盖层,主要用于大气腐蚀的防护。

按施工方法不同,常用制备金属覆盖层的方法有电镀、热浸镀、化学镀、扩散镀(渗镀)、热喷涂等,下面分别作简要介绍。

9.1 电镀

9.1.1 概述

电镀（电沉积，electroplating）是指在直流电的作用下，电解液中的金属离子还原，并沉积到金属件表面形成有一定性能的金属镀层的过程。电镀时，待镀金属件浸渍在镀液中，作为阴极与电源负极相连，阳极采用与覆盖层相同的金属或导电性良好的不溶性的材料；接通电源，镀液中金属离子发生还原反应，以原子形态在阴极（金属件）表面沉积，阴极上金属不断析出而形成覆盖层。电镀装置如图9-2所示。

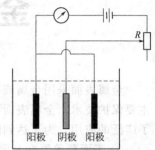

图 9-2 电镀装置示意图

当阳极为覆盖层金属时，电镀时发生阳极金属溶解的氧化反应（如 $Cu \longrightarrow Cu^{2+} + 2e$），阳极金属不断减少，电解液中盐溶液的浓度在电镀过程中不变。当采用不溶性阳极时，电解液中覆盖层金属离子不断减少，电镀过程中必须间歇性往溶液中添加适量的盐类来维持电解液的浓度。

目前，已有30多种金属可以在水溶液中进行电沉积，常用于防腐蚀的电镀层有锌、铬、镍、锡、铜及其合金等。其中，电镀锌是钢铁制品或钢铁材料室内、室外防护的首选镀层；电镀铬因其具有良好而持久的美术外观和特殊性能而广泛应用于装饰性镀层和功能性镀层，后者主要利用其耐热、耐腐蚀、耐磨损以及低摩擦系数等性能。

9.1.2 电镀工艺

电镀质量的好坏，主要看能否在待镀金属表面沉积结晶致密、排列紧密、厚度均匀且与基体金属结合牢固的镀层。要获得良好的镀层，还要有合理的镀液和工艺。镀液通常由主盐、配合剂、导电盐、缓冲剂、添加剂等组成。主盐为被镀金属的盐类，有单盐，如硫酸铜、硫酸镍等；有络盐，如锌酸钠、氰锌酸钠等。配合剂与沉积金属离子形成配合物，改变镀层的电化学性质和金属离子沉积的电极过程，对镀层质量有很大的影响。常用配合剂有氰化物、氢氧化物、焦磷酸盐、酒石酸盐、柠檬酸等。导电盐不参加电极反应，其作用是提高镀液的导电能力，降低槽端电压，提高工艺电流密度。加入缓冲剂使弱酸或弱碱性镀液具有自行调节pH值能力，以便在施镀过程中保持pH值稳定。添加剂的作用主要是：使阳极保持正常溶解，处于活化状态；稳定溶液避免沉淀的发生；提高镀层的质量，如光亮性、平整性等。

电镀工艺过程一般包括电镀前预处理、电镀、镀后处理三个阶段。镀前预处理的目的是得到干净新鲜的金属表面，主要进行脱脂、除锈、去灰尘等工作。除锈通常采用酸洗。电镀后处理有钝化处理和除氢处理。钝化处理是指在镀层金属上形成一层坚实致密的、稳定性高的薄膜的表面处理方法。钝化使镀层耐蚀性大大提高，并能增加表面光泽和抗污染能力。在电沉积过程中，除金属沉积外，还会析出一部分氢，这部分氢渗入金属中，使镀件产生脆性（氢脆）。为了消除氢脆，往往在电镀后进行除氢处理，即将镀件在一定温度下热处理数小时。

电镀层薄，约 $10\mu m$，其优点是镀层厚度容易控制，消耗金属少，无须加热升温，镀层均匀，表面光洁。

9.1.3 电镀合金

在阴极上同时沉积两种或两种以上金属，形成结构和性能符合要求的工艺过程称为电镀合金。合金镀层具有许多单金属镀层所不具备的特殊性能，如外观、颜色、硬度、磁性、半导体性、耐蚀以及装饰等方面的性能。此外，通过电镀合金还可以制取高熔点和低熔点金属组成的合金，以及具有优异性能的非晶体合金镀层。但研究两种或两种以上金属的共沉积，无论在实践还是理论上，都比单金属沉积更复杂，需要考虑的因素太多，因此，电镀合金工艺发展得较慢。这里仅简要介绍电镀二元合金。

(1) 二元合金电沉积的条件

为了实现二元合金电沉积，必须满足如下条件：

① 合金中的两种金属至少有一种金属能单独从水溶液中沉积出来。有些金属虽然不能单独从水溶液中沉积出来，但可与另一种金属同时从水溶液中实现共沉积。

② 合金共沉积的基本条件是两种金属的析出电位要十分接近或相等。即

$$E_{析1} = E_{e1}^{\ominus} + \frac{RT}{n_1 F}\ln a_1 + \eta_1 = E_{析2} = E_{e2}^{\ominus} + \frac{RT}{n_2 F}\ln a_2 + \eta_2$$

式中，$E_{e1}^{\ominus}$、a_1、η_1、n_1 为第 1 种金属的标准电极电位、离子活度、析出过电位、平衡电极反应中该金属离子的价电子数；$E_{e2}^{\ominus}$、a_2、η_2、n_2 为第 2 种金属的标准电极电位、离子活度、析出过电位、平衡电极反应中该金属离子的价电子数。

(2) 二元合金电沉积的方法

根据上式可知，要使两种金属析出电位接近，以实现共沉积，一般可采用如下方法：

① 改变镀液中金属离子的浓度。增大较活泼金属的浓度使它的电位正移，或者降低较贵金属离子的浓度使它的电位负移，从而使它们的电位接近。

② 采用络合剂。采用络合剂是使电位相差大的金属离子实现共沉积最有效的方法，金属络离子能降低离子的有效浓度，使电位较正金属的平衡电极电位负移的绝对值大于电位较负的金属。

③ 采用适当的添加剂。添加剂在镀液中的含量比较少，一般不影响金属的平衡电位，但有些添加剂能显著地增大或降低阴极极化，明显地改变金属的析出电位。

(3) 二元合金电镀合金层的类型

根据电镀合金层的特性及应用性能，电镀合金大致可以分为以下几种类型：

① 防护性合金镀层。这一类镀层主要是电镀锌合金，目前生产上获得广泛应用的有电镀锌-镍合金、电镀锌-铁合金、电镀锌-钴合金等。锌-镍、锌-钴、锌-铁等合金镀层的活性低于锌镀层，但仍为钢铁零件的阳极保护层，而腐蚀率却大大低于锌镀层，不产生大块的腐蚀产物。因此，锌基合金电镀工艺的研究与应用在国内外受到普遍重视。锌-镍合金镀层中含 Ni 在 20% 以下，钢板电镀锌-镍合金的耐蚀性居于所有电镀合金之首，耐蚀性比锌镀层高 7~10 倍，且氢脆敏感性小，彩钝后的锌-镍合金外观可保持 10 年。

② 装饰性合金电镀。可采用一些合金镀层代替一些装饰性能良好但资源短缺、价格昂贵的金属。如用铜锌、铜锡、铜锌锡等合金作为仿金镀层。

③ 功能性合金镀层。由于合金镀层具有特殊的性能及使用上的特殊要求，又将合金镀层分为钎焊性合金镀层、耐磨性合金镀层、磁性合金镀层、轴承合金镀层和不锈钢合金镀层等。如电镀铅锡合金镀层，在工业上应用很广。Sn 质量分数为 6%~10% 的铅锡合金镀层具有很好的减摩性，主要用于轴瓦、轴套表面；Sn 质量分数为 15%~25% 的合金镀层主要作为钢带表面保护、润滑、助焊的镀层；Sn 质量分数为 45%~55% 的合金镀层主要用作防

止大气、海水或其他介质腐蚀的防护性镀层；Sn 质量分数为 55%～65% 的合金镀层常用于钢、铜、铝等表面，作为改善焊接性能的镀层；Sn 质量分数为 60% 的镀层是印刷电路板焊接镀层。

④ 贵金属合金镀层。该类镀层主要是以金、银、钯等贵金属为基本成分的合金，多用于电子元件上，如金钴、金银、金镍合金镀层。

9.1.4 电刷镀

电刷镀是一种特殊的电镀，是在被镀零件表面局部快速电沉积金属镀层的技术，其本质上是依靠一个与阳极接触的垫或刷提供电镀需要的电解液的电镀。电刷镀设备由直流电源、镀笔及供液、集液装置组成，其工作原理如图 9-3 所示。将表面处理好的工件与专用的电源的负极相连，作为刷镀的阴极；镀笔与电源的正极连接，作为刷镀的阳极。刷镀时，使棉花包套中浸满电镀液的镀笔以一定的相对运动速度在被镀零件表面上移动，并保持适当的压力。这样，在镀笔与被镀零件接触的那些部分，镀液中的金属离子在电场力的作用下迁移到金属表面，在表面获得电子被还原成金属原子，这些金属原子沉积结晶就形成镀层。随着刷镀时间的延长，镀层逐渐增厚，直至达到所需的厚度。电刷镀使用的金属液很多，根据获得镀层的化学成分可分为单金属镀液、合金镀液和复合金属镀液三类。刷镀镍、镍基合金是目前最常用的镀液。

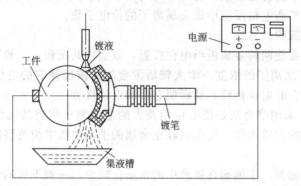

图 9-3 电刷镀的工作原理示意图

与常规电镀相比，电刷镀具有以下优点：

① 设备简单，携带方便，不需要大的镀槽设备。

② 工艺简单，操作方便，凡镀笔能触及的地方均可电镀，特别适用于不解体机件的现场维修和野外抢修。沉积速度快，但须采用高电流密度进行操作。

③ 镀层种类多，与基体材料的结合力强，力学性能好，能满足各种维修性能的要求。

电刷镀的缺点是劳动强度大，消耗镀液较多，消耗阳极包缠材料。

电刷镀主要用于以下几个方面：

① 修复因机械磨损、腐蚀、加工等造成的零件表面缺陷、零件表面尺寸和零件形状与位置精度的超差。

② 对零件表面进行强化处理，用以提高零件表面的硬度、耐磨性、减摩性、抗氧化能力等。

③ 对零件表面进行改性处理，包括导电性能、导磁性能、热性能、光性能、防护性能、耐蚀性能、钎焊性能等。

④ 与其他表面技术复合对零件材料表面进行处理。

9.2 化学镀

9.2.1 化学镀简介

化学镀（electroless plating）是在没有外加电流情况下，利用溶液中还原剂的还原作用，使金属离子在催化（金属）表面上还原沉积成金属的一种镀覆技术。金属的化学镀过程具有以下特征：

① 与电镀过程不同，化学镀不需要外加电流。由于不存在电流分布问题，所以均镀能力很好，在深孔、盲孔、复杂形状的内腔表面上都可获得均匀镀层。

② 在固-液界面发生电化学反应，其通式可写为 $Me^{2+} + R^{n+} \longrightarrow Me + R^{(n+2)+}$。

该电化学反应只在具有催化活性的金属表面上进行，因而是可控的。当不存在催化表面时，溶液中的金属离子与还原剂不会自动发生氧化还原反应，而能够稳定存在。

元素周期表中的第Ⅷ族元素，如 Ni、Co、Fe、Pd、Rh 等金属都具有催化活性，在这些金属表面直接可以化学镀镍。有些金属本身虽然不具备催化活性，但由于它的电位比较负，在含 Ni^{2+} 的溶液中可以发生置换反应构成具有催化作用的 Ni 表面，如锌、铝。对于电位比镍正的金属（如 Cu、Ag、Au、铜合金等），可以先闪镀一层薄薄的镍层，还可以采用"诱发"反应的方法活化。

③ 被还原沉积的金属具有催化活性，沉积一旦开始，便会持续不断进行下去，不会因镀层厚度的增加而减慢或停止，是自催化的氧化还原反应，因此化学镀又称为自催化镀。

能够进行化学镀的金属有镍、铜、钴、银、金、钯、铑等及相应的合金，其中最为常用的是化学镀镍和化学镀铜。化学镀镍层是含磷或硼的合金镀层，具有优异的耐蚀、耐磨性能和较高的硬度，已经在石油、化工、航空航天、汽车、电子、计算机、纺织、印刷、采矿等行业中得到了广泛的应用。化学镀铜通常用作非金属材料的金属化，在电子工业中应用较为广泛，如制造印刷电路板等。

9.2.2 化学镀镍

用作化学镀镍的还原剂可以是次磷酸钠、硼氢化物、水合肼等，工业上得到广泛应用的是次磷酸钠，其中使用次磷酸钠作为还原剂的酸性镀液是使用最为广泛的化学镀液。

对于以次磷酸钠为还原剂的化学镀镍沉积过程的机理，有原子氢理论、氢化物传输理论和电化学理论，原子氢理论得到了较广泛的认可。原子氢理论认为：镍的沉积是依靠工件催化表面的催化作用，使次磷酸钠分解释放出初生态的原子氢，对于不具备催化表面的工件，需要用钯或其他贵金属膜作为引发沉积反应的催化表面，反应可写为：$H_2PO_2^- + H_2O \longrightarrow HPO_3^{2-} + H^+ + 2H_{ads}$。式中，$H_{ads}$ 为吸附在催化表面的初生态原子氢。

H_{ads} 在催化表面（工件表面）使 Ni^{2+} 还原成金属 Ni：

$$Ni^{2+} + 2H_{ads} \longrightarrow Ni + 2H^+$$

同时初生态原子氢又与 $H_2PO_2^-$ 作用使磷析出：

$$H_2PO_2^- + H_{ads} \longrightarrow H_2O + OH^- + P$$

还有部分初生态原子氢复合生成氢气逸出：

$$2H_{ads} \longrightarrow H_2 \uparrow$$

化学镀镍可分为酸性化学镀镍和碱性化学镀镍。酸性化学镀镍镀液的最佳 pH 值通常是

4.2~5.0，需在高温下施镀（温度低于65℃时，沉积速度很慢），具有镀液稳定、镀速快、镀层磷含量高的特点。碱性化学镀镍施镀温度低（可在室温下施镀），镀层磷含量低、镀速慢、镀液寿命周期较短。

以次磷酸钠为还原剂的镀层为Ni-P镀层，以二甲氨基硼烷（DMAB）或氢硼化钠为还原剂得到的是Ni-B镀层。低硼镍镀层（B的质量分数不超过1%）具有相当高的导电性和硬度，可焊性优于Ni-P镀层，广泛应用于电接触件；高硼镍镀层（B的质量分数为3%~6%）的润滑性、耐磨性优于Ni-P镀层，且保持良好的延展性，在严峻的耐磨环境中获得应用。

化学镀Ni-P合金是应用最早和最广的化学镀层，现在已经获得Ni-P、Ni-B、Ni-P-M（M=Cu、Co、W、Mo、Cr、Nb）等化学镀层。表9-1列出了化学镀镍层的种类、性质和主要用途。

表9-1 化学镀镍层的种类、性质和主要用途

镀层种类	主要性质	主要用途
Ni-P	耐蚀	酸性(7%~12%P)，工程用
Ni-B	硬度高，耐热、耐磨，导电性、焊接性好	碱性(1%~4%B)，电子工业用，代替硬铬
		酸性(<3%B)，电子工业
		碱性(约5%B)，航空工业
Ni-M-P(M=Cu,Co,W,Mo,Cr,Nb等)	耐蚀、耐热、磁性能、电阻性能	非磁性应用、薄膜电阻器、金属电阻器、医疗及制药装置、厨房设施
Ni-P-X(X=SiC、Al_2O_3、TiO_2、ZrO_2、TiN、B_4C、Si_3N_4、PTFE等)	耐磨性、自润滑性	化工、机械、纺织、造纸工业，如磨具、泵、阀、液压轴、内燃机气化部件等
Ni-B-Al_2O_3、Ni-B-RE-SiC		

9.3 热浸镀

热浸镀（hot-dip），简称热镀，是将被镀金属（基体）材料经过预处理后，浸入低熔点液态金属或合金中，利用金属基体与熔融金属液之间发生各种物理化学反应，并最终通过冶金结合在基体表面获得金属镀层的一种方法。热浸镀层的结构如图9-4所示，在镀层与钢基体之间有合金过渡层，因此，热浸镀层和金属基体间有很好的结合力。

图9-4 热浸镀层结构示意图

热浸镀的镀层金属是低熔点的金属及其合金，如Zn、Al、Sn、Pb、Zn-Al、Al-Sn、Pb-Sn等。锌是热浸镀中应用最多的金属，本节主要介绍热浸镀锌。

热浸镀锌层能够很好地保护钢铁基体和减缓腐蚀进行，其主要原因有两方面：一是镀锌层覆盖在钢铁件的表面，避免了基体与腐蚀介质的接触，起到了机械隔离保护作用；二是镀锌层暴露在大气中会在其表面生成ZnO和$ZnCO_3 \cdot Zn(OH)_2$膜层，该膜层十分致密，它相当于一层钝化膜附着于锌层表面，减缓了腐蚀的进一步进行。另外，锌的电极电位很低，同时锌-铁合金层金属化合物的电极电位也要比铁低，因此，当锌层受到破坏后，合金层仍

对钢铁基体有电化学保护作用。热镀锌层防护性能好，且较为便宜。热镀层较厚，热镀锌的防腐蚀性能明显高于电镀锌。为了改善热镀锌层的性能，开发了多种锌合金镀层，并得到了广泛应用，如 Zn-Al 合金涂层。

9.3.1 热浸镀锌层的性能

① 热浸镀锌层在大气、水、土壤及建筑材料中对钢铁制品均具有较好的防腐保护性能。

② 热浸镀锌层在海洋性盐雾大气及工业性大气中具有出色的防腐蚀性能。

③ 热浸镀锌层一般由纯锌层和 Fe-Zn 合金层组成，与钢铁基体结合牢固。由于锌本身具有良好的延展性，镀层又与钢基体结合牢固，因此热镀锌件可进行适当的冷冲、轧制、拉拔、弯曲等成形操作而不致损坏镀层。

④ 对钢基体来说，热浸镀操作相当于进行了一次退火处理，能有效改善钢铁制品的力学性能，有利于对其进行车削加工。

⑤ 经热浸镀锌的钢铁制品具有良好的焊接性能，可以进行点焊或缝焊等。

⑥ 热浸镀锌后的镀件表面光亮美观。

9.3.2 热浸镀锌的工艺

热浸镀锌的基本过程分为前处理、热浸镀和后处理。按前处理工艺的不同，可分为溶剂法和气体还原法两大类。

溶剂法的工艺流程为：碱洗→水洗→酸洗→水洗→溶剂处理→热浸镀→镀后处理。

热碱清洗是工件表面脱脂的常用方法。溶剂处理是为了除去工件上未完全酸洗掉的铁盐和酸洗后又被氧化的氧化皮，清除熔融金属表面的氧化物和降低熔融金属的表面张力，同时使工件与空气隔离而避免重新氧化。钢铁热镀锌温度一般在 450℃ 左右。镀层厚度主要取决于浸镀时间、提取工件的速度和钢铁基体材料。浸镀时间一般为 1～5min，提取速度约为 1.5m/min。热镀锌层较厚，可达 100μm 以上，但均匀性较差。钢铁热浸镀锌层的截面如图 9-5 所示。

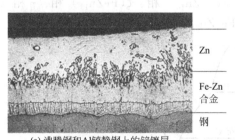
(a) 沸腾钢和Al镇静钢上的锌镀层

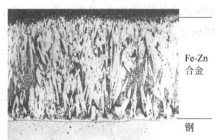
(b) Si镇静钢上的锌镀层

图 9-5　钢铁热浸镀锌层的截面

溶剂助镀是溶剂法热浸镀锌施工过程中很重要的工序，它不仅可以弥补前几道工序的不足，还可以活化钢铁表面，提高镀锌质量，是其他钢铁防腐蚀工艺所不具备的。助镀效果的好坏不仅影响镀层质量，还影响锌耗；不设置助镀环节，直接浸入锌液中浸镀，往往导致漏镀并产生较多的锌渣。目前热镀锌工业应用最普遍的助镀剂是氯化锌（$ZnCl_2$）和氯化铵（NH_4Cl）。助镀剂分解时，可释放出活性成分，清洗制品和熔融的锌表面。溶剂法热浸镀锌助镀剂的作用机理包括：

① 工件助镀后表面获得一层助镀剂盐膜，将工件表面与空气隔开，防止经碱洗脱脂、

酸洗除锈得到的洁净钢基表面发生氧化。

② 助镀剂可降低工件与锌液之间的表面张力，提高锌液对钢基表面的浸润能力。

③ 溶剂在工件浸入锌液后迅速分解，发生一系列的化学反应，使钢基表面进一步活化，从而提高锌液润湿基体的能力，促进铁锌合金的反应过程，使金属工件基体与镀层之间能够很好地结合，得到附着力优良的镀层。

④ 在助镀过程中，助镀剂能够清除工件表面的残留铁盐、氧化物等杂质；在浸镀过程中，助镀剂与锌液中的各种有害杂质发生化学反应，将锌液中的有害物质以浮渣的形式清除。

溶剂法适用于小批量、多品种的间断式生产，具有设备简单、投资少、生产灵活的特点，是目前我国众多中、小生产厂家热浸锌的主要工艺，钢管、钢丝和零件等绝大部分构件的热浸镀主要采用溶剂法。

气体还原法是现代热镀锌生产线普遍采用的方法，用于连续制造热镀锌钢带。典型的生产工艺是森吉米尔法。武汉钢铁集团和宝山钢铁公司都是改进的森吉米尔法的生产线，分别从德国迪马克公司和美国维恩公司引进。钢材先用煤气或天然气直接加热氧化脱脂（用火焰烧掉油污、乳化液等），钢材表面同时被氧化成氧化膜。然后进入密闭的由 H_2 和 N_2 气体混合而成的还原炉，加热还原（850～900℃）；在 H_2 和 N_2 混合气体保护下冷却到 470～520℃ 进入锌锅热镀锌。

气体还原法自动化程度高，产品质量稳定，生产效率高，适宜于单一产品的大批量连续生产，通常用于钢板的热浸镀，但相应地设备投资大、工艺要求严格，不能随意停产，只有少数大型企业才能实现这种热镀工艺。

9.3.3 热浸镀锌层的结构

热浸镀锌时，钢铁表面与锌液发生一系列复杂的物理化学反应，如锌液对钢铁基体表面的润湿、铁在锌液中溶解、锌铁原子间的相互扩散与渗透等。其中，锌、铁原子间的相互渗透最终形成锌-铁合金层。

根据铁锌二元相图（图 9-6），低碳钢在 450℃ 热镀锌后，一般钢板上形成的正常镀层组织从钢基体至最外层依次为 Γ(Fe_3Zn_{10}) 相、δ($FeZn_{10}$) 相、ζ($FeZn_{13}$) 相、η 相（自由锌层）。Γ 相层很薄，可以认为是由 Γ 相和 $Γ_1$(Fe_5Zn_{21}) 相组成的。

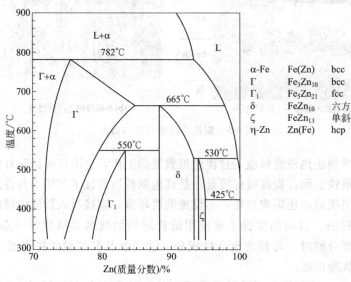

图 9-6 Fe-Zn 相图的富 Zn 侧

Γ相：Fe_3Zn_{10}，硬而脆，体心立方结构。由于热镀时间很短，一般Γ相层很薄，甚至不出现。

$Γ_1$相：Fe_5Zn_{21}，显微硬度最高的锌铁合金相，面心立方晶格。

δ相：$FeZn_{10}$，塑性较好，六方结构。

ζ相：$FeZn_{13}$，单斜结构。呈柱状或束状，很脆，生产上要控制它越薄越好。

η相：铁在锌中的固溶体（可以看成是纯锌相），塑性较好，密排六方结构。

图9-7为ULC钢（超低碳钢）上热浸镀锌层的微观结构。

钢基体的成分对镀层有显著影响，其中影响最大的是碳和硅。低碳钢的碳含量越高，铁锌反应通常越激烈，铁的重量损失越大，铁锌金属间化合物合金层越厚，镀层脆性越大、塑性越低。

含硅钢热浸镀锌时，镀锌层的合金层厚度会急剧增加，而且表面纯锌层几乎消失〔如图9-5（b）〕，呈现无光泽的暗灰色，镀层易剥落，此现象称为圣德林（Sandelin）效应。这是由于含硅钢与锌液反应强烈，故这种钢又称为活性钢。含硅钢在不同温度下镀锌时，其硅含量与镀层（合金层）厚度的关系如图9-8所示。可以看出，反应最强烈的是硅含量范围在0.06%～0.12%，而这正是一般硅镇静钢的硅含量范围。

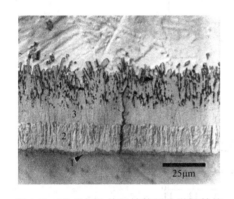

图9-7 ULC钢上热浸镀锌层的微观结构
（在450℃的锌浴中浸5min）
1—Γ+$Γ_1$相；2—δ相；3—ζ相；4—η相

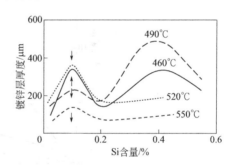

图9-8 钢中硅含量与镀层（合金层）厚度的关系

为保证热浸镀锌的质量，在一般情况下，要控制钢基体的成分。当钢铁中C＜0.25%，P＜0.05%、Mn＜1.35%、Si＜0.05%时，可采用常规工艺镀锌。

9.3.4 热浸镀 Zn-Al 合金镀层

为了提高钢铁镀锌层在更恶劣复杂的腐蚀环境中的保护能力，最有效的方法是采用新型合金镀层取代原有的镀锌层。热镀锌合金通常采用溶剂法，通过合金化锌浴获得锌合金镀层。Al、Mg、Ni等合金元素是为了提高镀层耐蚀性而最常被加入锌浴中的元素。以适量的Al代替Zn是改善镀层耐蚀性能行之有效的办法，它在降低热浸镀过程中锌使用量的同时，又能充分综合利用Zn和Al的保护特性。在热镀锌的温度下，锌铝原子可无限互溶，由于锌铝密度相差较大，铝一般浮于锌液表面，并在锌液表面形成一层致密的Al_2O_3薄膜，起到防止锌液氧化和降低锌耗的作用，同时能改善热浸镀锌层的光亮度，但是Al含量提高会给镀锌操作带来困难。当Al含量为10%和50%左右时，Zn-Al合金镀层的耐蚀性能发生陡变。目前，研究比较成熟的Al-Zn合金镀层有5%Al-Zn合金镀层和55%Al-Zn合金镀层。图9-9和图9-10为5%Al-Zn合金镀层和55%Al-Zn合金镀层的大气暴露腐蚀试验结果。

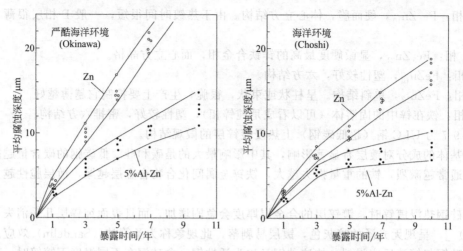

图 9-9 5%Al-Zn 合金镀层的大气暴露腐蚀试验结果

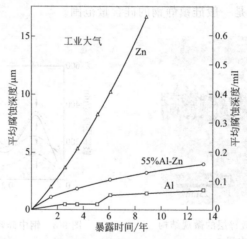

图 9-10 55%Al-Zn 合金镀层的大气暴露腐蚀试验结果
(Progress in Materials Science, 2000, 45: 191-271)

在 Zn-Al 合金中添加 Mg 可以提高镀层的耐蚀性能。当镁含量小于 1% 时，对镀层组织影响不大，但可在一定程度上细化组织；当含量大于 1% 时，易形成镁富集区，组织细化程度增加，通过镁的合金化作用促进靠近基体处形成致密 Γ 相扩散层，阻止脆性 $Γ_1$ 相的形成，取而代之的为较软的 Γ 相；镁最佳含量约为 3%，当镁含量超过 3.5% 时，锌液的黏稠度显著增加，镀层表面呈乳白色，镀层脆化，同时降低钢基对镀液的浸润性。研究发现，镀层中添加镁可促进致密而绝缘性好的腐蚀产物的形成，可抑制氧化锌和碱式碳酸锌等保护性低或无保护性的腐蚀产物的形成，具有良好的抑制阴极反应能力。

目前发展比较成熟的热镀锌合金产品主要有以下几种：

(1) Galfan 合金 (Zn-5%Al-0.1%RE)

该合金由国际铅锌组织开发，耐蚀性是普通热镀锌层的 2～3 倍。

在 Al-Zn 合金平衡相图（图 9-11）共晶点处的合金成分（Zn 的质量分数 95%，原子数 88.7%），可以得到耐蚀性好且热镀又容易实施的合金镀层。国际铅锌组织于 1978 年成功开发出 Zn-5%Al-0.1%RE 合金镀层，商品名为"Galfan"。合金成分中加入 0.1% 稀土元素（铈-镧稀土混合物）是为降低镀液表面张力，提高镀液对钢基的浸润性能，从而改善漏镀现象。也有人认为，添加稀土元素是使该镀层组织不含有脆性中间合金层。由于 Galfan 含 Al 量较低，其热镀工艺与传统的热镀锌工艺相近，不需做很大的变动，但需要用相应的助镀剂，如 $ZnCl_2$、NH_4Cl 和 $SnCl_2$（或 $BiCl_3$）的混合水溶液，浸镀温度只需 420℃，比热镀锌低 30℃ 左右。Galfan 的镀层组织是在连续的共晶体相（β-Al＋η-Zn）上分布着孤岛状的 η-Zn 相，其组织也取决于锌浴中实际的 Al 含量和冷却速度。

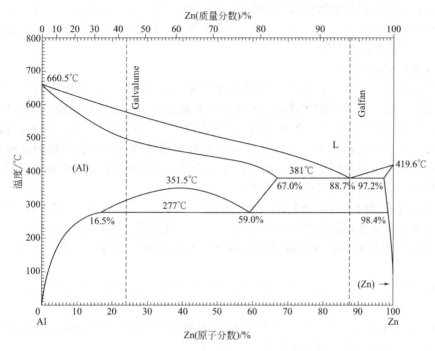

图 9-11 Al-Zn 合金平衡相图

5%Al-Zn 合金镀层的焊接性能和涂装性能不亚于纯锌镀层。此外，由于镀层中不含有脆性的中间合金层，塑性相当好，特别适用于需进行后续剧烈变形加工的场合，被广泛地用作深冲构件，应用于汽车、仪表和家电行业，也大量地用于建筑业和民用领域。

（2）Galvalume 合金（Zn-55%Al-1.6%Si）

该合金由美国伯利恒钢铁公司开发，耐蚀性是普通热镀锌层的 3~6 倍。

在 20 世纪 70 年代，美国伯利恒钢铁公司对 Al 含量为 1%~70% 的 Zn-Al 合金镀层进行了广泛的研究，开发出一种性能优异的热镀 Al-Zn 合金镀层，商品名为"Galvalume"。它的成分为：55%Al，43.4%Zn，1.6%Si。Galvalume 合金镀层由两层组成，外层是富铝 α 相枝晶和位于枝晶间隙的富锌 α+β 共晶体组成的合金层，与钢基体接触的内层是很薄的 $Fe_2Al_5/FeAl_3$ 金属间化合物。现有 55%Al-Zn 合金镀层标准厚度为 20μm，镀层质量为 150 g/m²，约为锌层质量的 1/2。该合金镀层钢板不仅耐蚀性优于普通镀锌钢板，而且力学性能和涂装性能也接近或稍好于镀锌钢板，正逐步取代传统的镀锌钢板。

当锌合金浴中含 Al 量很高时，容易在镀液内部产生氧化铝颗粒和在镀液表面形成致密的氧化铝薄膜，从而阻碍镀液和钢基体的接触，导致局部出现漏镀和粘渣等缺陷。所以 Galvalume 的热镀工艺更加复杂，需要特别的助镀剂。国外一般以氟硅酸盐为主或使用含有碱土金属、碱土金属氯化物的助镀剂。

目前，国外有 42 家公司企业生产 Galvalume 产品，年生产能力达到 1200 万吨左右。在国内，随着宝山钢铁公司、武汉钢铁集团、攀枝花钢铁公司的 Galvalume 生产线的陆续投产,也能开始自主生产 Galvalume 钢板以取代进口。

(3) Super-Zinc 合金（Zn-6%Al-3%Mg）

该合金由日本新日铁公司研发，耐蚀性约是普通热镀锌层的 10 倍，在目前热镀锌合金中具有最好的耐蚀性。

Super-Zinc 合金形成独特的双层腐蚀产物，其上层的腐蚀产物致密性差，下层含 Mg 的碱式碳酸锌铝，可起到抑制阴极反应的作用。加入镁合金元素能长期抑制氧化锌和碱式碳酸锌等腐蚀产物的形成，具有良好的抑制阴极反应能力，从而表现出长期稳定的耐蚀性，使 Super-Zinc 合金具有高的耐蚀性。

(4) Technigalva 合金

当含硅钢在 440~470℃ 温度范围内热浸镀锌时，形成的合金层厚度随钢中的硅含量增加而呈波浪形变化，出现圣德林效应。为有效地抑制含硅钢热浸镀锌时出现的圣德林效应，20 世纪 80 年代，欧洲、北美洲和澳大利亚等开始推广 Zn-Ni 合金工艺，并迅速占领市场，这种 Zn-Ni 合金镀层被称作 Technigalva。该合金技术可阻滞 Zn-Fe 合金层的过量生长，获得的镀层具有比常规镀锌层更光滑、均匀的外观质量，具有较好的耐蚀性能，是目前批量热浸镀锌中解决活性钢镀锌问题的有效方法。

国际上普遍采用的 Zn-Ni 合金技术是在锌浴中加入 0.04%~0.09% 的 Ni，这个含量范围既能较好地控制活性钢镀层 ζ 相的异常生长，减少或消除活性钢出现超厚镀层，又能使非活性钢镀锌时容易获得标准要求的镀层厚度。与常规热镀锌相比，锌浴中加 Ni 有以下效果：

① 抑制镀层中 ζ 相的异常生长，使镀层黏附性提高，表层形成连续的 η 相，保持镀层光亮；

② 因为在 ζ 相和 η 相的界面上出现富 Ni 相而使镀层的硬度得到提高，相应地也提高了镀层的耐磨性，减少镀件因碰撞或摩擦引起的损伤；

③ 提高锌液的流动性，降低锌耗，从而降低生产成本；

④ 提高镀层的耐蚀性。

9.4 渗镀

渗镀是通过固态扩散使一种或几种金属元素渗入基体金属表面而形成合金层的方法，这种表面合金层又称为扩散渗镀层（简称渗层）。就其本质来说，渗层不是一种外附的镀层，而是基体金属的表面经过处理后，发生化学上和形态上的变化，从而形成的合金层。渗层结构往往随渗入元素的浓度梯度及所形成的组织特点而变，也可以存在一些过渡带（区），因此，基体金属本身也构成渗层的一部分。

渗镀可以在许多金属及合金上进行，如铜、镍等，然而更多的是在钢铁上进行。钢铁防腐蚀常用的有锌、铝、铬等渗镀，所得到的渗层具有厚度均匀、无孔隙、热稳定性好等优点，具有良好的防护性能。渗铝和渗铬主要用于高温腐蚀的防护，渗铝可以提高钢铁、镍基和钴基高温合金的抗氧化性能，还能提高在含硫和含氧化钒介质中的耐蚀性；渗铬可以改善钢和耐热合金的耐蚀性及抗氧化性，渗铬层具有较高的硬度，以及较高的抗磨损性能。渗锌不仅能提高金属材料在大气、水中的耐蚀能力，而且还可以使钢铁制件表面获得比电镀锌高的硬度和耐磨性，因此，渗锌在国内外获得了广泛的应用，特别是用来防止钢铁在大气中的腐蚀。本节只介绍渗锌。

9.4.1 渗锌的方法

渗锌（sherardizing）方法主要有两种：粉末渗锌和气体法渗锌。其中，粉末渗锌应用最为普遍。

(1) 气体法渗锌

气体法渗锌可以在真空中或还原性气氛中进行。在真空中以锌粉作为渗剂，是利用锌的蒸气形成渗层。为了提高渗锌速度并降低渗锌温度，真空度通常控制在 $(133.322 \times 10^{-2}) \sim (133.322 \times 10^{-3})$ Pa 范围内。也可利用氢气或氩气作载体，把加热到900℃以上的锌蒸气送入渗箱中进行渗锌。另一种气体法渗锌是利用氢气作载体，把氯化锌蒸气送进渗箱（温度在850~1030℃之间）中渗锌，用这种方法渗锌时间短而渗层厚，但渗层中浓度较低且工件容易变形。

(2) 粉末渗锌

粉末渗锌简称粉渗锌，也称粉镀锌。粉末渗锌技术是20世纪初冶金学家谢拉德·拷贝内斯发现的，之后苏联等又有一些报道，直到20世纪40年代才在欧洲一些国家实现工业化，英国、荷兰、法国均制定了有关粉末渗锌的标准。目前，粉末渗锌作为钢铁材料防大气腐蚀的重要方法已在世界上得到推广应用。粉末渗锌是将工件埋入装有含锌粉的混合粉末渗剂的密封容器中，加热到380℃左右，保温一定时间，然后随炉冷却。粉末渗锌的工艺可分为粉末装箱渗锌法和粉末滚动渗锌法。粉末装箱渗锌法是将工件和渗锌剂同时装入箱内，工件被埋在渗锌剂中，通过加热，实现"静态"下的扩散式渗锌。粉末滚动渗锌法是将工件和渗锌剂按一定比例装入一个能滚动的箱子（俗称转鼓）中，通过加热转鼓，实现"动态"下的扩散式渗锌。粉末装箱渗锌法渗锌温度较高，工件表面的吸附和扩散取决于锌的蒸气压，因而过程较慢，渗锌时间长，表面浓度低，渗锌剂中含锌量高，耗锌大。粉末滚动渗锌法，锌与工件接触充分，传热快，渗层均匀。但粉末滚动渗锌法由于转鼓的滚动，易产生工件间的相互碰撞而造成工件的损伤。

粉末渗剂的主要成分是纯锌粉，加入适量的填充材料，如氧化铝、河砂等。填充剂的作用是防止工件与渗剂或锌粉之间的相互黏结，有助于锌粉的均匀分布，有助于钢铁部件的均匀加热，在渗箱旋转时，可防止工件的机械损伤。

粉末渗锌既克服了电镀锌有氢脆、镀层薄而不能厚、耐蚀力低等缺点，又克服了热镀锌有锌蒸气污染、镀层厚（一般大于 $55\mu m$）而不能薄且不均匀、很难控制厚度等缺点，粉末渗锌的渗层厚度（$10 \sim 140\mu m$）能控制，既可厚又可薄，且填补了电镀锌与热镀锌之间的厚度间隙。

9.4.2 粉末渗锌层的组织、性能及应用

粉末渗锌是在钢铁表面形成锌-铁合金层，具体来说，在一定温度下，活化了的锌被钢表面吸附，锌向基体中扩散，同时铁向界面扩散，形成锌-铁合金。

渗层的结构主要由温度决定，时间只影响成分的多少，因而只要温度相同，装箱法和滚动法的结构应相同。渗层结构一般由 η 相、ζ 相、δ 相（$\delta_p + \delta_k$）和 Γ 相（$\Gamma + \Gamma_1$）组成。η 相、ζ 相是塑性相，是鼓励生成的相；δ 相脆，Γ 相最硬、最脆。由表及里可以得到 η 相、ζ 相、δ 相和 Γ 相，其中 δ 相占一半以上，η 相很少（如图9-12所示）。粉末渗锌层结构与热镀锌层相比差别较大（如图9-13所示）。热镀锌层至少有一半甚至2/3是纯锌层（η 相），而粉末渗锌层 η 相很少，甚至没有，即使有也是零散的，不连续的，渗层几乎100%是合金层。热镀锌层各层界面比较明显，而粉末渗锌层由于渗镀时间长，各相交错十分严重。同时，交错的程度和渗层成分受温度的影响比热镀锌严重得多。

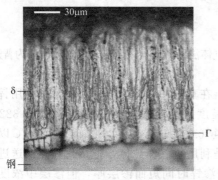

图 9-12　钢铁渗锌层截面的金相组织照片

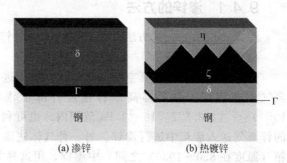

图 9-13　粉末渗锌层和热浸镀锌镀层对比示意图

　　粉末渗锌层的耐大气腐蚀能力强，经过适当的后处理可进一步提高耐蚀性能。钢铁制件粉末渗锌并经后处理后，5%NaCl 中性盐雾试验时，出红锈的时间可超过 300h。粉末渗锌层的其他许多性能（如耐磨性、氢脆等）也优于热镀锌和电镀锌，因此获得了广泛的应用。如：输变电用的铁塔紧固件、电力工具、薄壁塔形钢；高速公路护栏连接件、紧固件；地铁、轻轨、铁路、高铁的紧固件、连接件；运输用的滑轮组、螺柱链；农用机械、石油机械零件；等等。粉末渗锌由于需把工件装入转鼓中，因而工件的大小受到转鼓的限制，因此，粉末渗锌技术一般适用于中、小型工件。

9.5　热喷涂

　　热喷涂（thermal spray）技术是采用气体、液体燃料或电弧、等离子弧、激光等作热源，使金属、合金、金属陶瓷、氧化物、碳化物、塑料以及它们的复合材料等丝状或粉末状喷涂材料加热到熔融或半熔融状态，通过高速气流使其雾化，然后喷射、沉积到经过预处理的工件表面，从而形成附着牢固的表面层的加工方法。

　　热喷涂的基本过程如图 9-14 所示。

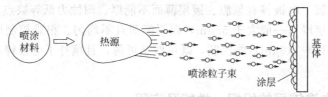

图 9-14　热喷涂基本过程示意图

　　在喷涂过程中或涂层形成后，对金属基体和涂层加热，使涂层在基体表面熔融并和基体产生扩散或互熔，形成与基体冶金结合的喷焊层，也是热喷涂的方法之一，称为热喷焊。

　　在热喷涂过程中，喷涂材料在热源中被加热加速过程和颗粒与基材表面结合的过程是关键环节。喷涂温度、熔滴对基体表面的冲击速度、涂层材料的性能是喷涂技术的核心。热喷涂技术的发展基本上是沿着这三条主导线向前推进的，温度和速度取决于不同的热源和设备结构。从某种意义上说，温度越高、速度越大，越有利于形成优异的涂层，这就导致了温度和速度两种要素在整个技术发展过程中的竞争与协调的局面。繁多喷涂材料的可选择性是热喷涂技术的优势之一，热喷涂可以设计出所需的多种多样的改性表面，分别获得具有耐磨、耐蚀、抗高温氧化等性能，使不同设备的工作面被"点铁成金、戴盔穿甲"。目前，热喷涂技术已广泛应用于宇航、国防、机械、冶金、石油、化工、机车车辆和电力等领域。

9.5.1 热喷涂的原理

(1) 涂层的形成

喷涂材料在热源中被加热过程和颗粒与基材表面的结合过程是热喷涂制备涂层的关键环节。从喷涂材料进入热源到形成涂层，喷涂过程一般经历四个阶段。

① 喷涂材料的加热熔化阶段。对于线材，当端部进入热源的高温区域，即被加热熔化形成熔滴；线材端部形成的熔滴在外加压缩气流或热源自身射流的作用下，脱离线材并雾化成细微的熔粒向前喷射。对于粉体，进入高温区域后，在行进的过程中被加热熔化或软化。

② 熔滴雾化阶段。粉末一般不存在熔粒再被破碎和雾化的过程，而是被气流或热源射流推动向前喷射。

③ 飞行阶段。熔融或软化的颗粒在外加压缩气流或热源自身射流的作用下加速飞行。在飞行过程中，颗粒先是被加速，而后随着飞行距离的增加而减速。

④ 碰撞沉积阶段。具有一定温度和速度的颗粒冲击基材表面，产生强烈的碰撞。在产生碰撞的瞬间，颗粒的动能转化成热能传给基材，并沿凹凸不平的表面产生变形，颗粒迅速冷凝并产生收缩，呈扁平状薄片黏结在基材表面。喷涂的粒子束接连不断地冲击基材表面，产生碰撞-变形-冷凝收缩的过程，变形颗粒与基材表面之间，以及颗粒与颗粒之间互相交错地黏结在一起，从而形成涂层。喷涂颗粒撞击基体时由变形到凝固的时间非常短暂，约为 $10^{-7} \sim 10^{-5}$ s。在颗粒与基材表面碰撞阶段所产生的变化过程可以形象地如图 9-15 所示。

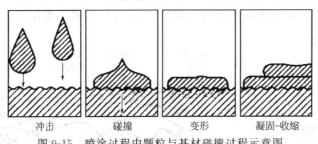

图 9-15 喷涂过程中颗粒与基材碰撞过程示意图

(2) 涂层与基体的结合

涂层的结合包括涂层与基材表面的结合和涂层内聚的结合。前者的结合强度称为结合力，后者的结合强度称为内聚力。涂层与基材表面之间的结合以及涂层颗粒之间的结合通常认为有以下几种类型。

① 机械结合。撞成扁平状并随基材表面起伏的颗粒由于和凹凸不平的表面互相嵌合，形成机械钉扎而结合。一般认为，热喷涂涂层与基体的结合主要是机械结合。当颗粒撞击基材时，基材原子获得相当高的能量（即活化能），与颗粒原子可能发生化学反应。随后飞来的颗粒积覆在先到的颗粒表面，依照顺序堆叠镶嵌而形成喷涂层。这种现象称"抛锚效应"（图 9-16）。一般来说，颗粒与颗粒之间基本上也是机械结合。

涂层的结合强度与基材表面粗糙度有关。采用喷砂、粗车、车螺纹、拉毛或化学腐蚀等方法来使基材表面粗糙化可以提高涂层结合强度。基材表面粗糙化使颗粒凝固时的收缩应变停止在局部地方，减少内应力的影响，也可提高涂层结合强度。

② 冶金-化学结合。这是当涂层和基材表面出现扩散和微区合金化时的一种结合类型，包括在结合面上生成金属间化合物或固溶体。如放热型镍包铝复合粉末，这种金属粉末在基材表面上产生放热反应，生成金属间化合物，释放出大量的热，使基材与粉末接触表面瞬时达到高温，增加了接触界面上原子的活动能力，从而使粉末与基材表面原子相互扩散。因扩

散时间短暂，扩散层厚度只有几微米，故称显微冶金结合。

有些涂层，如在铝或碳钢基体上等离子喷涂 Ni、Cr、Mo、Ta 和 W 时，涂层颗粒与基体反应生成 Fe_3Ni、Fe_7W_6、$\delta\text{-FeMo}$、Fe_2Ta 等金属间化合物，这种结合称为化学结合。

③ 扩散结合。涂层与基体表面的结合是由于两种材料中的原子相互扩散，中间的界面消失，并相互"交织"形成扩散层，从而将涂层与基体紧密连接在一起。在热喷涂某种金属于另一种金属上时，涂层与基体间可产生两种金属的相互扩散。如喷钼于钢铁基材上时，扩散层厚度可为几微米。

④ 物理结合。颗粒与基材表面的结合是以范德华力或次价键形成的。

一般来说，喷涂层与基材表面的结合以机械结合为主，因此，结合强度相对较低（约为 5～100MPa）。在热喷涂技术的实际应用中，最关心的内容之一就是喷涂层与基体的结合。高速火焰喷涂（HVOF）涂层与基体的结合，特别是金属陶瓷涂层的结合强度可达 150MPa 以上。喷熔层与基体互熔、扩散结合形成完全的冶金结合，结合强度约为 300～700MPa。

(3) 涂层的结构

在大气环境中所喷涂的典型涂层是由喷涂材料、氧化物杂质及孔隙所组成的一种非均质混合物。涂层是由无数变形粒子互相交错呈波浪式堆叠在一起而形成的层状组织结构（图 9-17）。在喷涂过程中，由于熔融的颗粒在熔化、软化、加速及飞行、与基材表面接触过程中和周围介质间发生了化学反应，使得喷涂材料经喷涂后会出现氧化物。而且由于颗粒的陆续堆叠和部分颗粒的反弹散失，在颗粒之间不可避免地存在一部分孔隙或空洞。因此，喷涂层是由变形颗粒、气孔和氧化物所组成。图 9-18 为大气等离子喷涂和火焰喷涂的氧化铝涂层的截面图。

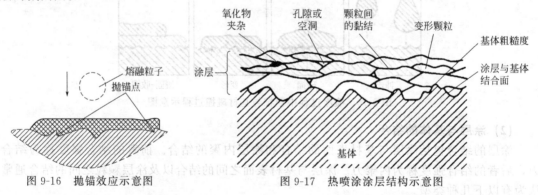

图 9-16 抛锚效应示意图　　图 9-17 热喷涂涂层结构示意图

涂层中氧化物夹杂的含量及涂层的密度取决于热源、材料及喷涂条件。采用等离子弧高温热源、超声速喷涂以及保护气氛等可减少甚至消除涂层中的氧化物夹杂和气孔；经过重熔也可消除涂层中的氧化夹杂物和气孔，并使层状结构变成均质状结构，同时涂层与基材的结合状态也会发生变化。

(4) 涂层的缺陷

① 裂纹状孔隙。处于熔态或软化态的喷涂颗粒以一定速度撞击基体表面时，粒子的冲击动能使粒子在撞击变形时温度进一步上升，加剧了粒子在基体表面的变形。虽然喷涂粒子由熔态到完全凝固的时间非常短，在瞬间的冷却过程中，粒子边缘与心部温度的不一致使扁平薄片产生收缩和卷曲，这种现象使涂层中产生裂纹状孔隙。后续的喷涂粒子对产生的裂纹状孔隙只能掩盖而不能完全填实。

② 残余应力。涂层中存在残余应力也是热喷涂涂层的典型特点之一。当熔融颗粒碰撞基体表面时，产生变形并在激冷作用下凝固，从而产生微观收缩效应。涂层的残余应力是由

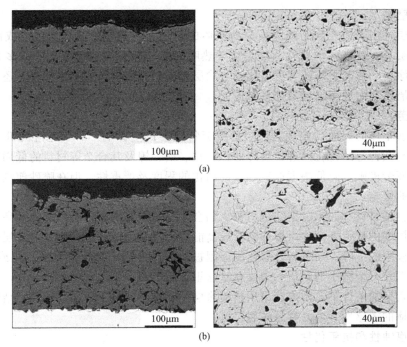

图 9-18 氧化铝喷涂层的截面图
(a) 大气等离子喷涂，喷涂材料为氧化铝粉末（粒径 22~45μm）；
(b) 火焰喷涂（Rokide 枪），喷涂材料为烧结的氧化铝棒（纯度 99.8%）

喷涂工艺方法、喷涂条件、喷涂材料与基体材料物理性质的差异所造成的。在喷涂层形成过程中，粒子薄平片的收缩和卷曲往往受周围粒子薄片的约束，并不能使单粒子薄片中的热应力完全释放，众多粒子中的残余应力的积累使涂层产生很大的残余应力，从而大大降低了涂层的自身强度和涂层与基体的结合强度。

大部分热喷涂涂层内应力为拉应力状态，残余拉应力影响涂层的使用性能，限制涂层的厚度。但是某些喷涂材料采用高速火焰喷涂工艺制备的涂层内应力为压应力，其涂层厚度达十几毫米。

9.5.2 涂层的性能

涂层的性能是由喷涂材料、喷涂工艺及涂层后处理等多种因素决定的。涂层性能既不同于喷涂材料的性能，也不同于基体材料的性能。涂层的性能包括：化学成分、金相组织、结合强度、残余应力、密度及孔隙率、硬度、抗压性、耐磨性、疲劳、延展性、耐蚀性、耐热性、电性能等。这里仅就喷涂层的一般性能进行论述。

(1) 硬度

喷涂层的硬度分宏观硬度和显微硬度两种。宏观硬度代表了总涂层抗压入负荷的能力，采用布氏硬度计或洛氏硬度计测量。涂层的单个质点的硬度用标准的显微硬度计测量。

涂层的宏观硬度比相同材料铸造或锻造时都要低一些。涂层的宏观硬度并不真实地表示涂层硬度，而是对给定材料喷涂层质量的一般表示。在考察喷涂作业中，经常用获得最硬的涂层来确定最佳的工艺条件；而在喷涂金属材料的情况下，高硬度的涂层则表示涂层含有很多的氧化物。

涂层硬度和涂层材料的性质是分不开的，但涂层硬度和喷涂材料的硬度有区别，即使是用同一种喷涂材料，涂层硬度通常也是不同的。

(2) 耐磨性

热喷涂层可用来增大软的或磨损过的基体的耐磨性。与同类材料的铸造或锻造结构相比，热喷涂层具有较高的耐磨性。这是由于热喷涂微粒经受高速淬火，形成多孔的特殊结构。在金属涂层的情况下，还含有氧化物。涂层中的孔隙能保持一层润滑膜，还能容纳磨损中产生的碎屑，从而展露出清洁的接触面。

(3) 疲劳

热喷涂前基体的表面预处理对涂层的疲劳特性会产生影响。对于光滑的机加工过的表面，进行喷砂或特定的粗化处理，会降低铝、铁、铜、镍及其合金等材料的低周期疲劳和高周期疲劳的疲劳极限，降低幅度取决于表面粗化的程度及严重性，但在喷砂前进行喷丸硬化可消除粗化的影响。

所有的自粘材料（如钼、钽、铌、镍、铝合金及复合粉等）都会显著降低高强度合金的低周期和高周期的疲劳寿命。由爆炸喷涂或高能等离子喷涂所形成的碳化物涂层也会出现类似的耐疲劳极限的下降。疲劳特性恶化的原因被认为是涂层颗粒与基体的熔化或扩散所致。每个接触点都是一个微小的缺口，裂纹就从这里开始蔓延。

在拉伸负荷的条件下，不推荐采用热喷涂层。在这种条件下，涂层的叠层结构及其固有的对裂纹传播的敏感性，容易导致破裂。

(4) 耐腐蚀性和抗氧化性

耐腐蚀涂层和抗高温氧化涂层是重要的热喷涂层。

在海洋环境中，喷涂锌、铝及锌铝合金等是钢铁件的重要防护措施之一。钴基合金、镍基合金、奥氏体不锈钢、铝青铜等涂层经封孔处理之后，都具有不同程度的耐大气腐蚀性能。喷焊合金中，耐腐蚀性能好的镍、铬、钼等元素的含量很高。在铁基合金中，这三种元素的总量也高达40%左右，因此具有良好的耐腐蚀性能。

抗高温氧化涂层有铝、镍基合金、钴基合金、MeCrAlY合金、氧化物陶瓷涂层等。在实际应用中，应根据特定环境选择适当的合金材料涂层。

9.5.3 热喷涂技术工艺方法

热喷涂过程除与设备类型有关外，还涉及喷涂材料、热源和喷射速度。喷涂材料有丝状（棒状）和粉末状。根据热源的不同形式，热喷涂方法可分为燃烧法和电热法。燃烧法包括燃烧火焰喷涂、爆炸喷涂及高速火焰喷涂（HVOF）；电热法包括电弧喷涂和等离子喷涂（又分常压等离子喷涂、低压等离子喷涂与水稳等离子喷涂）。

热喷涂方法分类如图9-19所示。喷涂工艺方法对涂层有重要影响，各种喷涂方法的特征见表9-2。

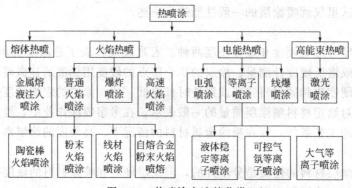

图9-19 热喷涂方法的分类

表 9-2 几种基本热喷涂方法和特性比较

比较项目	燃烧火焰喷涂		电弧喷涂	等离子喷涂	高速火焰喷涂	爆炸喷涂
	气体熔线式	气体熔粉式				
热源	燃烧火焰 ($O_2+C_2H_2$)	燃烧火焰 ($O_2+C_2H_2$)	电能	电能及 N_2、Ar、He、H_2	燃烧火焰 ($O_2+C_2H_2$ 或 O_2+H_2)	燃烧火焰 爆炸($O_2+C_2H_2$)
喷涂材料	金属、合金	金属、合金、高分子、部分陶瓷	金属、合金	几乎全部金属、合金及陶瓷	金属、合金及部分陶瓷	金属、合金及部分陶瓷
最高焰温度/℃	2760~3260	2760~3260	6000	15000	2550~2924	5000
粒子速度/(m/s)	150~200	约50	150~200	300~350	986	720
喷涂材料形态	线	粉	线	粉	粉	粉
基体材料	几乎全部固体材料	几乎全部固体材料	几乎全部固体材料	几乎全部固体材料	几乎全部固体材料	主要固体金属
基体温度/℃	<200	<200	<200	<200	<200	<200
典型结合强度/MPa	低 5~10	低 5~10	高 10~20	很高 30~70	非常高 >100	非常高 80~100
涂层孔隙率/%	5~15	5~15	3~10	0.5~10	<1	1~2
涂层厚度/mm	0.3~1.0	0.2~1.0	0.1~3.0	0.05~0.5	0.1~1.0	0.05~0.1
成本	低	低	低	高	较高	高
特点	设备简单	可用于高分子材料	设备简单，层厚	适用于高熔点材料	可得高质量膜层	小面积

注：氩气等离子弧的最高温度15000℃，氢气等离子弧的最高温度达20000℃。

9.5.4 防腐蚀涂层

热喷涂金属防护涂层是大型、重要海洋钢结构长效防腐的有效方法。传统用于热喷涂长效保护涂层的金属材料主要为纯锌或纯铝。1974年，美国焊接学会公布了经过19年的热喷涂锌、铝涂层现场挂片的试验结果，主要结论为：

① 厚度0.08~0.15mm的铝涂层，不论是否封孔都能保证钢铁基体在海水、严酷的工业大气及海洋大气中19年不腐蚀。

② 要保证钢铁基体19年不腐蚀，在严酷的工业大气和海洋大气中不经封孔处理的喷锌涂层厚度至少为0.23mm，在海水中锌涂层厚度至少为0.3mm；经过封孔处理的锌涂层的厚度减至0.08~0.15mm，也可达到上述防腐效果。

③ 在严酷的海洋大气中的锌或铝涂层，如果涂刷一层底漆加一两道铝粉乙烯漆能显著延长涂层寿命。

④ 铝涂层不宜太厚，因为厚的铝涂层容易出现坑蚀和起泡现象，降低涂层的保护效果。

英国标准 BS 5493：1977《钢铁结构防腐蚀保护层的使用规程》中也指出，只有喷 Zn、Al 涂层才能保证在各种工业及海洋环境中维持 20 年而不需维护。

锌-铝合金涂层比纯锌或纯铝涂层具有更为优异的耐腐蚀性能，热喷涂 Zn-Al 合金涂层已替代 Zn 及 Al 涂层，成为海洋环境下钢结构件腐蚀防护的首选方法。另外，热喷涂 Al-Mg 合金涂层耐腐蚀性能也优于 Al 涂层，近来也获得了广泛应用。

目前，Zn、Al 涂层的喷涂方法主要为火焰喷涂和电弧喷涂，Zn-Al 合金涂层主要采用电弧喷涂。高速电弧喷涂技术（HVAS）是新近发展的重要喷涂技术，与普通电弧喷涂相比，具有熔滴速度快、雾化效果明显、涂层结合强度高及孔隙率低等优点，可提高 Zn、Al 及 Zn-Al 涂层的耐腐蚀性能。

(1) 锌涂层

火焰喷涂的锌涂层的截面图如图 9-20 所示。对于纯锌丝，为避免有害元素（Fe、Cu、Si 等）对涂层耐蚀性的影响，锌丝纯度应达到 99.85% 以上，因此喷涂用锌线材一般是专门制造的。在喷涂 Zn 过程中会有大量有害的 ZnO 烟雾产生，对环境和人类健康造成危害。

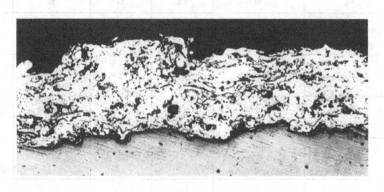

图 9-20　火焰喷涂的锌涂层的截面图

锌的标准电极电位（$-0.96V$）比铁（$-0.44V$）低，因此，在钢铁基材上喷涂锌后，可利用锌的牺牲阳极作用来有效地防止钢或铁基材的电化学腐蚀。锌具有良好的耐蚀性，锌在干燥的空气中几乎不氧化。锌在常温、pH 值为 6～12 的水中，具有优良的耐蚀性（在中性附近比铝稍差），但在酸或强碱环境中或水温在 60℃ 以上时，将显著被腐蚀。另外，在通有空气的约 60℃ 以上的水中，锌和铁发生极性逆转，使钢铁基体产生孔蚀；锌的极性逆转还与水质有关，在碳酸盐或硝酸盐含量高的水中易发生极性逆转，在氯化物或硫酸盐含量高的水中，极性逆转倾向减小。在腐蚀过程中，Zn 涂层首先在表面形成 ZnO，当在潮湿的空气或二氧化碳气体中时，表面产物发生水化或快速碳酸化反应，会生成 ZnO、$2ZnCO_3 \cdot 3Zn(OH)_2$ 和 $Zn(OH)_2$ 等腐蚀产物；在潮湿海洋大气中，氯离子的侵蚀和局部累积，难溶、密集的碳酸盐化合物被疏松、易于溶解的氯盐化合物所取代。腐蚀产物的易溶性是 Zn 涂层耐蚀性能不高的一个重要原因。

锌本身的性质决定了锌涂层只有在干燥、清洁大气或清水中具有良好的耐蚀性，在污染的工业大气、潮湿的大气和海洋大气中，锌涂层的耐蚀性有所降低；Zn 涂层在弱酸性、含 SO_2 工业大气和海洋环境中的耐蚀性较差，腐蚀率较高。

锌覆盖层及富含锌的涂层是钢铁结构常用的防腐蚀方法，热喷锌涂层与常用的无机富锌涂层、热浸锌涂层的比较如表 9-3 所示。

表 9-3 热喷锌涂层与无机富锌涂层、热浸锌涂层的比较

项目	无机富锌	热浸锌	热喷锌
施工性能	基体表面应喷砂至 Sa2.5 级,不受物件形状、大小的限制。可刷涂、喷涂、无气喷涂,且可现场作业	物件酸洗;物件大小受热浸槽的限制;由于热应变,钢铁发生变形,不能现场作业	基体表面应喷砂至 Sa3 级;基本不受物件形状、大小的限制,可现场作业
基体性质	不受基体材料限制	受基体材料限制。特别是含碳 0.3% 以上的钢易发生烧损。处理铸件困难,酸洗易使基体发生氢脆,尤其是高强钢	几乎不受基体材料限制,但板厚小于 3mm 时喷砂易发生变形
结合性能	与基体(铁)表面发生化学反应,形成铁、锌、硅酸的复合体,结合性能良好;由于涂层为玻璃态,抗弯曲性差	基体(铁)与锌形成合金层,结合紧密	主要通过机械的抛锚效应与基体结合,结合性能良好
涂层厚度	作为防腐蚀底漆,涂层干膜厚度一般为 75μm	因生成合金层,浸锌层较薄,通常以附着量计算,厚的热浸可达 915g/m² (130μm)。随着厚度增加,变形或冲击等易引起镀层剥离,镀层为均匀的金属态	喷涂层完全是锌层,可达数毫米厚,一般在 300μm 以下,涂层中有 5%~10% 的气孔
涂层性能	与一般的涂料比,面漆的选择范围大,涂层的二次结合性优良	表面平滑,与面漆结合性差,且锌的活性大,结合稳定性差	由于表面粗糙,又有孔隙,面漆的结合性好,但结合稳定性差
耐蚀性能	硅酸盐中充满的高浓度锌粉的溶解对钢铁起阴极保护作用。随着锌粉的腐蚀,在球形锌粉颗粒中间沉积了许多腐蚀的产物[主要是 ZnO、$Zn(OH)_2$、$2ZnCO_3 \cdot 3Zn(OH)_2$、$ZnCl_2 \cdot 4Zn(OH)_2$ 等],这些致密而微碱性的腐蚀产物不导电,填塞了颜料层,阻挡屏蔽腐蚀因子的透过。涂层中的锌消耗小,使用寿命长	通过锌铁合金和锌层中的锌溶解对钢铁起阴极保护作用。在一般大气、淡水中保持长期的防腐蚀效果,特别是在一般大气中,镀层表面形成不溶性的 $2ZnCO_3 \cdot 3Zn(OH)_2$ 层抑制了锌的消耗,但在酸性大气(SO_2 等)、海洋飞溅区,锌活性大,消耗剧烈	喷涂层为多孔隙的锌,表面积比热浸锌和无机富锌涂层大,消耗也大;使用涂料进行封闭处理可显著提高耐蚀性能;锌、铝合金涂层比同一厚度的喷锌涂层和热浸锌涂层的耐蚀性好
修补性能	良好	不可	可
焊接性能	良好	差	差

(2) 铝涂层

铝的标准电极电位虽然很负,但由于铝在空气中能迅速生成一层致密的氧化膜 (Al_2O_3),因而其阳极特性不如锌。铝表面在大气中可氧化成稳定且致密的 Al_2O_3 薄膜,因而具有很好的耐蚀性能。在含亚硫酸气体的大气中或海岸地带,铝比锌的耐蚀性好,铝在弱酸性乃至中性溶液(pH 值为 4~8)中几乎不腐蚀。另外,与锌不同,铝在 60℃ 以上的水中仍有一定程度的耐蚀性,但是在强酸、强碱和有氯离子存在时有孔蚀倾向。与 Zn 涂层相比,Al 涂层的缺点是对钢铁材料的动态电化学保护效果远不如前者,但 Al 涂层具有生成钝化膜的优点,从而使均匀腐蚀速度大大降低。相对来说,由于 Al 涂层内部微粒表面覆盖有坚韧的氧化膜,Al 膜腐蚀产物小分子,可形成聚合铝无机高分子形态,起到自封闭作用,因此,Al 涂层的寿命更长。但由于喷 Al 涂层是由许多保护性的氧化物薄层包覆的片状物组成的堡垒涂层,它对点蚀和机械损伤比较敏感。Al 涂层含有相对较高的孔隙率,且对水中存在的氯离子非常敏感,易发生点蚀。

纯铝中对耐蚀性有害的杂质有 Cu、Fe、Si,在硅和铁共存时尤为有害。因此,耐蚀用的铝线料应是铜、铁等杂质含量低的高纯线材,喷涂用铝丝的纯度应高于 99.7%。铝丝的纯度越高,涂层的耐蚀性越好。

在高于 500℃ 的条件下使用时,铝涂层除了能形成稳定的氧化膜外,还向基体铁中扩散生成能耐高温的铁铝化合物,从而提高了钢材的耐热性,所以铝也常用于耐热涂层。如果把

铝喷涂在低碳钢上，然后经高温氧化处理，可使喷涂构件在 900℃ 高温下使用。

(3) 锌-铝合金涂层

研究结果表明，在锌中加入铝可提高涂层的耐蚀性能。锌-铝合金的标准电极电位接近于锌，锌-铝涂层中富锌部分比富铝部分优先快速发生电化学腐蚀，对钢铁基体有牺牲阳极的保护作用，同时腐蚀产物填塞了涂层中的针孔，使涂层寿命超过由涂层厚度预测的时间。当涂层中含有足够的 Al 时，能够形成完整的 Al_2O_3 保护膜，减轻了喷涂层与基体界面处的"底锈"缺陷，因而更耐环境腐蚀。

铝含量增加，涂层耐蚀性提高，但拔丝加工也就越困难。但当合金成分中 Al 超过 15% 时，合金材料脆性增大，用于热喷涂的合金丝在拉拔过程中易折断，因此，各国使用的锌-铝合金喷涂丝中的含铝量一般不超过 15%。对于 Al 超过 15% 的锌-铝合金涂层，可采用电弧喷涂方法制备锌铝伪合金，可以简化工艺，降低成本。将锌丝和铝丝作为熔化极，两种丝材经电弧受热后形成熔融或半熔融状态的微粒，在压缩空气的雾化作用下它们被机械地混合，均匀地沉积到基体表面，便可得到锌铝伪合金涂层。锌铝伪合金的组织大多是锌和铝两种金属的机械混合物，只含有少量的锌铝合金。该伪合金的力学性能和化学性能综合了锌涂层和铝涂层的特点，并具有结合可靠、气孔率低等优点。此外，适当增加铝含量可提高锌铝伪合金涂层表面铝的覆盖率，有利于表面形成致密的 Al_2O_3 层，提高钢结构的长效防腐性能。研究结果表明，当铝含量为 30% 时，锌-铝合金的耐蚀性能最佳。

Zn-Al 合金涂层在各种大气、淡水及海水环境下均具有良好的耐蚀性能，其耐蚀性是纯 Zn 涂层的 6~7 倍，寿命是纯 Al 涂层的 1.5 倍。当涂层中含有足够的 Al 时，能够形成完整的 Al_2O_3 保护膜，减少了喷涂过程中产生有害 ZnO 烟雾的量。因此，锌铝合金丝热喷涂比纯锌丝喷涂时的毒性要小很多。热喷涂 Zn-Al 合金涂层性能好，生产环境友好，目前已替代 Zn 及 Al 涂层，成为海洋环境下钢结构件腐蚀防护的首选方法。

锌、铝、锌-铝合金涂层已广泛应用于钢铁结构件的防护，如桥梁、铁塔、水闸门、容器等。如南京长江大桥主梁上盖板采用喷锌丝涂层，再涂刷 6 道专门研制的耐磨漆，使用 17 年后检查，完好如新，预计在四五十年内基本不需要维修。在实际使用中，推荐采用的涂层厚度见表 9-4。

表 9-4 推荐采用的喷铝、喷锌涂层厚度

典型的腐蚀环境	设计防护寿命/年	涂层厚度/μm			
		喷铝(不封闭)	喷锌(不封闭)	喷铝(封闭)	喷锌(封闭)
污染海岸大气	20 以上		350		250
	10~20	250	250	150	150
	5~10	150	150	100	100
海水飞溅区或盐雾环境	20 以上		250		250
	10~20		150	150	175
	6~10	100	100	100	150
非污染海岸大气	20 以上		250		
	10~20	150	150	150	150
	5~10		100	100	100
海水浸渍	20 以上				250
	10~20		250	150	100

续表

典型的腐蚀环境	设计防护寿命/年	涂层厚度/μm			
		喷铝(不封闭)	喷锌(不封闭)	喷铝(封闭)	喷锌(封闭)
普通干燥大气	20 以上 10～20	100	100		
潮湿大气	20 以上	150	150	100	100
	10～20	100	100		
非饮用淡水	20 以上 10～20	150	150		
非污染内陆大气	20 以上	150	150	100	150
	10～20	100	100		
污染内陆大气	20 以上		250		
	10～20	150	150	150	150
	5～10	100	100	100	100

(4) 喷涂层的封闭

涂层的孔隙率对防腐性能有很大的影响。由于热喷涂涂层含有不同程度的孔隙，在防腐应用时，为改进涂层性能，延长使用寿命，需对喷涂层进行封闭处理。一般锌、铝涂层的孔隙率在3%～15%，孔隙的大小约在5～50μm的范围内。封闭处理的目的是通过充填涂层的孔隙、隔断涂层与介质的接触来延缓涂层的腐蚀速度，增加涂层的使用寿命。

封闭处理一般是采用刷子或喷涂设备使封闭剂浸入并填充到孔隙内部，使表面光滑，多余的封闭剂变成涂层。一般要求封闭剂具有较低的黏度和良好的渗透性能，易固化，而且具有与喷涂层的匹配性和化学上的相容性，以及具有良好的化学稳定性和在所处的环境下良好的防腐性能。

目前，锌、铝及锌-铝合金涂层的封闭处理通常是在喷涂层上涂覆封闭涂料。一般的封闭涂料有乙烯树脂（适用于50℃以下的温度）和硅树脂（适用于480℃以下的温度）。研究表明，用硅树脂封闭的喷铝涂层具有良好的防腐性能。

由"喷涂层+底层封闭涂料+面层耐蚀涂料"组成的封闭涂层体系的防护寿命是单一金属涂层和单一涂层寿命总和的若干倍。经过适当封闭的热喷涂锌、铝及锌-铝合金涂层在钢结构防腐上均表现出优良的性能。按目前的技术水平，200μm厚的热喷铝涂层对钢结构在海水飞溅区的防护寿命预计将超过30年。如杭州湾大桥，钢箱梁表面采用电弧喷铝、环氧底漆封闭、氟碳面漆，在大桥支座上，采用铝镁合金氧乙炔亚声速火焰喷涂（由于杭州湾大桥处于酸雨地区，不采用锌铝合金）。

9.5.5 热喷涂技术的局限性及其应用

(1) 热喷涂技术的局限性

热喷涂工艺灵活，可喷涂的涂层材料几乎包括所有固态工程材料，如金属、合金、陶瓷、金属陶瓷、塑料、非金属矿物以及由它们组成的复合物等，喷涂层厚度达0.5～5mm，因而热喷涂能赋予基体以各种功能（如耐磨、减摩、耐蚀、耐高温、抗氧化、绝缘、导电、催化、防辐射、抗干扰、非晶态、隔热、生物相容、红外吸收等）的表面。同时，热喷涂技术也存在如下的局限性。

① 除喷焊外，一般用热喷涂方法制备的涂层与基体的结合主要是物理机械结合，结合强度较低，涂层耐冲击和重载性能较差。喷涂时雾点分散，飞溅损失严重，金属附着率低；热喷涂预处理工艺中有毛糙处理工序，会降低零件的强度和刚度。

② 喷涂涂层含有不同程度的孔隙，虽利于润滑，但不利于防腐、抗氧化、绝缘等，但可通过复合涂层系统设计等方法予以改进提高。

③ 喷涂小件时，涂层材料的收率低。

④ 热喷涂手工操作时的劳动条件较差，有噪声、粉尘、热和弧光辐射问题，要求采取劳动保护和环境保护措施。

⑤ 喷涂层均匀性较差，影响涂层质量的因素多。

⑥ 热喷涂覆盖层的质量主要靠工艺来保证，目前尚无有效的无损检测方法。

另外，对于不同的喷涂材料，热喷涂工艺有不同的适应性。高熔点材料要用高热焓的喷涂能源才能得到性能较好的涂层组织。例如，大多数金属材料熔点不高，用常规氧-乙炔火焰喷涂技术即可得到性能较好的涂层，而陶瓷材料的熔点普遍较高，常规燃气火焰喷涂难以制备实用涂层。

(2) 热喷涂技术的应用

热喷涂可以制备各种类型的涂层，既可作为防护技术应用于新品制造，又可作为维修手段用于旧件修复，尤其是采用喷涂层，可以大幅度提高产品的使用寿命，用经济的手段可产生显著的经济效益和社会效益，因此获得广泛应用。热喷涂涂层领域和主要类型见表9-5。

表 9-5 热喷涂涂层领域和主要类型

领域	主要类型	涂层材料
防护涂层	阳极性防护涂层（抗大气及浸渍腐蚀）	Zn、Al、Zn-Al 合金、Al-Mg 合金、Al-RE 合金
	阴极性防护涂层	有色金属及合金、不锈钢、塑料
	抗高温氧化涂层	Ni 基、Co 基合金，Me-Cr-Al-Y 合金、氧化物陶瓷
强化涂层	耐磨粒磨损及冲蚀磨损涂层	碳化物+金属、自熔性合金、氧化物陶瓷
	耐摩擦磨损涂层	Mo 或 Mo+合金、有色金属及合金、自熔性合金
	在强腐蚀介质中的耐磨涂层	自熔性合金、高合金、陶瓷
特殊功能涂层	热障涂层	氧化物陶瓷
	可磨密封涂层	金属+非金属复合材料
	热辐射涂层	氧化复合材料
	导电屏蔽及防辐射涂层	金属
	固体润滑涂层，超导、压电、高温塑料等特种涂层	金属+非金属复合材料

思考题与习题

1. 电镀工艺由哪几部分组成？
2. 金属离子电沉积的热力学条件是什么？
3. 单金属电沉积和合金电沉积的热力学条件有什么不同？
4. 以化学镀镍为例，说明化学镀的基本原理。
5. 热镀锌的工艺有哪两大类？简述各自的工艺流程及每个流程主要目的及作用。
6. 分析比较热镀锌镀层和渗锌层组织结构和性能的差异。
7. 简述热喷涂涂层的性能特点；简述热喷涂技术的特点及应用。

第10章 化学转化膜

通过化学或电化学手段,可使金属表面形成稳定的化合物膜层。这种处理生成的膜层称为化学转化膜。由于化学转化膜是金属基体直接参与成膜反应而生成的,因而膜与基体的结合力比电镀层、化学镀层这些外加膜层大得多。对于防腐蚀来说,化学转化膜也主要用于大气腐蚀的防护。根据形成膜时所采用的介质,可将化学转化膜分为以下几类:

① 氧化物膜是金属在含氧化剂的溶液中形成的膜,其成膜过程叫氧化。氧化处理可用化学法,也可用电化学法。钢铁、有色金属的化学氧化膜很薄,最厚不超过 $5\mu m$;铝合金的阳极氧化可获得厚度在几十至几百微米、综合性能优异的氧化膜。阳极氧化是铝合金最常用的表面处理手段,本章将做重点介绍。

另外,氧化处理的方法还有微弧氧化。微弧氧化可使铝、镁、钛等有色金属及其合金表面生成具有抗磨损、耐腐蚀、绝缘、隔热等良好性能的陶瓷膜。

② 磷酸盐膜是金属在磷酸盐溶液中形成的膜,其成膜过程称磷化。磷化处理的研究和应用主要集中于钢铁,钢铁磷化膜主要用于涂料的底层、金属表面保护层。

③ 铬酸盐膜是金属在含有铬酸或铬酸盐的溶液中形成的膜,其成膜过程习惯上称钝化。铬酸盐处理工艺常用于锌镀层等金属镀层的后处理,以提高镀层的耐腐蚀性。

由于化学转化膜在海水中的防腐蚀效果不是很明显,作为单独的防腐蚀技术,目前在船舶防腐蚀中的实际应用不多,但作为辅助措施可能会发挥很大的作用。

10.1 铝合金的阳极氧化

10.1.1 阳极氧化技术概述

铝和空气中的氧亲和力比较强,即使在干燥的空气中,也极易和氧发生化合反应,表面生成一层较薄的无孔非晶态 Al_2O_3,但是,由于自然产生的氧化膜较薄,耐磨及耐腐蚀性能较差,远远满足不了其应用要求,尚不能作为可靠的防护层。因此,为了扩大应用范围,延长使用寿命,表面处理技术是铝合金使用中不可缺少的一环。

铝合金阳极氧化主要是指铝合金在相应的电解液和特定的工艺条件下,在外加电流的作用下进行电化学氧化反应,在表面形成一层氧化铝薄膜的过程。阳极氧化如图 10-1 所示。在阳极氧化时,阳极为铝合金,常规使用的阴极为铅板(实验室阳极氧化实验研究时,可采用 Pt 片、石墨等材料)。用铅作阴极材料不但污染槽液和环境,而且导电性仅为铝的

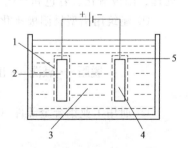

图 10-1 阳极氧化示意图
1—氧化膜层产生氧气;2—阳极金属;
3—电解液;4—阴极;5—释放氢气

8%~10%。AAC（Aluminum Anodizers Council Issued）推荐用轧制铝 6063-T6 或 1100（或 1350）替代常规用的铅板。

阳极氧化是铝及铝合金最常用的表面处理手段，阳极氧化铝薄膜具有耐蚀性好、有机涂层附着力好、硬度和耐磨性较高的特点。同时，该薄膜又是高电阻的绝缘膜。阳极氧化是目前研究和开发较为深入与全面的表面处理技术。

在阳极氧化过程中存在氧化膜生长和溶解两个反应，阳极氧化时要尽量促使氧化膜的生长速率大于表面膜层的溶解速率。铝合金阳极氧化技术按电流形式可分为直流电阳极氧化、交流电阳极氧化以及脉冲电流阳极氧化。按膜层性质可将膜层分为普通膜、硬质膜、瓷质膜、光亮修饰层及半导体作用的阻挡层等。

按电解质溶液性质可分为五种情况：

① 电解质溶液对阳极氧化膜基本不溶解。如在中性硼酸盐、中性磷酸盐或中性酒石酸盐中形成的氧化膜是壁垒型阳极氧化膜。

② 电解质溶液对阳极氧化膜"有限度"的溶解。如在草酸、硫酸、磷酸或铬酸溶液中形成的是多孔型阳极氧化膜。

③ 金属溶解速度与阳极氧化膜的形成速度差不多。如在某些有机酸、中性硫酸盐、含氯离子的电解质溶液中，不能形成完整的氧化膜。

④ 金属在一些强酸性溶液中，由于电压发生周期性波动或稳定在一个较低电压值时，金属不能成膜，只发生电解抛光。

⑤ 金属在一些强酸性或强碱性溶液中，由于开始电压很低，并且电压维持在低电压水平，金属铝大部分发生电解浸蚀。

上述 5 种情形中，第①种和第②种生成阳极氧化膜，第①种形成的氧化膜是壁垒型氧化膜，第②种形成的是多孔型阳极氧化膜。溶解能力较强的电解液生成多孔型阳极氧化膜，溶解能力较弱的电解液生成壁垒型阳极氧化膜。表 10-1 列出了生成壁垒型或多孔型阳极氧化膜的电解液。在第Ⅱ类电解液中，有时加入一些有机酸，以降低电解液对阳极氧化膜的溶解性能。

表 10-1 铝阳极氧化按电解质溶液对氧化膜溶解能力的分类

第Ⅰ类 生成壁垒型阳极氧化膜的溶液	第Ⅱ类 生成多孔型阳极氧化膜的溶液	第Ⅰ类 生成壁垒型阳极氧化膜的溶液	第Ⅱ类 生成多孔型阳极氧化膜的溶液
硼酸	硫酸	中性酒石酸盐	磷酸
中性硼酸铵	草酸	中性柠檬酸盐	硫酸+有机酸等
中性硫酸盐	铬酸	中性乙二酸盐	

与其他表面处理技术一样，阳极氧化包括一系列串联的工艺过程，主要有四个环节：前处理、阳极氧化、着色和封闭。以下是三个不同产品的实例：

① 建筑用铝型材阳极氧化处理流程：

```
                                    ┌→ 封孔
脱脂 → 碱洗 → 出光 → 阳极氧化 → 电解着色 → 电泳 → 固化成膜
                                    └→ 静电喷涂 → 固化成膜
```

② 通用工业铝合金部件（机械、电器部件等）阳极氧化处理流程：

```
                              ┌→ 草酸法(染色)
脱脂 → 碱洗 → 出光 → 阳极氧化 ─┼→ 硫酸法(染色) → 封孔
                              └→ 硬质阳极氧化法
```

③ 装饰用铝合金部件（如汽车装饰部件、照相机部件等）阳极氧化处理流程：

人工修整 → 振动抛光 → 脱脂 → 化学抛光 → 阳极氧化(硫酸法) → 封孔
（化学抛光分支：机械喷砂、电化学抛光；阳极氧化分支：染色 → 印刷）

10.1.2 阳极氧化膜的结构与生成机理

铝阳极氧化膜一般是多孔型阳极氧化膜，由阻挡层和多孔层两部分组成，其氧化过程如图10-2所示，氧化膜的截面形貌如图10-3所示。

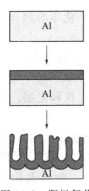

图 10-2 阳极氧化过程示意图

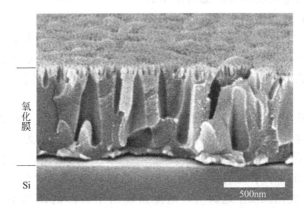

图 10-3 两步阳极氧化形成的双尺寸孔阳极氧化膜截面形貌
[在 Si 片上电沉积的 Al 膜（500～600nm 厚），先将 Al 膜在 0.5mol/L H_3BO_3 + 0.05mol/L $Na_2B_4O_7 \cdot 10H_2O$ 溶液中预氧化形成薄膜，再在 5%磷酸溶液中阳极氧化，氧化电压 86V]

阻挡层是致密无孔的非晶态氧化物，阻挡层的结构和形成规律相当于壁垒型氧化膜。阻挡层可能夹杂结晶态或微晶态的 $\gamma\text{-}Al_2O_3$ 或 $\gamma'\text{-}Al_2O_3$ 颗粒。其中，$\gamma'\text{-}Al_2O_3$ 颗粒的结晶度比 $\gamma\text{-}Al_2O_3$ 低。国外学者将结晶态或微晶态的 $\gamma\text{-}Al_2O_3$ 或 $\gamma'\text{-}Al_2O_3$ 颗粒称为"结晶岛"，表示结晶态颗粒少量孤立存在于非晶态氧化物中，认为在杂质聚集或缺陷位置造成了局部高电场强度，产生局部焦耳热效应引起高温而产生"结晶岛"。

多孔层主要是由非晶态的氧化铝所组成。关于多孔层中是否有结晶态氧化铝的存在，至今仍然有争议，这可能与电解液有关。

(1) 壁垒型阳极氧化膜的形成

在铝阳极氧化过程中，氧化膜生长和溶解这两个反应速率的相对大小决定了阳极氧化膜的结构和性能。铝合金阳极氧化反应包括铝的溶解、离子在溶液中的迁移和氧化反应等步骤，其化学反应式为：

$$Al^{3+}(ox) \longrightarrow Al^{3+}(aq)$$
$$H_2O(aq) \longrightarrow O^{2-}(ox) + 2H^+(aq)$$

ox——氧化膜；aq——溶液。

在多孔型阳极氧化膜的形成过程中，首先生成一层很薄的致密的阻挡层。在铝阳极氧化时，外加电流 i 理论上应该是氧化膜生成电流 i_{ox}、氧化膜溶解电流 i_{dis} 和电子电流 i_e 三部分之和：

$$i = i_{ox} + i_{dis} + i_e$$

由于阳极氧化膜的生长以离子导电为主，电子电导率一般很低，因此，电子电流 i_e 在铝阳极氧化时可以忽略不计。

壁垒型氧化膜由两层组成，即纯 Al_2O_3 的内层和阴离子加上 Al_2O_3 的外层。当形成壁垒型氧化膜时，氧化物的溶解作用非常小。新生的氧化物在壁垒膜/金属铝界面与壁垒膜/电解质溶液界面之间形成。当固体氧化物在壁垒膜/电解质溶液界面生成时，可能通过铝离子溶解/氧化物沉淀的机理，电解质溶液的负离子同时从溶液渗入氧化膜中。

阳极氧化反应不像电镀层那样建立在金属/电解液界面上，而是在铝/氧化膜界面上向铝的内部生长。在阳极氧化过程中氧化膜的外表面与电解液接触，氧化膜在电解液中会发生场致溶解，导致在铝基体厚度有所减小的同时生长出一定厚度的氧化膜，所以，阳极氧化的膜厚增加与电镀层净厚增加有所不同。

(2) 多孔型氧化膜层的形成

在薄而致密的阻挡层形成后，氧化膜继续生长会发生膜的局部溶解；化学溶解和场致溶解的共同作用导致孔底的氧化膜发生溶解，从而进一步发展形成孔洞。

多孔型阳极氧化膜的生成电流包括氧化膜生成电流 i_{ox} 和溶解电流 i_{dis} 两部分。

$$i = i_{ox} + i_{dis}$$

多孔层的生长过程大致分为两个阶段，即阻挡层上孔的萌生、孔的生长和发展。需注意的是，这并不是两个可以决然分开的独立过程，只是为了便于理解。

① 阻挡层上孔的萌生。如图 10-4 所示，在微孔萌生之前，均匀的原阻挡层氧化膜因为表面的凹凸不平而有一定的起伏，凸起之处称为"脊"，凹陷之处称为"谷"[图 10-4 (a)]。氧化膜发生起伏后，电流密度由于表面的凹凸不平而分布不均，金属表面氧化膜"脊"的电流较大，从而使氧化膜局部增厚，同时使金属/氧化膜的界面平坦[图 10-4 (b)]。"谷"位置是阻抗最小的地方，电流在"谷"位置开始集中，并伴随局部焦耳热的产生，局部受热位置可能散布到邻近位置，改变了氧化膜的离子电导率，直到电流集中在"谷"的位置，逐渐发展成为微孔[图 10-4 (c)]。氧化膜的阻挡层发生氧化膜的化学溶解，这个区域的电场强度会因此而变得分布不均，从电场分布看，扇形结构的形成可使得金属/氧化膜界面电场保持均匀稳定[图 10-4 (d)]。

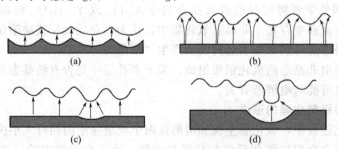

图 10-4 多孔型阳极氧化膜的生长过程及孔洞内的电流分布

初期出现的膜"谷"并不会全部成为微孔，没有发展到微孔的"谷"留在氧化膜表面，以后再被电解质溶液溶解掉。由于氧化膜的生长中微孔底部铝的溶解，为了维持铝溶解区域电场强度的均匀，金属/氧化物的界面成为具有一定曲率半径的扇形。

② 孔的生长和发展。在电场的作用下，阻挡层的均匀溶解转变成局部溶解，这种局部溶解是相对于电场方向的电化学作用下形成的，加在阻挡层的阳极电压使 Al^{3+} 穿过阻挡层向孔底移动，也可以看成孔底的氧化膜不断溶解使得微孔向纵深发展。此时维持阻挡层厚度不变，多孔层厚度随之不断增大。与此同时，O^{2-} 在阻挡层中从孔底向氧化膜/金属铝界面移动，并在界面与 Al^{3+} 反应生成新的氧化物。因此，阻挡层中离子的迁移在多孔层的生长中仍然起着重要作用。

微孔中离子迁移的驱动力是电场的直接作用，微孔底部阻挡层由于电化学作用溶解的 Al^{3+} 也可以在电场作用下从微孔中排出，不至于使微孔内外 Al^{3+} 形成巨大的浓度差。氧化液一般是酸性的，在阳极氧化的整个过程中，酸液使氧化膜的表面发生化学溶解和场致溶解现象，化学溶解只取决于氧化液本身的浓度，场致溶解只取决于氧化电压。阳极电流密度高、溶液温度低和酸浓度低有利于阳极氧化膜的生长，而阳极电流密度低、溶液温度高和酸浓度高会加快氧化膜的溶解，不利于氧化膜的生长。

另外，随着微孔不断加深，除了阻挡层由于离子导电机理控制之外，微孔中溶液浓度差引起的扩散作用随着微孔的加深也会变得比较重要。

需要说明的是，由于微孔非常微小，孔内的微区电化学测量很难进行，在微孔的发展和生长过程中，微孔内的离子行为目前仍然不是十分清楚，许多物理化学问题还有待深入研究，因此，阳极多孔氧化膜的萌生和生长机理还有待进一步研究、完善。

10.1.3 阳极氧化膜的性能

采用阳极氧化工艺可以在铝合金表面制备一层均匀致密、综合性能优异的氧化膜。该膜层的综合性能由电流密度、氧化电压、电解液的组成及浓度、时间和搅拌冷却系统等条件决定。铝阳极氧化膜的主要性能如下：

(1) 氧化膜的多孔性

采用硫酸溶液制备的铝阳极氧化膜的孔隙率比采用草酸溶液制备的氧化膜高。图 10-5 和图 10-6 分别为纯铝在 0.3mol/L 的硫酸和草酸溶液中的阳极氧化膜形貌。

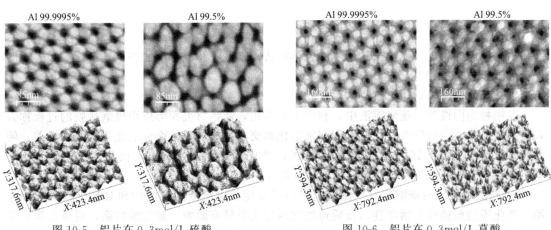

图 10-5　铝片在 0.3mol/L 硫酸溶液中的阳极氧化膜形貌

图 10-6　铝片在 0.3mol/L 草酸溶液中的阳极氧化膜形貌

(2) 氧化膜的光学性能

铝阳极氧化膜具有优异的光学特性，孔洞结构为单向性，其对入射光有一定的偏光特性。通过在铝阳极氧化膜的多孔层内沉积某些特定的金属，每种金属都有自身独特的偏光特性，从而制备出各种具有光学特性的功能性薄膜。

(3) 氧化膜的吸附性能

铝阳极氧化膜多孔层的孔洞具有较高的活性和很强的吸附能力，通过不同的工艺在膜层孔洞中添加一些物质，使铝阳极氧化膜的表面装饰性（电解染色）、耐磨性和耐蚀性有所提高。经过电解着色处理可以获得均匀平整、光亮的阳极氧化膜。

(4) 氧化膜的硬度

普通铝阳极氧化膜的硬度约为 200～500HV，而硬质铝阳极氧化膜的硬度可达到

1200~1500HV。铝阳极氧化膜的显微硬度与基体组成和氧化膜的结构组成、膜厚、氧化膜的形成条件等有关。

(5) 氧化膜的结合力

铝合金阳极氧化膜因多层孔洞具有较好的活性和很强的附着力，适合作为涂装底层。铝合金阳极表面的多层孔洞氧化膜大大地提高了粘接面积，能使更多的胶黏剂进入氧化膜的多孔层中形成更强的机械互锁作用，极大地提高了铝合金阳极氧化膜的粘接强度。铝合金在磷酸中制备的阳极氧化膜由于膜层的孔径和孔隙率很大，与胶黏剂结合的粘接强度要大于铬酸阳极氧化膜和硫酸阳极氧化膜。

(6) 铝阳极氧化膜的耐磨性能

孔隙率影响铝阳极氧化膜的摩擦性质，孔隙率越大，氧化膜的耐磨性能越差。在高载荷条件下，阳极氧化膜的孔径对摩擦系数的影响较大。承受较小载荷的氧化膜只有轻微的塑性变形。当铝阳极氧化膜承载较大的载荷时，在氧化膜表面形成一些有一定厚度的光滑的摩擦块，这是摩擦化学反应以及磨损的碎屑相互压实所致，这样的表面状态导致高载荷对铝阳极氧化膜的摩擦磨损减弱。

(7) 铝阳极氧化膜的耐蚀性

铝合金的电极电位低，很容易发生腐蚀。铝合金经阳极氧化处理后，一般要对氧化膜多孔层进行封闭处理（将多孔层的孔洞堵塞），常用的方法有沸水封闭、高温水蒸气封闭、重铬酸盐封闭、氟化镍封闭、醋酸镍封闭、稀土封闭等，封闭后的铝合金阳极氧化膜具有优异的耐蚀性能。

10.1.4 铝合金阳极氧化工艺

铝阳极氧化工艺有硫酸法、磷酸法、草酸法、铬酸法和混合酸法等，其中应用最广泛的是硫酸阳极氧化法和混合酸阳极氧化法。

(1) 硫酸法阳极氧化工艺

以铝材为阳极置于硫酸溶液中，利用电解作用，使铝材表面形成阳极氧化膜的过程称为硫酸阳极氧化。硫酸阳极氧化有直流阳极氧化和交流阳极氧化。交流氧化膜的耐蚀性差、硬度低、厚度薄（小于$10\mu m$）。因此，目前国内外广泛应用的是直流阳极氧化。阳极氧化的工艺参数主要有硫酸浓度、槽液温度、氧化电压等。

① 硫酸浓度。硫酸浓度对氧化膜的阻挡层厚度、电解液的导电性和对氧化膜的溶解作用、氧化膜的耐蚀性和耐磨性以及后道处理的封孔质量有影响。硫酸浓度高，对氧化膜的溶解作用大，形成的阻挡层薄，维持一定电流密度所需的电压降低；反之，阻挡层则厚，所需的电压升高。阳极氧化膜的极限厚度随着硫酸浓度的提高而明显减小，因此，如生产较厚的氧化膜，在其他工艺条件不变的情况下应适当降低硫酸浓度。一般来说，随着硫酸浓度的增加，膜的耐蚀性和耐磨性均下降，耐磨性以约15%的硫酸为最好。通常电解液的浓度为$150\sim220g/L$，最佳使用条件为$160\sim180g/L$，获得厚度$20\sim25\mu m$的氧化膜时为$150\sim160g/L$。另外，硫酸浓度高，对氧化膜的溶解作用大，氧化膜膜孔锥度大、外层孔径增大，使封孔困难。

② 槽液温度。随着槽液温度升高，一般铝合金氧化膜的硬度下降，耐磨性明显下降。一般铝合金在20℃槽液中的耐蚀性为最好，此后随着温度的升高，耐蚀性下降。一般槽液温度为$15\sim23$℃，最佳使用条件为$19\sim21$℃，获得厚度$20\sim25\mu m$的氧化膜时为$17\sim19$℃。

③ 氧化电压。阳极氧化电压决定氧化膜的孔径大小。低压生成的膜孔径小、孔数多；高压生成的膜孔径大，但孔数少。在一定范围内，高压有利于生成致密、均匀的膜。在恒定

电压下，电流密度会随着氧化时间的延长而下降；膜厚的增加与恒电压下的氧化时间没有直接关系。采用恒电压时，氧化电压一般采用 15～20V，在氧化刚开始时应缓慢升高电压。

④ 氧化电流密度。氧化电流密度与生产效率有直接的关系。氧化膜厚度的增加与单位面积上通过的电量成正比，即与电流密度和时间的乘积成正比。在阳极氧化过程中，随着时间的延长，由于膜厚的增加、膜电阻的增大，电解电压会不断上升。氧化电流密度较高时，可缩短达到所需厚度氧化膜的氧化时间，生产效率高，但要求的电源容量大。此外，电流密度过高，膜的波动大，还易引起"烧伤"。一般氧化电流密度为 $1.0～1.4A/dm^2$，最佳使用条件为 $1.3～1.4A/dm^2$，获得厚度 $20～25\mu m$ 的氧化膜时氧化电流密度为 $1.5～1.6A/dm^2$。

⑤ 氧化时间。氧化时间根据铝工件对氧化膜的厚度和性能的要求、硫酸浓度、槽液温度、电流密度来决定。在一定时间内，氧化膜厚度的增长与时间成正比。氧化时间对耐磨性有明显影响，这是因为随着氧化时间的延长，硫酸溶液对氧化膜的溶解加剧，膜孔壁会减薄，使耐磨性降低。

普通硫酸阳极氧化可获得 $0.5～20.0\mu m$ 厚度、吸附性较好的氧化膜层，适用于一般防护或作为油漆涂层的黏结底层（如飞机外蒙皮等）；硫酸阳极氧化膜多孔，孔隙率约为 35%，吸附能力强，电解着色和化学染色容易，被广泛用于装饰目的。硫酸阳极氧化膜具有较高的耐蚀性，但对基体材料的疲劳性能影响较大，并且不适用于点焊件、铆接组合件以及容易滞留电解液的零件。

以硫酸溶液为主要槽液的硫酸阳极氧化工艺具有成本低、成分简单、工艺稳定、操作方便及适用性广的特点，但是，由于槽液组成单一、浓度偏高，对膜层溶解度偏大，需要低温环境和能耗较高等问题较为突出。

(2) 草酸法阳极氧化工艺

由于草酸的酸性较弱，对铝及氧化膜的化学溶解性小，阳极氧化膜的孔隙率低，膜层较厚，硬度较高，阳极氧化膜的耐蚀性、耐磨性和电绝缘性优于硫酸法。草酸法阳极氧化膜通常不是无色的透明膜，膜的颜色取决于电解液的温度、电流密度、膜厚度和合金成分等，表面装饰性能较好，如会因为铝合金的合金元素不同而获得不同色泽的氧化膜。因此，草酸法阳极氧化一般只在特殊要求的情况下使用，如制作电气绝缘保护层、日用品的表面装饰等。

草酸法阳极氧化所用的草酸浓度一般为 3%～5%。铝合金草酸法阳极氧化可获得 8～20μm 厚度的氧化膜。常规草酸法阳极氧化工艺极易电击穿而出现烧蚀现象，合格率低，而且溶液对氯离子敏感，所需外加电压较高、能耗较高，因此，生产成本比硫酸法阳极氧化高 3～5 倍；另外，草酸在阴极上容易被还原为羟基乙酸，在阳极上被氧化成二氧化碳，电解液稳定性也较差，草酸法阳极氧化膜的色泽也容易随工艺条件变化而变化，使产品产生色差，在应用上受到了一定限制。

(3) 铬酸法阳极氧化工艺

铬酸法阳极氧化工艺主要有 B-S 法和恒压法。

英国的 Bengough 和 Stuart 研究开发了采用铬酸溶液对铝合金进行阳极氧化制备氧化膜的工艺，即 B-S 法。铬酸浓度 3%～5%，电解液温度 (40±2)℃，分阶段升高电压氧化：先在 10min 内将电压从 0V 升到 40V，恒压 20min，随后 5min 内将电压从 40V 升到 50V，再恒压 5min，一般总氧化时间为 40min。不同铝合金的铬酸法阳极氧化工艺有所差别。

恒压法由 Buzzrad 于 1937 年开发，其后各国的研究者对其进行了调整、完善。它是将铬酸的浓度（约 10% 的铬酸或约含 $10\%CrO_3$）提高，控制电解液 pH 值，进行恒压氧化（常用电解电压 30V 或 40V）。

铬酸法阳极氧化膜厚度为 $2\sim5\mu m$，比硫酸溶液制备的阳极氧化膜薄得多，颜色由灰白色到深灰色，一般不能染色，阳极氧化后零件的尺寸变化较小，能保持原来零件的精度和表面粗糙度。铬酸法阳极氧化膜较软，结构致密，弹性高，不会明显降低基体的疲劳强度，但耐磨性不如硫酸法阳极氧化膜，不适合作为耐磨件的表面处理。铬酸法阳极氧化膜组织结构为树枝状，氧化膜很致密，孔隙率低，耐蚀性较好，与涂层的附着性好，不需任何的封闭处理即可在工业生产中得到应用。需要指出的是，因铬酸对铜的溶解度较大，所以，铜质量分数大于 4%的铝合金一般不适合于铬酸法阳极氧化。

铬酸法阳极氧化，无论溶液成本或是电能消耗都比硫酸法阳极氧化贵，而且铬酸对环境污染大，不利于环境保护。近年来，采用硫酸或混合酸阳极氧化法取代铬酸法应用在航空工业中，不但绿色环保，而且制备的铝阳极氧化膜的综合性能也更加优异。

(4) 磷酸法阳极氧化工艺

铝合金磷酸阳极化方法最先为美国波音公司所研究并采用。磷酸阳极化处理工艺是弱酸性阳极化处理方法，与铬酸或硫酸阳极化方法相比，具有环境友好、毒性小、成本低及工艺参数易控制等优点。磷酸法阳极氧化膜较薄，孔径大，便于填充润滑物质等功能材料，化学稳定性好，防水性较强；阳极氧化膜与涂料、胶黏剂的结合力高。磷酸法阳极氧化工艺有三种配方：

① 低浓度磷酸阳极氧化配方。$40\sim50g/L\ H_3PO_4$，电压为 12V，电流密度为 $0.5\sim1.0A/dm^2$，温度为 20℃，时间为 $10\sim15min$。采用低浓度磷酸制备的铝阳极氧化膜可用于喷涂底层。

② 中浓度磷酸阳极氧化配方。$100\sim150g/L\ H_3PO_4$，电压为 $10\sim15V$，电流密度为 $1\sim2A/dm^2$，温度为 $20\sim25℃$，时间为 $18\sim22min$。采用中浓度磷酸制备的铝阳极氧化膜可用于胶接底层。

③ 高浓度磷酸阳极氧化配方。$380\sim420g/L\ H_3PO_4$，电压为 $40\sim60V$，电流密度为 $1\sim2A/dm^2$，温度为 25℃，时间为 $40\sim60min$。采用高浓度磷酸制备的铝阳极氧化膜的孔隙率很大，可用于电镀底层。

与硫酸氧化膜和草酸氧化膜相比，磷酸氧化膜的膜厚较小，一般只有几微米，在应用上受到了一定限制。

(5) 硼酸-硫酸溶液阳极氧化

硼酸-硫酸阳极氧化膜层除了具有铬酸阳极化膜层的优点以外，还具有良好的遮盖能力、槽液成分浓度低、不含 Cr（Ⅵ）、槽液处理方便、对环境污染小和节约能源等优点，被称为"环保型"表面处理方法。

硼酸-硫酸阳极氧化膜层较薄，膜层应力较小，不像硫酸阳极氧化那样易产生裂纹，且与铬酸阳极氧化一样，氧化膜具有高弹性，结构致密。硼酸-硫酸阳极氧化膜层还具有良好的吸附能力，容易染上各种颜色，可保持零件的高精度和低表面粗糙度等特性。

(6) 混合酸法阳极氧化工艺

混合酸法阳极氧化是以硫酸、草酸等为基础液，添加各种不同有机酸及无机盐配制成混合电解液，对铝合金进行阳极氧化处理的工艺。由于有机酸对氧化膜的溶解极弱，可以获得膜层较厚、均匀致密、性能优良的铝阳极氧化膜。混合酸阳极氧化可以提高阳极氧化的温度范围及氧化效率，提高膜层的耐蚀性，提高膜层硬度及耐磨性能。但混合酸阳极氧化工艺电解液成分复杂，成本通常比硫酸氧化法高。

(7) 硬质阳极氧化

铝的硬质阳极氧化技术是以阳极氧化膜的硬度与耐磨性作为首要性能目标的阳极氧化技

术,硬质阳极氧化技术除明显提高铝材的表面硬度和耐磨性外,同时也提高了耐腐蚀性、耐热性及电绝缘性等性能。一般硬质氧化膜比较厚、硬度比较高、耐磨性较好、孔隙率较低、耐击穿电压较高,但表面平整性可能稍差一些。硬质阳极氧化的工艺与普通阳极氧化没有本质差别,但存在不同的侧重之处,主要是设法降低氧化膜的溶解性,如降低槽液温度、浓度,向槽液中添加有机酸或用有机酸阳极氧化等。

铝合金硬质氧化膜与铝合金类型、铝合金加工状态有关。1000 系或 1100 系(纯铝)的普通阳极氧化和硬质阳极氧化都是最容易的。铝合金中的富铜相,在阳极氧化过程中的溶解速度较快,成为电流聚集中心而容易被烧损击穿而形成"针孔"。因此,2000 系铝合金(Al-Cu 合金)的硬质阳极氧化较困难。5000 系铝合金(Al-Mg 合金)的硬质阳极氧化没有特殊的技术难度,但可能存在"烧损"或"膜厚过度"的问题。合金中 Mg 含量的增加,上述缺陷变得严重。6000 系铝合金(Al-Mg-Si 合金)的硬质阳极氧化一般没问题,尤其是6063 铝合金;但 Cu 对 6061 或 6082 铝合金有影响,可出现成膜效率低和耐磨性低的问题。7000 系铝合金(Al-Zn、Al-Zn-Mg、Al-Zn-Mg-Cu 合金)的硬质阳极氧化存在"针孔"问题,但不如 2000 系严重。挤压材(板材、薄板等)存在各向异性,在挤压方向上存在粗晶带,不同取向晶粒的硬质阳极氧化存在氧化速率不同,会影响氧化膜的均匀性,产生缺陷。铸造铝合金一般含有较高硅,高硅/铜的铝合金铸件的阳极氧化一般比较困难。

10.1.5 着色和封孔处理

铝及其合金阳极氧化处理后,在其表面生成了一层多孔氧化膜,经过着色和封孔处理后,可获得不同的颜色,并能提高膜层的耐蚀性、耐磨性。

(1) 着色处理

铝阳极氧化膜的着色技术主要有以下三大类:

① 电解着色。电解着色是把阳极氧化的铝及铝合金在含金属盐的溶液中用直流或交流电进行电解,通过电化学反应,在多孔型阳极氧化膜的微孔底沉积非常细的金属或(和)氧化物颗粒,由于光的散射效应可以得到不同颜色。颜色的深浅与沉积颗粒的数量有关。国内外工业化的电解着色槽液基本上是镍盐、锡盐或锡-镍混合盐溶液。锡盐和锡-镍混合盐溶液的着色主盐都是 $SnSO_4$,镍盐着色主盐是 $NiSO_4$ 和 HBO_3。镍盐着色的结果有黄色、青铜色、黑色,但深古铜色和黑色不容易得到。锡盐着色的结果有茶色、青铜色、黑色,但浅色系着色较难以控制。

② 无机染料染色。将氧化后的工件浸入无机盐溶液中,使这些无机物在膜孔中发生化学反应,生成不溶于水的有色化合物,填塞氧化膜孔隙并将膜孔封住,而使膜层显示颜色。在实际生产中,无机染料染色一般在常温下操作,通常分两步进行。先在第一种溶液中浸 5~10min,取出清洗后再在第二种溶液中浸 5~10min,则染成所需要的颜色。如染红色时,工件先浸入硫酸铜溶液,然后再浸亚铁氰化钾溶液:

$$2CuSO_4 + K_4Fe(CN)_6 \longrightarrow Cu_2Fe(CN)_6 + 2K_2SO_4$$

由无机染料得到的颜色有限,色泽一般不够鲜亮,与基体结合力差,但却很耐温、耐晒。

③ 有机染料染色。有机染料染色基于物质的吸附理论,染色时物理吸附和化学吸附同时进行,但以化学吸附为主。由于有机染料分子与氧化铝发生化学反应,形成共价键或氢键,或生成络合物等,染料分子由于化学结合而存在于膜孔中。由于铝氧化膜孔壁呈正电性,应优先考虑显示负电性的阴离子染料。阳离子染料带电正性,不易进入膜孔被孔壁牢固吸附而不能染色。中性染料被膜孔吸附的量少,颜色太浅。

有机染料着色色泽鲜艳,颜色范围广,但耐晒性差。

(2) 封孔处理

铝及铝合金阳极氧化后，无论是否着色，都需及时进行封孔处理。目前，铝合金阳极氧化膜常用的封孔工艺有：沸水封孔（水合-热封孔）、高温水蒸气封孔、冷水封孔（充填封孔）、无机盐封孔、有机物封孔等。

① 沸水封孔。沸水封孔是在接近沸点的纯水中，通过氧化铝的水合反应，将非晶态氧化铝转化成勃姆体（böhmite）[水合氧化铝，$Al_2O_3 \cdot H_2O(AlOOH)$]，反应方程式为：

$$Al_2O_3 + H_2O \longrightarrow 2AlOOH$$

由于水合氧化铝比原阳极氧化膜的分子体积增大了约 30%，体积膨胀使得氧化膜的微孔填充封闭。

阳极氧化膜在水温 80℃ 以下不能转化为勃姆体，只能生产三份结晶水的拜耳体 [$Al_2O_3 \cdot 3H_2O$，即 $Al(OH)_3$]，而拜耳体的耐腐蚀性远不如勃姆体。为了得到勃姆体，实际生产操作温度必须保持在 95℃ 以上。国外文献常称之为"水合-热封孔"。

铝在酸性或碱性水中都会发生腐蚀，不可能生成耐腐蚀的勃姆体结构；沸水封孔的最佳 pH 值为 5.5～6.5，pH 值在 5～8 时，封孔品质处于较好的状态。

沸水封孔的不足：能源成本高、水质要求高、封孔速度慢、容易起白灰等，耐磨性降低。

高温水蒸气封孔与沸水封孔机理相同，与沸水封孔相比，封孔品质与水质关系、对 pH 值的依赖关系比沸水封孔小；封孔时较少发生染料外溢和褪色的危险，比较适合染色的阳极氧化膜。但设备的成本比较高，技术的关键是设备的密闭性，以保证需要的温度和湿度。封孔过程中的关键是避免水蒸气在表面的冷凝，只有高于 115℃ 高温水蒸气封孔，才能显示出最优异的封孔品质。工业生产时的温度一般在 115～120℃。

② 冷水封孔。国外的资料、标准中，将冷水封孔称为充填封孔，常用的为以氟化镍（NiF_2）为主要成分的冷水封孔工艺。冷水封孔是我国目前最基本、最常用的封孔工艺，操作温度为 20～25℃。与沸水封孔相比，封孔时间缩短 1/2 或 2/3，冷水封孔溶液的杂质容许量远高于沸水封孔。

冷水封孔溶液的关键成分是 Ni^{2+} 和 F^-。封孔品质取决于冷封孔膜的镍吸收量，Ni^{2+} 和 F^- 浓度不够就不能有效封孔，但 Ni^{2+} 浓度过高，封孔膜容易发绿，F^- 浓度过高，容易起灰。Ni^{2+} 浓度一般在 0.8～1.3g/L，F^- 浓度在 0.3～0.6g/L；欧洲提出 Ni^{2+} 和 F^- 的浓度高一些，分别为 1.2～1.8g/L 和 0.5～0.8g/L。pH 值最佳范围是 5.5～6.5，工业控制以 pH=6 为最佳。当 pH 值大于 6.5 时，溶液开始浑浊；大于 7 之后，开始出现沉淀。

冷水封孔膜在常温大气中放置会发生某些变化，会随着放置时间的延长而增重。这一过程一般称为冷水封孔膜的陈化处理。环境湿度愈大，冷水封孔膜陈化后的封孔效果愈好。在常温大气条件下，一般需要 4～5 天陈化处理，冷水封孔膜的增重才能基本稳定。而在热水中进行陈化处理时，冷水封孔膜的增重在短时间内就可基本稳定。如在 80℃ 热水中处理 15min 之后，膜的增重已基本稳定，封孔品质明显提高。所以，为提高封孔品质，工业生产一般规定，冷水封孔后需在 60～80℃ 热水中处理 10～15min。

③ 铬酸盐封孔。铬酸盐封孔的工艺为：封孔液为 50～70g/L 重铬酸钾，pH 值 6～7，操作温度 90～95℃，时间 30min。

氧化膜和孔壁的氧化铝与重铬酸钾反应生成碱式铬酸铝（$AlOHCrO_4$）或碱式重铬酸铝（$AlOHCr_2O_7$）沉淀，同时热水分子与氧化铝反应生成水合氧化铝，从而封闭微孔。

铬酸盐封孔技术简便易行，耐腐蚀性很好，并且改善抗疲劳性和氧化膜的涂层附着力，而且没有明显降低耐磨性，适用于以防护为目的的阳极氧化膜的封孔。但由于孔中含有剧毒且致癌的 Cr^{6+}，各国政府都在逐渐限制和禁止使用。

④ 乙酸镍封。乙酸镍封孔工艺为：封孔液为 1.4~1.8g/L Ni^{2+} 和 0.5%醋酸，加入适量添加剂，pH 值 5.5~6.0，操作温度 85~95℃，时间 15min。

乙酸镍封孔时同时存在下列两个反应：

Al_2O_3（氧化膜）$+H_2O \longrightarrow 2AlOOH$（勃姆体）　　　$Ni^{2+} + 2OH^- \longrightarrow Ni(OH)_2$

$Ni(OH)_2$ 沉淀对勃姆体的水合反应起到催化作用，$Ni(OH)_2$ 和勃姆体的同时存在，提高了氧化膜的耐腐蚀性，但耐磨性有所降低。

乙酸镍封孔可以得到优良的封孔品质。其突出优点是可防止染色膜在封孔时染料的浸出，特别适用于染色的阳极氧化膜；而且乙酸镍封孔的杂质容许度比沸水封孔大得多，封孔温度低于沸水封孔，而封孔速度远高于沸水封孔。

10.2　铝合金的微弧氧化

对铝合金进行阳极氧化，可以解决或提高其防护性、装饰性等问题，但性能上还有不足，如阳极氧化膜较薄，硬度低，耐磨性、抗擦伤性较差，限制了其直接作为摩擦副的应用。

微弧氧化（micro-arc oxidation，MAO）技术具有工艺简单、适用范围广、节能环保等优点，其氧化陶瓷膜能够克服铝合金硬度低、耐磨性差的缺点。

10.2.1　微弧氧化技术概述

微弧氧化技术是一种绿色环保的、效果良好的材料表面陶瓷化技术，利用弧光放电增强并激活在阳极（铝、钛、镁金属及其合金）表面上发生的反应而形成陶瓷氧化膜。它的基本原理是将铝、镁、钛等有色金属及其合金置于电解质溶液中，在强电场的作用下，电解质溶液中的气体发生电离，在金属表面发生氧化反应，生成等离子体，此时表面出现微区火花放电斑点，导致这些基体表面发生等离子体化学、热化学、电化学、扩散反应和高温相变等一系列复杂的反应，从而生成具有抗磨损、耐腐蚀、绝缘、隔热等良好性能的陶瓷膜。由于铝合金微弧氧化膜具有抗磨损、耐腐蚀、高介电和隔热等特性，在许多工业领域，包括航天航空、机械制造、军工、电子、石油化工等方面具有十分广阔的应用前景。

由于在微弧氧化技术的研究过程中对其本质认识的不同，出现了不同的术语：阳极火花沉积（anodic spark deposition，ASD），等离子体电解阳极化处理（plasma electrolysis oxidation，PEO），火花放电阳极氧化（anodischen oxidation under funkenentladung，AOF），一般情况下称其为微弧氧化或等离子体氧化（micro-plasma oxidation，MPO）。

10.2.2　微弧氧化工艺过程及原理

在微弧氧化过程中，作为阳极的阀金属被浸入水溶液中，而不锈钢电解槽作为阴极，其设备如图 10-7 所示。微弧氧化的电解质溶液主要以弱碱性水溶液（如硅酸盐、磷酸盐、铝酸盐、碳酸盐和氢氧化钠等）为主，其中应用最为广泛的是硅酸盐。

将 Al、Mg、Ti 等阀金属浸在一定浓度的电解质溶液中，当施以较高的电压（铝合金的阳极电压通常为 200~600V）和较大的电流时，非常薄的一层阳极氧化膜很快在阀金属表面形成。而当阳极电压高于一定的值（UB）后，最初的阳极氧化膜被击穿且出现微区弧光放电现象，瞬间在试样表面形成超高温区域（10^3~10^4K），导致氧化物以及基体金属被熔融甚至汽化。熔融物与电解液接触后，由于电解液温度较低而形成陶瓷膜层。由于膜层的击穿总是发生在弱的区域，最后形成的等离子电解氧化涂层通常是均匀的。

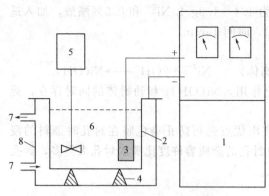

图 10-7 微弧氧化设备示意图
1—高压电源（380V，50Hz）；2—不锈钢槽；3—样品；
4—隔离板；5—搅拌系统；6—电解液；
7—冷却水；8—塑料容器

在微弧氧化过程中，当铝合金上施加的电压超过一定范围时，铝合金表面的氧化膜就会被击穿。随着电压的继续不断升高，氧化膜的表面会出现辉光放电、微弧和火花放电等现象。表面辉光放电过程的温度比较低，对氧化膜的结构影响不大；火花放电温度比较高，甚至可能使铝合金表面熔化，同时发出大量的电子及离子，使火花放电区出现凹坑及麻点，这对铝合金表面是一种破坏作用；只有微弧区的温度适中，既可使氧化膜的结构发生变化，又不造成铝合金表面的破坏，微弧氧化就是利用这个温度区对铝合金表面进行改性处理的。

根据微弧氧化中观察到的现象，可把微弧氧化过程分为四个阶段：

(1) 普通阳极氧化阶段

在施以电压以后，由于电压有一个从零开始增长的过程，在电压达到临界击穿电压之前，试样表面并不会出现火花放电现象。在该过程中，试样的表面会有大量细小的气泡冒出，金属表面逐渐失去金属光泽，发生普通阳极氧化，在基体的表面生成一层很薄的氧化膜。这层氧化膜是后面诱发火花或微弧的重要条件。由于电压上升的速度较快，此阶段持续的时间一般较短。

(2) 火花放电阶段

当施加的电压达到临界击穿电压之后，在初始生成的氧化膜的相对薄弱的区域开始发生击穿。首先，在试样边缘的区域观察到白色的细小的火花放电现象，随后在短时间内白色的细小的火花迅速分布到整个试样的表面，伴随有轻微的爆鸣声，此阶段持续的时间亦较短。

(3) 微弧氧化阶段

随着电压的进一步升高，火花逐渐变得大而明亮，颜色也由白色变为橘黄色，试样表面不断有大量的气泡冒出，并且伴随有剧烈的爆鸣声。此阶段反应剧烈，氧化膜层的厚度迅速增加，并伴随有大量的热量产生，电解液的温度迅速升高。需要通过冷却系统对电解液的温度进行控制。该阶段是微弧氧化处理过程中膜层生长的主要阶段，对膜层最终的厚度、表面质量以及性能起着决定性的作用。因此，在保证膜层质量的前提下，应该尽量延长这一阶段的作用时间。

(4) 熄弧阶段或弧光放电阶段

在微弧氧化阶段的末期，随着氧化膜层厚度的增加，击穿变得越来越困难，此时可能出现两种情况：一种情况是试样表面的电火花弧斑变得越来越稀疏，最终消失不见，只余下少量的细小火花，这些细小火花最终也会消失不见，爆鸣声停止，微弧氧化过程也随之停止。另一种情况是试样表面的电火花弧斑也逐渐消失，但是在试样表面的某几个部位会突然出现较大而且明亮刺眼的弧斑，这些弧斑通常会在其出现的位置持续比较长的一段时间，并伴随有大量的气泡冒出，爆鸣声增强，此阶段称为弧光放电阶段。弧光放电会对已生成的陶瓷膜层甚至基体金属产生烧腐蚀。因此，应尽量避免这一阶段的出现。

对同一金属材料而言，电解液成分、质量浓度、温度及添加剂类型对成膜速度、陶瓷膜成分和性能具有至关重要的影响。电解液的温度对微弧氧化陶瓷膜的生长过程和性能有较大的影响。随着电解液温度的升高，铝合金微弧氧化的起弧电压降低，陶瓷膜生长速度加快，有利于提高生产效率；但温度过高，电解液易飞溅，膜层也易烧焦，处理后膜层较粗糙，会影响膜层的质量，所以一般将温度控制在 40~60℃为宜。

10.2.3 铝合金微弧氧化膜的结构

微弧氧化产生的高温高压特性可使铝合金表面氧化膜发生相转变和结构转变，形成的陶瓷膜（氧化膜）包括内部致密层和外部疏松层，与基体金属冶金结合，与基体紧密结合。陶瓷膜由一定比例的 α-Al_2O_3 相、γ-Al_2O_3 相和其他相组成，其他相与金属中的合金元素、氧化的电解质溶液等有关。γ-Al_2O_3 陶瓷的烧结温度为 1300℃，而 α-Al_2O_3 陶瓷（刚玉相）的烧结温度为 2500℃。

铝的微弧氧化陶瓷膜表面、横截面形貌如图 10-8 和图 10-9 所示。外层主要是 γ-Al_2O_3，组织结构疏松，并且有很多孔洞存在，因此，称之为疏松层。内层主要是由 γ-Al_2O_3 相和刚玉相（α-Al_2O_3）组成，膜层致密，硬度高，是防腐蚀、耐磨损的主要工作层，称之为致密层。

图 10-8　6063 铝合金在 8 g/L $NaAlO_2$ 溶液中制备的微弧氧化膜表面形貌

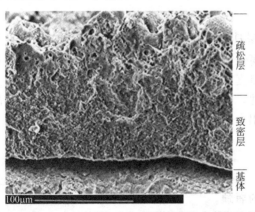
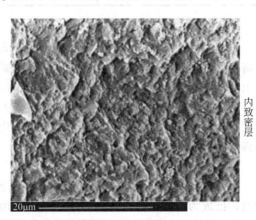

图 10-9　硅酸钠溶液中制备的铝微弧氧化陶瓷膜横截面 SEM 形貌

10.2.4 铝合金微弧氧化膜的性能

(1) 硬度及耐磨性

陶瓷膜硬度由膜层相组成和孔隙率决定。膜外层主要由 γ-Al_2O_3 相组成，且存在一些孔洞，这使外层膜硬度较低。内层膜除含有 γ-Al_2O_3 相外，还有高硬度 α-Al_2O_3 相（即刚玉相），并且内层膜致密性非常好，因此，内层膜的硬度高。

图 10-10 为 6082 铝合金在硅酸钠溶液中形成的厚度分别为 $100\mu m$、$150\mu m$ 和 $250\mu m$ 的微弧氧化膜的截面硬度分布曲线。从图 10-10 可看出，微弧氧化膜内部致密层的硬度可达 1500HV 以上，最高点可超过 2000HV，比硬质阳极氧化膜高 4～5 倍。

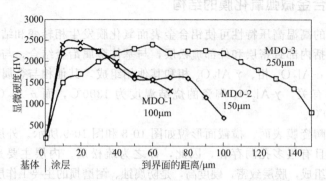

图 10-10　不同厚度的铝合金微弧氧化膜截面的硬度分布曲线

不同铝合金生成的微弧氧化膜，硬度也有所不同，以铝-铜系铝合金为最高，铝-镁-硅系合金次之，铸态铝-硅合金最差。表 10-2 列出不同铝合金微弧氧化膜的硬度值，铸态铝合金的硬度值只有 1000HV 左右，而 2024 铝合金可能达到 2000HV 以上，普通最常用的 6063 铝合金也可以保持在 1500HV，微弧氧化膜的硬度达到硬质阳极氧化膜的 3 倍，从而赋予了其优良的耐磨性能，其耐磨性能优于传统阳极氧化和镀硬铬镀层。

表 10-2　不同铝合金微弧氧化膜的硬度值

铝合金	显微硬度(100g)(HV)	铝合金	显微硬度(100g)(HV)
Al-Cu-Mg 系：2014、2024	1400～2200	Al-Zn-Mg 系：7075、7175	1200～1600
Al-Mg-Si 系：6061、6063	1300～1800	Al-Si-Cu 系：A319.0、A305.0	800～1200
Al-Mg 系、Al-Mg-Zn 系：5056、3003	1200～1500		

（2）耐蚀性能

微弧氧化膜层内部均有一层致密层，致密层具有较高的致密度，同时由于 Al_2O_3 具有极高的化学稳定性，可以使工件表面的抗酸碱腐蚀能力得到很大改善。微弧氧化陶瓷膜微观组织结构和厚度是影响耐蚀性的主要因素，但厚度的增加并不一定能提高其耐蚀性能。

微弧氧化铝合金在海水中的腐蚀形貌为点蚀，封孔处理可以降低点蚀的发生。在含铜离子的溶液中或与铜合金耦合均会加速微弧氧化铝合金的腐蚀。在实际使用中应避免材料处于铜离子的溶液中或与铜合金的电接触。

（3）抗疲劳性能

微弧氧化陶瓷膜会降低铝合金的疲劳寿命，如何有效地提高微弧氧化处理铝合金的疲劳性能，已成为该技术在一些重要领域推广应用的瓶颈。

铝合金微弧氧化处理后，铝合金的抗疲劳性能受到陶瓷膜的微观结构、内应力和厚度等因素的影响。

（4）其他特性

铝合金表面微弧氧化膜为氧化铝陶瓷膜，具有很好的电绝缘性。

铝合金表面微弧氧化膜的抗高温冲击特性很好，将铝合金的微弧氧化膜整体在加热炉中升至 300℃，然后放在冷水中，经过 35 次反复急冷实验未发现微弧氧化膜有任何脱落现象。甚至用 1300℃ 的氢氧火焰冲击（几秒）反复几次，也没有发现微弧氧化膜的龟裂和脱落现象。当然受热时间不能太长，因为铝合金本身会被熔化。

10.2.5 微弧氧化技术存在的问题

虽然铝合金微弧氧化膜具有非常优异的物理化学性能，但由于技术、经济等多方面的原因，目前微弧氧化技术的实际应用还需要在设备开发、工艺优化、机理探讨和性能改善等方面进行深入研究。

① 效率低、能耗大、成本高限制了微弧氧化技术在许多工业领域的应用，应研制满足不同类型企业批量生产要求的自动化微弧氧化设备，开发更多的复合技术满足工业发展要求。

② 还需深化理论研究。微弧氧化过程的影响因素较多，加强理论研究可为该技术工艺优化和实际应用提供有益指导，这需要对微弧氧化机理进行进一步探索和不断完善。

③ 进一步开展铝合金表面微弧氧化工艺研究。针对不同类型铝合金材料的物理特性、表面状态和表层组织结构，选择合理的处理工艺并进行优化，获取稳定可靠的工艺参数，以实现性能改善和效率提升的双赢。

④ 提高陶瓷膜及基体性能。例如：铝合金微弧氧化陶瓷膜在一定范围内会降低基体的抗疲劳性能，限制了该技术在航空航天、车辆、船舶等重要领域的推广应用。通过调整工艺，控制铝合金微弧氧化陶瓷膜的组成，制备性能优异的陶瓷膜，且能提高工艺的可重复性，是铝合金微弧氧化技术发展的目标。

10.3 其他化学转化膜

10.3.1 钢铁的磷化处理

把金属放入含有锰、铁、锌的磷酸盐溶液中进行化学处理，使金属表面形成一层难溶于水的磷酸盐保护膜的方法，叫作金属的磷酸盐处理，简称磷化。有色金属磷化处理的膜层远不及钢铁表面的磷化膜，因此，有色金属及合金的磷化处理的研究和应用远远少于钢铁。本书只介绍钢铁的磷化处理。

磷化膜层为微孔结构，与基体结合牢固，具有良好的吸附性、润滑性、不黏附熔融金属（Sn、Al、Zn）性及较高的电绝缘性、耐蚀性等。磷化膜厚度一般为 $5\sim20\mu m$，磷化膜主要用于涂料的底层、金属冷加工时的润滑层、金属表面保护层等。磷化处理所需设备简单、操作方便、成本低、生成效率高，被广泛用于汽车、船舶、航空航天等工业生产中。

磷化膜主要由重金属的二代和三代磷酸盐的晶体组成，不同的处理溶液得到的膜层组成和结构不同。在磷化膜中，应用最广的是磷酸铁膜、磷酸锌膜和磷酸锰膜。

① 磷酸铁膜。用碱金属磷酸二氢盐为主要成分的磷化液处理钢材表面时，得到非晶态的磷酸铁膜。磷酸铁膜呈灰色、青色乃至黄色。磷化液中的添加物也可共沉积于膜中，并影响膜的颜色。

② 磷酸锌膜。采用磷酸和磷酸二氢锌为主要成分且含有重金属与氧化剂的磷化液处理钢材时，形成的膜由两种物相组成：磷酸锌 $[Zn_3(PO_4)_2\cdot 4H_2O]$ 和磷酸锌铁 $[Zn_2Fe(PO_4)_2\cdot 4H_2O]$。磷酸锌是白色不透明的晶体，属斜方晶系；磷酸锌铁是无色或浅蓝色的晶体，属单斜晶系。锌系磷化膜呈浅灰色至深灰色结晶状。

③ 磷酸锰膜。用磷酸锰为主的磷化液处理钢材时，得到的膜层几乎完全由磷酸锰 $[Mn_3(PO_4)_2\cdot 3H_2O]$ 和磷酸氢锰铁 $[2MnHPO_4\cdot FeHPO_4\cdot 2.5H_2O]$ 组成。磷化膜中锰与铁的比例，随磷酸液中铁与锰的比例而改变，但铁的含量远低于锰。

从电化学观点来看，磷化膜的形成可用微电池来解释。

在含有锰、铁、锌的磷酸氢二盐和磷酸溶液中：

阴极反应为：$2H^+ + 2e \longrightarrow H_2 \uparrow$

阳极反应为：$Fe \longrightarrow Fe^{2+} + 2e \quad Fe^{2+} + 2H_2PO_4^- \longrightarrow Fe(H_2PO_4)_2$

$$Fe(H_2PO_4)_2 \longrightarrow FeHPO_4 + H_3PO_4$$

$$3FeHPO_4 \longrightarrow Fe_3(PO_4)_2 \downarrow + H_3PO_4$$

同时，$Mn(H_2PO_4)_2$、$Zn(H_2PO_4)_2$ 也发生如下反应（以 M 代表 Mn、Zn）：

$$M(H_2PO_4)_2 \longrightarrow MHPO_4 + H_3PO_4$$

$$3MHPO_4 \longrightarrow M_3(PO_4)_2 \downarrow + H_3PO_4$$

阳极区的反应产物 $Fe_3(PO_4)_2$、$Mn_3(PO_4)_2$、$Zn_3(PO_4)_2$ 一起结晶形成磷化膜。

温度对磷化过程影响很大，提高温度（但不能使溶液沸腾）可以加快磷化速度，提高磷化膜的附着力、耐蚀性、耐热性和硬度。

磷化工艺主要有高温、中温和常温磷化。高温磷化的磷化温度为 90~98℃，膜层较厚，附着力、耐蚀性、耐热性和硬度都比较好；缺点是溶液的工作温度较高，溶液蒸发量大，成分变化快，常需调整，且结晶粗细不均匀。中温磷化的磷化温度约为 60℃，优点是耐蚀性接近高温磷化膜，溶液稳定、磷化速度快，效率高；缺点是溶液较复杂、调整较麻烦。常温磷化的优点是溶液稳定、节约能源、成本低；缺点是耐蚀性差、结合力欠佳、处理时间较长、效率低。

10.3.2 铬酸盐处理

把金属或金属镀层放入含有某些添加剂的铬酸或铬酸盐中，通过化学或电化学的方法使金属表面生成由三价和六价铬组成的铬酸盐膜的方法，叫作金属的铬酸盐处理，也称钝化。铬酸盐膜与基体结合力强，结构比较紧密，具有良好的化学稳定性、耐蚀性，对基体金属有较好的保护作用。铬酸盐处理工艺常用于锌镀层等金属镀层的后处理，以提高镀层的耐蚀性。

铬酸盐膜的颜色丰富，从无色透明或乳白色到黄色、金黄色、淡绿色、绿色、橄榄色、暗绿色和褐色，甚至黑色，应有尽有。

铬酸盐膜主要由三价和六价铬的化合物，以及不同基体金属或镀层金属的铬酸盐组成。一般认为，铬酸盐膜的形成过程大致分为以下三个步骤：

① 金属表面被氧化并以离子的形式转入溶液，与此同时有氢气析出。

② 所析出的氢促使一定数量的六价铬还原成三价铬，并由于金属-溶液界面处的 pH 值升高，生成以氢氧化铬为主体的胶体状的柔软不溶性复合铬酸盐膜。

$$Cr_2O_7^{2-} + 8H^+ \longrightarrow 2Cr(OH)_3 + H_2O$$

$$2Cr(OH)_3 + CrO_4^{2-} + 2H^+ \longrightarrow Cr(OH)_3 \cdot Cr(OH) \cdot CrO_4 \cdot H_2O(胶体) + H_2O$$

③ 氢氧化铬胶体从溶液中吸附和结合一定数量的六价铬，待胶体干燥脱水收缩后，在金属界面构成具有某种组成的铬酸盐膜。

$$Cr(OH)_3 \cdot Cr(OH) \cdot CrO_4 \cdot H_2O(胶体) \longrightarrow xCr_2O_3 \cdot yCrO_3 \cdot zH_2O$$

不同基体金属，采用不同的铬酸盐处理溶液，得到的膜层颜色和膜的组成也不同，见表 10-3。

表 10-3 锌、铝的铬酸盐膜的组成和颜色

基体金属	铬酸盐溶液组成	膜的组成	膜的颜色
锌	重铬酸钠、硫酸	α-Cr_2O_3、ZnO	黄绿色
	铬酸	α-CrOOH、$4ZnCrO_4 \cdot K_2O \cdot H_2O$	黄色

基体金属	铬酸盐溶液组成	膜的组成	膜的颜色
铝	铬酸、氟化物、添加剂	α-AlOOH·Cr_2O_3、α-CrOOH、$Cr(NH_3)_3NO_2CrO_4$	无色、黄色和红褐色
	铬酸、重铬酸盐	α-CrOOH、α-AlOOH	褐色、黄色

在铬酸盐膜中,不溶性的化合物构成了膜的骨架,使膜具有一定的厚度,由于它本身具有较高的稳定性,因而使膜具有良好的强度。六价铬化合物以夹杂形式或由于被吸附或化学键的作用,分散在膜的内部起填充作用。当膜受到轻度损伤时,可溶性的六价铬化合物能使该处再钝化。一般认为,铬酸盐膜中六价铬化合物的含量越多,其防蚀效果越好。用清水洗过的铬酸盐膜,最好不要在高于50℃的温度下干燥。因为铬酸盐膜在此温度下由可溶性转化为不溶性,降低了铬酸盐膜中六价铬的含量,从而影响铬酸盐膜的自愈合能力。这种转化的程度随温度的升高而加剧,当干燥温度高于70℃后,膜层开始出现龟裂。

10.3.3 钢铁的化学氧化

钢铁的化学氧化是指钢铁在含有氧化剂的溶液中进行处理,使其表面生成一层均匀的蓝黑色到黑色膜层的过程,也称钢铁的"发蓝"或"发黑"。

钢铁的化学氧化可分为高温化学氧化和常温化学氧化。

(1) 高温化学氧化

高温化学氧化是传统的发黑处理方法,采用含有亚硝酸钠的浓碱处理液,在140℃左右的温度下处理15~90min,得到以Fe_3O_4为主的氧化膜,膜厚一般只有0.5~1.5μm,最厚可达2.5μm。氧化膜具有较好的吸附性,将氧化膜浸油或作其他后处理,其耐蚀性大大提高。钢铁发黑后,经热水清洗、干燥后,在105~110℃的油、锭子油或变压器油中浸3~5min,以提高耐蚀性。由于氧化膜很薄,对零件的尺寸和精度几乎没有影响,因此在精密仪器、光学仪器、武器及机器制造业中得到广泛应用。

高温化学氧化的化学机理如下:

$$3Fe + NaNO_2 + 5NaOH \longrightarrow 3Na_2FeO_2 + H_2O + NH_3 \uparrow$$

$$6Na_2FeO_2 + NaNO_2 + 5H_2O \longrightarrow 3Na_2Fe_2O_4 + 7NaOH + NH_3 \uparrow$$

$$Na_2FeO_2 + Na_2Fe_2O_4 + 2H_2O \longrightarrow Fe_3O_4 + 4NaOH$$

电化学机理为钢铁浸入发黑液后即在表面形成无数的微电池,在微电池阳极区发生铁的溶解:$Fe \longrightarrow Fe^{2+} + 2e$。

在有氧化剂的条件下,二价铁离子转化为铁的氢氧化物:

$$6Fe^{2+} + NO_2^- + 11OH^- \longrightarrow 6FeOOH + H_2O + NH_3 \uparrow$$

在微阴极上发生氢氧化物的还原:

$$FeOOH + e \longrightarrow HFeO_2^-$$

$$2FeOOH + HFeO_2^- \longrightarrow Fe_3O_4 + OH^- + H_2O$$

(2) 常温化学氧化

常温化学氧化是20世纪80年代迅速发展起来的新技术。与高温化学氧化相比,常温化学氧化具有节能、高效、操作简便、成本低、环境污染小等优点。常温化学氧化得到的是以CuSe为主要成分的表面膜,其功能与Fe_3O_4膜相似。常温氧化液主要由成膜剂、pH缓冲剂、络合剂、表面湿润剂等组成。主要的成膜物质是铜盐和亚硒酸(H_2SeO_3),它们最终在钢铁表面形成褐色CuSe膜,其化学反应如下:

① Fe 置换溶液的 Cu^{2+} 生成的 Cu 覆盖在金属表面：

$$Fe+CuSO_4 \longrightarrow FeSO_4+Cu\downarrow$$

② Cu 与亚硒酸反应生成 CuSe 表面膜：

$$3Cu+3H_2SeO_3 \longrightarrow 2CuSeO_3+CuSe\downarrow +3H_2O$$

钢铁表面还可以与亚硒酸发生氧化还原反应，生成的 Se^{2+} 与溶液中 Cu^{2+} 结合生成 CuSe：

$$Fe+H_2SeO_3+4H^+ \longrightarrow Fe^{2+}+Se^{2+}+3H_2O$$

pH 缓冲剂的作用是维持发黑液的 pH 值在使用过程中的稳定性，常温发黑一般将 pH 值控制在 2~3 范围内。pH 值过低，反应速率太快，膜层疏松，附着力和耐蚀性下降；pH 值过高，反应速率缓慢，膜层太薄，且溶液稳定性下降，易产生沉淀。磷酸-磷酸二氢盐是常用的缓蚀剂。

络合剂主要用来络合 Fe^{2+} 和 Cu^{2+}。与 Fe^{2+} 生成稳定络合物，避免了 Fe^{2+} 的氧化（微量的 Fe^{3+} 可与亚硒酸根离子生成沉淀，使发黑液浑浊失效），起到稳定发黑液的作用。与 Cu^{2+} 生成稳定络合物，可有效降低溶液中 Cu^{2+} 浓度，降低成膜反应速率，延长成膜时间，提高膜层的致密度、附着力和耐蚀性。

表面湿润剂可降低发黑液的表面张力，使液体容易在钢铁表面润湿和铺展，以保证获得均匀一致的表面膜。所使用的表面湿润剂均为表面活性剂，常用的有十二烷基磺酸钠、OP-10 等。

钢铁的常温发黑液配方如表 10-4 所示。常温发黑操作简单、速度快（通常 2~10min）；但目前还存在发黑液不够稳定、膜层结合力稍差等问题。

表 10-4 钢铁的常温发黑液配方

发黑液组成	配方 1/(g/L)	配方 2/(g/L)
硫酸铜	1~3	2.0~2.5
亚硒酸	2~3	2.5~3.0
磷酸	2~4	—
有机酸	10~1.5	—
十二烷基磺酸钠	0.1~0.3	—
复合添加剂	10~15	—
氯化钠	—	0.8~1.0
对苯二酚	—	0.1~0.3
pH 值	2~3	1~2

思考题与习题

1. 常见的金属表面转化膜技术有哪几种？它们有什么不同？
2. 说明磷化膜的形成机理。
3. 氧化、磷化、钝化形成的转化膜在防腐蚀方面有什么相同和不同？
4. 简述铝合金微弧氧化膜的结构、性能特点及应用。
5. 简述铝合金阳极氧化膜的结构、性能特点及应用。
6. 铝合金阳极氧化膜常用的封孔技术有哪些？分别简要说明常用封孔技术的原理和工艺。

第11章 船舶涂料与涂装技术

涂层保护是船舶防腐蚀的主要方式，即采用合适的船舶涂料，以正确的工艺技术，使其覆盖在船舶需要保护的部位，形成一层完整、致密的涂层，使船舶各部位的钢铁表面与腐蚀环境隔离，以防止船舶腐蚀。涂层保护对于船舶来说是最为经济、方便、有效的防护方法，其关键在于合理的涂层配套体系、正确的施工工艺技术和科学的管理方法，后两项相关的施工、技术和管理上的全部活动统称为船舶涂装工程。

11.1 涂料的作用及组成

11.1.1 涂料的作用

涂料（coating）俗称油漆（paint），是一种具有流动性的黏稠的液体，涂装于物体表面后，在常温或加温后干燥硬化，在物体表面形成一层黏附牢固、坚韧连续的固态薄膜（涂层），起到保护、装饰或其他特殊作用。

涂料在建筑、船舶、车辆、桥梁、机械、电器等方面都扮演着必不可缺的角色，许多大型钢铁结构，若没有涂料保护，就会较快地因锈蚀而破坏。综合而言，涂层主要有以下几个方面的作用：

(1) 保护作用

保护作用（protection）是涂料的最主要功能。涂料涂装工艺简便，效果显著，是防止金属腐蚀的一种不可缺少的重要手段。金属材料在海洋、大气和各种工业气体中的腐蚀极为严重，据分析，世界钢材和设备因腐蚀造成的损失约占钢铁年产量的 $1/4$，如一座钢铁结构的桥梁，如果不用涂料涂装来保护，则只能有几年的寿命；采用涂层加以保护，并经常维修，则寿命可以在百年以上。各种汽车、火车等交通工具在行驶过程中，受到各种气候环境的考验，环境越严酷越显示涂料涂装的保护效果。石油化工生产中各种设备、管道、储罐、建筑物等，都需涂料涂装加以保护。因此，涂料涂装是金属防腐蚀的重要手段。

涂层对钢铁的保护作用主要有三种：屏蔽作用、缓蚀作用和阴极保护作用。涂层覆盖在钢铁表面，能有效地隔绝钢铁与外界腐蚀环境的接触。也就是说，涂层阻止了介质中的氧气、水和氯离子等其他腐蚀性离子对钢铁的侵蚀，所有涂层都有着基本的屏蔽作用。涂层的防锈作用在很大程度上依赖防锈颜料的作用，如磷酸锌、红丹、锌铬黄、三聚磷酸铝等对钢铁有着缓蚀作用。利用锌粉的阴极保护作用，制成的富锌漆具有最好的防锈作用。涂层的保护作用与涂层厚度有关，根据被保护物的寿命要求，通常要对涂层厚度提出要求。

(2) 装饰作用

涂料赋予涂装部件丰富的色彩，给人美的享受，使人感到赏心悦目，达到装饰（decoration)外观、美化产品、美化工作或生活环境的作用。

(3) 标志作用

各种不同颜色涂料在各种不同的场合,能给人醒目的标志作用(identification)。如消防器材为大红色,船舶救生设备一般为橙红色。船舶舱内的各种管道涂有各种特定的颜色,表示其中流动不同的介质。目前应用涂料作标志的色彩在国际上已逐渐标准化。

(4) 特殊作用

涂料的特殊作用(special function)是指在满足环境条件下使用之外,涂料赋予涂装部件某些特殊的功能。

例如:防火涂料能够防止和阻止火焰的扩散、蔓延;反光涂料在夜间能够发出醒目的指示;吸波涂料能吸收雷达波,使敌人难以发现;阻尼涂料能降低振动、噪声。另外,对于长年在海上航行的船舶,船底要求平整光滑,保证航速,而黏附在船底的大量海生物会严重腐蚀船底,并降低航速。因此,在船底部表面要求涂覆防海生物附着的防污涂料。

涂料一般由主要成膜物质(film-forming substance)、次要成膜物质和辅助材料组成。各种树脂(resin)是主要成膜物质,它们可以单独成膜,也可以黏结颜填料等共同成膜,是涂料的基础成分。颜填料(pigment)是次要成膜物质,不仅使漆膜呈现颜色和遮盖力,还可以增加机械强度、耐久性及特种功能,如防蚀和防污等性能。溶剂、稀释剂等黏度调节助剂又称为挥发组分,只存在于涂料之中,在涂料的成膜过程中挥发掉,涂膜中不含挥发组分。溶剂不仅降低涂料的黏度,使其符合施工工艺要求,对漆膜的形成质量也有重要影响。正确地使用溶剂和稀释剂可提高漆膜的物理性质,如光泽、致密性等。催干剂、流平剂、稳定剂等助剂在涂料中用量虽小,但对涂料的储存性、施工性及对所形成漆膜的物理性质有着明显作用。

11.1.2 涂料的组成

涂料组成如下:

主要成膜物质 { 天然树脂 / 合成树脂

次要成膜物质(颜填料) { 防锈颜料 / 着色颜料 / 体质颜料 / ……

辅助材料 { 溶剂:真溶剂、助溶剂、稀释剂等 / 助剂:催干剂、软化剂、流平剂、稳定剂等

组成涂料的三大部分并不是每一种涂料都必须含有的,只有主要成膜物质才是涂料不可缺少的成分。

(1) 成膜物质

涂料的成膜物质主要是各种树脂。树脂是多种有机高聚物的通称,又称为高分子树脂。它可以是高黏度流体,也可以是固体粉末。将它溶在有机溶剂中形成的溶液涂在物体表面上,干燥或固化后,能够形成一层连续的固体薄膜。

从人们开发使用涂料以来,经过了天然树脂(如松香、虫胶、阿拉伯树脂胶、大漆等)到合成树脂的过程。合成树脂工业的出现与发展,为涂料工业提供了新型原料的来源,涂料的性能有了很大提高,满足了各种要求,摆脱了依赖天然产物为原料来源的状况。现在,树脂尤其是合成树脂已经成为涂料的主要原料,以树脂为成膜材料的各种树脂涂料在涂料中已占有很大比重。

目前防腐涂料常用的树脂主要有环氧树脂、各种聚酯、聚氨酯树脂、聚丙烯酸树脂、氯化橡胶等。涂料的成膜物质可以是均聚物，也可以是共聚物。目前共聚物、嵌段、接枝、超支化、树枝状化合物等都可以做成成膜物质，可以赋予涂层很多特殊的结构和性能。

（2）颜填料

颜填料（pigment and filler）是涂料中一个重要组成部分，它们通常是极小的固体粉末，分散于成膜树脂中，主要赋予涂料丰富的色彩，同时又具有遮盖底层，阻挡光线，提高漆膜的耐水性、耐气候性，增加机械强度、硬度、耐磨性，延长漆膜的使用寿命等作用。颜填料一般是不溶于水的无机化合物，如金属及非金属元素的氧化物、硫化物及盐类。在涂料中有时也使用某些不溶于水的有机颜料和溶于水及醇类的有机颜料。颜料一般分为着色颜料、防锈颜料、体质颜料和功能性颜料。着色颜料具有着色性和遮盖性，可增强涂膜的耐久性、耐候性和耐磨性，如钛白、锌钡白、炭黑、铁红、铬红、铁蓝、铁黄、铜粉、铝粉等。体质颜料具有增加涂膜厚度，加强涂膜经久、坚硬、耐磨等作用，如大白粉、石膏粉、滑石粉、硅藻粉等。功能性颜料有发光颜料、荧光颜料、示温颜料等。

防锈颜料（anti-rust pigment）能够赋予涂料特殊的防锈能力，甚至漆膜略微擦破也不生锈。根据防锈颜料在漆膜中的作用，可分为化学防锈颜料和物理防锈颜料。化学防锈颜料主要有红丹、锌铬黄、锌粉、磷酸锌、三聚磷酸铝等，物理防锈颜料主要有铝粉、云母氧化铁、氧化铁红、玻璃鳞片等。

① 铝粉。银白色轻金属，密度小，延展性好，加工技术成熟，经过加工后，铝粉的细度达到 $100\mu m$，为片状结构，在漆膜中互相重叠交叉，形成致密的阻挡层。粉体呈现银白色，泛金属光泽，具有反光性能，可以防止光线辐射升温。大型室外结构，如大型油罐等，外表均为银白色铝粉涂料，船舶也是如此。铝粉可以与多种树脂配制成满足各种需要的防腐蚀涂料体系，如铝粉环氧底漆、铝粉氯化橡胶防腐漆等，上层建筑也使用。

② 云母氧化铁、玻璃鳞片等鳞片填料。在漆膜中常能与底板呈平行取向排列，互相交叠覆盖，水、氧、离子不能透过鳞片，只能绕道渗透，延长了渗透路线，起"迷宫"效应。

③ 金属锌粉。锌是电化学防锈颜料，具有电化学活性，在涂料中锌粉粒子间紧密接触，对铁能起到牺牲阳极的作用。锌的溶解产物为具有沉淀性的锌酸盐，覆盖在基体上，形成阻挡层，而使钢铁被保护。锌可被熔融并加工净化成颗粒细微的高纯度的锌粉。用大量锌粉配成的油漆称为富锌漆，近年来大量使用在室外的大型钢结构上，如体育场、公共建筑等，外观呈现银灰色，在大气环境中具有近 20 年的保护期。

富锌涂料中的锌粉有球状（粒状）和片状两种，如图 11-1 所示，片状性能比球状性能优越，而且用量更少，所以在国际上被众多厂家所采用，但片状锌粉是由球状锌粉加工而

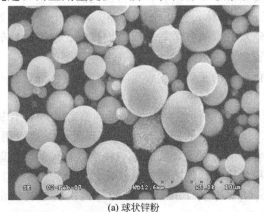
(a) 球状锌粉

(b) 片状锌粉

图 11-1 锌粉的微观形貌

得,工艺复杂,价格昂贵,在我国应用还相对较少。

球状锌粉的粒径在 $5\sim 10\mu m$,而片状锌粉的厚度在 $0.1\mu m$ 左右,片状锌粉的厚度只有球状锌粉粒径的 1%。在相同厚度时,片状锌粉比球状锌粉的层数更多,同时片状锌粉在涂层中形成平行搭接、交叠排列,减小了涂层孔隙率,提高了涂层屏蔽性能。片状锌粉之间平行搭接,导电性比球状锌粉点接触更好,电化学保护性能更好。涂层中锌粉微观形貌如图 11-2 所示。

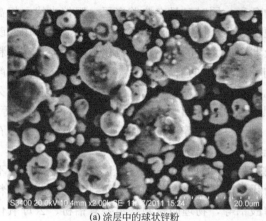

(a) 涂层中的球状锌粉　　　　　　(b) 涂层中的片状锌粉

图 11-2　涂层中锌粉微观形貌

④ 磷酸锌 $[Zn_3(PO_4)_2 \cdot 4H_2O$(或 $2H_2O)]$。既能与涂料中的羟基、羧基等基团化合,增加互溶性,也能在金属表面上生成牢固的 $FeZn_3(PO_4)_3$ 沉淀层,从而减缓基体金属腐蚀。目前对磷酸锌的作用仍说法不一,某些研究认为磷酸锌的盐雾试验结果较差,但对于天然暴晒效果很好。磷酸锌对防大气腐蚀有效,但防止 Cl^- 渗透能力有限。

⑤ 三聚磷酸铝 $[AlH_2P_3O_{10} \cdot 2H_2O]$。一种无毒、白色、非挥发性粉末,斜方晶系,密度 $2\sim 3g/cm^3$,难溶于水,微溶于醇,热稳定性好,对酸比较稳定。三聚磷酸铝(结构如图 11-3 所示)不含重金属离子,防锈效果优异,是红丹和锌铬黄等有毒防锈颜料的理想替代品。

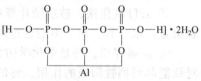

图 11-3　三聚磷酸铝结构图

三聚磷酸铝能够放出络合能力很强的三聚磷酸根离子 ($P_3O_{10}^{5-}$),反应如下:

$$AlH_2P_3O_{10} \cdot 2H_2O \longrightarrow P_3O_{10}^{5-} + Al^{3+} + 2H^+ + 2H_2O$$

$$P_3O_{10}^{5-} + Al^{3+} + M^{n+} \longrightarrow M_xAl_y(P_3O_{10})_z \longrightarrow M_xAl_y(PO_4)_z$$

$P_3O_{10}^{5-}$ 含有 5 个活泼的—O—,可以与金属阳离子交叉螯合,具有极强的捕捉金属离子的能力,能有效地封闭金属离子形成高分子无机错合体,钝化金属表面,起到化学防锈效果;然后慢慢分解成为致密的正磷酸皮膜,隔绝水分、氧气等与金属表面接触,起到防锈效果。因而,三聚磷酸铝具有化学防锈和隔绝防锈的双重效果。

与金属磷化相比,由高分子无机错合体转化而来的正磷酸皮膜更牢固,电负性强,且有钝化作用。

⑥ 铬酸盐。CrO_4^- 具有钝化性能,铬酸盐钝化膜层性能突出。常用的铬酸盐颜料有锌铬黄 $[K_2CrO_4 \cdot 3ZnO_4 \cdot Zn(OH)_2 \cdot 2H_2O]$。锌铬黄中的锌离子也能起到阴极缓蚀作用。但是受环保要求,其使用受到限制。但是在铝合金的防腐上,依然是一种难以替代的防锈颜料。另外,铝材在涂装前,均有预处理,如采用含铬酸盐的溶液进行氧化封闭处理(铬化)。

⑦ 红丹。也叫铅丹,含有 97% 以上的 Pb_3O_4,余为 PbO。红丹能与钢铁腐蚀初期的 Fe^{2+} 产生离子交换,生成难溶的 Fe_2PbO_4,也能与 Fe^{3+} 产生离子交换生成 $Fe_4(PbO_4)_3$。

红丹还能将 Fe^{2+} 氧化成稳定的 Fe^{3+}，使漆膜增密，减少离子渗透性。在水和氧的作用下，红丹能与油基中油料生成铅皂，具有缓蚀作用。红丹和锌铬黄是涂料行业中防锈能力最强的防锈颜料。但由于毒性大，红丹已禁止使用。

颜填料的加入量对涂层的性能有明显影响，可采用颜料体积浓度（PVC）来描述颜填料对涂膜物理性质的影响。PVC 为涂料中固体颜填料所占的体积分数。存在一个临界颜料体积浓度（CPVC），当处于 CPVC 时，颜填料粒子与树脂基料形成彼此紧密填充并良好连接的整体，各组分之间为基料所连接。当 PVC＞CPVC 时，基料不能充满整个涂层，不足以包覆所有的颜填料粒子；当 PVC＜CPVC 时，基料会在连接所有颜填料粒子后稍有富余，会使颜填料粒子牢牢锚固在基料中。因此，涂料的许多性质在 CPVC 处有突变，如涂层的孔隙率、渗透扩散性、防腐蚀性、起泡性、漆膜强度、光泽等会发生突变。颜填料的加入量一般依据涂料的性能来确定，金属防蚀底漆通常 PVC 略低于 CPVC，屏蔽型底漆通常 PVC 为 CPVC 的 80%～90%。对于富锌底漆，为了漆能导电而发挥锌粉的牺牲阳极作用，必须增加锌粉的含量。美国钢结构涂装协会（SSPC）对富锌底漆的锌粉含量做了规定：无机富锌底漆中的锌粉在干膜中的质量分数不低于 74%，有机富锌底漆中的锌粉在干膜中的质量分数不低于 77%。

（3）溶剂

溶剂（solvent）是一些能够挥发的液体，能溶解和稀释树脂，调节由成膜物质和颜料构成的涂料体系的黏度，使其成为易于涂布的流体，然后在成膜过程中，溶剂逐渐挥发，使涂膜具有较好的物理力学性能。

在涂料中常用的溶剂有工业甲苯、二甲苯和醇类，二甲苯是涂料中最重要的溶剂之一，醇类主要有乙醇和丁醇。醚类一般在涂料中较少使用，但乙二醇的单醚和醚酯，如乙二醇单乙醚、乙二醇单乙醚醋酸酯、乙二醇单丁醚等都曾是涂料中的重要溶剂，它们可和烃类溶剂混溶，大部分还可和水混溶，是不少树脂的优良溶剂。酮类溶剂主要有丙酮、丁酮和甲基异丁基酮。丙酮挥发很快，溶解力很强；环己酮也是一种优良的溶剂，挥发速度较慢，但有难闻的味道。

在实际配制涂料时，采用单一溶剂一般得不到较好的溶解性能和施工性能，因此一般多采用混合溶剂。采用混合溶剂能使涂料得到很好的溶解，漆膜质量也得到保障，价格也比使用单一溶剂便宜。

（4）辅助材料

辅助材料是为了涂料某些特殊的要求而加入的组分。根据其功效区分，主要有各种助溶剂、催干剂、增塑剂、防沉剂、防潮剂、软化剂等。这些组分在涂料中的比例非常小，一般在 5% 左右，甚至更小，但却占有非常重要的地位，是涂料生产、储存、施工和使用过程中必不可少的材料，对涂料的某些关键性能起决定性作用。

涂料属于非牛顿流体，流变性是指涂料流动和形变的性质，包括黏度、触变性等，对涂料的施工性能和质量控制非常重要，其中触变性是涂料非常重要的性质。触变性是指物体（如油漆、涂料）受到剪切时稠度变小，停止剪切时稠度又增加，或受到剪切时稠度变大，停止剪切时稠度又变小的一"触"即"变"的性质。涂料的触变性是指某些涂料当给予外力进行搅拌和摇动时，黏度降低，涂料体系"变稀变薄"，但当外力消失（停止搅拌）静置一段时间后黏度又上升，体系又"变稠变厚"的现象。触变性与涂料的生产、加工、储存、运输、施工及成膜过程有紧密的联系。从生产的角度，涂料体系黏度降低，有利于组分间的充分润湿、混合均匀，保证涂料体系的性质稳定一致，而进入储存期后，则要求涂料有一定的黏度，这样单个组分不容易沉降聚集，发生组分分离和凝结成块；到了施工阶段，则又希望涂料的黏度降低，有利于涂料在基体表面的润湿、附着和涂覆成膜，而施工的外力一旦消失，涂料往往存在一定的流挂现象，黏度低的涂层更容易产生这一现象，影响涂料外观和涂层的均匀性。上述过程表明，涂料不同阶段对黏度有不同的要求，理想的涂料体系必须按照这种要求，能够进行一定程度的调整，这种要求仅仅依靠涂料的成膜物质和一般颜料等是难以达到目的的，往往借助于某些特殊组分，协助涂料体系满足要求，这类物质通称为流变剂。流变助剂不能完全决定涂料的全部流动性能，流变助剂、溶剂、基料和颜料对涂料的流动性能都起着一定的作用。

在双组分涂料中，固化剂（curing agent）是能与合成树脂发生交联反应形成涂膜的物质。以合成树脂制成的涂料为例，有些在室温下可以干结成膜，有些经加热可以干结成膜，有些则需要利用酸、胺、过氧化物等物质作为固化剂与合成树脂发生交联反应而使其干结成膜，故固化剂又称交联剂。

11.2 船舶涂料的特点及要求

11.2.1 船舶涂料的特点

船舶涂料应具有良好的涂装性，涂层应具有优良的性能，如附着力、耐磨性、柔韧性、耐冲击性、光泽度、耐腐蚀性、耐候性、耐热性、耐水性等。由于船舶涂装有其自身的特点，因此，船舶涂料还有一些特殊的性能要求：

① 船舶的庞大，决定了船舶涂料必须能在常温下施工，并自然干燥，需要加热烘干的涂料就不适合作为船舶涂料。

② 船舶结构复杂，船舶涂料的施工面积大，因此，船舶涂料涂装应采用高压无气喷涂作业和手工涂装。

③ 船舶的某些区域施工比较困难，因此，需要一次涂装能达到较高的膜厚，故往往需要厚膜型涂料。

④ 船舶的水下部位往往要进行阴极保护，因此，用于船体水下部位的涂料需要有较好的耐电位性、耐碱性。

⑤ 船舶从防火安全角度出发，要求机舱内部、上层建筑内部的涂料不易燃烧，且燃烧时不会放出过量的烟，因此，氯化橡胶等涂料均不适合船舶舱内装饰涂装。

11.2.2 船舶涂料的分类及其要求

船舶涂料一般根据涂装部位进行分类，不同部位对涂料要求（基料类型、作用特点、施工方式等）有所侧重，因此需要根据部位的特点，选择适当的涂料品种。按其使用部位，船舶涂料的分类如图 11-4 所示。

船舶的各部位处于不同的腐蚀环境之中，因此，对涂料的性能要求也各不相同。船舶各主要部位对涂料的要求如下：

(1) 船底区

船底区长期浸泡于海水之中，受到海水的电化学腐蚀和海水的冲刷作用，还受到海生物污损的威胁。此外，船体水下区域通常还用牺牲阳极或外加电流方式进行阴极保护，整个船体水下区域将成为阴极，会因过量的 OH^- 而呈现碱性。因此，船底区所用的涂料必须具有良好的耐水性、耐磨性、耐碱性、耐阴极剥离性，其外层涂料还应具有防止海生物附着的防污性。

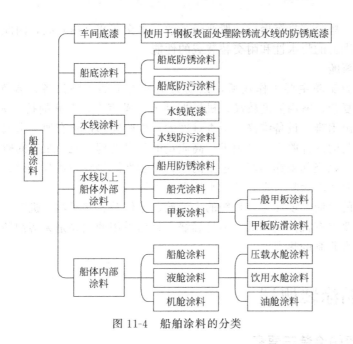

图 11-4 船舶涂料的分类

(2) 水线区

水线区处于海水浸泡以及日光暴晒的干湿交替状态，即处于海水飞溅区这一特殊的腐蚀环境。水线区还常受到满载和轻载的交替作用、波浪和海面漂浮物的冲击、靠码头时的碰撞。此外，海面油污的黏附，会使漆膜软化，有时还会有海生物附着。这些说明，水线区的腐蚀条件非常苛刻。因此，使用于水线部位的涂料必须有良好的耐水性、耐候性、耐干湿交替性，涂层应具有良好的机械强度、耐摩擦和耐冲击性，当船舶采用阴极保护时，还要求涂料有良好的耐碱性、耐阴极剥离等性能。

(3) 大气暴露区

船舶的干舷、上层建筑外部、露天甲板与甲板舾装件等处于海洋大气暴露区，这些部位长年累月地处于含盐的潮湿海洋大气之中，又经常受到日光暴晒，有时还受到海浪的冲击，因此要求涂料有优良的防锈性、耐候性、抗冲击与摩擦性。由于上述部位属于船舶外观上的主要部位，因此，其面层涂料（面漆）还需要有良好的保色性和保光性。

(4) 液舱

船舶内部的液舱主要有压载水舱、饮用水舱、油舱、滑油舱和油船的货油舱等。

压载水舱长期处于海水压载和空载的干湿交替状态，环境湿热，盐分高，密不通风，条件相当恶劣，舱室的上壁往往有腐蚀的趋势，甚至在舱内发现存在细菌腐蚀的现象。因此，要求涂料有优良的耐水、耐盐雾、耐干湿交替和抗腐蚀性能。

饮用水舱（包括淡水舱）长期存放饮用淡水，要求涂料有良好的耐水性。由于饮用水直接关系到人体的健康，故饮用水舱涂料必须绝对保证不会污染水质，为此必须经有关卫生部门的认可。饮用水舱涂料主要用纯环氧涂料（酮亚胺固化的环氧漆或聚酰胺或胺固化的环氧漆），涂料施工固化后，应用淡水浸泡2~3次，每次浸泡2~3天，在水样检测合格后方可正式投入使用。

油舱、滑油舱长期存放燃、滑油，一般不会受到腐蚀，故可以不涂装，但在投油封舱以前必须清洁表面，涂以相应的油类保护。为减轻封舱前的清洁工作，往往在分段涂装阶段，油舱表面经二次除锈后以石油树脂漆或车间底漆保护。滑油舱表面常以环氧树脂漆进行保护。

油船的货油舱对油品品质要求高，为了防止污染同样不进行涂装，但是长期使用油中难免有微量的水分、盐分富集沉聚，一般要经受油、水交替装（压）载，因此，既要有良好的耐油性，又要有优良的耐水性和耐交替装载的性能。

(5) 机舱和泵舱

机舱、泵舱为船舶主要工作场所，以动力机械为主的大型设备，装置布置密集，水、气、油管路系统复杂，室内温度较高，机械振动大，噪声大，空间拥挤，人活动空间有限，许多部位人员进出困难，设备维修、检查难度大，机舱底部常年有油、水沉积，因此机舱是腐蚀环境最为苛刻的内部舱室，必须进行高质量的防腐处理。机、泵舱的舱顶、舱壁涂料要求不易燃烧，一旦燃烧起来亦不产生过量的烟，阻燃性涂料较为适合。机、泵舱底部，经常积聚油和水，因此要求涂料有良好的耐水性和耐油性。

为保障船员的生活环境质量，船舶的生活舱、工作舱、储藏舱、机舱、辅机舱、弹药舱等内舱表面涂层要求有机挥发物低、不易燃烧，目前采用的主要是无溶剂环氧漆，水性环氧内舱涂料是近年来研制的热点。

11.3 船舶涂装概述

11.3.1 船舶涂装三要素

将选择的涂料体系涂覆在基体表面上的过程，称为涂装。涂料实质上是半成品，要通过涂装作业才能最终赋型而成涂膜。涂装质量的好坏，直接影响涂层性能的优劣，对基体的使用价值有直接影响。决定涂装质量的有三个要素：涂料体系、涂装技术（方法、工艺、涂装设备及环境）和涂装管理。这三者互相联系，互相影响，共同保证涂装效果，缺一不可。恰当的涂料体系是整个涂装工作的前提，涂装工艺的设计是基础，而精心的操作和管理则是根本保证。

综合上述三要素，为达到良好的涂装效果进行的设计规划称为涂装设计，主要包括涂料品种选择、涂装方法选定和涂装工艺制定等内容。

涂装设计通常可分为以下几个阶段：

第一阶段：明确涂装标准或等级（类型），查清涂装时条件、底材的种类、被涂物的条件等。

第二阶段：根据第一阶段所得的情况，选择性能和经济适宜的涂料。选用涂料的基本条件应符合以下要求：①与被涂物底材相配套；②在被涂物所处的环境下，保持适当的性能；③与被涂物的涂装条件相适应。

第三阶段：根据涂装场所、被涂物的材质和形状大小、涂料品种及涂装标准等关系，制定合适的涂装方法。

第四阶段：根据涂料、底材、涂装环境、涂装方法、资源利用和污染等，制定多种施工方案进行比较，通过价值工程计算，最后选定作业条件。

11.3.2 船舶涂装的特点

船舶的建造是一个非常复杂的过程。造船不可能像在陆地上建造楼房那样，从地基开始一层层地往上堆砌。因为船舶建造需要在陆地上，而建成后需要置于水中，这就决定了造船工艺的特殊性，也使得船舶涂装与一般钢铁构造物的涂装有明显的不同。另外，船舶的庞大与复杂，也给船舶涂装带来了许多挑战。不了解船舶涂装的特点，就不能根据它的特点设计、涂装高质量的涂层，制造出高质量的船，因而就不能很好地保护船舶。综合来说，船舶涂装具有如下特点：

(1) 船舶涂装贯穿于整个造船过程

造船要经历分段制造与预舾装、船台或坞内合拢、下水、码头舾装与系泊试验、试航等过程。而船舶的涂装则要与整个造船工艺过程相适应，在每一造船工艺阶段中确定其相应的涂装工作内容。从钢材落料加工前开始，一直到交船，整个造船过程均贯穿着涂装。

船舶涂装的工艺流程如图 11-5 所示。从船舶涂装工艺程序图来看，造船的第一项工序都是涂装，且造船的全过程中自始至终贯穿着涂装，所以，造船必须自始至终十分重视涂装工作。

(2) 涂料的多种性

船舶是一个庞大的活动于海洋之中的结构物，船体的各部位处于各种不同的腐蚀环境之中，船体不同部位对于涂层提出了不同的要求，由此决定了一艘船的涂料不能单纯地使用一两种底漆和面漆，而往往需要几十种涂料加以合理配套。

船舶涂料的多种性决定了施工条件、施工方式、施工工艺和工具设备的不同，需要制定一系列的工艺条件、工艺方法，在不同的工艺阶段进行施工，才能保证其配套的合理性、施工的科学性和质量的良好性。

(3) 涂装管理的复杂性

造船的过程比较长，自始至终都贯穿着涂装，加上船舶涂料品种繁多，因此，要合理地安排涂装作业，做到既使工作量在整个造船过程中分布得较为均匀合理，又不影响造船的其他工种的工作进程；既要保证涂层的厚度和质量，又不造成材料的过多耗费；既要抓紧时机

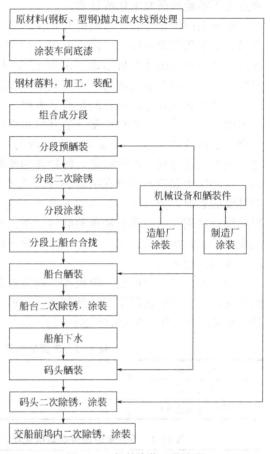

图 11-5 船舶涂装工艺流程

施工、缩短整个造船周期，又要符合涂料的工艺要求以确保涂层质量。需要对涂料的合理应用、仓库储存、涂层保护、涂装工器具的使用、保养、涂装作业计划安排、劳动力的使用与平衡、涂层质量的检查与验收，以及涂装作业的安全与卫生等进行系统的科学管理。

另外，种类繁多的船舶涂料几乎都含有易燃有毒的有机溶剂，而船舶的涂装作业，往往要在狭小、通风不良，甚至几乎是密闭的舱室内进行，且船舶建造过程中处处有明火作业（电焊、气割、火工等），这些作业经常不可避免地与涂装作业在同一时候、相近区域交叉进行，故船舶涂装作业时的燃、爆危险性很大，人员中毒的威胁也很大。所以船舶涂装更要有严格的防尘、防毒、防火、防爆的安全措施，做到防患于未然，确保人身和船舶产品的安全。

11.3.3 船舶涂装的工艺流程

船舶涂装工艺主要包括确定涂装方法、制定具体的涂装工艺。涂装方法是涂装工艺设计的主要工序之一，选择恰当与否直接影响涂层质量、涂装效率和涂装成本，因此，涂装方法的选择与涂料的选用一样重要。涂装工艺一般根据涂装底材对外观的要求、涂料性能和漆膜

性能、施工条件等元素综合确定。

在整个船舶涂装工艺流程中，重点环节主要包括涂装前底材的表面处理、涂装工艺的选择及实施过程的控制、成膜过程涂层质量的检测及质量管理。

(1) 涂装前底材的表面处理

涂装前底材的表面处理是整个涂装工作的第一步，对整个涂层质量有很大的影响。这一观点也不断地被研究工作所证实。

钢材表面所涂防腐蚀涂层的有效保护寿命与许多因素有关，如涂装之前钢材表面处理的质量、所采用的涂料种类、涂膜厚度、涂装的工艺条件等。表 11-1 列出了上述各种因素对涂膜寿命影响的统计分析结果。由表 11-1 可知，表面处理质量是决定涂膜保护性能的最主要的因素。钢材表面处理质量的控制是确保防腐蚀涂层性能最关键的环节。

涂装前表面预处理的目的是清洁表面（去除锈、氧化皮、水分、油污及其他污物），并使表面具备涂装允许的粗糙度（适宜的粗糙度可提高涂层对表面的机械啮合作用，增加涂层与金属表面的结合力）。金属表面预处理的首要工作是除锈。除锈的方式多种多样，最为理想的表面处理方式是喷射除锈，将特殊的磨料（如钢砂、钢丸、石榴石砂、熔铜矿渣砂等）以一定的压力和角度喷射在钢材表面，彻底去除基体表面的锈层、污垢，同时形成具有一定粗糙度的表面，极大增加基体的表面积。喷砂后钢材表面积增加幅度约为 19%~63%。喷射除锈，特别是喷射具有棱角的磨料，还为涂层附着提供了合适的表面几何形状。在这样的表面上涂装，涂膜与金属表面之间除了分子间引力之外，还存在着机械的锚合作用，显著提高了涂层的附着力。

对大型的平面如船底、甲板等，均是首选喷砂这一方式，但是在舱室内部等狭窄、封闭的场所，则只能够采用手工砂纸打磨、小型工具（如砂轮等）进行底材处理。表面处理必须达到要求，否则涂层的效果会大打折扣。表 11-2 为不同类型涂料对钢材表面预处理等的要求。

表 11-1　表面处理质量与涂膜保护性能的关系

影响因素	影响程度/%	影响因素	影响程度/%
表面处理质量	49.5	涂料种类	4.9
膜厚（涂装道数）	19.1	其他因素	26.5

表 11-2　不同类型涂料表面预处理、应用温度、复涂的时间间隔（ISO 标准）

涂料类型	表面预处理	应用温度/℃	复涂的时间间隔/h
醇酸树脂	St2~St3,Sa2.5		最短 8
乙烯树脂	Sa2.5		最短 2h
氯化橡胶	Sa2~Sa2.5	最低 10~15	最短 4
环氧树脂	Sa2.5~Sa3	最低 10	最短 18，最长 3
环氧沥青树脂	St2,Sa2.5		
环氧厚浆	Sa2.5~Sa3		
聚氨酯	Sa2.5~Sa3		
聚酯	Sa2.5		
硅酸锌	Sa2.5~Sa3		24

(2) 除锈效果的评定

钢材的除锈效果需要制定统一的标准，以方便实施。各个机构、国家均制定了规范、标准，其中对钢板的一次除锈均是以瑞典的工业标准 SIS 055900《涂装前管材表面除锈图谱标准》为基础，引用、补充而成型的。这一标准由 24 张彩色照片与文字说明组成，并且展示了四个等级的原始锈蚀程度，这些等级用字母 A～D 表示，锈蚀等级以文字叙述以及典型样板照片共同定义。我国也颁布了国家标准 GB 8923《涂装前钢材表面锈蚀等级和除锈等级》。与 SIS 055900 相同，该标准将钢材表面原始锈蚀程度分为 A～D 四个等级（相关照片可查阅标准），分别定义如下：

A：完全被氧化皮所覆盖，几乎没有锈蚀的钢材表面。
B：已经开始生锈，并且氧化皮已经开始剥落的钢材表面。
C：氧化皮已因锈蚀而剥落或可以刮除，用肉眼可以看到少量蚀孔的钢材表面。
D：氧化皮已因锈蚀而全面剥落，而且已普遍发生点蚀的钢材表面。

除锈等级采用字母和数字表示。字母表示采用的清理方法类别，"Sa"表示机械喷射或抛射除锈；"St"表示手工或者小型动力工具除锈（如手持式砂轮等）；"F1"表示火焰除锈，这是早期处理旧涂层的方法，用氧焊枪火焰直接烧去涂层，船舶除锈一般不会使用。字母后面加上阿拉伯数字，表示清除氧化皮、铁锈的程度。喷射或抛射除锈有 1、2、2.5 和 3 四个等级，手工除锈有 2 和 3 两个等级，每一等级的定义如下：

Sa1：轻度的喷射或抛射除锈，钢材表面应无可见的油脂和污垢，并且没有附着不牢的氧化皮、铁锈、涂层等附着物。

Sa2：彻底的喷射或抛射除锈，钢材表面应无可见的油脂、污垢，并且氧化皮、铁锈、旧涂层等附着物已基本清除，其残留物应是牢固附着的。

Sa2.5：非常彻底的喷射或抛射除锈，钢材表面应无可见的油脂、污垢、氧化皮、铁锈和旧涂层等附着物，任何残留的痕迹应仅仅是点状或条纹状的轻微色斑。

Sa3：使钢材表观洁净的喷射或抛射除锈，钢材表面应无可见的油脂、污垢、氧化皮、铁锈和旧涂层等附着物，该表面应显示均匀的金属色泽。

St2：彻底的手工和动力工具除锈，钢材表面应无可见的油脂、污垢，并且没有附着不牢的氧化皮、铁锈、旧涂层等附着物。

St3：非常彻底的手工和动力工具除锈，钢材表面应无可见的油脂、污垢，并且没有附着不牢的氧化皮、铁锈、旧涂层等附着物。除锈应比 St2 更为彻底，底材显露部分的表面应具有金属光泽。

综合考虑原始锈蚀程度、除锈后达到等级，得到表示原始锈蚀和除锈等级的符号，如 BSa2.5，表示底材原有锈蚀等级为 B 级，采用喷砂除锈清理，要求达到 Sa2.5 级。

(3) 涂装工艺

船舶涂装方式有手工涂装（刷涂、辊涂）和机械喷涂（压缩空气喷涂和高压无气喷涂），不同涂装方式的特点如表 11-3 所示。相对而言，高压无气喷涂工作效率高，涂装质量好，是船舶涂装作业中应用最广的涂装方式。

高压无气喷涂通常是利用压缩空气作为动力驱动高压泵，将涂料吸收并加压至 10～20MPa，通过高压软管和喷枪，最后经呈橄榄形孔的喷嘴喷出，雾化成很细的微粒，喷射到被涂表面，形成均匀的涂膜。由于涂料压力高，涂料射向被涂表面后能渗透到细孔里面，因此，喷涂的涂层紧密，附着力好，能获得光滑致密的涂层。高压无气喷涂适合均匀平面、面积大、敞开空间的场合使用，其最大优点是效率高，对于需要大面积涂装的船舶来说，涂装效率大大提高，可缩短必要的造船周期，因此，现代化的造船离不开高压无气喷涂，应用于船体外壳、甲板、上层建筑等的涂装。但对于内部舱室等狭窄、相对密闭的空间，只能借助于手工涂装。

高压无气喷涂的缺点是涂料的喷逸损失较大，特别是在有大风的情况下，涂料吹散损失更多；在喷涂表面形状复杂、宽度较小的物件时，损失也较大。与刷涂相比，高压无气喷涂通常需要多用20%～30%的涂料。另外，涂料在喷嘴出口处压力很高，射出的速度很大，很容易刺穿皮肤，造成伤害，施工者应引起注意。

表11-3 不同涂装方式的特点

涂装方式	原理	特征	用途	作业环境	公害
刷涂	在刷子上蘸上涂料进行涂漆	简单易行，涂装效率低下，容易有刷痕、斑点	使用广泛	没有涂料粉尘，作业环境良好	无公害
辊涂	在用海绵制成的圆筒上沾附涂料进行滚动涂漆	效率提高，但涂层表面不光滑，曲面处不能涂	适用于平面大面积涂装，如外壁、内壁等	与刷涂相同	几乎不存在公害
压缩空气喷涂	压缩空气使涂料雾化，同时喷涂到基体表面形成漆膜	设备便宜，使用范围广，操作简单，但是有雾的飞散，涂料损失多	使用广泛	涂料飞散及溶剂蒸发严重，需要水洗间等排气装置，要特别防止火花	涂料粉尘特别多，污染严重，要求高排放
高压无气喷涂	用泵加至10～20MPa的液压，从喷枪细孔喷射雾化，同压缩空气喷涂时一样形成漆膜	涂料不含空气，雾的飞散少，效率高，但在漆膜表面及操作方面不如压缩空气喷涂好	适用于大量的涂漆，小件及装饰性要求高的部件不适用	存在涂料飞散及溶剂蒸发，仍需要同压缩空气喷涂时一样的排气装置	污染较为严重，注意安全

涂装质量好坏，除与表面处理的质量有着非常重要的关系之外，还与涂装时的周围环境，特别是大气条件有着密切的关系。

任何潮湿的表面都不能进行涂装，即使是水溶性的涂料，涂在潮湿的表面也会对附着力、表面成膜状态以及干燥时间带来影响。因此，雨天、雪天、雾天应停止室外涂装作业。除此之外，在湿度过大的情况下，钢材表面亦会产生露珠，因而湿度问题是船舶涂装工作必须重视的一个问题。

温度对涂料的干燥与成膜状态有直接的关系。不管是物理固化型涂料，还是化学固化型涂料，温度过低都难以固化干燥，而温度过高，则易产生许多漆膜弊病（如起泡和皱皮），所以掌握和控制好环境温度，亦是船舶涂装工作需重视的问题之一。一般认为，钢材表面温度大于40℃时涂装效果是不理想的。故在夏季应避免在阳光直射的钢表面涂装，而以早晚比较凉爽的条件下施工为宜。

此外，大气的粉尘、风向、风力等都会给涂装工作带来一定的影响。

11.4 防污涂料概述

11.4.1 海生物的种类

海生物分为植物和动物两大类，品种有上千万之多，其中能够附着在船舶或水下构件的植物有600余种、动物有1300余种，常见的有50～100种。能附着的植物主要是藻类植物，如硅藻、浒苔等；能附着的动物主要是藤壶、牡蛎、石灰虫、苔藓虫、贻贝、海葵、寄居蟹、水螅、海鞘等。

海生物的幼虫或孢子能够游动或漂浮，发育到一定阶段后，就在船底、水下构件、水下建筑或岸边岩石上附着定居。对海水结构威胁较大的海生物有硅藻、海藻、藤壶、牡蛎、贻贝和苔藓虫。硅藻为浮游生物，从 10～50μm 大小不一，多而复杂，易在涂层表面积聚形成硅藻细胞层，从而阻碍防污涂料中防污剂的渗出。海藻是船体最严重的污损者，它对防污毒料的容忍度高，生长力强。例如海藻类的浒苔，生长初期为带有鞭毛的孢子，可在几秒内在一个粗糙的表面上附着，2h 后即发生明显的再繁殖，几天后就长成直立丝。因其生长需要阳光，故最易在船体侧面生长。藤壶附着是船体表面变粗糙的主要因素。苔藓虫为多种类别的群体，主要以直立分枝的形式附着。贻贝的幼虫能够缩回到壳中而避免与毒料的接触。各种海生物的附着机制十分复杂，受许多因素（如表面粗糙度、流速、光线、色彩、水温、盐度、海域等）的影响。我国的海域广阔，北海、东海和南海有不同种类和数量的海生物，危害最大的海生物主要是藤壶、牡蛎、苔藓虫、海藻、水螅和海鞘。其中，南海区域海生物繁殖很快，数量又多，危害很大。

11.4.2 海生物附着的防护方法

船舶水线以下部位、水下构件的海生物附着问题突出，直接影响了船舶的性能。海生物污损增加了船舶航行的阻力（船体和螺旋桨的阻力），造成了航速降低、燃料消耗量的增加和机械磨损的增大。在绝大多数情况下，海生物附着会加速船体金属的电化学腐蚀，影响船舶的使用寿命。这主要是因为海生物在金属表面的附着会引起 pH 值、氧浓度、代谢产物浓度等的分布不均匀，形成氧浓差腐蚀电池，加速船体金属的局部腐蚀。另外，对于舰船，海生物附着影响水下仪器设备（如声呐、计程仪、水中发射装置、水下导轨、潜艇排气排烟管阀门等）的工作，造成仪器失灵、信号失真、性能降低，从而影响到舰船的技战术性能。

为了防止海生物污损，长期以来，人们研究了很多的防污方法，这些防污方法可分为机械防污法、物理防污法、电化学防污法、生物防污法和涂料防污法。

(1) 机械防污法

机械防污法是指定期对船舶和水下构件进行机械清洗，包括水下机械清除、船舶进坞清理修复等。

(2) 物理防污法

物理防污法主要有超声波防污法和辐照防污法。超声波防污法是利用超声波干扰海生物的附着；辐射防污法是利用能产生辐射的放射性物质来破坏和杀灭海生物。

(3) 电化学防污法

电化学防污法是利用电解产生的次氯酸根离子或氧化亚铜来杀死海生物。常用的电解防污方法包括：电解海水法、电解铜-铝阳极法和电解氯-铜联合法等。

电解海水法的原理是利用不溶性或微溶性阳极，在阳极电流作用下，海水中 Cl^- 放电产生氯气，氯气和水反应产物 HClO 具有杀死海生物的幼虫或孢子的功能，随海水流动分布于管内的各个部位，从而达到防污的目的。目前主要用于管道和海洋平台的防污。

电解铜-铝阳极法是同时向铜阳极和铝阳极通以直流电，对铜和铝进行电解，生成 Cu_2O 和 $Al(OH)_3$。$Al(OH)_3$ 具有一定的黏性，呈棉絮状，可以作为载体与 Cu_2O 一同附着在管壁上，利用 Cu_2O 可以杀死海生物幼虫和孢子的作用达到防污目的。电解铜和铝海水防污装置结构简单，耗电量小，但需要定期更换铜和铝阳极。电解铜-铝阳极法可应用于石油平台的海水处理系统、消防系统、海水冷却系统及电缆防护管线等的防污。

电解氯-铜联合法的基本原理是利用电解海水产生的次氯酸及电解铜和铝产生的 Cu_2O 的共同作用来杀死海生物。

(4) 涂料防污法

涂料防污法是利用防污涂料释放防污剂或涂层的表面特性来防止海生物附着。涂料防污法具有防污效果好、防污期限长等特点，是解决海生物附着问题的最廉价、最有效、最方便和应用最广的方法，但防污涂料中释放的毒料会产生环保问题。

11.4.3 防污涂料

11.4.3.1 防污涂料的性能特点及分类

为了防止海生物附着，防污涂料应该具有下列主要特性：

① 在一定时间内具有能防止海洋生物附着的效能；

② 漆膜中含有一定量的能杀伤附着海生物的毒料；

③ 为了保证毒料能连续不断地逐步向海水渗出，防污涂料的漆膜均具有一定的透水性或者亲水性，以保持毒料的连续渗出；

④ 作为面漆，与防锈漆之间要有良好的附着力，防污漆本身层与层之间亦应有良好的附着力，要求层间稍能互溶；

⑤ 漆膜有良好的耐海水冲击性，在长期浸水条件下不起泡、不脱落；

⑥ 经航行一定时间后，需有不同程度的抛光性，不改变船体外观的光滑程度。

防污涂料有毒料型、无毒料型和仿生型等。毒料型防污涂料的作用机理是含有氧化亚铜、氧化汞或有机锡等毒料的防污漆漆膜与海水接触后，毒料以 Cu^+、Hg^{2+} 或有机锡分子形式逐步向海水溶解，在漆膜表面形成一层厚度为十几微米的有毒溶液的"薄层"，薄层内的有毒离子或分子能排斥或杀死企图停留在漆膜上的海洋附着生物的幼虫和孢子；已达"薄层"内的毒料由于水流的作用会不断流失，受到海浪冲击时流失更快，需要从漆膜内不断渗出新的毒料并保持薄层内的毒料浓度。防污漆中毒料向海水溶解的速度以渗出率（每平方厘米漆膜每天毒料的渗出量）表示，单位为 $\mu g/(cm^2 \cdot d)$。防止海生物污损所要求的最低限度的渗出率称为临界渗出率。性能好的防污漆应该在长时间内有一稳定的、稍高于临界渗出率的渗毒速度。渗出率过高，会造成毒料的浪费和防污漆寿命的缩短。实际中大量应用的是毒料型，包括常规型和自抛光型。

无毒料型涂料主要是低表面能防污涂料，通过涂层低表面能的特性使污损生物不易附着或附着不牢，容易被流水冲刷掉，从而达到防污目的。

仿生型涂料包括化学仿生和结构仿生型。海绵、珊瑚、红藻、褐藻中的提取物（甾类化合物、杂环化合物、生物碱、生物酶等）具有防污作用，将这些物质添加到自抛光防污涂料体系中制备化学仿生防污涂料，通过自抛光作用，表面不断分泌补充防污物，起到防污作用。结构仿生防污涂料是模仿大型海洋生物的表皮结构和几何形貌，制备人工表面，以防止海生物的附着、污损。仿生对象主要是大型的海洋动物如鲨鱼、海豚、鲸或者贝类，利用分子技术和纳米技术，设计制备特定的高分子材料；制备的仿生结构通常是微纳米级的，而且是多结构的，任何单一结构都不能防止多种海生物的附着。

11.4.3.2 防污涂料的主要组成

防污涂料主要由毒料、渗出助剂、基料（成膜物质）、颜料、助剂和溶剂等组成。其防污效果与毒料的种类及含量、可溶性成分的用量以及基料的类型等有关。

(1) 毒料

防污毒料必须能在海水中微溶，对海洋附着生物有杀伤力。常用的防污毒料有氧化亚铜、有机锡、有机锡高聚物（毒料与基料同一体）、氧化汞、DDT、有机铅、铜粉等，其中前三类应用最为广泛。

氧化亚铜（Cu_2O）是防污漆中最为重要、应用最多的毒料，对人体低毒，能有效杀伤海洋附着生物。微溶的氧化亚铜所释放的 Cu^+ 进入海生物幼虫或孢子体内，具有凝固蛋白质的作用，从而杀伤海生物，起到防污作用。Cu^+ 的临界渗出率为 $10\mu g/(cm^2 \cdot d)$。目前使用的防污涂料主要是氧化亚铜类防污涂料。以氧化亚铜为主的防污漆在被污染的海水里会受到 H_2S（动植物腐败产物或工业污水污染的结果）的作用而发黑失效，这是由于生成了不溶性的黑色硫化亚铜：$Cu_2O + H_2S \longrightarrow Cu_2S\downarrow + H_2O$。

有机锡（TBT）化合物在 20 世纪七八十年代用量日益增多，其中以三丁基氟化锡[$(C_4H_9)_3SnF$，TBTF] 和三苯基氟化锡[$(C_6H_5)_3SnF$，TPTF] 效果最好。有机锡化合物对防止海藻有很好的效果，对藤壶也有效，可称为宽谱防污毒料。TBT 对附着海生物的杀伤力约为氧化亚铜的 10 倍，TBT 的临界渗出率为 $1\sim2\mu g/(cm^2 \cdot d)$，而且在被污染的海水里不会发黑失效。

有机锡高聚物是由甲基丙烯酸、三丁基氧化锡（$[(C_4H_9)_3Sn]_2O$，TBTO，也称双三丁基氧化锡）及丙烯酸甲酯反应制得的聚合物（如图 11-6），它既是毒料又是成膜物质（基料），依靠水解释放出有机锡分子，并形成水溶性物质，其特点是毒料释放速度均匀，毒料的利用率高。有机锡高聚物可将防污期限延长到 3 年，但目前基于环保的考虑，已经全面禁止使用。

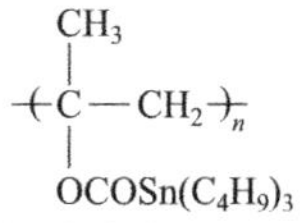

图 11-6 三丁基锡甲基丙烯酸酯聚合物

低毒环境友好型的毒料主要是从动物、植物、微生物中提取的具有防污活性的天然产物防污剂，如从辣椒中提取的辣椒素，从栗子、含羞草、白坚木等中提取的苯酸钠和丹宁酸，从陆地植物香堇菜中提取的植物环蛋白，从海洋生物中提取的甾类化合物、杂环化合物、生物碱、生物酶等。天然产物防污剂的开发还处于基础理论研究阶段，其最突出问题是分离提纯后得到的化合物只能对一种或几种污损生物有效，缺乏足够的广谱防污作用。

另外，还有一些毒料助剂，一般使用金属铜粉、环烷酸铜、油酸铜、无水硫酸铜等作为辅助毒料，以调节、补充和强化 Cu_2O 等毒料的效果。

(2) 防污涂料成膜树脂

涂料成膜树脂比较成熟，品种多，但是作为防污涂料的成膜树脂必须保证其中引入的防污毒剂能够稳定地渗透出来，扩散在涂层表面维持一定的有效浓度，以保证涂层的防污效果。传统防污涂料根据其成膜物可分为三类：基料不溶型、基料可溶型和自抛光型。

基料不溶型防污涂料的成膜物不溶于海水，如乙烯类、氯化橡胶类、聚丙烯酸酯及焦煤沥青等，主要的防污剂为 Cu_2O，其代表产品是美国海军的 Copper Anfifouling 70，涂层干膜中 Cu_2O 的含量高达 90%，Copper Anfifouling 70 膜厚大于 $250\mu m$ 时，防污期限可达 5 年以上。

基料可溶型防污涂料的成膜物在海水中是可溶的，主要以松香、松香皂、干性植物油改性的聚乙烯醇树脂等为成膜物质，它与防污剂同时溶解于海水，可以不断刷新其表面，保持良好的防污性。松香为天然萜类有机高聚物，含有极性基团，长期与水接触有一定的水溶性。在常规树脂中掺入少量的松香，既赋予涂层一定的水溶性，同时又不破坏涂层结构的完整性和强度。随着松香的溶解，毒料分子也可以顺利溶解在涂层表面的薄液层中，达到了防污的效果。

自抛光型防污涂料的防污机理是聚合物可在海水中缓慢水解，不断露出新的表层，使海生物没有固定繁殖的条件。可生物降解或水解的树脂有：水解醇酸或聚酯类、丙烯酸酯类、环氧或聚氨酯类和有机硅类，相关的水解反应式如图 11-7 所示。自抛光型防污涂料分为有机锡自抛光和无锡自抛光型。国际海事组织（IMO）发布了《国际控制船舶有害防污底系统公约》（简称 AFS 公约），已于 2008 年全面禁止了有机锡（TBT）在防污涂料中的使用。自抛光型防污涂料发展方向是无锡自抛光型，它用锌盐、铜盐代替锡盐，以丙烯酸金属盐（如丙烯酸铜和丙烯酸锌）共聚物或硅烷化丙烯酸共聚物为成膜物质，毒料是 Cu_2O、有机防污剂或生物防污剂，它属于离子交换型防污涂料。涂层在海水中通过钠离子和树脂上的铜离子、锌离子等具有防污作用的阳离子交换释放出铜离子、锌离子，并且树脂逐步溶解或溶胀，涂膜自身因亲水性增加而变得光滑（自抛光），同时树脂中的防污剂也随之释放出来，起到综合防污的效果。这类涂料的防污效果可以达到 3 年，其效果有待进一步提高。

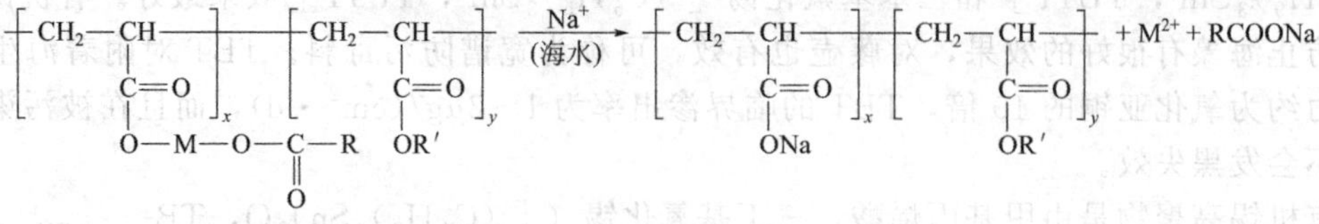

图 11-7 树脂水解反应示意图
（M 为 Zn 或 Cu，R 为芳基，R′ 为烷基）

低表面能防污涂料涂层的表面能很低，长期保持光滑稳定，海洋生物在其上难以附着或附着不牢固（在水流或其他外力作用下很容易脱落），能够起到防污的作用，一般可以保证 3 年。但低表面能防污涂料存在与底层防腐涂料附着差、对苔藓虫和藻类海生物抑制作用差等缺点。目前所使用的低表面能防污涂料主要成膜物质为有机硅树脂、全氟丙烯酸酯或全氟甲基丙烯酸酯等树脂。单纯的低表面能防污涂料往往只能使海洋生物附着不牢固，需定期清理，附着海生物一旦长大将很难除去，清理过程会破坏漆膜，因此，低表面能防污涂料一般只用于高速行驶的船舶上。

思考题与习题

1. 简述涂料的组成及作用。
2. 简述船舶涂料的特点。
3. 说明涂层的保护作用机理。
4. 简述船舶涂装的特点。
5. 简述船舶涂料的性能要求。
6. 简述防污涂料的作用机理及类型，并分析每类防污涂料的优缺点。
7. 简述常用的防止海生物污损的方法。

主要符号表

符号	含义	符号	含义
a	活度,塔菲尔公式中的常数	下标 a	阳极反应
C	电容器	下标 k	阴极反应
W	重量	ϕ	物质相的内电位
ΔW	增重或失重	E	相对电极电位
F	法拉第常数	E_e	平衡电极电位
A	摩尔质量,原子量(分子量)	$E_e^{\ominus}$	标准平衡电极电位
T	温度	$E_c(E_{corr})$	自腐蚀电位
V	电压,体积	E_b	击穿电位,点蚀电位
p	压力	E_p	保护电位
S	面积	E_F	弗莱德电位
ε	电动势	E_g	电偶电位
R	电阻,气体常数	η	过电位
i_C	非法拉第电流	η_a	阳极过电位
i_F	法拉第电流	η_k	阴极过电位
α	阴极反应传递系数	η_L	浓差极化过电位
$\vec{i}_a$	阳极电流密度	$\vec{i}_k$	阴极电流密度
i_a	平衡体系的外加阳极极化电流密度	i_k	平衡体系的外加阴极极化电流密度
i_A	腐蚀体系的外加阳极极化电流密度	i_K	腐蚀体系的外加阴极极化电流密度
i°	交换电流密度	i_L	极限扩散电流密度
$i_c(i_{corr})$	自腐蚀电流密度	i_g	电偶电流密度
δ	扩散层厚度	D	扩散系数,去极化剂
c^0	溶液整体中某物质的浓度	c^S	电极表面处某物质的浓度
R_F	法拉第电阻	R_p	极化电阻
β_a	半自然对数阳极极化曲线的塔菲尔斜率	b_a	半常用对数阳极极化曲线的塔菲尔斜率
β_k	半自然对数阴极极化曲线的塔菲尔斜率	b_k	半常用对数阴极极化曲线的塔菲尔斜率
P_a	阳极平均极化率	P_k	阴极平均极化率
v	流速,腐蚀速度	Z	缓蚀率,保护度
G	吉布斯自由能	$\mu^{\ominus}$	标准化学位
ΔG	吉布斯自由能变化值	μ	化学位
$\Delta G^{\ominus}$	标准吉布斯自由能变化值	K	平衡常数
k	速率常数	τ	电子迁移数
k_p	抛物线速率常数	κ	电导率
Π_{AO}	氧化物 AO 的平衡分解压	c	浓度

参 考 文 献

[1] 杨德均，沈卓身. 金属腐蚀学[M]. 北京：冶金工业出版社，1999.
[2] 魏宝明. 金属腐蚀理论及应用[M]. 北京：化学工业出版社，1984.
[3] 曹楚南. 腐蚀电化学原理[M]. 第2版. 北京：化学工业出版社，2004.
[4] 李晓刚. 材料腐蚀与防护[M]. 长沙：中南大学出版社，2009.
[5] 曾荣昌，韩恩厚. 材料的腐蚀与防护[M]. 北京：化学工业出版社，2006.
[6] 白新德. 材料腐蚀与控制[M]. 北京：清华大学出版社，2005.
[7] 李美栓. 金属的高温腐蚀[M]. 北京：冶金工业出版社，2001.
[8] 肖千云，吴晓光. 舰船腐蚀与防护技术[M]. 哈尔滨：哈尔滨工程大学出版社，2012.
[9] 钱苗根，姚寿山，张少宗. 现代表面技术[M]. 北京：机械工业出版社，1999.
[10] 武建军，曹晓明，温鸣. 现代金属热喷涂技术[M]. 北京：化学工业出版社，2007.
[11] 朱祖芳. 铝合金阳极氧化与表面处理技术[M]. 北京：化学工业出版社，2010.
[12] 王虹斌，方志刚，蒋百灵. 微弧氧化技术及其在海洋环境中的应用[M]. 北京：国防工业出版社，2010.
[13] 汪国平. 船舶涂料与涂装技术[M]. 北京：化学工业出版社，2006.
[14] 王曰义. 海水冷却系统的腐蚀及其控制[M]. 北京：化学工业出版社，2006.
[15] 方志刚，等. 舰船防腐防漏工程[M]. 北京：国防工业出版社，2017.
[16] 方志刚，等. 潜艇结构腐蚀防护[M]. 北京：国防工业出版社，2017.
[17] 薛祥义，白新德，田振业，等. 锆合金疖状腐蚀研究综述[J]. 稀有金属材料，2004，9：902-906.
[18] 黄昌军. N18锆合金疖状腐蚀研究[D]. 上海：上海大学，2013.
[19] 张晶. 热扩散锌涂层防腐技术研究[D]. 天津：天津大学，2006.
[20] 章强. 渗锌碳钢在海水中的腐蚀行为研究[D]. 大连：大连理工大学，2010.06.
[21] 蔡芸. 高性能防锈颜料三聚磷酸铝[J]. 中国涂料，2007，5：19-21.
[22] Einar Bardal. Corrosion and Protection[M]. Springer，2003.
[23] Cramer S D，Covino Jr B S. ASM Handbook Volume 13B-Corrosion：Materials[M]. ASM International，2005.
[24] Davis J R. Corrosion of Weldments[M]. ASM International，2006.
[25] Brenda J Little，Jason S Lee. Microbiologically Influenced Corrosion[M]. John Wiley & Sons, Inc，Publication，2007.
[26] Féron D. European Federation of Corrosion Publiactions Number 50-Corrosion Behaviour and Protection of Copper and Aluminium Alloys in Seawater[M]. Woodhead Publishing Limited，Cambridge England，2007.
[27] Marder A R. The Metallurgy of Zinc-Coated Steel[J]. Progress in Materials Science，2000，45：191-271.
[28] Chen C M，Zhou B X，Gou S Q, et al. Effect of Surface State on Nodular Corrosion Resistance of Zircaloy-4 Alloy[J]. Acta Metallurgica Sinica，2015，2：254-260.
[29] Wortelen D，Frieling R，Bracht H, et al. Impact of Zinc Halide Addition on the Growth of Zinc-Rich Layers Generated by Sherardizing[J]. Surface & Coatings Technology，2015，263：66-77.
[30] Oh J，Thompson C V. The Role of Electric Field in Pore Formation during Aluminum Anodization[J]. Electrochimica Acta，2011，56：4044-4051.
[31] Zaraska L，Sulka G D，Szeremeta J, et al. Porous Anodic Alumina Formed by Anodization of Aluminum Alloy (AA1050)and High Purity Aluminum[J]. Electrochimica Acta，2010，55：4377-4386.